U0523477

民法典
研究丛书

物权法通义

（修订本）

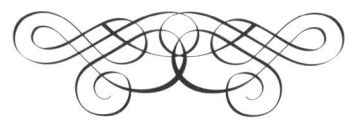

郭明瑞　著

商务印书馆
The Commercial Press

图书在版编目（CIP）数据

物权法通义/郭明瑞著．—修订本．—北京：商务印书馆，2022
（民法典研究丛书）
ISBN 978-7-100-19147-0

Ⅰ．①物… Ⅱ．①郭… Ⅲ．①物权法－法律解释－中国 Ⅳ．① D923.25

中国版本图书馆 CIP 数据核字（2020）第 184654 号

权利保留，侵权必究。

民法典研究丛书
物权法通义
（修订本）
郭明瑞 著

商 务 印 书 馆 出 版
（北京王府井大街36号 邮政编码 100710）
商 务 印 书 馆 发 行
北 京 冠 中 印 刷 厂 印 刷
ISBN 978-7-100-19147-0

2022年9月第1版　　　开本 880×1230　1/32
2022年9月北京第1次印刷　印张 16¼　插页 2
定价：98.00 元

　　郭明瑞，1947年9月出生于山东招远的一个小乡村。1966年值高中毕业之际，"文革"爆发，高考中止，于1967年回村务农。1969年3月至1975年4月在部队服役。退伍后在农村中学任民办老师。1977年恢复高考后考入北京大学法律系学习，于1982年1月毕业后留校任教。1985年8月为支援烟台大学建设和解决两地分居，调入烟台大学。1982年获法学学士学位（北京大学），1995年获法学博士学位（中国人民大学）。1985年晋升讲师，1988年晋升副教授，1992年晋升教授。曾任烟台大学校长。2011年9月至2017年9月被山东大学特聘为人文社科一级教授。长期致力于民商法研究，现为中国民法学研究会学术委员会副主任，中国人民大学、山东大学博士生导师、山东大学荣聘教授。

内容概要

《物权法通义》（修订本）包括绪论和本论。绪论阐述物权法的概念和特点、物权法与民法总则的关系、物权法与债法的关系、物权法与婚姻家庭法的关系。本论以《民法典》物权编的立法体例为线索，按照物权编的章节，根据物权法的理论体系、制度原理、最新的研究成果、研究资料和司法实务经验，阐述物权法原理，对《民法典》物权编条文从法解释学的角度逐条阐明，以求准确理解物权编的规定，正确适用《民法典》物权编。本书的特点在于从民法与物权法体系及物权制度原理上，以最新资料对《民法典》物权编进行释义。本书既可作为法科学生学习物权法的教学用书，也可作为法律人研习和适用物权法的参考书，还是人们维护自己物权权益的指导书。

修订本说明

《物权法通义》是以《中华人民共和国物权法》（以下简称《物权法》）为立法依据撰写的。因《物权法》经修正后编入《中华人民共和国民法典》（以下简称《民法典》），随着《民法典》的实施，《物权法》废止。为适应学习、适用新法的需要，作者以《民法典》的"物权编"为立法依据，结合最新司法解析，对《物权法通义》进行了修订并更名为《物权法通义》（修订本）。本书中的物权法规定是指《民法典》第二编物权的规定。

郭明瑞

2021 年 1 月于山东烟台大学

前　言

　　物权是人民的基本财产权，物权法是一国法律体系中不可或缺的民法的重要组成部分，也是保护人民财产权的重要法律。

　　物权法是以私有财产和市场经济的存在为基础的。中华人民共和国成立后，自1956年起，由于国家实行高度集中的计划经济体制，盛行"一大二公"，长期以来，人民并无多少私人财产，从而也就缺乏物权法存在的社会基础。而自中共十一届三中全会决定实行改革开放政策后，国家允许人民富起来，开始实行有计划的商品经济，人民的个人财产开始日益增多，从而也就开始有了需要法律保护人民财产权的需求。1986年制定的《中华人民共和国民法通则》在民事权利一章中专设一节"财产所有权和与财产所有权有关的财产权"，以确认和保护人民的财产权（物权）。然而，直至民法通则通过之时，物权的概念尚未被接受，学者也是在迫不得已的情况下创出"财产所有权和与财产所有权有关的财产权"的概念以代"物权"。

　　自我国确立实行社会主义市场经济体制后，随着改革的深入，市场在优化资源配置中的地位日显重要，而明晰产权和保护产权是市场经济得以建立和发展的前提和基础。正是在这种社会条件下，物权观念开始深入人心，社会对物权法的需求日益迫切，制定一部对物权做出系统规定的物权法的立法工作始提到立法机关的日程。物权法的立法工作开始于 1993 年。1998 年全国人大法工委正式成立了民法起草小组，开始组织起草物权法。在物权法起草过程中，立法机关曾经向全社会公布草案征求意见，先后召开上百次座谈会和论证会。物权法草案经过全国人大常委会七次审议，方于 2007 年 3 月 16 日经第十届全国人民代表大会第五次会议通过。

物权法明确了国有财产、集体财产和私有财产的范围和行使规则，确立了对国家、集体、私人物权和其他权利人的物权平等保护原则，规定了所有权、用益物权、担保物权和占有的内容，确认了业主建筑物区分所有权、农村土地承包经营权、宅基地使用权、建设用地使用权、地役权以及抵押权、质权、留置权等各种物权类型，明确了物权的变动规则、相邻关系的处理规则以及物权的保护方式等。物权法的颁布与施行，为建立与社会主义市场经济体制相适应的社会主义法律体系迈出重要的一步，为社会主义法治建设提供了有力保障。

物权法有利于维护和坚持社会主义基本经济制度，有利于发展社会主义市场经济、规范社会主义市场经济秩序，有利于鼓励人民创造社会财富和维护人民的财产权益，有利于构建社会主义和谐社会和稳定社会秩序。自物权法颁布与施行十余年来，物权法在社会生活中发挥了重要作用。现实中面对非法拆迁，人们往往手持《宪法》、《物权法》以维权，已经成为社会生活的常态。这既表明人民权利意识和法治意识的增强，也说明物权法与人民利益密切相关、在社会主义法律体系中具有重要地位。

法律的生命力在于执行。物权法的学习与贯彻落实任重道远。一方面由于社会在发展、历史在前进，随着改革的深入，许多新问题不断涌现；另一方面在物权法颁布后，与物权法相关的一些法规已经出台，最高人民法院做出了一些相应司法解释，司法实践也为物权法的施行提供了新材料。徒法不足以自行，而法无解释又不能适用。因此，为更好地正确地理解和适用物权法，继《民法总则通义》之后，笔者根据物权法理论的新发展、物权法施行的新材料，从法律解释学的角度撰写了这本《物权法通义》，以期为我国的法治建设、为物权法的宣传学习与贯彻执行、为人民的物权观念和维权意识的增强，再添一些正能量，再尽一己之力。

当然，本书也难免有不足之处，希望各位同仁和读者不吝赐教。

郭明瑞
2018 年 9 月 14 日于山东烟台

目　录

绪　论 ·· 1

　一、物权法的概念和特点 ··· 1

　　（一）物权法是调整物的归属和利用关系的财产法 ···························· 1

　　（二）物权法为固有法，具有本土性 ··· 2

　　（三）物权法为强行法 ·· 2

　二、物权法与民法总则的关系 ··· 3

　三、物权法与债权法的关系 ··· 4

　四、物权法与婚姻家庭法的关系 ··· 5

　五、物权法的发展 ·· 6

本　论

《民法典》第二编　物权

第一分编　通则

第一章　一般规定 ·· 11

　一、物权法的调整范围 ·· 11

　二、物权的概念和种类 ·· 12

　　（一）物权的概念 ·· 12

　　（二）物权的种类 ·· 13

　三、物权的效力 ·· 16

（一）物权的优先效力·················16
　　（二）物权的排他效力·················18
　　（三）物权的追及效力·················20
　　（四）物权请求权···················20
四、物权法的社会基础····················22
五、物权法原则······················23
　　（一）物权平等原则··················23
　　（二）物权法定原则··················24
　　（二）物权公示原则··················26

第二章　物权的设立、变更、转让和消灭················32
第一节　不动产登记····················32
一、不动产登记的含义与种类·················32
二、不动产登记的效力···················33
三、不动产登记的登记机构和登记制度的统一···········36
四、不动产登记申请人的义务·················37
五、不动产登记机构的职责和行为规制·············38
　　（一）登记机构的职责·················38
　　（二）不动产登记机构的行为规制············39
六、不动产物权变动的生效时间················41
七、物权变动与合同效力的区分原则··············42
八、不动产登记簿的效力···················43
九、不动产登记证书的效力··················44
十、不动产登记信息的公开和利用···············45
十一、不动产物权的更正登记和异议登记············46
　　（一）更正登记···················46
　　（二）异议登记···················47
十二、不动产物权的预告登记·················48
十三、不动产登记错误的赔偿责任···············51

十四、不动产登记收费的限制……53
　第二节　动产交付……53
　　一、交付的含义与形态……53
　　二、交付在动产物权变动中的效力……54
　　三、特殊动产物权变动的登记效力……56
　　四、简易交付的构成和效力……57
　　五、指示交付的构成和效力……58
　　六、占有改定的构成和效力……60
　第三节　其他规定……61
　　一、基于司法或行政行为发生的物权变动生效时间……61
　　二、因继承导致物权变动的生效时间……63
　　三、基于事实行为发生物权变动的生效时间……63
　　四、非基于民事法律行为取得而未登记不动产物权的效力……64

第三章　物权的保护……66
　一、物权的保护途径……66
　二、物权的保护方式……67
　　（一）确认物权……67
　　（二）返还原物……68
　　（三）排除妨害和消除危险……70
　　（四）恢复原状……71
　　（五）赔偿损害等侵权责任……72
　三、物权保护方式的综合适用……73

第二分编　所有权

第四章　所有权的一般规定……77
　一、所有权的含义和内容……77

（一）所有权的含义……………………………………………77
　　　（二）所有权的内容……………………………………………79
　二、所有权的特性……………………………………………………81
　三、所有权与他物权的关系…………………………………………83
　四、所有权取得的特别限制…………………………………………84
　五、所有权行使的限制………………………………………………85
　　　（一）不动产的征收……………………………………………85
　　　（二）改变土地用途的限制……………………………………88
　　　（三）征用………………………………………………………89

第五章　国家所有权和集体所有权、私人所有权……………………91
　一、国家所有权………………………………………………………91
　　　（一）国家所有权的含义………………………………………91
　　　（二）国家所有权的客体………………………………………92
　　　（三）国家所有权的实现………………………………………94
　　　（四）国家所有权的保护………………………………………96
　二、集体所有权………………………………………………………97
　　　（一）集体所有权的含义………………………………………97
　　　（二）集体所有权的客体范围…………………………………98
　　　（三）农民集体财产的归属……………………………………99
　　　（四）集体所有的自然资源所有权的行使主体………………100
　　　（五）城镇集体所有权…………………………………………101
　　　（六）农村集体所有权行使的经济公开制度…………………101
　　　（七）集体所有权的保护………………………………………102
　三、私人所有权………………………………………………………103
　　　（一）私人所有权的含义………………………………………103
　　　（二）私人财产的保护…………………………………………104
　四、法人所有权………………………………………………………105
　　　（一）企业法人所有权的形成…………………………………105

（二）法人所有权的含义·················106
　　五、社会团体法人、捐助法人所有权···········107

第六章　业主的建筑物区分所有权·················108
　　一、业主的建筑物区分所有权的含义···········108
　　二、业主的建筑物区分所有权的特征···········110
　　三、业主专有部分所有权·····················111
　　四、共有部分的共有权·······················114
　　五、建筑区划内道路、绿地及其他设施的归属···116
　　六、车位、车库的归属·······················117
　　七、业主的管理权···························119
　　　（一）设立业主大会，选举业主委员会的权利···119
　　　（二）决定相关事项的权利·················120
　　　（三）业主改变住宅用途的同意权···········121
　　　（四）业主大会和业主委员会决定的效力·····122
　　　（五）维修资金使用的决定和监督权·········123
　　　（六）共有部分收入的归属·················124
　　　（七）分摊费用和分配收益的权利···········124
　　　（八）决定物业管理方式的权利·············125
　　　（九）物业管理的监督权···················125
　　　（十）守法守规、维护公共秩序的权利·······126
　　八、业主对其合法权益受侵害的救济···········127

第七章　相邻关系·······························128
　　一、相邻关系的含义和特征···················128
　　二、相邻关系的处理原则·····················130
　　三、相邻关系的处理根据·····················131
　　四、相邻关系的种类·························131
　　　（一）相邻用水排水关系···················131

（二）相邻通行关系·················132
　　（三）相邻建造、修缮建筑物及管线铺设关系·········133
　　（四）相邻通风、采光和日照关系············133
　　（五）相邻环保关系·················134
　　（六）相邻防险关系·················134
　五、相邻权的限度····················135

第八章　共有························136
　一、共有的含义和特征··················136
　二、共有的种类·····················138
　　（一）按份共有···················138
　　（二）共同共有···················139
　三、共有的内部关系···················140
　　（一）共有物的占有、使用、收益··········140
　　（二）共有物的管理·················141
　　（三）共有物的处分和重大修缮············142
　　（四）共有物的负担承受···············143
　　（五）共有关系的维持················144
　　（六）共有物分割的方式和效力············145
　　（七）按份共有人的份额处分·············147
　四、共有的外部关系···················150
　五、共有关系类型的推定·················151
　六、按份共有人的份额确定原则··············151
　七、准共有······················152

第九章　所有权取得的特别规定···············153
　一、善意取得·····················153
　　（一）善意取得的含义················153
　　（二）善意取得的条件················154

(三)善意取得的效力 …………………………………………158
(四)善意取得适用的扩张 ……………………………………159
(五)善意取得适用的限制 ……………………………………159
(六)善意取得对物上原有权利的影响 ………………………161
二、遗失物的拾得 …………………………………………………162
(一)遗失物拾得的构成 ………………………………………162
(二)遗失物拾得的效力 ………………………………………163
(三)无人认领的遗失物的归属 ………………………………166
三、漂流物的拾得,埋藏物或隐藏物的发现 ……………………167
四、从物随主物的取得 ……………………………………………168
五、孳息的取得 ……………………………………………………169
六、添附 ……………………………………………………………170
(一)附合 ………………………………………………………171
(二)混合 ………………………………………………………173
(三)加工 ………………………………………………………173
七、先占 ……………………………………………………………174
(一)先占的含义和性质 ………………………………………174
(二)先占的构成条件 …………………………………………175
(三)先占的法律效果 …………………………………………176

第三分编 用益物权

第十章 用益物权的一般规定 …………………………………179
一、用益物权的含义 ………………………………………………179
二、用益物权的特征 ………………………………………………180
三、自然资源用益物权的意义 ……………………………………181
四、用益物权的行使 ………………………………………………183
五、用益物权因征收、征用的救济 ………………………………184

8　物权法通义（修订本）

  六、用益物权的类别……184
   （一）普通用益物权……185
   （二）特别用益物权……185

第十一章　土地承包经营权……187

  一、土地承包经营权的制度基础……187
  二、土地承包经营权的含义和特征……188
  三、土地承包经营权的期限……190
  四、土地承包经营权的取得……191
   （一）土地承包经营权的创设取得……191
   （二）土地承包经营权的转移取得……192
  五、土地承包经营权的效力……193
   （一）依法流转土地承包经营权的权利……193
   （二）依法自主经营权……194
   （三）依法拒绝调整承包地的权利……194
   （四）依法拒绝收回承包地的权利……195
   （五）获得投资补偿的权利……196
  六、土地承包经营权的消灭……196
  七、土地经营权……197
   （一）土地经营权的取得……197
   （二）土地经营权人的权利……198
   （三）土地经营权登记的效力……199
  八、以公开方式承包的土地承包经营权的流转……199
  九、国有农用地承包经营的法律适用……200

第十二章　建设用地使用权……201

  一、建设用地使用权的含义……201
  二、建设用地使用权的特征……202
  三、建设用地使用权的设立原则……203

四、建设用地使用权的创设取得……205
　（一）建设用地使用权的设立方式……205
　（二）建设用地使用权的出让设立……206
　（三）建设用地使用权的设立登记……208
五、建设用地使用权的效力……209
　（一）建设用地使用权人合理利用土地的义务……209
　（二）建设用地使用权人支付出让金等费用的义务……209
　（三）建设用地使用权人建造建筑物、构筑物及其附属设施并取得
　　　　所有权的权利……210
　（四）建设用地使用权人处分建设用地使用权的权利……211
　（五）建设用地使用权人有处分其所有的工作物的权利……213
　（六）建设用地使用权人在权利被提前收回时获得补偿的权利……214
六、建设用地使用权消灭……215
　（一）建设用地使用权消灭的含义……215
　（二）建设用地使用权期限届满的法律后果……216
　（三）建设用地使用权的注销登记……217
七、集体土地用于建设的法律适用……218

第十三章　宅基地使用权……219
一、宅基地使用权的含义……219
二、宅基地使用权的特征……220
三、宅基地使用权的取得和行使……222
四、宅基地使用权的效力……223
五、宅基地使用权的消灭……224
六、宅基地使用权的变更、注销登记……225

第十四章　居住权……227
一、居住权的含义……227
二、居住权的特征……228

三、居住权的设立 229
四、居住权的效力 230
五、居住权的消灭 231
六、以遗嘱设立居住权的法律适用 232

第十五章 地役权 233

一、地役权的含义 233
二、地役权的特性 236
三、地役权的种类 237
四、地役权的取得 238
　（一）地役权的创设取得 239
　（二）地役权的转移取得 240
五、地役权的效力 240
　（一）供役地权利人的权利义务 240
　（二）地役权人的权利义务 241
　（三）地役权的期限 243
　（四）地役权对后设立的用益物权的效力 243
　（五）已设立用益物权对地役权的限制 244
　（六）地役权的转让 245
　（七）地役权的抵押 245
　（八）用益物权转让对地役权效力的影响 246
六、地役权的消灭 247
七、地役权的变更、注销登记 248

第四分编　担保物权

第十六章 担保物权的一般规定 253

一、担保物权的含义与特性 253
　（一）担保物权的含义 253

（二）担保物权的特性 ··· 254
二、担保物权与用益物权的区别 ··· 257
三、担保物权的分类 ··· 258
四、担保物权的设立自由和反担保 ··· 262
五、担保物权的设立方式 ··· 265
六、担保物权的担保范围 ··· 267
七、担保物权及于代位物的效力 ··· 268
八、债务承担与担保物权的关系 ··· 269
九、担保物权与保证并存时的效力 ··· 270
十、担保物权的消灭 ··· 273

第十七章 抵押权 ·· 275

第一节 一般抵押权 ··· 275

一、抵押权的含义 ··· 275
（一）抵押权是不移转抵押财产占有的担保物权 ······························· 276
（二）抵押权是在债务人或者第三人的财产上设定的担保物权 ··················· 277
（三）抵押权是以法律规定可以抵押的特定财产为客体的担保物权 ··············· 277
（四）抵押权是就其标的物的价值优先受偿的物权 ····························· 277
二、抵押权的特性 ··· 278
三、抵押权的分类 ··· 279
四、抵押权的标的 ··· 282
五、浮动抵押 ··· 286
六、建设用地使用权与建筑物的抵押 ··· 290
七、不得抵押的财产 ··· 292
八、抵押权的设立方式 ··· 295
九、流押条款的效力 ··· 299
十、抵押登记的效力 ··· 301
十一、抵押人对抵押财产的权利 ··· 303

　　　　（一）抵押财产的出抵权 …………………………………………304
　　　　（二）抵押财产的出租权 …………………………………………305
　　　　（三）抵押财产的处分权 …………………………………………306
　　十二、抵押权人在抵押期间的权利 ………………………………………309
　　　　（一）抵押权的转让权 ……………………………………………309
　　　　（二）抵押权的保全权 ……………………………………………310
　　　　（三）抵押权和抵押权顺位的抛弃、变更权 …………………314
　　十三、抵押权的实现 …………………………………………………………318
　　　　（一）抵押权实现的条件和方式 …………………………………318
　　　　（二）浮动抵押的抵押财产确定 …………………………………323
　　　　（三）抵押权实现对孳息的效力 …………………………………324
　　　　（四）抵押财产变价价款的归属和清偿顺序 …………………325
　　　　（五）抵押权与质权竞合的清偿顺序 ……………………………327
　　　　（六）担保价款抵押权的效力 ……………………………………328
　　　　（七）抵押权实现时抵押财产处分的扩张 ……………………329
　　　　（八）集体土地使用权抵押权实现的特殊效力 ………………331
　　十四、抵押权的行使期间 …………………………………………………332

　第二节　最高额抵押权 …………………………………………………………335
　　一、最高额抵押权的含义 …………………………………………………335
　　二、最高额抵押权的设定 …………………………………………………338
　　三、最高额抵押权的效力范围 ……………………………………………342
　　四、最高额抵押权的转让 …………………………………………………343
　　五、最高额抵押权的变更 …………………………………………………344
　　六、最高额抵押权所担保的债权的确定 ………………………………344
　　七、最高额抵押权的法律适用 ……………………………………………346

第十八章　质权 …………………………………………………………………347
　第一节　动产质权 ………………………………………………………………347

一、质权的含义 ……………………………………………………347
二、动产质权的概念 ………………………………………………349
三、动产质权的标的物 ……………………………………………350
四、动产质权的设立方式 …………………………………………355
五、流质条款的效力 ………………………………………………358
六、动产质权的成立 ………………………………………………359
七、动产质权对质权人的效力 ……………………………………362
　　（一）质权人有收取孳息的权利 ………………………………362
　　（二）质权人不得利用质押财产和保管质押财产的义务 ……363
　　（三）质权人的质押财产变价权 ………………………………364
　　（四）质权人的转质权 …………………………………………367
　　（五）质权人的质权处分权 ……………………………………371
　　（六）质权人对质押财产留置的权利和返还的义务 …………372
八、动产质权的实现 ………………………………………………373
　　（一）动产质权实现的条件和方法 ……………………………373
　　（二）质权人不及时行使质权的责任 …………………………376
　　（三）质押财产变价所得的处置 ………………………………377
九、最高额质权 ……………………………………………………378

第二节　权利质权 ……………………………………………………379
一、权利质权的含义 ………………………………………………379
二、权利质权的性质 ………………………………………………381
三、权利质权的当事人 ……………………………………………383
四、权利质权的标的范围 …………………………………………384
五、证券债权质权 …………………………………………………386
　　（一）证券债权质权的含义 ……………………………………386
　　（二）证券债权质权的成立 ……………………………………387
　　（三）证券债权质权的实现 ……………………………………391
六、基金份额、股权质权 …………………………………………392

（一）基金份额、股权质权的设立………………………………393
　　（二）基金份额、股权质权的效力………………………………394
七、知识产权质权……………………………………………………395
　　（一）知识产权质权的设立………………………………………395
　　（二）知识产权质权的效力………………………………………397
八、应收账款质权……………………………………………………397
　　（一）应收账款的含义与范围……………………………………398
　　（二）应收账款质权的设立………………………………………406
　　（三）应收账款质权的效力………………………………………407
九、权利质权的法律适用……………………………………………408

第十九章　留置权……………………………………………………410

一、留置权的含义……………………………………………………410
　　（一）留置权是债权人在其已占有的债务人财产上享有的物权…411
　　（二）留置权为债权人在债权未受偿前得留置标的物的物权……411
　　（三）留置权是债权人于一定条件下以留置财产的价值优先受偿的
　　　　　担保物权………………………………………………………412
　　（四）留置权是具有二次效力的法定担保物权…………………412
二、留置权的成立……………………………………………………413
　　（一）须债权人占有一定的财产…………………………………413
　　（二）债权人占有的财产须为债务人的动产……………………415
　　（三）债权人的债权与留置的动产属于同一法律关系…………416
　　（四）须债务人不履行到期债务…………………………………419
三、留置权不能成立的例外情形……………………………………420
四、留置权效力所及的标的物的范围………………………………423
五、留置权人留置期间的权利义务…………………………………423
　　（一）留置财产的占有权…………………………………………424
　　（二）留置财产的保管义务………………………………………425
　　（三）留置财产孳息的收取权……………………………………427

六、留置权的实现…………………………………………………427
　　　　（一）留置权实现的含义………………………………………427
　　　　（二）留置权实现的条件和方式………………………………428
　　　　（三）留置权人怠于实现留置权时债务人的救济措施…………430
　　　　（四）留置财产变价所得价款的处置…………………………430
　　七、留置权与其他担保物权的竞合…………………………………431
　　八、留置权消灭的特别原因…………………………………………432
　　　　（一）担保的另行提出…………………………………………433
　　　　（二）留置财产占有的丧失……………………………………434
　　　　（三）债权清偿期的延缓………………………………………437

第五分编　占有

第二十章　占有………………………………………………………441
　　一、占有的含义………………………………………………………441
　　　　（一）占有是占有人对于物的支配状态………………………441
　　　　（二）占有是占有人对物有事实上管领力的事实状态…………442
　　　　（三）占有是一种受法律保护的事实状态……………………442
　　二、占有的类别………………………………………………………443
　　　　（一）有权占有与无权占有……………………………………443
　　　　（二）善意占有与恶意占有……………………………………444
　　　　（三）自主占有与他主占有……………………………………445
　　　　（四）直接占有与间接占有……………………………………445
　　　　（五）单独占有与共同占有……………………………………446
　　　　（六）自己占有与辅助占有……………………………………447
　　三、占有的推定效力…………………………………………………448
　　　　（一）占有的事实推定…………………………………………448
　　　　（二）占有的权利推定效力……………………………………448

四、占有人的权利义务 ·······································451
    （一）占有人权利义务确定的根据 ·······················451
    （二）占有人因使用占有物致物损害的赔偿责任 ·········451
    （三）占有人返还占有物的义务及费用求偿的权利 ·······452
    （四）占有物毁损灭失的赔偿义务 ······················454
五、占有的保护 ···455
    （一）占有的公力保护 ···································455
    （二）占有的私力保护 ···································457

附　录 ··459

中华人民共和国民法典（节选）····························459
  第二编　物权 ···459

绪　论

一、物权法的概念和特点

广义上的物权法是指调整物的归属和利用关系的法律规范的总称。狭义上的物权法是指以物权法命名的法律。广义物权法又称实质物权法，是从法律规范的性质来定义物权法的。狭义物权法又称形式物权法，是从法律形式上定义物权法的。《中华人民共和国物权法》（以下简称《物权法》）即为形式物权法。物权法为民法的基本内容，在民法典编纂后，物权法为民法典的一编。《民法典》的物权编为形式物权法。除形式物权法外，实质物权法还包括《土地管理法》《城市房地产管理法》《农村土地承包法》等法律中有关调整物的归属和利用关系的法律规范。

物权法与其他民事法律相比较，主要具有以下特点：

（一）物权法是调整物的归属和利用关系的财产法

民法调整平等主体之间的人身关系和财产关系。调整人身关系的民事法律规范总称人身权法，调整财产关系的民事法律规范总称为财产法。民法调整的财产关系包括财产的归属和利用关系，以及财产的流转关系。财产的归属和利用关系又包括物的归属、利用关系和知识产品的归属、利用关系。调整知识产品的归属和利用关系的财产法为知识产权法，调整财产流转关系的财产法为债权法，只有调整物的归属和利用关系的财产法才为物权法。

（二）物权法为固有法，具有本土性

所谓固有法，是指保留了较多的国家、民族和历史的传统的法律。[①] 物权法是具有本国历史传统和特色的固有法。因为物权法是调整物的归属和利用关系的法律，当然也就决定于和反映着一国的基本经济制度，而各国的基本经济制度基于历史和国家性质等因素的不同，也就会有不同。所以，一国的物权法必会具有自己的特色，而不可能简单地移植他国的法律。与同为财产法的合同法相比较，物权法的这一特点十分突出。合同法因是调整财产流转关系的，而各国关于财产流转关系的规则并无多大差异，因此，合同法不具有固有性，诸如《联合国国际货物销售合同公约》《国际商事合同通则》等相关规则多为各国合同法所吸收。正是从这一意义上说，物权法具有本土性。当然，由于各国在财产归属和利用上也有相同的一些规则，所以，一国的物权法对他国的物权制度也会有所借鉴。

（三）物权法为强行法

强行法是相对于任意法而言的，指的是当事人不得通过协议排除其适用的法律规范。而任意法则是当事人得以自己的意

---

① 王利明:《物权法研究（修订版）》上卷，中国人民大学出版社 2007 年版，第 108 页。

思排除其适用的法律规范。因为物的归属和利用关系会涉及第三人以及国家和社会利益,因此,物权法关于物权的种类和内容、物权的变动规则、物权行使规则等规定,都具有强行性,当事人是不能任意排除其适用的。强行性也是物权法区别于合同法的重要特征。因为合同关系一般不涉及第三人以及社会利益,所以合同法为任意法。例如,当事人可以任意创设合同法中没有规定的合同关系,而当事人不可以任意创设法律没有规定的物权关系。

物权法具有强行法的特点,并不意味着物权法否定私法自治原则。物权法为私法,当然应当贯彻私法自治原则。物权法的强行性仅是对私法自治在物的归属和利用关系中予以一定的限制,而不是否定私法自治。例如,当事人不得设立法律未规定的物权,但当事人是否设立物权则是完全由其自愿自主决定的。

二、物权法与民法总则的关系

物权法与民法总则的关系,因民法典的编纂体例不同而有所不同。大陆法系国家的民法典基本是采用两种立法体例的。一种是法国式,又称罗马式,是法国民法典采用的立法体例。此种立法例是采用《法学阶梯》的模式,不设总则,而仅有序言(编),规定法律的颁布、效力与适用等内容。另一种是德国式,又称潘德克顿式,是德国民法典采用的立法体例。此种立法例是采用《学说汇纂》的模式,设有总则。在采用德国式立法例的国家,民法典由民法总则和各分编组成,物权法为民法典分编之一。我国的民法典是采用德国式立法例的,民法典设有总则和各分编，物权法与总则的关系也就是分编与总则的关系。调整物的归属和利用关系的法律规范构成物权法（编）的基本内容，涉及物的归属和利用关系的事项，物权法（编）没有规定的，则应适用民法总则的有关规定。

三、物权法与债权法的关系

如前所述，民法调整的财产关系包括财产归属和利用关系以及财产的流转关系两部分。财产归属关系是确定财产归何人所有和利用的静态的财产关系，而财产流转关系是确定一项财产如何从一个主体转移给另一个主体的动态的财产关系。调整物的归属和利用关系的法为物权法，调整财产流转关系的法为债权法。因此，物权法与债权法构成了民法上传统财产法的两大主干。

物权法与债权法同为民法的分编组成部分，有不同的内容和功能。物权法重在保护财产的静的安全，而债权法重在保护财产的动的安全。但是，静态的财产关系是动态财产关系的出发点和归宿，而动态财产关系是静态财产关系的运动形式。因此，物权法与债权法有着密切联系。这主要表现在以下方面：其一，物权变动多以债权为其原因。物权变动包括物权的得丧变更，大多是基于当事人之间实施的民事法律行为发生的，而当事人之间实施的民事法律行为也就是合同，合同产生合同债权，合同债权也就成为物权变动的原因。例如，买卖合同是所有权转移的原因行为，抵押权合同是设立抵押权的原因行为。在合同为物权的变动原因的情形下，合同债权不成立，物权也就不会发生变动。而合同债权是否能成立则属于债权法（合同法）规范的内容。其二，物权法为债权法的发展提供了条件。如，物权法上的用益物权能够让所有权人以外的其他人取得对不动产的支配权，从而使用益物权人可以利用用益物权进行交易，扩大了交易范围，也就扩展了债权法的适用范围。再如，物权法上的担保物权是以担保债权的实现为目的的，担保物权为当事人提供可靠的信用，从而使债的关系即信用关系得到进一步发展，促进交易。其三，物权法关于物权的公示公信原则、物权法定原则、善意取得原则等为保护交易安全提供了保障，也就为债权实现提供了保障。其四，物权的保护既可以用物权的保护方法，也可以用债权的保护方法。其五，债权可成为物权的标的，物权也可为交易的对象。例如，权利质权的标的即可为债权，土地使用权可以做成土地证券（地票）进行交易。现代民法中更是出现物权债权化、债权物权化的交叉趋向。其六，债权法规定有物权关系，物权法规定有债的关系[1]。

四、物权法与婚姻家庭法的关系

婚姻家庭法又称亲属法，是以规范亲属间关系为内容的法。亲属间的关系既包括人身关系，也包括财产关系。亲属之间的财产关系既会涉及物权关系，也会涉及债权关系。因此，物权法与亲属法也有联系。这主要表现为两方面：一方面亲属之间的共同关系会决定物权法上的共有关系。如家庭共有、夫妻共

---

[1] 崔建远：《物权法》，中国人民大学出版社2009年版，第4页。

有、共同继承的共有。物权法上的共有关系规则在亲属共有关系中也会有适用。依物权法规定，对于共有关系在当事人没有明确约定时，除共有人具有家庭关系等外，视为按份共有；而当事人之间是否具有家庭关系，需依据亲属法的规定确定。另一方面亲属关系的伦理性决定了物权法上的物权变动规则不能完全适用于亲属间发生的物权关系。例如，亲属之间的物权变动不能完全适用物权法的规定，而应适用亲属法的特别规定。

五、物权法的发展

物权法作为调整物的归属与利用关系的法，是随着社会的发展而发展的。现代物权法的发展表现在物权的社会化走向增强、物权种类增多、物权制度与债权制度相互交融等诸多方面。[①] 我国《物权法》于 2007 年 3 月 16 日经第十届全国人民代表大会通过（该法草案曾经全国人大常委会 7 次审议，表明该法深受重视）。这是我国的首部《物权法》，它顺应了物权法现代的发展趋势，体现了中国特色。正如有学者所言，《物权法》颁行十余年来的实践证明，该法基本适应了现阶段我国市场经济发展的现实需要，其基本规则具有可操作性，基本满足了司法实践的需要，某些规则存在的缺陷也已经通过相应的司法解释得到了细化、补充和完善。[②] 然而，如同任何法律都会有滞后

[①] 参见郭明瑞：《论现代物权法的发展》，载《烟台大学学报（哲学社会科学版）》，1994 年第 1 期，第 25—31 页。
[②] 王利明：《我国民法典物权编的修改与完善》，载《清华法学》2018 年第 2 期，第 7 页。

性一样，物权法也有不能满足社会发展需求的方面，也有需要修正、补充和完善之处。

《民法总则》颁布后，中国民法典的编纂工作迈出了第二步，即编纂民法典各分编。民法典各分编的编纂是在已有的法律的基础上进行的。《物权法》正是民法典物权编的编纂基础。也就是说，民法典物权编是基于对《物权法》进行修正、补充、完善而形成，反映《物权法》的发展。2018年8月27日开始举行的十三届全国人大常委会第五次会议初次审议民法典各分编（包括物权编）草案。会后，在人大网上公布了民法典各分编草案，向全国征求意见。从人大常委会初次审议的民法典物权编草案看，该草案对现行《物权法》的发展主要体现在以下方面：

一是在物权种类上新增加了居住权。居住权是指居住权人对他人所有的住房以及其他附着物所享有的占有、使用的权利。居住权是在他人房屋上所存在的对特定的居住权人的一种负担，因此，它属于人役权。居住权是为满足居住权人居住需要的一项用益物权，除当事人另有约定外，居住权自居住权人死亡时消灭。随着"公租房"和"以房养老"制度的推行，居住权制度有着更多的现实需求，因此物权编增设居住权制度，对于保障特殊群体的居住需要有重要意义。

二是完善了住宅建设用地使用权的自动续期规则。《物权法》第149条第1款仅规定"住宅建设用地使用权期间届满的，自动续期"，而未规定续期后是否收取及如何收取相关费用。而随着一些地方住宅建设用地使用权期限的届满，这一问题迫切需要明确。物权编草案中明确规定：住宅建设用地使用权期间届满的，自动续期。续期费用的缴纳或者减免，依照法律、行政法规的规定。

三是明确了建筑物区分所有权人即业主对共有部分的权利。在业主共同决定的事项中增加了"改变共有部分的用途或者利用共有部分从事经营活动"的事项，以避免物业服务企业擅自改变共有部分的用途或者利用共有部分从事经营活动。并且明确规定：建设单位、物业服务企业或者其他管理人等利用业主的共有部分产生的收益，在扣除成本之后，属于业主共有。

四是在所有权取得的特别规定中确认了添附规则。在物权编草案中规定：因加工、附合、混合而产生的物的归属，有约定的，按照约定；没有约定或者约定不明确的，依照法律规定；法律没有规定的，按照充分发挥物的效用以及保护无过错的当事人的原则确定。因一方当事人的过错或者确定物的归属给另一方当事人造成损失的，应当给予赔偿或者补偿。

五是确认了土地承包经营权人有权出让土地经营权。为适应农村土地制度改革的需要，在农村土地"三权分置"的前提下，完善土地承包经营权制度，是物权法发展面临的新问题。物权编草案中规定土地承包经营权人有权将土地承包经营权互换、转让或者出让。

包括物权编在内的民法典草案经全国人大常委会审议后，于2020年5月提交第十三届全国人民代表大会第三次会议审议，并于5月28日通过。物权法自此正式纳入《民法典》，为第二编，包括五分编，20章计258条。

本 论

《民法典》第二编 物权

第一分编 通则

第一章 一般规定

一、物权法的调整范围

第二百零五条 本编调整因物的归属和利用产生的民事关系。

本条规定了物权法的调整范围。

法律的调整对象是指法律所调整的特定领域、特定性质的社会关系。法律的调整对象决定法律的适用范围。法律的适用范围又称适用对象，是指法律适用于何种法律关系。物权法是调整物的归属和利用关系的，因此，物权法也就适用于因物的归属和利用而产生的民事法律关系，即物权关系。物权关系为绝对法律关系，物权关系中的权利人是特定的，而义务人则为不特定的权利人以外的一切人。物权关系中权利人所享有的权利通称为物权。

物权关系是基于物而发生的民事法律关系，物为物权的客体。何为物？在不同的立法例中，物的含义不完全相同。在罗马法上，物是指除自由人外而存在于自然界的财物，不限于有体物，也包括权利。[①] 我国物权法上所称的物是指存在于人身之外能为人力所支配的且能满足人的一定需要的物质资料，仅限

---

① 参见周枏：《罗马法原论》（上册），商务印书馆1994年版，第276—277页。

于有体物。因此,原则上有体物才为物权的客体,非有体物不为物权的客体。但是,法律规定权利作为物权客体的,依其规定权利也可作为物权的客体。例如,质权为物权,法律规定在某些权利上可以设定权利质权,而权利非为有体物,因此权利质权就是以权利为物权客体的。

物有多种多样,依不同的标准可对物作不同的分类。不动产和动产是法律上对物的基本分类。不动产是指不具有可移动性,即不能依照一般方法移动或者移动后会损害其价值的物。动产是指具有可移动性,即依一般方法即可移动且移动后不会损害其价值的物。不动产主要是指土地以及土地上的定着物、海域、水面。《不动产登记条例》第2条规定,不动产登记条例所称不动产,是指土地、海域以及房屋、林木等定着物。不动产以外的物即为动产。由于动产具有可移动性,因而动产权利人之间不会发生相邻关系。不动产和动产之上的权利类型也有所不同,例如用益物权一般只能以不动产为客体。不动产物权与动产物权的公示方法和变动规则也有所不同。

二、物权的概念和种类

(一) 物权的概念

关于物权的概念,学者中有不同表述。依《民法典》第114条第2款规定,物权是权利人依法对特定的物享有直接支配和排他的权利。这一概念包含以下含义:

其一,物权是直接支配特定物的权利。从人与物的关系上看,物权是人对物的直接支配关系,物权是对特定的物的权利。

物权的客体只能是特定的物而不能是不特定的物,因为特定物是现有的独立的物,物权是权利人对物直接支配的权利,只有特定的物才能予以支配。所谓支配,是指对物的管领、控制和处置,既包括对物的实体的管领和控制,也包括对物的价值的管领和控制。所谓直接支配,是指权利人得以依自己的意思与行为对标的物进行管领、控制和处置,而无须借助他人的意思和行为。

其二,物权是权利人可直接享受物的利益的权利。物权的权利人对物直接支配是为了享受物的利益。物的利益包括归属利益、用益利益和担保利益。物权人具体享有物的何种利益,依物权的具体内容和权利目的而定。但无论是何种目的的物权,因物权人得直接支配客体,也就可以直接享受物的利益,而无须借助他人的意思和行为。这也是物权与债权的重要区别。

其三,物权是权利人得以排除他人干涉的权利。物权是基于对物的支配所发生的人与人之间的关系,从人与人的关系上看,物权是权利人可以排除他人干涉的排他性权利。物权的权利人以外的其他人都是物权的义务人,都负有不得侵害权利人权利的消极义务,不得妨害物权人享受其物的利益,权利人有权排除他人的任何不法干涉。

(二) 物权的种类

《民法典》第114条第2款中规定,物权"包括所有权、用益物权和担保物权"。这是法律上对物权种类的区分。所有权是指权利人享有的在法律规定的范围内对其财产得予以全面支配的权利。所有权人有权对自己的不动产或者动产占有、使用、收益和处分，有权依法在自己的财产上为他人设立用益物权和担保物权。用益物权是指权利人依法对他人之物享有的占有、使用和收益的权利。用益物权的权利人有权对他人之物的使用价值予以支配。用益物权一般仅在不动产上设立。担保物权是指依法对他人之财产的价值予以支配的权利，其主要功能是担保债权的实现。

除法律上将物权分为所有权、用益物权和担保物权，学理上也常依不同的标准对物权作以下分类：

1. 根据对物的支配范围，物权分为完全物权和定限物权。完全物权是可对物进行全面支配的权利。所有权即是完全物权。定限物权是对物仅能于一定范围内为一定限度支配的物权，又称不完全物权。用益物权、担保物权都是定限物权。定限物权是在他人之物上设立的物权，因此称为他物权，而所有权称为自物权。在一物之上设立他物权后，所有权人的权利也就会受到该他物权的限制。在这一意义上，定限物权也称为限制物权。

2. 根据物权的客体，物权可分不动产物权、动产物权和权利物权。不动产物权是以不动产为客体的物权，动产物权是以动产为客体的物权，权利物权则是法律规定的以权利为客体的物权。不动产物权、动产物权和权利物权的取得方式、公示方法以及变动要件有所不同。

3. 根据有无存在的独立性，物权可分为独立物权与从属物权。独立物权是指能够独立存在的物权。所有权当然为独立物权。从属物权是指需要依附于其他权利而存在的物权。担保物权依附于被担保的债权存在，为从属物权。用益物权中的地役权依附于需役不动产的使用权而存在，也属于从属物权。从属物权具有从属性，通常与所依附的权利共命运。

4.根据权利的发生根据，物权可分为意定物权与法定物权。意定物权是依当事人的意思而产生的物权。没有当事人的自主意思，不能成立意定物权。法定物权是指依法律的直接规定而产生的物权。法定物权的成立不依当事人的意志而定，而决定于法律规定的条件。

5.根据权利有无期限限制，物权可分为有期限物权与无期限物权。有期限物权是指有一定存续期限的物权，无期限物权是指没有存续期限的可永久存续的物权。所有权为无期限物权。而他物权是在他人之物上存在的，实质上是对所有权的一种限制，因而不能永久存续，只能为有期限物权。但在我国法上，宅基地使用权虽为他物权，但其实际上是无期限限制的。

6.根据权利变动是否以登记为要件，物权可分为登记物权与非登记物权。登记物权是指其变动须经登记方发生效力的物权。非登记物权是指其变动不以登记为发生效力要件的物权。一项物权是否为登记物权决定于法律的规定，凡法律未规定须经登记才能发生变动效力的物权都属于非登记物权。

7.根据其依据的法律，物权可分为普通物权与特别物权。普通物权是指普通法上规定的物权。特别物权是指特别法中规定的物权。例如，海商法中规定的船舶抵押权、船舶留置权、船舶优先权，航空法中规定的航空器优先权，矿产资源法中规定的探矿权、采矿权等，就属于特别物权。

8.根据其有无物权的实质内容，对物的权利状态可分为本权与占有。占有是指对物具有控制和管领力的事实状态，而不论占有人是否有权利根据。本权是相对于占有而言的，指的是有权利根据的对物具有控制和管领力。物权法未将占有规定为与所有权、用益物权、担保物权一样的另一类物权，但以专章规定了占有。占有也是受法律保护的，但法律对占有的保护方法与对本权的保护方法有所不同。

三、物权的效力

物权的效力是指法律赋予物权的强制性作用力与保障力。物权的效力决定于物权的内容和性质，是物权于成立后所发生的法律效果。

关于物权的效力，学者有不同的表述，主要有二效力说、三效力说和四效力说。二效力说认为，物权的效力包括优先效力和物上请求权。三效力说认为，物权的效力包括优先效力、排他效力和追及效力；也有的三效力说认为，物权的效力包括优先效力、排他效力和物上请求权。四效力说认为，物权的效力包括优先效力、排他效力、追及效力和物上请求权；有的四效力说认为，物权的效力包括支配效力、排他效力、优先效力和排除妨害的效力。其实，上述各说并无实质性差异，其区别仅在于对物权的某种效力的含义表述不同。例如，按照二效力说，物权的优先效力包含排他效力，物上请求权包含追及效力。实际上，不论如何合并物权效力，物权的效力包括优先效力、排他效力、追及效力和物上请求权，这是无可否认的。

（一）物权的优先效力

物权的优先效力是指在同一物上有数项权利时，效力较强的物权排斥效力较弱的权利。关于物权的优先效力的表现，有的是从物权内部即物权之间的效力上分析，有的是从外部即物权与债权之间的效力上分析。通说认为，物权的优先效力表现在以下两方面：

1.物权之间的优先效力。物权之间的优先效力是指同一物上同时存在数个物权时先成立的物权优先于后成立的物权。这也就是"时间在先，权利在先"规则。所谓权利在先，是指先成立的物权优先于后成立的物权实现，先成立的物权压制后成立的物权。但是，以成立的时间先后确定物权的优先效力仅仅是原则，在下列情形下，物权的优先效力不以权利成立的先后时间确定：(1)同一物上有定限物权的，定限物权的效力优先于所有权；(2)同一动产上的抵押权有登记的有未登记的，登记的动产抵押权优先于未登记的动产抵押权；(3)同一物上有留置权与抵押权、质权时，以担保为保存或增加标的物的价值所生债权为目的费用性担保物权优先于担保因融资所生债权为目的融资性担保物权，因此，后成立的留置权优先于先设立的抵押权、质权；(4)基于公益或社会政策的理由，法律规定后发生的物权优先于先发生的物权。①

2.物权与债权之间的优先效力。物权与债权之间的优先效

---

① 如依《中华人民共和国海商法》规定，船舶优先权先于船舶留置权受偿，船舶抵押权后于船舶留置权受偿。具有船舶优先权的海事请求包括：(1)船长、船员和在船上工作的其他在编人员根据劳动法、行政法规或者劳动合同所产生的工资、其他劳动报酬、船员遣返费用和社会保险费用的给付请求；(2)在船舶营运中发生的人身伤亡的赔偿请求；(3)船舶吨税、引航费、港务费和其他港口规费的缴付请求；(4)海难救助的救助款项的给付请求；(5)船舶在营运中因侵权行为产生的财产赔偿请求。

力，是指在同一物上既有物权又有债权时，物权的效力优先于债权。物权效力优先于债权主要表现在以下情形：(1) 对同一物有取得所有权的又有仅享有债权的，所有权优先于债权。例如，在"一物多卖"的多重买卖时，取得出卖物的所有权的人不论其买卖债权成立先后，其权利优先。(2) 在同一物既为债权标的物又为物权标的时，债权人不得请求返还该物。例如，甲将汽车借给乙，甲享有债权，有请求返还该车的债权。因该车交由丙修理而丙享有留置权时，该汽车成为留置权的标的，甲不得请求返还该车。(3) 基于物权享有的权利优先于基于债权享有的权利。例如，共有人将共有物出租，按份共有人转让自己的份额时，其他共有人的优先购买权的效力优于承租人的优先购买权。[①]（4) 同一财产上同时有担保物权与一般债权存在时，担保物权人优先于其他债权人受偿；在债务人破产时，担保物权人有别除权。

物权优先于债权也有例外。"买卖不破租赁"规则的运用就是物权优先于债权的例外。所谓买卖不破租赁，是指出租人在承租人占有租凭物期间将租赁物所有权转让，受让人取得租赁物的所有权不能对抗承租人享有的租赁权。于此情形下，租赁权作为债权，其效力优先于作为物权的所有权。

（二）物权的排他效力

物权的排他效力，是指一项物权排斥与其内容与性质相

[①] 也有学者指出，承租人与共有人的优先购买权的标的不同。承租人优先购买权的标的是租赁物，共有人优先购买权的标的是按份共有人的共有份额。因此，在按份共有人出让其份额时，承租人是不能有优先购买权的。

抵触的其他物权的存在。物权的排他效力是由物权的支配性决定的。由于物权为支配权，权利人可以对标的物直接支配，而对同一特定的物不可能同时存在相同的支配力，某权利人取得对某物的某方面支配也就必然排斥他人对该物的同一方面的同样支配。物权的排他效力也是一物一权原则的体现。对于一物一权原则，有不同的理解。如王利明教授认为，一物一权中的"一物"，首先是指一个特定物，另一方面一物一权中的一"物"可以说是一种观念上的一物。一物一权中的一权包括一物之上只能存在一个所有权、同一物之上不得成立两个在内容上相互矛盾和冲突的物权、一物的某一部分不能成立单个的所有权。[①]孙宪忠教授认为，一物一权原则主要是指在一个标的物上，不能同时存在同种类型同种效力的物权。[②]实际上，一物一权原则的中的一物强调的是物权客体的特定性，而"一权"强调的正是物权的排他效力。

物权的排他效力主要体现在以下方面：（1）所有权的排他性效力最强，同一物上绝对不能存在两个以上的所有权。这就是所谓的"一物不能二主"，也是一物一权的最初含义。只要一物为某人取得和享有所有权，他人也就绝不可能对该物享有所有权。（2）以直接占有为内容的他物权具有相互排斥的排他性效力。因为在同一物上不能同时存在两个直接占有，因此同一物上不能同时存在以占有为内容的两个以上的用益物权。（3）不以直接占有为内容的他物权的排他性效力较弱，在同一物上可

[①] 参见王利明：《物权法研究（修订版）》（上卷），中国人民大学出版社2007年版，第183—187页。

[②] 参见孙宪忠：《中国物权法总论》，法律出版社2003年版，第158页。

同时存在不以占有为内容的他物权。如抵押权不以直接占有为内容，在同一物上可同时存在数个抵押权。（4）不同种类的物权可同时存在。由于不同种类的物权性质和内容不同，相互间不冲突，可以同时存在于同一物上。如同一物上可同时存在所有权、用益物权和担保物权。

（三）物权的追及效力

物权的追及效力又称物权的追及权，是指物权成立后物权的标的物无论辗转于何人之手，权利人都可追及到该物行使其支配的权利。物权的追及效力也是由物权的支配性和排他性决定的。因为物权人可以依自己的意志支配标的物以满足自己的利益需求并排除他人的非法干涉，所以法律赋予物权以追及效力，以保障物权人对标的物的支配。

物权的追及效力主要表现在以下两方面：（1）物权人所支配的标的物被他人侵夺时，物权人有权追及该物之所在，以恢复自己对该物的支配力。（2）他物权的权利人在标的物发生所有权转移时，可以追及该物行使其他物权。

物权的追及效力也有例外。如，在他人依善意取得规则取得标的物之物权时，该物上的原来物权的追及效力也就中断，原来的物权人不能追及该物行使权利。

（四）物权请求权

物权请求权又称物上请求权，是指物权人在其物权受侵害或者有被侵害之虞时可以请求排除妨害以恢复物权的圆满状态。由于物权为绝对权、支配权，权利的实现无须他人的介入，物权人以外的任何人都负有不得干涉的义务,因此在他人非法干涉而致物权受侵害或者有侵害之虞时,权利人当然可以请求除去侵害和停止侵害。因此,物权请求权也就是物权的排除妨害效力或保障力。

关于物权请求权的性质,有不同的学说。主要有以下几种:(1)物权的作用说。此说认为,物权请求权是根据物权的作用所产生的,是物权效力的具体体现。(2)债权说。此说认为物权请求权是发生在特定当事人之间的请求为一定行为或不为一定行为的权利,在性质上属于债权。(3)准债权说。此说认为,物权请求权类似于债权,但又不是纯粹的债权。(4)独立权利说。此说认为,物权请求权既不同于债权请求权又不同于物权,可视为一类独立的请求权。上述各说都有一定道理。通说认为,物权请求权不同于债权请求权,这是因为:(1)物权请求权不能独立存在,它是以物权的存在为前提的,储存于物权的,本身并无独立存在的目的;(2)物权请求权只能因物权受侵害或者有被侵害之虞时发生,是以排除对物权的妨害使物权处于圆满状态为目的;(3)物权请求权不能独立让与。物权请求权是物权的固有效力,与物权同命运,不得与物权分离。

之所以对物权请求权的性质认识不同,是因为人们往往是从不同角度来看待物权请求权的。物权请求权表现为两种状态:一是作为物权效力的物权请求权,是指在物权受侵害时权利人可以恢复物权圆满状态的权利。这一意义上的物权请求权是物权人可以向任何人主张的权利。二是作为物权保护方式的物权请求权,是指物权受到侵害或有受侵害之虞时物权人向侵害人行使的权利。这种意义上的物权请求权是物权受到侵害时的救济权,而救济请求权的相对人只能是侵害物权的特定人。物权效力上所称的物权请求权应是指前者而非后者,但后者是以前者为基础或者前提的。

四、物权法的社会基础

第二百零六条 国家坚持和完善公有制为主体、多种所有制经济共同发展,按劳分配为主体、多种分配方式并存,社会主义市场经济体制等社会主义基本经济制度。

国家巩固和发展公有制经济,鼓励、支持和引导非公有制经济的发展。

国家实行社会主义市场经济,保障一切市场主体的平等法律地位和发展权利。

本条规定了物权法的社会基础。

物权法的社会基础,指的是决定物权法制度的社会条件。因为物权法制度决定于一国的基本经济制度,所以物权法存在的社会基础也就是一国的基本经济制度和经济政策。我国是社会主义国家,公有制是社会主义的经济基础,坚持社会主义也就要坚持以公有制为主体;同时,我国现处于社会主义初级阶段,这一阶段的社会生产力发展水平决定了必须坚持多种所有制经济并存和共同发展,因此,公有制为主体、多种所有制经济共同发展,按劳分配为主体、多种分配方式并存,社会主义市场经济体制等也就成为我国的基本经济制度。我国的物权法制度必然要反映和维护这一基本经济制度。为巩固和发展公有制经济,鼓励、支持和引导非公有制经济的发展,物权法不仅确立国家产权和集体产权，而且也确立私人产权，对各种产权给予一体的平等保护。我国实行社会主义市场经济，市场经济要求主体平等地自愿通过市场公平地配置各种资源，因此，为维护和发展社会主义市场经济，保障一切市场主体具有平等的地位和发展权利，物权法必须合理地确定产权归属，坚持平等保护、公平竞争、优胜劣汰的市场法则。

五、物权法原则

（一）物权平等原则

第二百零七条　国家、集体、私人的物权和其他权利人的物权受法律保护，任何组织或者个人不得侵犯。

本条规定了物权平等原则。

平等原则是民法的基本原则。这一原则在物权法中的体现就是物权平等。公有制为主体、多种所有制经济共同发展的基本经济制度决定了我国不仅有国家物权、集体物权，也有私人物权以及法人物权等不同主体的物权。各种不同主体的物权并无强弱之分、优劣之别，它们受法律的同等保护，任何单位和个人不得侵犯任何人的任何物权。不可否认，在现实观念中，由于受各种错误思潮的影响，特别是受"左"倾思想的影响，有的认为，国家物权强于集体物权，集体物权强于私人物权；有的认为对于国家和集体物权必须予以特别保护，而不能给予与私人物权同等的保护。正是为了纠正对不同物权的不平等观念，物权法特别强调物权的平等原则，重申各种物权都平等受法律保护，都具有不可侵犯性。

（二）物权法定原则

所谓物权法定原则，又称物权法定主义，是指物权的种类和内容等都是由法律明确规定的，当事人不得任意创设法律没有规定的物权或者变更物权的法定内容。《民法典》第116条规定，"物权的种类和内容，由法律规定。"

物权法定是物权区别于债权的又一个重要特征。债权的一个特点是任意性，即当事人可以任意依法创设债权和确定债权的内容；而物权具有法定性，当事人不能任意创设。物权法定主要包括以下三方面的内容：

（1）物权的种类法定。物权的种类法定又称物权种类强制，是指物权的种类是法律直接规定的，当事人不得创设法律未规定的物权类型。如，我国物权法未规定不动产质权，当事人就不得设立不动产质权。若当事人约定在不动产上设立质权担保，则该约定无效，不能成立不动产质权。

（2）物权的内容法定。物权的内容法定又称物权的内容强制，是指物权的基本内容是由法律直接规定的，当事人不能创设与法律规定不同的物权内容。如，我国物权法规定，抵押权的内容不包括对抵押物的使用收益权，当事人如约定抵押权人可以对抵押物进行使用收益，则因该约定创设了与法律规定相冲突的抵押权的内容而无效。需注意的是，物权的内容法定并非指当事人不得约定物权的内容，而仅指当事人不得约定违反法律规定的物权内容。例如，地役权的具体内容就是由当事人自行约定的，不过当事人约定的地役权的内容不得违反法律的规定。

（3）物权公示方法法定。物权公示方法法定又称物权公示方式强制,是指物权的公示方法是由法律规定的,当事人不能以法律没有规定的方法公示物权。如,依法律规定,不动产物权的公示方法为登记,当事人不能约定仅以占有的方式公示不动产物权。

物权法定是近代民法中确立的一项原则。我国物权法之所以确立物权法定原则,主要是基于以下三方面的原因:一是为了实现物尽其用。一物之上可有不同的物权,以更好地利用物的使用价值和价值。为使各项不同的物权不冲突、不重叠,以发挥物尽其用的效益,法律须对物权的种类和内容做出规定。当事人按照法律规定创设物权,不仅可以节省交易成本,而且可以定分止争,避免无益的权利冲突。若任由当事人自由创设物权的种类和内容,则会因当事人在物上设定各种限制和负担导致权属不清,而影响物的效益的充分发挥。二是为了维护交易安全。物权为对世权和绝对权,具有强烈的排他性,因此,物权关系必须清晰,使交易当事人能够从客观上明确物权的归属,这样才能使交易便捷安全地进行,不至于影响交易的效率和损害第三人的利益。因此,法律规定物权的种类和公示方式,以使物上的权属透明,不至于因物上的权属不明不清而影响交易安全。如果任由当事人创设物权种类和决定公示方式,则第三人难以从客观上明了物权的状态,会增加交易成本,影响交易安全。例如,物权法规定了动产质权,动产质权以占有为公示方式。如果当事人约定动产质权仍由出质人占有,那么第三人就难以从客观上知道该动产上设定了质权,第三人与出质人的交易就会不安全。三是为了维护国家的基本经济制度。如前所述,一国的物权制度决定于并维护该国的基本经济制度。近代民法之所以实行物权法定的一个重要原因就是为了整理旧物权，防止封建物权的复活而动摇资本主义的经济基础。我国物权法实行物权法定，是为了维护我国的社会主义经济制度。例如，我国的基本经济制度是坚持公有制为主体、多种所有制经济共同发展。基于这一经济制度，我国的土地等自然资源属于国家和集体所有，但私人可享有自然资源的使用收益权。如果任由当事人创设物权，当事人创设自然资源的私人所有权，就会动摇公有制的主体地位。

需要说明的是，物权法定中的"法"是指法律且仅限于法律，而不包括国务院制定的行政法规，更不能包括国务院各部委制定的部门规章和地方性法规。

当然，物权法定原则会导致物权僵化的不利一面，因此，各国物权法对物权法定原则也有缓和的趋势。对于某一权利，尽管法律中未规定为物权，若习惯上认可其具有物权的效力，则可认定该项权利具有物权效力。有学者提出，我国应坚持物权法定主义不动摇，在此前提下，鉴于这一主义之局限并因应社会生活发展、变迁的需要，也应对物权法定主义进行扩大解释。[①]

（三）物权公示原则

第二百零八条 不动产物权的设立、变更、转让和消灭，应当依照法律规定登记。动产物权的设立和转让，应当依照法律规定交付。

本条规定了物权公示原则。

所谓物权公示，是指以一定的公开的、外在的、易于查知

---

① 梁慧星、陈华彬：《物权法》（第五版），法律出版社2010年版，第71—72页。

的方法展示出物权存在的状况。因为物权是排他性的支配权、对世权,若不能依一定的方式公开物权的状态,则不利于维护物权人的权利和维护经济秩序,也不利于维护第三人的利益。物权以法定公示方式公示出来,他人就可以从外部清楚地了解物上的物权的状态,从而也就可以放心地进行交易,也就不会无意地侵害物权人的权利。物权的公示方式是由法律直接规定的,不得由当事人自行约定。也就是说,当事人必须以法定的公示方式而不能以法律未规定的方式展现其物权。这也就是物权法上的公示原则。

一个物上的物权状态并非静止不变而是会变化的,也就是说物权也是会变动的。物权的变动是指物权的发生、变更和消灭。从主体方面看,物权的变动也就是物权的取得、变更和丧失。

物权的取得即物权的发生、物权的设立,是指特定的权利主体原来没有物权而取得物权。物权的取得包括原始取得和继受取得。物权的原始取得,是指不以他人的权利和意思为依据,而依据法律的直接规定取得物权。物权的原始取得有两种情形:一是在物上第一次取得所有权,例如,因房屋的建成而取得房屋所有权,因生产出产品而取得产品所有权;二是不依赖于原所有权人的意志而取得物权,例如,国家基于没收取得被没收的物品的所有权。物权的原始取得是独立于原权利人的权利内容的,基于原始取得而取得物权的人一般不会再负担原有的物上的负担。物权的继受取得又称为传来取得,是指以他人的权利及意思而取得物权。物权的继受取得以他人享有物权为前提,无他人的物权的存在,也就不会发生物权的继受取得。物权的继受取得包括两种情形:一是物权的创设取得,即在他人的物权之上设立一个新物权。如基于在他人的不动产上设立用益物权而取得用益物权，基于在他人的建设用地使用权上设立抵押权而取得抵押权；二是物权的转移取得，即基于一定的法律事实，物权从一个主体转移给另一主体。例如，基于继承被继承人的遗产，物权转移给继承人。再如，基于买卖，物权从出卖人转移给买受人。从原来的物权人的角度说，这也就是物权的让与。

物权的变更有广义与狭义之分。广义的物权变更是指物权的主体、内容、客体的变更。因物权主体的变更实质是物权的取得和消灭问题，所以狭义的物权变更仅指物权的客体和内容的变更，而不包括主体的变更。物权的客体变更，是指作为物权客体的物发生部分改变。例如，作为客体的物因附合而增加或者因部分灭失而减少。物权客体变更，使物权人的支配范围扩大或者缩小，因此，物权客体的变更实际上是物权量的增加或减少。物权的内容的变更是指在不影响物权的整体属性的情形下物权的内容的改变。例如，抵押权所担保的债权范围减少，用益物权的权利期限延长。物权的内容的变更属于物权的质的变更。

物权的消灭，是指权利人丧失物权。物权消灭分为相对消灭与绝对消灭。物权的相对消灭，是指物权人丧失物权而由他人取得物权。从取得人方面看，物权的相对消灭即为物权的取得。物权的绝对消灭是指物权人丧失物权也不能再由他人取得该物权。如，物权因客体毁灭而消灭，他物权因期限届满而消灭。通常所讲的物权消灭是指物权的绝对消灭。

物权公示原则要求公示的是静态的物权还是物权的变动呢？

对此有不同的观点。一种观点认为,物权公示的对象既包括静态的物权,也包括动态的物权。因为2017年《物权法》规定的"不动产物权的设立、变更、转让和消灭"以及"动产物权的设立和转移"都属于物权的变动即动态的物权。另一种观点认为,物权公示所公示的对象是静态的物权,而不包括动态物权。《物权法》上述的规定并不意味着物权公示的对象是物权的变动。因为,不论是不动产物权的设立、变更、转让和消灭还是动产物权的设立和转移,仅是一个物权的变动方式,物权的变动结果是由某主体取得物权或是丧失物权。因此,应公示的是这些情形下导致的物权状态,而不是指公示物权状态是如何发生的。因为对于社会公众和交易第三人来说,所关心的是物上是否存在物权,存在何人的何种物权。至于该物权人是如何取得该物权或者如何丧失该物权的,并不关系对物权的保护和交易安全。[1]

物权的公示方式,因不动产物权和动产物权而不同。依物权法规定,"不动产物权的设立、变更、转让和消灭,应当依照法律规定登记。"因此,登记为不动产物权的公示方式。同时,物权法规定:"动产物权的设立和转让,应当依照法律规定交付。"那么,交付是否是动产物权的公示方式呢?对此有不同的理解。一种理解是交付是动产物权的公示方式,另一种理解是交付并不是动产物权的公示方式,而是动产物权变动的要件,即动产物权的设立和转让只有交付才能发生物权变动。交付是占有的移转,占有又有直接占有与间接占有之分,交付包括现

---

[1] 参见郭明瑞:《关于物权公示公信原则诸问题的思考》,载《清华法学》2017年第2期,第29—30页。

实交付、简易交付，也包括占有改定。交付只是表征着动产权利的有效取得，而不能表征何人享有动产物权。能够表征何人享有动产物权的只能是直接占有，因为只有直接占有才是对物的现实的事实上的管领和控制，因此，只有直接占有才是动产物权的公示方式。物权法强调依照法律规定交付，是从动产物权的设立与转让效力上讲的；从动产物权的公示上说，交付突出的是直接占有的移转。[①]

物权公示原则对于维护交易安全和物权秩序具有极为重要的意义。因为依法律规定方式公示出的权利状态具有使社会一般人信赖其正确的效力，即使公示出的物权状态与真实的物权状态不一致，法律对信赖公示的第三人从公示的物权人处所取得的权利仍予以保护。这也就是所谓的公信原则。可见，物权的公示原则与公信原则是联系在一起的。[②] 公信原则赋予公示的物权以公信力，包括权利正确性推定效力和善意保护效力两方面内容。

权利正确性推定效力，是指以法定方式公示出的物权，具有使社会一般人信赖其为真实的正确的物权的效力。依据权利正确性推定效力，不动产登记簿上记载某人享有某项物权，应推定该人享有该项登记的物权；某人享有的某项不动产物权在不动产登记簿上已经注销的，应推定该人不再享有该项物权；

[①] 《物权法草案》(第三稿)第4条规定："记载于不动产登记簿的人是该不动产的权利人，该动产的占有人是该动产的权利人，但有相反证据证明的除外。法律规定不经登记即可取得物权的，依照其规定。"这一规定明确指出，动产的公示方式为占有。

[②] 当然，也有学者认为，物权公示与公信之间没有必然的联系。见曾祥生：《不动产物权登记之公信力问题研究》，载《法学论坛》2015年第4期，第37页。

某人占有某项财产，推定该人有权占有；动产占有人对其占有的动产实施某一行为时，应推定该人依法享有实施该行为的权利，如占有人对占有物行使所有权时推定其享有所有权，占有人行使质权时推定其享有质权。即使公示出来的权利状态与真实的物权状态不相符，对于善意第三人而言也都应当被认为公示出的物权是正确的。

善意保护效力，是指法律对因信赖物权公示而从公示的权利人处善意取得物权的第三人，予以强制保护，使其免受任何人追夺的效力。也就是说，如果公示出来的物权状态与真实的物权状态不一致，因信赖公示出来的物权状态而与公示表征的权利人进行交易的，可以从非真正的物权人取得相应的物权。这也就是善意取得规则。善意取得为物权公示的善意保护效力的典型表现。善意保护效力对于保护交易安全和减少交易成本有重要意义。

第二章　物权的设立、变更、转让和消灭

第一节　不动产登记

一、不动产登记的含义与种类

不动产登记是指不动产登记机构依法将不动产权利归属和其他特定事项，记载于不动产登记簿的行为。

不动产登记所登记的并非不动产而是不动产的权利状态。依照《不动产登记暂行条例》第5条规定，集体土地所有权，房屋等建筑物、构筑物所有权，森林和林木所有权，土地承包经营权、建设用地使用权、宅基地使用权、海域使用权、地役权、抵押权，以及法律规定需要登记的其他不动产权利，都应依照规定办理登记。由于办理不动产登记的机构是国家设立的行政机构，因此关于不动产登记的性质就有不同的观点，主要有行政行为说、私法行为说与双重行为说。行政行为说认为，登记属于行政行为，因为登记机构是国家的行政机构，进行不动产登记是登记机构履行行政管理职能。私法行为说认为，登记属于私法行为，因为登记是发生私法效果的法律事实。双重行为说认为，不动产登记兼具行政行为和私法行为双重性质，

不动产登记是借国家的行政行为发生私法上不动产物权变动效果的法律事实。

不动产登记在不动产物权变动中有重要意义。不动产物权变动包括不动产物权的设立、变更、转让和消灭，相应的不动产登记也就包括首次登记、变更登记、转移登记、注销登记等。

不动产首次登记是指不动产权利第一次登记，包括初始登记和他项权利登记。初始登记是指不动产所有权人对其权利进行的第一次登记。初始登记有公示不动产物权的效力，但不是不动产物权变动的要件。如合法建成建筑物后办理的建筑物所有权登记，即为初始登记。他项权利登记是指不动产所有权以外的其他不动产物权的登记，也就是他物权的登记。凡设立他物权的，都应依法办理他项权利登记。例如，在不动产上设立抵押权后办理的抵押权登记，即为他项权利登记。

不动产变更登记是指不动产物权发生变更时所作的登记。狭义的不动产变更登记仅是物权的内容、客体等发生变化时所进行的登记。广义的不动产变更登记包括转移登记。不动产转移登记是指不动产的权利主体变更即不动产的物权从一主体转移给另一主体所进行的登记。

注销登记是指不动产物权归于消灭时所进行的登记。自办理注销登记起，不动产物权从法律上消灭。

二、不动产登记的效力

第二百零九条　不动产物权的设立、变更、转让和消灭，经依法登记，发生效力；未经登记，不发生效力，但法律另有规定的除外。

依法属于国家所有的自然资源，所有权可以不登记。

本条规定了不动产登记在不动产物权变动中的效力。

关于不动产登记在物权变动中的效力，从各国立法看，主要有两种立法例。一是登记对抗要件主义。采这种立法例的国家，规定不动产登记为不动产物权的公示方式，登记具有公示效力，未经登记的不动产物权可以变动但不具有对抗第三人的效力。法国、日本等国采取此种立法例；二是登记生效要件主义。采这种立法例的国家，规定不动产登记是不动产物权变动的生效要件，具有使不动产物权变动生效的效力，不动产物权变动未经登记不发生变动的效力。德国等即采取登记生效要件主义。一般来说，在不动产物权变动上采取意思主义的国家，不动产登记仅是不动产物权的公示方式；而在不动产物权的变动采取形式主义的国家，不动产登记不仅为不动产物权的公示方式，也是不动产物权变动的生效要件。从本条规定看，我国物权法虽原则上采取第二种立法例，但未完全采取第二种立法例。

不动产物权的变动包括不动产物权的设立、变更、转让和消灭，不动产物权变动的后果，即是不动产物权（包括变更后的物权）的取得和消灭。严格地说不动产物权变动是一个动态过程，那么在这一过程中何时发生物权变动的后果呢？依物权法规定，经依法登记后，不动产物权的变动发生效力，即自办理不动产登记之时起，不动产物权才发生变动；除法律另有规定外，未经登记，不动产物权的变动不发生效力。例如，当事人设立用益物权的，经办理用益物权的首次登记后用益物权才成立；当事人转让不动产物权的，经办理转移登记后受让人方取得转让的不动产物权。可见，不动产物权登记不仅是不动产物权的公示方式，也是不动产物权变动的生效要件。但是法律另有规定的，不动产物权的变动不经登记，也可发生变动的效力。法律的另外规定，包括以下三种情形：

其一，法律规定登记仅为不动产物权的公示方式，而不是不动产物权变动的生效要件。于此情形下，未经登记就可以发生不动产物权变动的效力，但此种不动产物权变动不具有对抗善意第三人的效力。例如，依法律规定，登记不是土地承包经营权变动的生效要件，因此，甲将其土地承包经营权转让给乙，虽未经登记乙也可取得该土地承包经营权，但乙所取得的土地承包经营权不能对抗善意第三人。

其二，非因民事法律行为而发生的不动产物权变动。不动产物权的变动也须以一定的法律事实为根据。能够引发不动产物权变动的法律事实包括民事法律行为、事实行为、司法行为及行政行为等。只有基于民事法律行为发生的不动产物权变动，才会以登记为不动产物权变动的生效要件。凡不是基于民事法律行为发生的不动产物权变动，依照法律规定，都不以登记为生效要件。也就是说，不是基于民事法律行为发生的不动产物权变动，即使未经登记，当事人也可取得相应的不动产物权。

其三，自然资源的国家所有权无须登记。在我国，自然资源归国家所有和集体所有，依法属于国家所有的自然资源，即使未登记，也由国家享有所有权。但集体所有的自然资源，其所有权应经登记。

三、不动产登记的登记机构和登记制度的统一

第二百一十条 不动产登记，由不动产所在地的登记机构办理。

国家对不动产实行统一登记制度。统一登记的范围、登记机构和登记办法，由法律、行政法规规定。

本条规定了办理不动产登记的登记机构和登记制度的统一。

不动产登记机构，是办理不动产登记的法定机构。不动产登记机构对不动产登记是实行地域管辖的，不同的不动产登记机构仅办理依法确定的本区域内的不动产登记，当事人也只能向有管辖权的不动产登记机构申请办理不动产登记。依物权法规定，我国不动产登记机构实行属地管辖，即不动产登记机构管辖不动产所在地的不动产登记。这样既有利于当事人申请办理不动产登记，体现便民原则，又有利于登记机构掌握不动产状况，减少登记成本。依《不动产登记暂行条例》规定，不动产跨县级行政区域的，不动产登记由所跨县级行政区域的不动产机构分别办理；不能分别办理的，由所跨县级行政区域的不动产登记机构协商办理；协商不成的，由共同的上一级人民政府不动产登记主管部门指定办理。

为保护不动产物权人的合法权益，方便人民办理不动产登记，不动产登记应坚持两项基本原则：一是不动产登记机构的唯一性，即在一个辖区内只能有一个登记部门，而不能由两个以上的不动产登记部门办理不动产登记；二是不动产登记资料的完整性，即同一个登记区域内的不动产登记资料只能由一个登记部门来建档封存，而不能分别由几个不动产登记部门分别

保管。然而，在物权法制定之时，我国的不动产登记的现状可谓"九龙治水"，根本不符合上述这两项原则的要求。因此，物权法强调国家对不动产登记实行统一登记制度。统一登记的范围、登记机构和登记办法，由法律、行政法规规定。《物权法》施行后，国务院于2014年11月制定颁布了《不动产登记暂行条例》，规定了不动产统一登记的范围、登记机构和登记办法。

四、不动产登记申请人的义务

第二百一十一条　当事人申请登记，应当根据不同登记事项提供权属证明和不动产界址、面积等必要材料。

本条规定了不动产登记申请人的义务。

不动产登记实行申请主义，须经当事人向登记机构提出申请方可办理。未经当事人申请，不动产登记机构不得主动进行不动产登记。当事人申请不动产登记的，应当到不动产登记机构办公场所申请办理不动产登记，并应根据不同登记事项提供必要材料。依《不动产登记暂行条例》第16条规定，申请人应当提交下列材料，并对材料的真实性负责：（1）登记申请书；（2）申请人、代理人身份证明材料、授权委托书；（3）相关的不动产权属来源证明材料、登记原因证明文件、不动产权属证书；（4）不动产界址、空间界限、面积等材料；（5）与他人利害关系的说明材料；（6）法律、行政法规以及不动产登记暂行条例实施细则规定的其他材料。

五、不动产登记机构的职责和行为规制

第二百一十二条　登记机构应当履行下列职责：
（一）查验申请人提交的权属证明和其他必要材料；
（二）就有关登记事项询问申请人；
（三）如实、及时登记有关事项；
（四）法律、行政法规规定的其他职责。
申请登记的不动产的有关情况需要进一步证明的，登记机构可以要求申请人补充材料，必要时可以实地查看。

第二百一十三条　登记机构不得有下列行为：
（一）要求对不动产进行评估；
（二）以年检等名义进行重复登记；
（三）超出登记职责范围的其他行为。
上两条分别规定了登记机构的职责和行为规制。

（一）登记机构的职责

登记机构的基本职责就是查验申请人的登记申请，依当事人的申请办理不动产登记。在登记机构审查当事人申请上，有形式审查主义和实质审查主义两种不同的制度。依照形式审查主义，登记机构对于申请人的登记申请，仅仅进行形式上的审查，只要申请人提供的材料形式上没有瑕疵，就应予以登记，至于登记证上所记载权利事项有无瑕疵，则在所不问。依照实质审查主义，登记机构对于申请人申请登记的事项应进行实质性的审查，而不以申请书形式上的内容为准，应确保登记的权属状况与真实状况一致。因此，实行实质审查主义有利于保障

登记事项的真实性。而实行审查形式主义,登记所载权利状态是否真实,相对地缺乏保障。当然,实行实质审查主义,登记机构的注意义务要求更高,责任更重。鉴于我国的登记机构为国家机关,难以承担对所有申请完全进行实质审查的责任,因此,我国物权法采取了折衷的做法,对当事人的申请采取以形式审查为主,实质审查为辅的模式。登记机构查验申请人提供的权属证明和其他必要材料以及询问申请人,都属于形式审查。登记机构进行实地查看,则属于实质审查。依《不动产登记暂行条例》第19条规定,属于下列情形之一的,不动产登记机构可以对申请登记的不动产进行实地查看:(1)房屋等建筑物、构筑物所有权首次登记;(2)在建建筑物抵押权登记;(3)因不动产灭失导致的注销登记;(4)不动产登记机构认为需要实地查看的其他情形。如可能存在权属争议,或者可能涉及他人利害关系的登记申请,不动产登记机构可以向申请人、利害关系人或者有关单位进行调查。

不动产登记机构审查当事人的登记审查,认为符合要求的,应如实、及时登记有关事项。登记申请有下列情形之一的,不动产登记机构应当不予登记,并书面告知申请人:(1)违反法律、行政法规规定的;(2)存在尚未解决的权属纠纷的;(3)申请登记的不动产权利超过规定期限的;(4)法律、行政法规规定不予登记的其他事项。

(二)不动产登记机构的行为规制

不动产登记机构为行使公权力的国家机构。凡行使公权力的机构,就潜藏着以权力寻租的腐败风险。为了避免不动产登记机构以权谋私，防止其追求机构利益而损害人民利益，维护物权人的权益，法律有必要对登记机构的行为予以限制。

在物权法制定前，现实生活中确实存在登记机构以其权力作为谋利的手段，不以服务人民为宗旨，而以收费为目的等各种不良现象，不仅败坏了社会风气，也损坏党和国家的形象。因此，物权法特别规定登记机构不得实施以下行为：

1. 要求对不动产进行评估。不动产登记是应申请人的申请对不动产物权变动所发生的权属予以确认，除法律另有规定外不动产登记是不动产物权变动的生效要件，也是不动产物权的公示方式，因而与不动产的价值并无关系。不动产的价值多少，只是关系当事人利益，应由当事人自己决定，而不应作为予以登记的条件。在登记时登记机构要求对不动产进行评估，只能加重当事人的负担，为评估机构谋利，并不能提高服务质量甚至只能降低人民对登记机构的信任，因此，登记机构不得要求对不动产进行评估。

2. 以年检等名义进行重复登记。不动产物权在登记后，只要再未发生物权变动，登记所公示的权利状况就没有变化，因此，也就没有必要再重新进行登记。登记机构以年检等各种名义进行重复登记，只是为谋取部门利益创造条件，对于权利人的权利保护并无任何意义，只能徒增当事人的负担。所以，登记机构不得以年检等名义进行重复登记。

3. 超出登记职责范围的其他行为。登记机构只能实施与履行登记职责相关的必要行为，超出登记职责范围的其他行为是其无权实施的。登记机构若实施超出登记职责范围的其他行为，则会构成权力滥用，应依法承担相应的法律责任。因此，登记机构不得实施超出登记职责范围的其他行为。

六、不动产物权变动的生效时间

第二百一十四条 不动产物权的设立、变更、转让和消灭，依照法律规定应当登记的，自记载于不动产登记簿时发生效力。

本条规定了不动产物权变动的生效时间。

关于不动产物权变动即设立、变更、转让和消灭发生效力的时间，各国有不同立法例。在对不动产物权的变动采用登记对抗主义的国家，登记仅为不动产物权的公示方式，而不是不动产物权变动的形式要件，不动产物权的变动依当事人的合意即可发生效力，因此，不动产物权变动的生效时间依当事人的合意而定，但未经登记的不动产物权不能对抗第三人。在对不动产物权的变动采用登记要件主义的国家，不动产登记不仅是不动产物权的公示方式，也是不动产物权变动的生效要件，不动产物权的变动除有当事人的合意外还需经登记才能发生效力，因此，不动产物权的变动也就自登记时才生效。如前所述，我国物权法对不动产物权的变动采用的立法例是以登记生效为原则，不需登记为例外。因此，法律规定应当登记的不动产物权，不动产物权的设立、变更、转让和消灭，自登记时生效；而法律未规定以登记为生效要件的不动产物权的变动，则不以登记时间为生效时间。这里的登记时，也就是登记机构将不动产的设立、变更、转让和消灭发生的权属和其他相关事项记载于不动产登记簿时，既不是申请人申请登记的时间，也不是登记机构向当事人颁发权属证书的时间。

七、物权变动与合同效力的区分原则

第二百一十五条 当事人之间订立有关设立、变更、转让和消灭不动产物权的合同,除法律另有规定或者当事人另有约定外,自合同成立时生效;未办理物权登记的,不影响合同效力。

本条规定了不动产物权变动与合同效力的区分原则。

如前所述,不动产物权的变动,既可基于民事法律行为发生,也可基于其他法律事实发生。当事人双方实施有关设立、变更、转让和消灭不动产物权的民事法律行为,也就是订立合同。因为不动产物权的变动,依照法律规定应当登记的,自登记时不动产物权才发生变动。当事人之间订立关于不动产物权设立、变更、转让和消灭的合同,虽然有了双方物权变动的合意,但是不动产物权的变动未必就发生效力。因为不动产物权的变动是否发生效力,与当事人之间关于不动产物权变动的合同是否发生效力,是两回事,因此必须将设立、变更、转让和消灭不动产物权的合同的效力和不动产物权变动的效力区分开来,不能将二者混为一谈。当事人之间订立的有关不动产物权设立、变更、转让和消灭的合同是否发生效力,应依合同法和民法总则关于合同和民事法律行为效力的规定而定,而不能以物权法规定的物权是否变动为准。当事人之间订立的有关物权变动的合同无效的,不动产物权不能发生变动;但当事人之间订立的合同有效,而依物权法规定不动产物权变动应登记而未登记的,也不能发生不动产物权的变动。不动产物权变动不生效,并不影响当事人之间订立的关于不动产物权变动的合同的效力。例如,当事人之间订立房屋买卖合同,未办理房屋所有权变更登记，不发生房屋所有权变动的效力，买受人并未取得房屋所有权。但是，只要当事人之间的买卖合同符合合同法规定的合同有效条件，该买卖合同就是有效的，而不能因房屋所有权未变更而否定房屋买卖合同的有效。

八、不动产登记簿的效力

第二百一十六条　不动产登记簿是物权归属和内容的根据。
不动产登记簿由登记机构管理。

本条规定了不动产登记簿的效力。

不动产登记簿是记载不动产上权利状态并备存于特定的不动产登记机构的文件。依《不动产登记暂行条例》第8条规定，不动产登记簿应当记载的事项包括：（1）不动产的坐落、界址、空间界限、面积、用途等自然状况；（2）不动产的权利主体、类型、内容、来源、期限、权利变化等权属状况；（3）涉及不动产权利限制、提示的事项；（4）其他相关事项。依物权法关于不动产登记的规定，不动产登记是不动产物权的法定公示方式，不动产登记簿记载的物权归属和内容具有公信力，是确定物权归属和内容的法定根据。也就是说，不动产登记簿上记载的物权归何人享有，即推定该物权归该人享有；不动产物权登记簿上记载的物权的内容即推定为该物权的内容。对于第三人来说，不动产登记簿上关于不动产物权的记载就是真实的。

由于不动产登记簿是物权归属和内容的根据，具有公示公信力，因此，不动产登记簿须妥善保管，以便于查询和避免被随意改动、损毁。依物权法规定，不动产登记簿由登记机构管理。任何人不得损毁不动产登记簿，除依法予以更正外不得修改登记事项。

九、不动产登记证书的效力

第二百一十七条 不动产权属证书是权利人享有该不动产物权的证明。不动产权属证书记载的事项，应当与不动产登记簿一致；记载不一致的，除有证据证明不动产登记簿确有错误外，以不动产登记簿为准。

本条规定了不动产权属证书的效力。

不动产权属证书，是由不动产登记机构于完成不动产登记后依法向申请人核发的不动产权属证书，是证明不动产权属的书面凭证。因此，不动产权属证书记载的事项，应当与不动产登记簿的记载相一致；记载不一致的，除有证据证明不动产登记簿确有错误外以不动产登记簿为准，而不能以权属证书为准。而在确有证据证明不动产登记簿有错误时，则应办理更正登记。

不动产权属证书的作用主要是为了保证登记的秩序和安全，申请人取得权属证书证明登记机构已经完成了相应的不动产物权的登记。不动产权属证书具有证明权利人享有证书上记载的不动产物权的证据效力，在不动产交易中能够起到证明出让人享有相应权利的证明作用。但不动产权属证书不是确定不动产物权归属和内容的根据，因此不动产权属证书在交易中所起的证明作用也仅仅是初步的证明，交易相对人不能完全依赖于不动产权属证书的记载而信赖交易的权利的真实性。

十、不动产登记信息的公开和利用

第二百一十八条　权利人、利害关系人可以申请查询、复制登记资料，登记机构应当提供。

第二百一十九条　利害关系人不得公开、非法使用权利人的不动产登记资料。

上两条规定了不动产登记信息的公开和利用规则。

不动产物权登记原则上决定不动产物权变动的效力，又是不动产物权的公示方式。因此，不动产物权的登记信息应当公开，以保障公众的知情权。但是，由于不动产登记簿记载的信息会涉及个人的隐私。因此，为保障当事人的隐私，对于不动产登记信息的公开不能不予以限制。物权法为平衡各方的利益，既未采取要求登记信息应向全社会公开的做法，也未采取对登记信息予以保密的做法，而是规定了不动产登记的信息有限度的公开，一方面不动产登记信息应予以公开，另一方面不动产登记信息的公开又受一定的限制。依物权法规定，权利人、利害关系人可以依法查询、复制不动产登记资料。这里的权利人是指不动产登记记载的物权享有人；利害关系人是指与权利人进行交易的当事人或者其他有利害关系的人。权利人、利害关系人依法查询不动产登记资料时，不动产登记机构应当提供，不得以保护他人隐私等理由拒绝公开。有关国家机关也可以依照法律、行政法规的规定查询、复制与调查处理事项有关的不动产登记资料。查询不动产登记资料的单位、个人应当向不动产登记机构说明查询目的，不得将查询获得的不动产登记资料用于其他目的；未经权利人同意，不得泄露查询获得的不动产登记资料。利害关系人可以查询和合理利用权利人的不动产登记资料，但不得公开、非法使用权利人的不动产登记资料。

十一、不动产物权的更正登记和异议登记

第二百二十条 权利人、利害关系人认为不动产登记簿记载的事项错误的，可以申请更正登记。不动产登记簿记载的权利人书面同意更正或者有证据证明登记确有错误的，登记机构应当予以更正。

不动产登记簿记载的权利人不同意更正的，利害关系人可以申请异议登记。登记机构予以异议登记的，申请人在异议登记之日起十五日内不提起诉讼，异议登记失效。异议登记不当，造成权利人损害的，权利人可以向申请人请求损害赔偿。

本条规定了不动产物权的更正登记和异议登记。

（一）更正登记

不动产物权的更正登记是指权利人或者利害关系人有证据证明不动产登记簿记载的事项确有错误，经其申请，由登记机构依法定程序对记载的错误事项予以更正的登记。更正登记并非是物权变动的要件，其目的是使不动产登记簿的记载与不动产物权的真实状况相一致。

更正登记应具备以下条件：（1）申请人是权利人、利害关系人。这里的权利人是指真正的物权人，既可以是登记的权利人，也可以是未登记的权利人；利害关系人是指因登记错误会对其权益造成不利影响的人，包括债权人、用益物权人、担保

物权人等。(2)经登记簿上记载的权利人同意,或者申请人有证据证明登记确有错误。登记簿上记载的权利人认为登记有错误,申请更正登记的,登记机构应其申请应当予以办理更正登记。若其他人申请更正登记,则须经登记簿上记载的权利人书面同意,才可办理更正登记;否则,登记机构不能办理更正登记。若申请人确有足够的证据证明登记错误的,登记簿上记载的权利人不同意,登记机构也应予以更正登记。

因为更正登记可能会影响相关权利人的利益,所以登记机构办理更正登记的,应当书面通知相关权利人。

(二)异议登记

异议登记,是指利害关系人申请更正登记而登记簿上记载的权利人不同意更正,对登记的物权状况提出异议的登记。异议登记的目的,"在于对抗现时登记的权利的正确性",即中止不动产登记正确性推定效力及公信力,以维护事实上的权利人和真正的权利状态。其实质是对现时登记权利人的处分权设置限制,使其在一定期限内不能按照登记的内容处分不动产物权。[①]

异议登记应具备以下两个条件:(1)利害关系人有证据初步证明登记簿上的记载有错误。若利害关系人无任何证据证明登记簿上的记载有错误,则其不得申请更正登记;若其有足够证据证明登记确有错误,则登记机构应进行更正登记,也就不必申请异议登记。(2)不动产登记簿上记载的权利人不同意更正

---

① 梁慧星:《中国民法典草案建议稿附理由·物权编》,法律出版社2013年版,第51页。

登记。如果登记簿上记载的权利人书面同意更正登记，则登记机构可直接进行更正登记，申请人自然没有申请异议登记的必要。正是因为登记簿上记载的权利人不同意更正登记，而申请人又认为登记错误，才需要办理异议登记，以待一定时间后确认登记簿上的记载是否错误。

异议登记并不具有确认物权归属和内容的效力，只能起到阻止登记簿上记载的权利人对不动产现时处分的作用，因此，异议登记只是一种临时性的保护措施。申请人在办理异议登记后，应当及时起诉，请求法院确认登记确有错误。在异议登记后15日内申请人未起诉的，异议登记也就失去效力。但是，异议登记因为申请人在15日内未起诉而失效的，并不意味着申请人的异议就没有根据。最高人民法院《关于适用〈中华人民共和国民法典〉物权编的解释（一）》（以下简称《物权编解释（一）》）第3条规定，异议登记的事由失效后，当事人提起民事诉讼，请求确认物权归属的，应当依法受理。异议登记失效不影响人民法院对案件的实体审理。

申请人的异议被确定不成立的，申请人应当对因异议登记而给权利人造成的损害负赔偿责任。

十二、不动产物权的预告登记

第二百二十一条 当事人签订买卖房屋的协议或者签订其他不动产物权的协议，为保障将来实现物权，按照约定可以向登记机构申请预告登记。预告登记后，未经预告登记的权利人同意，处分该不动产的，不发生物权效力。

预告登记后，债权消灭或者自能够进行不动产登记之日起九十日内未申请登记的，预告登记失效。

本条规定了不动产物权的预告登记。

不动产物权的预告登记又称为预登记，是指为保全一项以将来发生不动产物权变动为目的请求权而实施的提前登记。预告登记所登记的并非物权，而是将来会发生物权变动的请求权，目的是为保障将来实现其请求权。预告登记以当事人之间有关于预告登记的约定为要件，没有当事人之间关于预告登记的约定，不能办理预告登记。依《不动产登记暂行条例实施细则》第85条规定，有下列情形之一的，当事人可以按照约定申请不动产预告登记：（1）商品房等不动产预售的；（2）不动产买卖、抵押的；（3）以预购商品房设定抵押权的；（4）法律、行政法规规定的其他情形。

预告登记的目的主要是为了防止不动产权利人对不动产进行处分而使债权人不能实现取得不动产权利的请求权。关于不动产预告登记的效力有两种不同的做法：一是规定预告登记后，不动产权利人再申请处分登记的，登记机构不予办理；二是不动产权利人在登记后仍可处分不动产，但其处分若损害预告登记权利人，则其处分行为无效。我国物权法采取的是第一种做法。预告登记后未经登记簿上记载的权利人同意，不动产物权人不得处分该物权，其处分该物权也不能发生物权变动的效果。预告登记的效力，依预告登记的内容不同而有所不同。例如，商品房预售登记、不动产买卖登记，预告登记可以保障将来实现物权，使该债权可以发生物权的对世效力。例如，甲开发商与乙订立了房屋买卖合同，当事人办理了预告登记，甲不得再处分合同中约定的房屋。若甲未经乙同意,而将该房屋出卖给丙,则尽管甲与丙之间的买卖合同有效,丙也不能取得该房屋的产权。不动产抵押预告登记的,则可保证抵押权的顺位,已为预告登记的抵押权优先于后设立的抵押权。总的来说,预告登记具有使当事人的请求权可以有对抗第三人的效力。[①]

预告登记虽能在一定程度上保证当事人的请求权具有对世效力,但不能发生不动产物权变动的效力,并不能使登记的权利人据此取得物权。因此,预告登记的效力不能长期存在。预告登记后,可因以下原因导致登记失去效力:

(1)债权消灭。债权消灭,是指当事人间买卖房屋或者其他不动产物权的合同债权消灭。依《物权编解释(一)》第5条规定,预告登记的买卖不动产物权的协议被认定无效、被撤销,或者预告登记的权利人放弃债权的,应当认定为债权消灭。预告登记记载的权利人债权消灭,也就表明预告登记保护的对象不存在,预告登记也就失去原有的意义,自应失去效力。

(2)自能够进行不动产登记之日起90日内未申请登记。预告登记不属于发生物权变动的本登记,只有办理不动产物权变动登记,才能发生不动产物权变动的效力。因为预告登记是对不动产物权人权利的一种限制,若能够进行不动产物权登记而又不及时办理,既会因为限制不动产物权人的处分而不利于不动产物权人,也会因为不能使预告登记人取得不动产物权而不

[①] 最高人民法院《关于人民法院办理执行异议和复议案件若干问题的规定》第30条规定:金钱债权执行中,对被查封的办理了受让物权预告登记的不动产,受让人提出停止处分异议的,人民法院应予支持;符合物权登记条件,受让人提出排除执行异议的,应予支持。

利于预告登记人。因此,当事人应当及时办理不动产物权的变更登记。自能够进行不动产登记之日起 90 天内未办理不动产物权登记的,预告登记即失去效力,预告登记的债权不再具有对世效力。

十三、不动产登记错误的赔偿责任

第二百二十二条　当事人提供虚假材料申请登记,给他人造成损害的,应当承担赔偿责任。

因登记错误,给他人造成损害的,登记机构应当承担赔偿责任。登记机构赔偿后,可以向造成登记错误的人追偿。

本条规定了登记错误的赔偿责任。

不动产登记只有做到登记的事项完全符合客观的真实状况,才能起到保障权利人利益和保障交易安全的作用。但是,不动产登记无论是采取形式审查主义还是实质审查主义都难以做到登记的事项完全符合客观的真实状况,也会出现错误。登记错误会给真正的权利人和利害关系人造成损害,因此,对登记错误负有责任的人应当承担赔偿责任。

因登记错误给他人造成损害,有以下两种情形:

一是当事人提供虚假材料申请登记,给他人造成损害。当事人申请不动产登记,应当如实地向登记机构提供有关材料和反映真实情况,并对其申请材料内容的真实性负责。因为登记机构原则上仅对当事人提交的材料进行形式审查,而不会都实地查看。因此即使当事人申请登记时提供虚假材料,登记机构只要尽到必要的审查义务,也不对登记错误承担责任。因此,基于当事人提供的虚假材料办理登记造成他人损害的，由提供虚假材料申请登记的当事人承担赔偿责任。

二是因登记机构失误造成登记错误，给他人造成损害。申请不动产登记的当事人如实提供了相关材料，但因登记机构的工作人员的过错而造成登记错误。于此情形下，因登记机构工作人员实施的登记行为也就是登记机构的行为，因此，登记机构应当承担赔偿责任。登记机构赔偿后，可以向造成登记错误的人追偿。但这是登记机构内部的责任问题。

如果申请登记的当事人提供虚假材料，登记机构又未尽到必要的审查义务，因此登记错误造成他人损害的，应当如何承担责任呢？物权法对此未做出规定，学者中也有不同的观点。一种观点认为，于此情形下应由申请登记的当事人和登记机构共同承担连带责任。另一种观点认为，于此情形下登记机构应单独承担赔偿责任，登记机构赔偿后，可向提供虚假材料的当事人追偿。依前一种观点，受害人须证明登记机构与申请人有共同过错，而依后一种观点，受害人无须证明申请人与登记机构的过错，而仅需证明登记错误致其损害即可。后一种观点更有利于保护权利人，因为受损害的权利人可以直接起诉登记机构，要求赔偿登记错误造成的损害，而不需就被告的过错负举证责任。还有一种观点认为，对此问题的处理，可借鉴《最高人民法院关于审理涉及公证活动相关民事案件的若干规定》第5条的规定，即"当事人提供虚假证明材料申请公证致使公证错误造成他人损害的，当事人应当承担赔偿责任。公证机构依法尽到审查、核实义务的，不承担赔偿责任，未尽到审查、核实义务的，应当承担与其过错相应的补充责任；明知公证证明材料虚假或者与当事人恶意串通的,承担连带赔偿责任。"

十四、不动产登记收费的限制

第二百二十三条 不动产登记费用按件收取,不得按照不动产的面积、体积或者价款的比例收取。

本条规定了不动产登记收费的限制。

不动产登记是一项有偿的服务行为。因此,登记机构收取必要的登记费用是合理的。但是,登记服务与不动产的面积、体积或者价值并无多大关系,因而按照不动产面积、体积或者价值的比例收取登记费用也就缺乏合理性。不动产登记收取费用的标准不合理,必会影响到当事人申请不动产登记的积极性和公众对政府的信任度,不能实现不动产登记制度的价值功能。因此,法律有必要对不动产登记费用的收取标准做出限制性规定。依物权法规定,不动产登记费用只能按件收取,禁止按照不动产的面积、体积和价款比例收取。

第二节 动产交付

一、交付的含义与形态

交付即是占有的移转,也就是某人将对某物的占有移转给他人。交付包括现实交付和观念交付。

现实交付又称直接交付,是指一方将对物的直接占有移转给另一方。现实交付时,只要交付的一方按照约定的时间和地点,将其直接占有的物置于接受交付一方的控制之下,就为完成交付。现实交付,也不要求交付的一方须将占有的物直接交到另一方的手里,也可采用委托交付的方式交付。例如,交付一方将物交付给承运人运送给另一方,交付一方办理完承运手续即为完成交付。

观念交付是现实交付以外的交付方式,包括简易交付、占有改定、指示交付、拟制交付。简易交付,是指在物权变动时,受让人已经占有该物的,则在物权变动的协议成立之时,视为交付。占有改定,是指物权转让时让与人与受让人特别约定,标的物仍然由让与人继续占有,在物权转让协议成立时,视为交付,受让人取得间接占有。指示交付是指物由第三人占有时,让与人将其对于第三人的返还请求权让与受让人,以代替交付。拟制交付是指让与人将代表标的物权利的有效凭证(如仓单、提单、存款单、票据等)交付给受让人,以代替物的现实交付。

二、交付在动产物权变动中的效力

第二百二十四条 动产物权的设立和转让,自交付时发生效力,但是法律另有规定的除外。

本条规定了交付在动产物权变动中的效力。

关于交付在动产物权变动中的效力,有两种不同的立法例。对物权变动有采意思主义和形式主义两种不同的立法例。依物权变动意思主义,只要有当事人变动物权的合意,物权即发生变动。因此,在对物权的变动采取意思主义的国家立法上,动产物权的变动从当事人达成变动物权的合意之时发生效力,交付不是动产物权变动的要件,而是动产物权的对抗要件,即动产物权变动不交付不能对抗第三人。此种立法例被称为交付对抗主义。例如,甲与乙订立出卖电视机的买卖合同,约定甲将其电视机转让给乙,在甲未将电视机交付给乙之前,电视机所有权可以归属乙,但因未交付,乙享有的电视机所有权不能对抗第三人。只有在电视机交付后,乙的所有权才能对抗第三人。依物权变动形式主义,动产物权的变动不仅须有当事人变动物权的合意,还须有一定的形式要件才能发生变动的效力。在对动产物权的变动采取形式主义的国家立法上,交付是动产物权变动生效的形式要件,仅有当事人之间关于物权变动的合意并不能发生动产物权变动,只有在交付后动产物权才发生变动,在交付前动产物权不能发生变动。

我国物权法原则上是采第二种立法例的,即动产物权的设立和转让自交付时发生效力,但法律另有规定的除外。法律另有规定的除外情况有两种:一是法律的特别规定。例如,因民事法律行为以外的法律事实导致的动产物权变动,依法不以交付为生效要件;二是当事人间有交付不发生物权变动的特别约定。例如,当事人在动产转让协议中约定所有权保留的,则虽交付也并不当即发生所有权转移。

因交付是占有的转移,由此有学者认为,交付也是动产物权的公示方式。但实际上只有直接占有才是动产物权的公示方式,而交付并不都发生直接占有的移转。因此,严格地说,交付只能是动产物权变动的生效要件而不能作为动产物权的公示方式,动产物权的公示方式只能是从外观上就能知晓何人享有物权的对动产的实际直接占有。

三、特殊动产物权变动的登记效力

第二百二十五条　船舶、航空器和机动车等的物权的设立、变更、转让和消灭,未经登记,不得对抗善意第三人。

本条规定了特殊动产物权变动中登记的效力。

特殊动产是指对其权属状态实行登记制度的动产,如船舶、航空器、机动车等。这类动产,学理上有的称之为"准不动产",因为在某些情形下,这类动产物权的变动准用关于不动产物权变动的规定。

特殊动产也为动产,因此,特殊动产物权的变动也以交付为生效要件,但因为对于特殊动产物权登记也为其公示方式,所以,法律规定特殊动产物权变动中交付为物权变动的生效要件,但交付发生的直接占有的移转不具有对抗效力,而登记才具有对抗效力。也就是说,船舶、航空器、机动车等特殊动产物权变动的,虽然自交付时起物权变动生效,但未经登记,不得对抗善意第三人。这里的善意第三人包括哪些人呢?对此有不同的观点。通说认为,这里的第三人仅限于交易第三人。例如,甲将一辆汽车出卖给乙并已交付,自交付时起该汽车的所有权发生变动,乙取得该车所有权。但若当事人未办理变更登记,则乙取得的所有权不具有对抗与甲进行交易的善意第三人的效力。于此场合,如果甲又将该车转让给不知道或者不应当知道甲已经将车出卖给乙的丙，并办理了登记手续，则丙可取得该车所有权，丙可以要求乙还车。依最高人民法院《物权编解释（一）》第6条规定，转让人转让船舶、航空器和机动车等所有权，受让人已经支付合理价款并取得占有，虽未登记，但转让人的债权人主张其为"善意第三人"的，不予支持，法律另有规定的除外。

四、简易交付的构成和效力

第二百二十六条　动产物权设立和转让前，权利人已经占有该动产的，物权自民事法律行为生效时发生效力。

本条规定了简易交付的构成和效力。

简易交付又称在手交付、先行交付。简易交付的前提，是受让人在动产物权设立和转让前已经占有该不动产。在动产物权设立和转让时，动产已经由受让人一方占有的，若按现实交付的要求，受让人应将已经占有的动产返还给让与人，再由让与人将该动产交给受让人。如此一来，则徒增交易成本。而采取简易交付方式，受让人不必先返还占有的动产，该动产物权的变动，自双方变动物权的民事法律行为生效时即发生效力，受让人一方取得该动产物权。在这种交付中，交付人原来对标的物的占有为间接占有，而受交付的一方为直接占有人，但其占有不是基于物权的占有，交付后受交付方的直接占有才成为基于物权的直接占有。现实中的先租后买或者先借后买，都实行简易交付。例如，甲将其一台机器出租给乙，乙直接占有该机器。而后甲与乙又订立了甲将该机器出卖给乙的合同，自合同成立生效时起,该机器的所有权即转移给乙。又如,若甲乙之间订立质权合同,约定在该机器上设立动产质权,则自质权合同成立生效起,质权设立。此时,乙对机器的占有从基于债权的占有而转变为基于质权的占有。

2017年的物权法规定动产物权设立和转让采用简易交付的条件是"权利人已经依法占有该动产"。如果在动产物权设立和转让前,占有人不是依法占有该动产的,该动产的物权变动可否自法律行为生效时发生效力呢?对此有不同的观点。从简易交付的目的上看,简易交付是为了节省交易成本,而与受让人对标的物的占有是否依法无关。因此,《民法典》对简易交付的规定,去掉了"依法"的要求。只要在双方达成物权变动的合意前,受让人已经占有让与的动产,则不论其占有是否有法律依据,该动产物权的变动均自合同生效时发生效力。例如,乙非法占有甲的自行车,而后甲与乙双方订立由乙购买该车的买卖合同,自双方的买卖合同成立生效之时,乙就可以取得该自行车所有权。

五、指示交付的构成和效力

第二百二十七条 动产物权设立和转让前,第三人占有该动产的,负有交付义务的人可以通过转让请求第三人返还原物的权利代替交付。

本条规定了指示交付的构成和效力。

指示交付又称长手交付、替代交付或返还请求权的让与。指示交付的前提是,动产物权设立和转让前,第三人占有该动产。因为在动产物权变动前，该动产由第三人占有的，若按现实交付要求，需让与人要求第三人将该动产返还，然后再由其将该动产交给受让人。这样，一方面会增加交易成本，另一方面物权变动生效时间也会受第三人返还的限制。因此，法律规定，于此情形下可进行指示交付。指示交付的目的在于：一方面可以节省交易成本，另一方面可以保障第三人对标的物占有的延长。例如，甲将一台设备出租给乙，乙依法占有该设备，现甲又将该设备出卖给丙。若按现实交付，只有在租赁期限届满后甲才能要求乙返还设备，而后再将该设备交付给丙。而实行指示交付，甲可将对乙的返还请求权转让给丙以代交付。

在指示交付时，动产物权的变动自何时起生效呢？是自负有交付义务的义务人与权利人达成转让返还原物请求权协议之时起物权变动发生效力，还是自占有动产的第三人知道该请求权转让之时起物权变动才发生效力呢？对此有不同的看法。这实际上涉及债权转让的效力。因为返还原物请求权是一项债权，交付义务人将返还请求权转让给权利人，转让的是债权。而债权转让只有让与通知到达第三人时才能对第三人发生效力。因此，指示交付时，物权变动应自占有该动产的第三人知道返还请求权转让时起发生效力。

2017年物权法规定指示交付的前提要求第三人依法占有该动产，在第三人非法占有动产时，可否适用指示交付呢？对此有不同观点。一种观点认为，物权法规定适用指示交付的前提是第三人依法占有，因此，第三人非法占有动产的，该动产物权的变动不适用指示交付。另一种观点认为，指示交付适用的前提是，在动产设立和转让时交付义务人对第三人享有返还原物请求权，因此，不论第三人的占有是否有法律根据，只要动产物权变动的交付义务人对占有该动产的人享有返还原物请求权，就可以适用指示交付。《民法典》关于指示交付的规定，不要求第三人依法占有。

六、占有改定的构成和效力

第二百二十八条 动产物权转让时，当事人又约定由出让人继续占有该动产的，物权自该约定生效时发生效力。

本条规定了占有改定的构成和效力。

占有改定是动产物权转让时以让与人继续占有该动产，而由受让人取得对该动产的间接占有以代替现实交付的交付方式。占有改定实际是动产所有权转移而直接占有不转移，仅是占有人的占有名义变更。现实生活中卖出租回或者卖出借回的交易，即适用占有改定。例如，甲将其一台设备出卖给乙，因为甲需要继续使用该设备，甲乙双方又签订一份租赁合同，约定乙将所购买的设备出租给甲。自租赁合同成立生效时起，乙即取得该设备的所有权，但甲仍继续直接占有该设备，乙则成为该设备的间接占有人。

需要指出的是，占有改定这种交付方式仅适用于动产物权转让，而不适用于动产物权设立。因为在占有改定中，标的物仍为原来的物权人直接占有，物权人仅是取得间接占有，也不能通过第三人对该动产予以控制，无法公示设立的物权。

第三节 其他规定

一、基于司法或行政行为发生的物权变动生效时间

第二百二十九条 因人民法院、仲裁机构的法律文书或者人民政府的征收决定等,导致物权设立、变更、转让或者消灭的,自法律文书或者人民政府的征收决定等生效时发生效力。

本条规定了基于司法行为或者行政行为发生的物权变动的生效时间。

《民法典》物权编第二章中第一、二节规定的物权变动,实质上都是指因民事法律行为发生的物权变动,在因民事法律行为发生物权变动时,不动产物权的变动原则上以登记为生效要件,动产物权的变动原则上以交付为生效要件。但在非因民事法律行为导致物权变动的场合,物权的变动并非是以登记或者交付为生效要件的。物权编第二章第三节即是对非因民事法律行为导致物权变动的其他特别情形下物权变动生效时间的规定。

人民法院、仲裁机构的法律文书,属于司法行为。人民政府的征收决定属于行政行为。无论是司法行为还是行政行为,都属于行使公权力的行为。这些行为虽不属于民事法律行为,但也是会引起物权变动的法律事实。

依物权法规定,因司法行为导致物权变动的,自法律文书生效时发生效力。但应注意的是,并不是所有的法律文书都会

导致物权的变动。依最高人民法院《物权编解释（一）》第7条明确规定，人民法院、仲裁机构在分割共有不动产或者动产等案件中作出并依法生效的改变原物权关系的判决书、裁决书、调解书，以及人民法院在执行程序中作出的拍卖成交裁定书、变卖或交裁定书、以物抵债裁定书，应当认定为导致物权设立、变更、转让或者消灭的人民法院、仲裁机构的法律文书。其他法律文书不能直接导致物权变动。

依物权法规定，因征收决定导致物权变动的，自征收决定生效时起物权发生变动。征收决定何时生效呢？对此主要有以下四种不同的观点：一是征收决定的生效时间为征收决定做出之日。二是征收决定生效时间为应符合三个条件的时间：（1）为了公共利益，（2）依照法律规定权限和程序，（3）给予完全补偿。三是征收决定的生效时间为与被征收人达成补偿协议之日。四是征收决定生效时间为征收决定的公告或者送达之日。第二、三种观点更有利于保护被征收人的利益，但有将征收决定的生效与征收的进行混同之嫌，而第一种观点忽视了行政行为对相对人发生效力应从相对人知晓开始。比较而言，第四种观点更符合立法原意。征收决定生效，征收的不动产物权发生变动，但不等于被征收人的利益就丧失，因此，虽然征收决定生效导致不动产物权变动，征收人也还必须按照规定对被征收人给予完全补偿，才能取得对征收的不动产的利用。也正因为征收决定生效，征收人才能够与被征收人协商解决补偿事宜。当然，如果政府所做出的征收决定因为不符合物权法规定的条件而被撤销的，则征收决定不能发生效力。

二、因继承导致物权变动的生效时间

第二百三十条　因继承取得物权的，自继承开始时发生效力。

本条规定了因继承导致物权变动的生效时间。

继承人因继承被继承人的遗产而取得物权，所以继承会发生物权变动，由继承人取得物权。

因继承取得物权的，继承人何时取得物权呢？因为我国继承法采取当然继承原则，自被继承人死亡时继承开始。于继承开始后，被继承人的遗产即归继承人所有。所以，因继承取得物权的，自继承开始时发生效力。

三、基于事实行为发生物权变动的生效时间

第二百三十一条　因合法建造、拆除房屋等事实行为设立或者消灭物权的，自事实行为成就时发生效力。

本条规定了因事实行为导致物权变动的生效时间。

事实行为是指当事人实施的不以发生民事法律后果为目的、不以意思表示为要素，但能发生一定民事法律后果的行为。

事实行为有不法事实行为与合法事实行为之别。因为任何权利只能根据合法行为取得，因此，只有合法的事实行为才能取得物权。如建造行为属于事实行为，但只有合法建造才能取得所建造的物的所有权，不法建造的不能取得所建造的物的所有权。不法事实行为虽不能导致物权的取得，但却可导致物权的消灭。如，拆除房屋为事实行为，不论拆除是否合法，均会导致房屋权利的消灭。

基于事实行为发生的物权变动，并不以登记或者交付为生效要件。因事实行为导致的物权变动，自事实行为成就时发生效力。所谓事实行为成就是指该事实行为的完成。例如，合法建造房屋属于事实行为，房屋建成为该事实行为的成就，当事人取得物权；拆除房屋为事实行为，房屋被拆除为该事实行为的成就，房屋上的物权消灭。

四、非基于民事法律行为取得而未登记不动产物权的效力

第二百三十二条　处分依照本节规定享有的不动产物权，依照法律规定需要办理登记的，未经登记，不发生物权效力。

本条规定了非基于民事法律行为取得而未登记不动产物权的效力。

非因民事法律行为而发生的不动产物权，不以登记为生效要件，虽未登记当事人也取得相应的不动产物权。对于权利人于此情形下享有的物权的性质，有不同的观点。一种观点认为，未登记的不动产物权不具有完全的效力，物权人不得处分其物权。物权人的权利之所以受登记之前不得处分的限制，是为了避免不动产登记流于形式，维护市场交易秩序。另一种观点认为，非因民事法律行为取得不动产物权的，只有依照法律规定办理登记后，权利人对物权的处分才能发生效力，而不是说权利人在登记前不能处分其物权。根据物权法规定，当事人非因民事法律行为取得不动产物权的，其在登记前处分物权的，只是不能发生物权变动效力，而非处分行为无效。例如，甲经合法建造行为取得房屋所有权，在未办理登记前，甲将该房屋出

卖给乙，此时甲并非属于无权处分，甲乙的买卖合同也不会因此无效，但是未经登记，乙不能取得该房屋所有权。因为依照法律规定，甲乙之间的房屋所有权转让以登记为生效要件，未经登记也就不发生物权变动效力。

依最高人民法院《物权编解释（一）》第8条规定，实务中认为尚未完成动产交付或者不动产登记的物权人，根据民法典的规定，请求保护其物权的，应予以支持。

第三章 物权的保护

一、物权的保护途径

第二百三十三条 物权受到侵害的,权利人可以通过和解、调解、仲裁、诉讼等途径解决。

本条规定了物权受侵害时的保护途径。

物权与其他权利一样,是受法律保护的。物权的保护广义上包括法律上确认物权,狭义上则是指在物权受到侵害时,法律予以救济。物权受法律保护,任何人不得侵害,物权受到侵害的,权利人可以通过以下各种途径寻求法律救济,以使其权利受到保护。

1. 和解。和解,是指在发生物权纠纷时争议双方通过谈判、协商,在自愿的基础上就纠纷的解决达成协议。和解的过程,既是权利人对侵害一方侵害行为的谅解过程,也是侵害人向权利人的认错过程。通过和解,双方达到谅解,得到尊重,解决了纠纷,化解了矛盾。此种解决途径最有利于增进当事人之间的团结。

2. 调解。调解,是指在第三方协助下双方自愿达成和解协议。调解与和解的区别就在于:调解有第三方的介入,而和解没有第三方的介入。调解中的第三方,既可以是以从事调解工作为目的设立的调解组织,如人民调解委员会;也可以是双方信任的有威望的个人。调解是以双方自愿为基础的,在调解过程中,调解人员并不将自己的意愿强加给双方当事人，而仅是利用自己的知识与威望，促使双方认真交流，分清是非，明确事理，来完成和解。所以，调解既有利于减少诉累，减少纠纷解决的成本；又有助于双方之间增进团结，不伤和气。在司法程序中也会适用调解这种解决纠纷的方式。但司法程序中的调解是在法院的主持下进行的，经调解达成的调解协议具有法律效力，双方必须执行。

3.仲裁。仲裁，是指经当事人申请由仲裁机构对其争议做出裁决。仲裁以当事人双方事先达成仲裁协议为前提。若无双方当事人事先达成的仲裁协议，当事人不能申请仲裁，仲裁机构对其仲裁申请也不受理。仲裁实行"一裁终局"，一经仲裁机构做出裁决，该裁决即是终局裁决，当事人不得就同一事项申请第二次仲裁。仲裁的当事人对于仲裁裁决或者根据仲裁程序达成的和解协议，拒不履行的，另一方当事人可以向仲裁机构所在地的人民法院申请执行。对裁决不服的，当事人应在法定期限内向仲裁机构所在地的人民法院提起诉讼。

4.诉讼。诉讼是指经当事人向人民法院起诉，由人民法院经民事诉讼程序对物权争议纠纷做出裁决。诉讼，是当事人解决物权纠纷的最后的也是最终的救济途径。

二、物权的保护方式

（一）确认物权

第二百三十四条 因物权的归属、内容发生争议的，利害关系人可以请求确认权利。

本条规定了确认物权的保护方式。

确认物权即是确定物权的归属和权利的内容。在当事人双方就一项物权归属或者物权的内容发生纠纷时,首先应确定该项权利归何人享有或者权利人所享的权利的界限。因此,确认物权也就是物权救济的首要方式。

确认物权虽然往往也是其他救济方式适用的前提,但确认物权是一种独立的救济方式。当事人适用确认物权救济方式时,应向法院提起确认之诉,但法律规定须由行政机构确权的,当事人应通过行政程序请求相关的行政机关予以确认物权。如土地权属纠纷,依法律规定由土地管理部门确认权属和内容。

(二) 返还原物

第二百三十五条　无权占有不动产或者动产的,权利人可以请求返还原物。

本条规定了返还原物的保护方式。

当其不动产或者动产被他人非法占有时,权利人有权请求非法占有人返还原物。适用返还原物这种救济方式需具备以下条件。

1.请求权人为物权的权利人,相对人为非法占有不动产或者动产的现实占有人。返还原物的目的是恢复权利人对物的圆满支配状态,因此,物的所有权人当然享有原物返还请求权,得请求返还原物。但是,并非只有所有权人有权请求返还原物。凡依法有权行使占有物的占有权人,都有权行使原物返还请求权,以实现其对物的占有。例如,用益物权人对用益物有占有权,在用益物权的标的被他人侵占时,可以要求返还原物。虽不是法律上的所有权人但可以行使所有权人权利的人也可为原物返还请求权的主体。如破产财产管理人、失踪人财产代管人可以行使原物返还请求权。返还请求权的相对人为现实的非法占有人。所谓非法占有是指无合法根据的占有。占有人对物的占有是有合法根据的，例如，占有人基于租赁合同占有租赁物，则权利人不能请求其返还原物。所谓现实占有人，是指事实上对物直接管领的人。至于现实占有人是否仅限于直接占有人，则有不同的观点。一种观点认为，间接占有人不能成为返还请求权的相对人，因为原物返还请求权是以物的交付为目的，间接占有人不直接管领物，也就不可能交付该物。另一种观点认为，返还原物请求权的相对人也可以是间接占有人，因为物的交付不以现实交付为限，间接占有人作为返还请求权的相对人时，可以通过将其对直接占有人的返还请求权让与的方式交付该物。后说为通说。但占有辅助人不能成为返还请求权的相对人，因为占有辅助人的占有不能构成独立的占有。

2. 原物须存在。以返还原物的方式对物权予以救济，当然须原物存在。原物不存在的，不能适用返还原物的救济方式。原物不存在，既包括事实上的不存在，也包括法律上的不存在。前者如占有人占有的物已经灭失，则因无原物返还，也就不能适用返还原物的救济方式；后者如原物已经被第三人善意取得，原物虽事实上存在但已经无法返还，也不能适用原物返还的救济方式。

3. 权利人在诉讼时效期间内提出返还请求。依《民法典》第196条规定，不动产物权和登记的动产物权的权利人请求返还财产的，不适用诉讼时效的规定。这也就说，返还不动产和返还登记动产物权的动产的请求权不适用诉讼时效，而返还其他财产适用诉讼时效的规定。因此,权利人除请求返还被非法占有的不动产或者登记的动产物权的动产外,请求返还原物的请求权的行使须在诉讼时效期内,诉讼时效期限届满的,非法占有人得以诉讼时效期间届满为由拒绝返还。

(三)排除妨害和消除危险

第二百三十六条 妨害物权或者可能妨害物权的,权利人可以请求排除妨害或者消除危险。

本条规定了排除妨害和消除危险的保护方式。

1.排除妨害

排除妨害是指因他人的不法行为导致物权的权利人不能正常行使占有、使用、收益、处分权能时,权利人得请求妨害人将妨害除去。

适用排除妨害的救济方式,须具备以下条件:

其一,权利人仍然占有其物。请求排除妨害的权利人可以是各种物权的权利人,但权利人须占有其物,若物已经被他人侵夺,权利人并不占有,则可适用返还原物的救济方式,而不适用排除妨害的救济方式。

其二,相对人为非法妨碍其权利行使的妨害人。所谓的妨害人,是指以占有以外的方式侵害物权圆满支配状态的人。妨害包括行为妨害和状态妨害。行为妨害是指妨害人以自己的行为妨害权利人的权利行使,如堆放障碍物致使权利人不能正常通行;状态妨害是指妨害人因自己的物对他人的物权构成妨害,如因暴风使自己的树枝断落在他人院内。无论是行为妨害还是状态妨害,妨害须是不法的。如果相对人并没有妨碍权利人的权利行使，或者相对人虽妨碍其权利行使，但其妨碍具有合法性，则权利人不能请求适用排除妨害的救济方式。

其三，妨害存在。所谓妨害存在，是指妨害仍在持续并未排除。如果妨害已经被排除，则当然不适用排除妨害的救济方式。也正因为排除妨害以妨害的存在为条件，因此，只要妨害存在，权利人就有权请求排除，排除妨害请求权不适用诉讼时效的规定。

2. 消除危险

消除危险，是指权利人在其物权有受到妨害的危险时要求相对人消除该危险。消除危险的救济方式适用条件有三：

其一，请求消除危险的人须为物权受有妨害危险的物权人。非物权人不能请求消除危险。

其二，请求消除危险的相对人须为对物权行使造成妨害危险的人。至于造成危险的原因，则在所不问。

其三，权利人的物权有受到妨害的现实危险。所谓现实危险，是指危险虽未发生但存在发生的现实可能性，即有随时发生的可能性。这种危险并不是臆想的、虚构的。如果已经发生妨害物权的现实，或者并不存在发生妨害物权的危险，当然都不适用消除危险的救济方式。正因为消除危险是以危险的现实存在为条件，因此，消除危险请求权也不适用诉讼时效的规定。

（四）恢复原状

第二百三十七条 造成不动产或者动产毁损的，权利人可以依法请求修理、重作、更换或者恢复原状。

本条规定了恢复原状的保护方式。

恢复原状有广义和狭义之分。广义的恢复原状，是指恢复到原来的权利状态。广义的恢复原状可以包括各种救济方式。狭义的恢复原状是指使毁损的物恢复原来的状态。这里的恢复原状是狭义的。

恢复原状可用各种方法,如修理、重作、更换、修复。适用恢复原状的救济方式须具备两个条件:一是已经被毁损的物有恢复原状的可能。所谓有可能也就是能使毁损的物恢复到原来的状态,例如,损坏的物能够修复如初,或者相对人能有同样的物可予以更换;二是有恢复原状的必要。如果毁损的物恢复原状成本过高在经济上不合算或者从法律上没有恢复原状的必要性,则不能适用恢复原状的救济方式。

(五)赔偿损害等侵权责任

第二百三十八条 侵害物权,造成权利人损害的,权利人可以请求损害赔偿,也可以依法请求承担其他民事责任。

本条规定了赔偿损害等其他民事责任的保护方式。

侵害物权,是指行为人所实施的行为构成对物权侵害的侵权行为。行为人非法占有物、妨害物权或者可能妨害物权、造成物毁损的,权利人享有返还原物请求权、排除妨害或者消除危险请求权、恢复原状请求权,这些请求权并不以相对人的行为构成侵权为前提。权利人通过这些请求权的行使保护其物权,属于物权的保护方法。如果相对人的行为构成侵权行为,权利人则可以通过请求侵权行为人承担民事责任的方式保护其物权。物权人行使侵权责任请求权,则是通过债的方式保护其物权。

侵害物权的侵权责任主要是赔偿损害。赔偿损害以物权人受有实际损失为条件,因为赔偿损害是以填补受害人的损失为目的,与其他救济方式相比,赔偿损害的结果是使权利人的利益不受损失,但不能使权利人恢复对物的支配状态。而其他救济方式可以让权利人恢复对物的支配状态,避免和防止实际损失的发生。因此,在物权受侵害时,应首先适用其他救济方式,在不能适用其他救济方式时才适用赔偿损害的救济方式。

三、物权保护方式的综合适用

第二百三十九条 本章规定的物权保护方式,可以单独适用,也可以根据权利被侵害的情形合并适用。

本条规定了物权保护方式的综合适用。

物权的保护方式多种多样,各种各样的保护方式有各自的适用条件,具体适用何种保护方式应根据物权受侵害的情形和保护方式的适用条件而定。物权受侵害时,根据受侵害的情形,可以适用几种保护方式的,权利人可以同时采取多种保护方式。例如,甲将乙的一台设备据为己有,并将该设备损坏。乙可以要求确认该设备为其所有并请求返还该设备,还可以要求甲对该设备予以修复,还可以要求甲赔偿其因此受到的损失。

侵害物权的行为,不仅违反民法的规定,也可能违反了行政管理的规定,还会构成犯罪。因此,同一侵害物权的行为,会侵害不同的客体,行为人也会因此承担不同的法律责任。行为人应承担的民事责任,与行为人应承担的行政责任、刑事责任,是不同法律性质的责任,相互不能替代。行为人因侵害物权而承担民事责任的,不影响其因同时违反行政管理规定而承担行政责任,也不影响其因构成犯罪而承担刑事责任;反之,亦然。

第二分编　所有权

第四章 所有权的一般规定

一、所有权的含义和内容

第二百四十条 所有权人对自己的不动产或者动产，依法享有占有、使用、收益和处分的权利。

本条规定了所有权的定义和内容。

（一）所有权的含义

何为所有权？学者中有不同的表述，所有权在不同的场合也会有不同的含义。如讲到所有权，有时是指所有权制度，有时是指所有权关系，有时是指所有权人的权利。这三者是互有联系但含义不完全相同。通常所谓所有权主要是从所有权人的权利上来说的。对于所有权的定义，有两种做法。一是采取抽象概括主义，并不列举所有权的具体内容。如将所有权定义为：所有权是所有权人在事实和法律的范围内，对所有物可行使的最完全、最绝对的权利。如《德国民法典》第903条中规定，物之所有人于不抵触法律，或第三人之权利之限度内，得自由处理其物，并排除他人一切之干涉。动物之所有人在行使其权限时，应注意动物保护之特别规定。[1] 另

---

[1] 台湾大学法律学院、台大法学基金会编译：《德国民法典》，北京大学出版社2017年版，第795页。以下凡属于《德国民法典》的条文均引自该版本。

一种是采取具体列举主义,在所有权的定义中具体列举其内容。如《日本民法典》第206条规定,所有人在法令限制内对所有物享有自由使用、收益及处分的权利。①《越南民法典》第158条规定,财产所有权是指财产所有人根据法律规定对财产享有的占有权、使用权和处分权。②我国法采取的是后一种做法。根据物权法规定,所有权可以定义为:所有权是指所有权人在法律规定的范围内,对自己的不动产或者动产享有的以占有、使用、收益、处分等方式进行全面支配,并排除他人干涉的权利。

所有权具有以下含义:

1. 所有权是所有权人对自己的不动产或者动产享有的权利。所有权确认的是物的归属关系。只有某物归某一特定主体所有时,该主体才会享有所有权。对不属于自己的财产,不论该财产为不动产还是动产,都不可能享有所有权。所有权也只是对自己的不动产或者动产享有的权利,而不是对其他财产享有的权利。如对自己的知识产权享有的权利,对自己的股权享有的权利,对自己的债权享有的权利,都不属于所有权。

2. 所有权是所有权人对其物可依法予以全面支配的权利。所有权人对其所有物不仅可依法予以占有、使用、收益,而且还可以依法予以处分。可见,所有权人对其所有的不动产或者动产的支配是最全面的、最完全的,而不是仅能对其使用价值或者价值予以支配。仅能对物的某一方面的价值予以支配的权利,不能是所有权,而只能属于他物权。

---

① 渠涛编译:《最新日本民法》,法律出版社2006年版,第48页。以下凡属于《日本民法典》的条文均引自该版本。

② 伍光红、黄氏惠译:《越南民法典》,商务印书馆2018年版,第57页。

3.所有权是所有权人依法全面排除他人干涉的权利。所有权是主体对客体最高的排他的独占的一项权利,是排他性最强的物权。在一物之上可以有若干他物权,但只能有一个所有权。这也是一物一权原则原来的基本含义。

(二)所有权的内容

所有权的内容,从法律关系上说,应是指所有权人即权利人享有的权利和所有权人以外的人即义务人所负担的义务。通常所说的所有权的内容,是指所有权人所享有的权利,称为所有权权能。所有权权能是所有权的作用或者说是所有权人为实现其利益在法律规定的界限内可以采取的各种措施和手段。学说上,所有权权能包括积极权能和消极权能。所有权的积极权能是指所有权人对物的占有、使用、收益、处分权能。所有权的消极权能是指所有权人排除他人干涉的权能,包括所有物返还请求权、所有权妨害排除请求权、所有权妨害防止请求权等。所有权消极权能属于所有权的保护,所有权的积极权能才属于所有权的内容。

1.占有权能。占有权能是指所有权人享有的依法对其物为事实上的管领和控制的权能。占有物,是使用物的前提。因此,占有权能为所有权的基本权能。所有权人占有自己的不动产或者动产,是其行使占有权。在一定的条件下,占有权能也可与所有权分离,由他人而非由所有权人行使。例如,所有权人将其房屋借给他人居住,他人就直接占有该房屋。未经所有权人占有其物的,为非法占有,可构成侵占。

2.使用权能。使用权能是指所有权人有权依物的性能和用途，在不毁损物或者不改变物的性质的情形下对物加以利用，以实现物的使用价值。例如，所有权人居住自己的房屋，所有权人开自己的汽车上班，都属于所有权人行使所有权的使用权能。所有权人可以自己行使使用权能，也可以将使用权能让给他人享有。所有权人让渡使用权能的，必让渡占有权能，但所有权人让渡占有权能的，未必让渡使用权能。例如，所有权人在其动产上设定动产质权，须将占有让渡给质权人，但质权人并不能因占有就享有使用权能。非所有权人对物的使用，若无合法依据，则构成非法使用他人之物。

3.收益权能。收益权能是指所有权人有权收取其不动产或者动产所产生的经济利益或者物质利益。这里的经济利益通常是指孳息，包括天然孳息和法定孳息，但不限于孳息，也包括在生产经营过程中的劳动收益和利润。所有权人基于所有权可以取得其物所生之收益，满足其经济利益的需求。因此，收益权能为所有权的基本权能。使用与收益往往是联系在一起的，通过对物的使用以取得物的收益。但使用与收益权能是可以分开的。例如，房屋所有权人将房屋出租，承租人享有房屋的使用权，而所有权人仍享有收益权。

收益权能也可以与所有权分离。所有权人可以依法将自己的收益权能让渡给非所有人行使，由他人享有收益权。在现代市场经济条件下，收益权能与所有权的分离，是实现资源有效利用的一种有效手段。

4.处分权能。处分权能是指所有权人有权依法对其不动产或者动产进行处置，从而决定其物的命运。处分权能是所有权内容的核心和最重要的权能。处分，包括事实上的处分和法律上的处分。事实上的处分是指对物实施其物理上的实质变形、改造或者毁损等事实行为。例如，拆除房屋，毁掉果树。事实处分与使用有相同之处，如对于消耗物，因消耗物一经使用也就消灭，因此，对于消耗物的使用也是对物的事实处分。但对于非消耗物其不会因一次使用而消灭，对物的使用和对物的事实处分的区别也就一清二楚了。法律上的处分有广义与狭义之分。狭义的法律处分，是指使物的所有权发生转移或者消灭，从而使所有权发生变动的民事法律行为。如将其物出卖或者赠与他人，或者抛弃其所有权。广义的法律处分还包括对物的所有权设置负担或者限制。如所有权人在其物上为他人设立担保物权，就属于广义的法律处分。

处分权能因是决定所有权命运的，因此，处分权能原则上只能由所有权人自己享有和行使。在一定条件下非所有权人依照法律规定或者所有权人的意思也可以行使处分权能。但没有法律规定或者所有权人的授权，非所有权人不得处分他人之物，若处分他人之物，则属于无权处分。

二、所有权的特性

从所有权的含义和内容可见，所有权除具有物权的一般特点外，还具有以下特性：

1. 自权性。所有权的自权性，是指所有权为所有权人对自己的不动产或动产所享有的权利。所有权属于自物权，而不属于他物权。

2. 全面性。所有权的全面性，是指所有权是最完全的物权，是权利主体对物所享有的最完整、最充分支配的权利。所有权人对其不动产或者动产在法律规定的范围内可以为占有、使用、收益和处分等全面的概括的支配，而不是仅就某一方面、某一领域具有支配力。这是所有权与他物权的重要区别。他物权的权利人仅能对物的某一方面、某一领域予以支配。

3. 整体性。所有权的整体性又称单一性、浑一性或统一支配力，是指所有权为对物具有概括管领力或统一支配力的物权。所有权的内容包括占有、使用、收益和处分等各种权能，但所有权并不是这些权能的相加或者总和，而是各种权能浑然一体的整体性权利。因此，所有权内容本身不得在内容或者时间上进行分割。在基于所有权而设定用益物权、担保物权或者债权性使用权（如承租权）时，并不是从所有权分割出所有权的各项权能，而是将所有权的单一内容的一部分予以具体化而由他人享有。

4. 弹力性。所有权的弹力性又称归一性或归一力，是指所有权的单一内容可以自由伸缩，所有权各项内容即各项权能可以在一定情形下往复分出、回归。在所有权上设定限制物权时，所有权人对其物的全面支配权将因此受到限制而减缩，而在该限制解除时，所有权人就又恢复了对所有物的全面的圆满支配状态。在现代市场经济条件下，因所有权的弹力性，使得所有权逐渐趋向观念化，即所有权不再囿于直接支配标的物的固有形态，而可以只是观念上的存在。

5. 永久性。所有权的永久性又称为恒久性、无期性，是指所有权可以因标的物的存在而永久存续，不会因时间的经过而消灭。尽管所有权可以因抛弃、标的物灭失以及转让等原因而消灭，但对任何人的任何所有权都不得预定其存续期间，所有权决不能因期限届满而消灭。正是在这一意义上说，所有权是无期限的权利。

三、所有权与他物权的关系

第二百四十一条　所有权人有权在自己的不动产或者动产上设立用益物权和担保物权。用益物权人、担保物权人行使权利，不得损害所有权人的权益。

本条规定了所有权与他物权的关系。

所有权为自物权，用益物权、担保物权为他物权。所有权与他物权的关系也就是所有权与用益物权、担保物权的关系。

所有权与他物权的关系主要包括以下三个方面：

其一，他物权是在所有权基础上设立的。用益物权、担保物权的设立以所有权为基础。所有权人有权在自己的不动产或者动产上设立用益物权、担保物权。未经所有权人同意，不能在所有权人所有的物上设立他物权。

其二，他物权是对所有权的一种限制。所有权是对物予以全面支配的权利，用益物权是对物的使用价值予以支配的权利，担保物权是对物的价值予以支配的权利。在一物之上设立用益物权、担保物权的，用益物权人、担保物权人就取得对该物的使用价值与价值的支配权。而物的使用价值、价值，一经用益物权人、担保物权人支配，所有权人就不能支配，因此，用益物权、担保物权是对所有权的限制或者说是所有权上的负担。

其三，他物权的行使不得损害所有权人的权益。尽管用益物权、担保物权是对所有权的限制，但设立用益物权、担保物权本身是所有权人行使权利的一种方式，所有权人在不动产或者动产上设立用益物权、担保物权，并不放弃自己的权益。因为在用益物权、担保物权期限届满后，所有权仍恢复到圆满的状态，所以用益物权人、担保物权人应依所有权人的授权在约定的范围和限度内行使权利，而不得超范围和超限度的行使，以免损害所有权人的权益。例如，建设用地使用权人不得超范围用地，其仅能在规定的空间范围内用地；土地承包经营权人不得对土地进行掠夺性经营。

四、所有权取得的特别限制

第二百四十二条　法律规定专属于国家所有的不动产和动产，任何组织或者个人不能取得所有权。

本条规定了所有权取得的特别限制。

任何民事主体都可以为了自己的利益需要取得相应的不动产和动产的所有权，但是所有权的取得不得违反法律的规定，须以合法方式取得。同时，所有权的取得还受不动产和动产的可让与性的限制。在我国，依据主体的不同，所有权有国家所有权、集体所有权、私人所有权、法人所有权之分。对于法律规定专属于国家所有的不动产和动产，只能由国家享有所有权，任何组织或者个人不能取得其所有权。例如，矿藏专属于国家所有，他人可以取得采矿权进行矿藏开采并取得采掘出的矿石的所有权，但绝不能取得矿藏所有权。

五、所有权行使的限制

所有权人有权依法按照自己的意愿对自己的不动产或动产行使所有权的各项权能。但是所有权也具有社会性，所有权人行使所有权也须受一定限制。对所有权行使的限制主要有征收、征用以及对土地用途改变的限制。

（一）不动产的征收

第二百四十三条　为了公共利益的需要，依照法律规定的权限和程序可以征收集体所有的土地和组织、个人的房屋以及其他不动产。

征收集体所有的土地，应当依法及时足额支付土地补偿费、安置补助费以及农村村民住宅、其他地上附着物和青苗等的补偿费用，并安排被征地农民的社会保障费用，保障被征地农民的生活，维护被征地农民的合法权益。

征收组织、个人的房屋以及其他不动产，应当依法给予征收补偿，维护被征收人的合法权益；征收个人住宅的，还应当保障被征收人的居住条件。

任何组织或者个人不得贪污、挪用、私分、截留、拖欠征收补偿费等费用。

本条规定了对不动产的依法征收。

所谓征收，是指国家为了公共利益的需要，依法强制取得原属于他人的不动产的权利的行为。从国家所有权的角度看，征收是国家所有权的取得方式；从被征收人的角度看，征收是其所有权的消灭原因。由于征收具有强制性，是对被征收人行

使所有权处分权能的限制。因此,征收须具备以下条件:

1. 须是为了公共利益的需要。征收的目的只能是为了公共利益的需要,而不能出于个体利益的需要。是否以公共利益为目的,也决定着征收的合理性和必要性。如何判断公共利益呢?对此法律未做规定,学者中也有各种不同的观点。在物权法立法中对于是否应从法律上界定公共利益有两种不同的意见。一种意见主张,为了防止有关部门权力滥用,维护被征收人的合法权益,有必要对公共利益予以清晰的界定。另一种意见认为,现实生活的具体情况纷繁复杂,从中抽象概括出"公共利益"的具体界限,是很难做到的,这也不应是物权法的任务。物权法最终采纳了第二种意见,未对公共利益做出界定。但是,因为如何判定公共利益直接关系到征收的合理性、必要性,所以如何判断公共利益是一个无法回避的问题。对此,学者们也提出了各种不同的观点。有学者认为,判断公共利益时应考虑的因素包括公益性、个体性、目标性、合理性、制约性及补偿性。[1]也有学者认为公共利益的判定应坚持合法合理性、公共受益性、公平补偿性、公开参与性、权利制约性和权责统一性等六条标准。[2]还有学者认为,在公共利益的判定上,可考虑受益人的不特定性和多数性标准、征收目的实现上的必要性标准、征收前后财产利用上的效益性标准、公众的直接受益性和实质受益性标准、被征收财产的位置依赖或垄断性标准以及征收利益的确

---

[1] 参见韩大元:《宪法文本中"公共利益"的规范分析》,载《法学论坛》2005年第1期,第7—8页。

[2] 参见莫于川:《判断"公共利益"的六条标准》,载《法制日报》2005年5月27日,第C2版。

定性标准。① 应该说以上各种观点都有其道理。一般而言，公共利益的确定标准首先须从公共利益的内涵出发并兼顾其在法律运行中的可操作性，但同时也须明确公共利益的确定只是征收这一连续过程中的一个前提条件，至于征收制度中的其他事项应与公共利益判定本身相区别。因此，公共利益的判定应坚持以下标准：第一，受益性，即公共利益是指大多数人要受有直接或间接的实质性利益而不仅仅是可能受有利益；第二，必要性，即征收所要实现的目的以及其所采取征收这一手段是必要的，换言之，之所以采取征收这样一种方式来实现公共利益，是其无法通过市场机制得以满足的；第三，效益性，即在征收前后的财产要体现出不同的效用，征收后的财产要能够对大多数的人发挥更大的效用。而至于前述学者所提及的参与性等因素，更多的是从征收程序上对征收行为的限制，而并不是从公共利益的角度对征收所进行的限定。

一般认为，判断公共利益可以参考以下规则：(1)合法合理性。只有在法定条件下才可以出于公共利益的考虑对基本权利加以限制。因此，不符合法定条件是不能进行征收的。征收的合理性应依比例原则判断。如果征收的目的可以通过其他代价较少的方式达到，就不应征收。(2)公共受益性。只有受益范围是不特定的多数人，而且该项利益需求通常是无法通过市场机制得到满足的，才具有公共受益性。如果受益的仅为特定的少数人或者这一需要完全可以通过市场解决，则不应适用征收。

---

① 参见王洪平、房绍坤：《论征收中公共利益的验证标准与司法审查》，载《法学论坛》2006年第5期，第44页。

（3）参与性。因为征收是以公共利益为目的，又是对基本权利的限制，因此，征收的决策和执行的全过程须公开透明，依法保障征收相对人的各项权利，让社会公众参与决策。（4）权责统一性。征收是行使公权力，对公权力的行使必须予以严格的监督。对于做出征收决定的机关，若其征收不符合要求，应严格追究其责任。

2. 须依据法律规定的权限和程序。征收必须依据法律规定的权限和程序实施，这是征收的合法性根据。这里所称的法律是指全国人大和人大常委会制定的规范性文件，而不能包括行政法规、地方性法规以及部门规章等。未依法律规定的权限和程序而将他人不动产征归国有的，是侵害他人所有权的违法行为，当然不能发生征收的法律后果。

3. 须依法支付各项补偿费用。征收是以牺牲个体利益而维护社会公共利益的行为，但这并不是说牺牲个体利益是无代价的。这种个体利益的牺牲只是表现为对其不动产的不能自由处分。征收实际上是国家对他人不动产的强制购买，因此，征收必须依法足额地向被征收人支付各项补偿费用，维护和保障被征收人的合法权益。征收补偿费用是征收人向被征收人支付的必要代价，任何组织和个人不得贪污、挪用、私分、截留、拖欠。

（二）改变土地用途的限制

第二百四十四条 国家对耕地实行特殊保护，严格限制农用地转为建设用地，控制建设用地总量。不得违反法律规定的权限和程序征收集体所有的土地。

本条规定了对改变土地用途的限制。

土地依其用途可分为建设用地和农用地。农用地是直接用于农业生产的土地，包括耕地、园地、牧草地、养殖水面等。农用地的供给直接关系到农业生产，而农耕地的供给更是直接关系到国家粮食的安全。所以，为维护农业生产的用地需要，保障国家的粮食安全，国家对耕地实行特殊保护，严格限制农业用地转为建设用地。征收集体所有的土地只能在控制的建设用地指标内根据法律规定的权限和程序实施，不得违反法律规定的权限和程序。

（三）征用

第二百四十五条 因抢险救灾、疫情防控等紧急需要，依照法律规定的权限和程序可以征用组织、个人的不动产或者动产。被征用的不动产或者动产使用后，应当返还被征用人。组织、个人的不动产或者动产被征用或者征用后毁损、灭失的，应当给予补偿。

本条规定了征用。

所谓征用，是指为了公共利益的需要依法强制使用他人财产的行为。征用是对被征用人所有权的使用权能行使的限制。征用须具备以下条件：(1)须有紧急需要。征用只能适用于因抢险、救灾、疫情防控等有紧急需要的情形。非有紧急需要，不得征用他人的不动产或者动产。(2)须依法律规定的程序和权限。征用是对他人财产权利的一种限制，因此非经法律规定的程序依法律规定的权限，不得为之。超越法律规定的权限或者违反法定程序而征用他人不动产或者动产的，属于滥用职权侵犯他人所有权的行为，应当承担相应的法律责任。(3)须于使用后将征用的物返还。征用不同于征收,并不能改变物的所有权归属。因此被征用的不动产或者动产于使用后须返还给被征用人。(4)须给被征用人补偿。征用仅是依法强制使用他人的不动产或者动产,并不是剥夺所有权人的使用权,因此,征用应当给予被征用人以补偿。具体的征用补偿标准,依对被征用物使用的损毁程度而定,应与租金相当。若被征用的不动产或者动产征用后毁损、灭失,则应按物的价值予以补偿。

征用与征收都是对所有权人行使所有权的限制,二者的适用都是为了公共利益,都是利用国家公权力进行,也都须依照法律规定的权限和程序实施。但二者还是不同的,其区别主要在于以下三点:(1)适用的前提条件不同,征用只适用于因抢险救灾、疫情防控等需要的紧急情形,而不适用于其他公共利益需要的场合。而征收适用于各种公共利益需要的场合。(2)法律效果不同。征用是对被征用人所有权的使用权能行使的限制,并不改变被征用物的所有权;而征收是对被征收人所有权的处分权能行使的限制,征收的结果改变被征收的不动产所有权。(3)补偿标准不同。征用的补偿是对使用价值的一种补偿,而征收补偿是对使用价值和价值以及社会功能的一种完全补偿。(4)客体不同。征用的客体可以是不动产也可以是动产,而征收的客体仅为不动产,而不包括动产。

第五章 国家所有权和集体所有权、私人所有权

一、国家所有权

(一) 国家所有权的含义

第二百四十六条 法律规定属于国家所有的财产，属于国家所有即全民所有。

国有财产由国务院代表国家行使所有权。法律另有规定的，依照其规定。

本条规定了国家所有权的含义。

国家所有权也就是全民所有权，是指国家对国家所有即全民所有的财产享有的所有权。国家所有权的经济基础，是全民所有制。凡全民所有的财产都由国家享有所有权。

国家所有权具有以下特点:(1)主体的惟一性。国家所有权的主体是国家，也只有国家才能代表全民对全民财产享有国家所有权。(2)客体范围的广泛性。国家所有权的客体十分广泛，凡法律规定属于国家所有的财产，都为国家所有权的客体。(3)权利行使的特殊性。国家享有国家所有权，但国家并不能直接行使国家所有权，而是由国务院代表国家行使所有权，法律另有

规定的，则依照其规定行使所有权。国务院代表国家行使所有权，也不是直接支配国有财产，而是通过授权国家机关、国有单位直接支配国有财产。国家通过国务院和地方人民政府依照法律、行政法规的规定履行所有权人的职责来实现国家所有权。（4）取得方式和保护方法上的特殊性。国家所有权的特殊地位和性质决定了国家所有权在取得方式和保护方法上都有特殊性。例如，征收为国家所有权的取得方式，而不能为其他所有权的取得方式。再如，授权管理国家财产者负有特殊的管理职责，不履行职责而造成国有资产流失的，应承担相应的法律责任。这是保护方法上的特殊性。

（二）国家所有权的客体

第二百四十七条　矿藏、水流、海域属于国家所有。

第二百四十八条　无居民海岛属于国家所有，国务院代表国家行使无居民海岛所有权。

第二百四十九条　城市的土地，属于国家所有。法律规定属于国家所有的农村和城市郊区的土地，属于国家所有。

第二百五十条　森林、山岭、草原、荒地、滩涂等自然资源，属于国家所有，但是法律规定属于集体所有的除外。

第二百五十一条　法律规定属于国家所有的野生动植物资源，属于国家所有。

第二百五十二条　无线电频谱资源属于国家所有。

第二百五十三条　法律规定属于国家所有的文物，属于国家所有。

第二百五十四条　国防资产属于国家所有。

铁路、公路、电力设施、电信设施和油气管道等基础设施，

依照法律规定为国家所有的,属于国家所有。

上述第247条至第254条规定了国家所有权的客体。

国家所有权的客体具有无限广泛性,任何财产都可以成为国家所有权的客体,不受任何限制。并且,有的财产只能为国家所有权客体。国家所有权的客体包括以下财产:

1.国家专属财产。矿藏、水流[①]、海域、无居民海岛、无线电频谱资源、国防资产,属于国家专属财产,只能归国家所有,为国家所有权的客体,而不能成为其他所有权的客体。

2.法律规定属于国家所有的财产。野生动植物资源、文物以及铁路、公路、电力设施、电信设施和油气管道等基础设施,法律规定属于国家所有的,属于国家所有,为国家所有权的客体;法律未规定为国家所有的,不为国家所有,也可为其他所有权的客体。

3.法律规定属于集体所有以外的自然资源。城市的土地,属于国家所有。法律规定属于国家所有的农村和城市郊区的土地,属于国家所有。只有法律未规定为国家所有的农村的土地才为集体所有权的客体,其他土地都为国家所有权的客体。森林、山岭、草原、荒地、滩涂等自然资源,除法律规定属于集体所有的以外,属于国家所有。自然资源不能成为私人所有权的客体。

[①] 理论上有一种观点认为,这里规定水流为国家专有只是强调不能为其他所有权的客体。水流应如阳光、空气等一样,属于公用物,而不能成为所有权的客体。国家对水资源有管理的职责,但水流不应为国家所有权的客体。若水流为国家所有权的客体,水流流向他国,不就为国有资产流失?水流泛滥成灾造成损失,作为所有权人的国家岂不要承担赔偿责任?因此,水流不应为国家所有权的客体,而是由国家行使管理职责的公用物。

4.其他属于国家所有的不动产和动产。除上述资源和基础设施外，其他不动产和动产，只要为国家所有，就为国家所有权的客体。不过，这些财产也可为其他所有权的客体。

（三）国家所有权的实现

1.非经营性国家所有财产的所有权的实现

第二百五十五条　国家机关对其直接支配的不动产和动产，享有占有、使用以及依照法律和国务院的有关规定处分的权利。

第二百五十六条　国家举办的事业单位对其直接支配的不动产和动产，享有占有、使用以及依照法律和国务院的有关规定收益、处分的权利。

上两条规定了非经营性国有财产所有权的实现。

国家所有的财产根据其使用的目的可分为经营性资产和非经营性资产。非经营性国有资产并不是用于经营的国有财产，而是用于社会公共服务和公共事业的国家所有的财产。对于非经营性资产，通常是授权国家机关和国家举办的事业单位就其所直接支配的不动产和动产实现所有权的。

国家机关是代表国家行使公权力的机构。国务院代表国家行使国家所有权也需要通过国家机关实施，国家机关为履行自己的职责也须有一定的国家财产做财产基础。因此，国家机关必须直接支配国家所有的一定不动产和动产。国家举办的事业单位是为社会公益目的，从事教育、科技、文化、卫生等活动的社会服务机构。国家举办的事业单位是以国家投入的资产为其活动的财产基础的，当然也必须直接支配一定的国家所有的不动产和动产。

国家机关和国家举办的事业单位对其直接支配的不动产和动产，享有占有权、使用权，有权排除他人包括其他机关和单位的不法干涉。国家机关和国家举办的事业单位对其直接支配的国家所有的不动产和动产也有一定的收益权和处分权，但不享有完全的收益权和处分权。国家机关和国家举办的事业单位对其直接支配的国有财产的收益权能和处分权能的行使，须依照法律和国务院的有关规定，因为国家机关和国家举办的事业单位毕竟是根据国务院的授权来代表国家行使其直接支配的国家财产的所有权的。

2. 经营性国有资产所有权的实现

第二百五十七条　国家出资的企业，由国务院、地方人民政府依照法律、行政法规规定分别代表国家履行出资人职责，享有出资人权益。

本条规定了经营性国有资产的所有权实现方式。

经营性资产是指投入营利性经营活动的资产。经营性资产必为营利法人利用，因此，国家的经营性资产也是只能由国家出资的企业来经营的。国家所有的不动产和动产一经国家投入企业，该不动产和动产就由企业法人享有所有权，国家不再享有该不动产和动产的所有权，而享有出资人的权益。由于我国对国家财产是实行分级管理的，不仅国务院，而且地方各级人民政府也享有国有资产的管理权。因此，对于经营性资产，在其投入企业后，依照法律、行政法规规定对该资产原享有管理权的国务院、地方人民政府也就成为出资人，代表国家履行出资人的职责，享有出资人的权益。

（四）国家所有权的保护

1. 一般义务人的禁止性行为

第二百五十八条　国家所有的财产受法律保护，禁止任何组织或者个人侵占、哄抢、私分、截留、破坏。

本条规定了对国家财产的禁止性行为。

国家所有权虽具有特殊的法律地位，但也与其他所有权一样，具有独占性、排他性，一切人也都对国家所有权负有不得侵犯的义务。侵占、哄抢、私分、截留、破坏国家财产，是较常见的侵害国家所有权的行为，尤其是截留只能是侵害国家所有权的行为，因此，物权法对此五种行为做出明确的禁止性规定。当然，侵害国家所有权的行为，并不限于此五种行为。以其他方式侵害国家所有权的，应依物权的一般保护方式保护国家所有权。

2. 国有资产监管机构及其工作人员的责任

第二百五十九条　履行国有财产管理、监督职责的机构及其工作人员，应当依法加强对国有财产的管理、监督，促进国有财产保值增值，防止国有财产损失；滥用职权，玩忽职守，造成国有财产损失的，应当依法承担法律责任。
违反国有财产管理规定，在企业改制、合并分立、关联交易等过程中，低价转让、合谋私分、擅自担保或者以其他方式造成国有财产损失的，应当依法承担法律责任。

本条规定了国有资产监管机构及其工作人员的责任。

由于在市场经济条件下，国有经营性财产是由国家投资的企业进行经营的，为保障国有财产不受损失，一方面须赋予企业法人资格,以使其在市场经济中享有充分的自主权,成为真正的市场主体;另一方面必须加强对国有资产的管理、监督,以防止和避免经营者利用各种渠道损公肥私,造成国有财产损失。因此,法律特别规定了国有资产监管机构及其工作人员的责任,以加强对国家所有权的保护。

国家所有权的主体只能是国家,但国家对国有财产的管理和监督是由各级政府的国有资产管理监管机构实施的。国有资产管理、监督机构不行使政府的公共管理职能,其职责就是依法加强对国有资产的管理、监督,促进国有资产保值增值,防止国有资产损失。同时,政府的其他部门和机构也不履行国有资产的管理、监督职责。国有资产管理、监督机构及其工作人员滥用职权,玩忽职守,不认真履行职责,造成国家财产损失的,应当依法承担法律责任。国有资产管理、监督机构及其工作人员尤其应当加强企业改制、企业合并分立、关联交易中国有财产的管理,以防国有资产流失;违反国有财产管理规定,在企业改制、合并分立、关联交易等过程中,低价转让、合谋私分、擅自担保或者以其他方式造成国有资产损失的,应当依法承担法律责任。

二、集体所有权

(一) 集体所有权的含义

集体所有权是指劳动群众集体依法对其集体财产享有的占有、使用、收益、处分并排除他人干涉的权利。集体所有权是集体所有制这一公有制的法律表现。

由于每一个集体组织都对其不动产和动产享有集体所有权，而集体组织又是多种多样的，既有城镇集体经济组织，又有农村的集体组织，因此，集体所有权的主体不具有惟一性，而具有多元性的特点。

（二）集体所有权的客体范围

第二百六十条　集体所有的不动产和动产包括：

（一）法律规定属于集体所有的土地和森林、山岭、草原、荒地、滩涂；

（二）集体所有的建筑物、生产设施、农田水利设施；

（三）集体所有的教育、科学、文化、卫生、体育等设施；

（四）集体所有的其他不动产和动产。

本条规定了集体所有权的客体范围。

由于各集体组织的性质、功能不同，其所有的财产范围也不会相同。例如，城镇集体经济组织不会有土地所有权，而农村集体组织享有土地所有权。总的来说，集体组织可拥有的财产范围是十分广泛的，下列不动产和动产可成为集体所有权的客体：

1.法律规定属于集体所有的土地和森林、山岭、草原、荒地、滩涂。土地和森林、山岭、草原、荒地、滩涂，只有法律规定为集体所有的，才为集体所有权的客体。法律未明确规定属于集体所有的，不能成为集体所有权的客体，而只是国家所有权的客体。

2.集体所有的建筑物、生产设施、农田水利设施。这些财产是集体经济组织发展生产所必要的设施。只有归集体所有，才能发挥其作用,促进集体生产。

3.集体所有的教育、科学、文化、卫生、体育等设施。这些财产是集体组织进行社会公益活动,为成员提供社会服务的财产基础,因此,也是集体所有权客体的重要组成部分。

4.集体所有的其他不动产和动产。除上述财产外,其他的不动产和动产也可为集体所有权的客体。集体组织对其所有的不动产和动产享有所有权,也是其存在和进行必要的民事活动的财产保障。

(三) 农民集体财产的归属

第二百六十一条 农民集体所有的不动产和动产,属于本集体成员集体所有。

下列事项应当依照法定程序经本集体成员决定:

(一) 土地承包方案以及将土地发包给本集体以外的组织或者个人承包;

(二) 个别土地承包经营权人之间承包地的调整;

(三) 土地补偿费等费用的使用、分配办法;

(四) 集体出资的企业的所有权变动等事项;

(五) 法律规定的其他事项。

本条规定了农民集体所有财产的归属。

关于农民集体所有权的主体,理论上有不同的观点。有的认为,农民集体财产归劳动群众集体所有;也有的认为,农民集体财产归集体的成员所有。物权法明确规定,农民集体所有的不动产和动产,属于本集体成员集体所有。也就是说,农民集体所有权的主体为成员集体。成员集体所有既不同于成员共有，也不同于其他公有。农民集体的成员享有成员权，有权决定集体所有权行使的重大事项，因此，农民集体所有权的行使须经一定的民主程序。

依物权法规定，下列事项应当依法定程序经本集体成员决定：（1）土地承包方案以及将土地发包给本集体以外的组织或者个人承包；（2）个别土地承包经营权人之间承包地调整；（3）土地补偿费等费用的使用、分配办法；（4）集体出资的企业所有权变动等事项；（5）法律规定的其他事项。可以说，凡属于集体所有权的行使对集体影响较大，或者直接涉及成员利益的事项，都应当依法定程序由本集体成员决定。

（四）集体所有的自然资源所有权的行使主体

第二百六十二条 对于集体所有的土地和森林、山岭、草原、荒地、滩涂等，依照下列规定行使所有权：

（一）属于村农民集体所有的，由村集体经济组织或者村民委员会依法代表集体行使所有权；

（二）分别属于村内两个以上农民集体所有的，由村内各该集体经济组织或者村民小组依法代表集体行使所有权；

（三）属于乡镇农民集体所有的，由乡镇集体经济组织代表集体行使所有权。

本条规定了集体所有的自然资源所有权的行使主体。

法律规定归集体所有的自然资源，既可能是属于村集体所有，也可能为村内两个以上的集体经济组织或者村民小组所有，还可能为乡镇农民集体所有。所有权的主体不同，代表集体行使所有权的主体也不同。属于村农民集体所有的，由村集体经济组织或者村民委员会依法代表集体行使所有权；归村内两个以上不同农民集体所有的，由村内各该集体经济组织或者村民小组依法代表集体行使所有权；属于乡镇农民集体所有的，由乡镇集体经济组织代表集体行使所有权。

（五）城镇集体所有权

第二百六十三条 城镇集体所有的不动产和动产，依照法律、行政法规的规定由本集体享有占有、使用、收益和处分的权利。

本条规定了城镇集体所有权。

城镇集体所有权是城镇集体组织对其集体所有的不动产和动产，依照法律、行政法规的规定享有的占有、使用、收益和处分的权利。

城镇集体所有权是城镇集体所有制的法律表现。城镇集体所有权与农民集体所有权，都是集体经济的法律保障。但城镇集体所有权与农民集体所有权，在所有权的形成、所有权的行使等方面，都有所不同。城镇集体所有权由本集体组织代表集体行使。

（六）农村集体所有权行使的经济公开制度

第二百六十四条 农村集体经济组织或者村民委员会、村民小组应当依照法律、行政法规以及章程、村规民约向本集体成员公布集体财产的状况。集体成员有权查阅、复制相关资料。

本条规定了农村集体所有权行使的经济公开制度。

农村集体所有的财产属于集体成员集体所有，但集体成员不可能集体行使所有权。集体所有权是由集体经济组织或村民委员会、村民小组代表集体行使集体所有权。因为所有权的行使关系到集体成员的集体利益，关系到集体财产的安全，所以行使集体所有权要实行经济民主，建立起公开透明的财产公开制度。代表集体行使集体所有权的无论是集体经济组织还是村民委员会、村民小组，都应当依照法律、行政法规的规定以及章程、村规民约向本集体成员公布集体财产的状况，以保障本集体成员的知情权、监督权的实现，维护本集体成员的合法权益。集体成员对集体所有权行使享有知情权，有权查阅、复制有关集体财产状况的资料。

（七）集体所有权的保护

第二百六十五条 集体所有的财产受法律保护，禁止任何组织或者个人侵占、哄抢、私分、破坏。

农村集体经济组织、村民委员会或者其负责人作出的决定侵害集体成员合法权益的，受侵害的集体成员可以请求人民法院予以撤销。

本条规定了集体所有权的保护。

集体所有权与其他所有权一样地受法律的平等保护。但是，因为集体所有的财产属于成员集体所有的财产，对集体所有权的保护既涉及保护成员集体的共同利益，也涉及保护集体成员的个体利益，所以对于集体所有权的保护也就具有以下双重意义：

其一，保护集体所有的财产不被他人侵害。集体所有权，由本集体依照法律、法规的规定享有占有、使用、收益、处分的权利，其他任何人都负有不得侵害的义务，禁止任何组织或者个人侵占、哄抢、私分、破坏集体所有的财产。凡违反不得侵害集体财产的义务、实施法律禁止的侵害行为的，都构成侵害集体所有权的不法行为，应依法承担相应的法律责任。

其二，保护集体成员的个体利益不受侵害。集体所有的财产虽由集体享有所有权，但集体成员也都享有所有者的权益即作为成员的权益。集体所有权由特定的组织依特定的程序行使所有权。特定组织行使集体所有权时，既应维护集体的利益，也应维护集体成员的利益；既不能损害集体财产，也不能损害集体成员应享有的利益。代表集体行使所有权的集体经济组织或者村民委员会、村民小组或者其负责人做出的决定侵害集体成员的合法权益的，受侵害的集体成员享有撤销请求权，有权请求人民法院对侵害其合法权益的决定予以撤销。

三、私人所有权

（一）私人所有权的含义

第二百六十六条 私人对其合法的收入、房屋、生活用品、生产工具、原材料等不动产和动产享有所有权。

本条规定了私人所有权。

私人所有权是指私人对其合法的不动产和动产享有的占有、使用、收益和处分并排除他人干涉的权利。

私人所有权的客体是私有财产。私有财产是与公有财产相对应的概念。国有财产、集体财产属于公有财产，是国家所有权、集体所有权的客体。公有财产是公有制的产物，而私有财产则是私有制的产物。我国实行以公有制为主体、多种所有制经济共同发展的基本经济制度，非公有制的个体经济是国家经济的重要组成部分。私有财产不仅是满足人民基本生活需要所必要的,而且是发展非公有制经济的财产基础,因此,私人所有权具有同国家所有权、集体所有权同等重要的意义。

私人所有权的客体是私人合法取得的各种不动产和动产,包括:(1)私人的合法收入;(2)房屋;(3)生活用品;(4)生产工具;(5)原材料等。私人所有权的客体,既有生活资料,也有生产资料。只要不是法律规定禁止私人所有的不动产和动产,都可为私人所有权的客体。

(二) 私人财产的保护

第二百六十七条　私人的合法财产受法律保护,禁止任何组织或者个人侵占、哄抢、破坏。

本条规定了私有财产的法律保护。

私有财产与公有财产一样地受法律保护。法律保护私人财产的重要性决定于私人财产的重要性。如前所述,私人财产是保障自然人生活的物质基础,是发展非公有制的私有经济的基本条件。保护私有财产是保障人民生活和发展私营经济的需要。同时应看到,私人财产主要是劳动所得,保护私人财产,也就保护了人们的劳动积极性。因此,保护私有财产,也是定分止争,调动人民的劳动积极性,维护市场交易安全和维护社会秩序稳定的要求。

保护私有财产,不仅应保护私人所有权的客体,还应保护私人的其他合法财产权益。因此,在私人财产的法律保护上,主要有以下特点:

(1) 私人的合法权益,均受法律保护。私人合法的储蓄、投资及其收益,并不是私人所有权的客体,但也是私人的合法财产权益,同样受法律保护,他人不得非法侵害。

(2)私人的继承权及其他合法权益受国家法律保护。继承权是私人财产权的合法延伸,只有保护私人财产的继承权,私人财产的保护才是彻底的。除继承权外,其他合法权益如私人知识产权,也是私人的重要财产权益。所以,国家依照法律规定保护私人的继承权及其他合法权益。

(3)任何组织或者个人不得实施法律禁止的侵占、哄抢、破坏私人合法财产的不法行为,尤其是不得以"公"的名义非法侵害私有财产。

四、法人所有权

(一)企业法人所有权的形成

第二百六十八条 国家、集体和私人依法可以出资设立有限责任公司、股份有限公司或者其他企业。国家、集体和私人所有的不动产或者动产,投到企业的,由出资人按照约定或者出资比例享有资产收益、重大决策以及选择经营管理者等权利并履行义务。

本条规定了企业法人所有权的形成及投资者的权益。

法人的财产为团体财产,是由出资者的出资或者举办人投入或者捐助者的捐助形成的。企业法人的财产则是由出资人出资形成的。出资人无论是国家、集体还是私人,无论是设立有限责任公司、股份有限公司还是其他企业,只要其不动产或者动产作为投资投入到企业,则投资人对其投入的不动产或者动产，不再享有所有权，该不动产或者动产成为企业法人的不动产或者动产，出资人的所有权转化为投资者权益。企业法人对出资人投入的不动产和动产享有法人所有权，出资人享有股权。出资人作为股东按照约定或者出资比例享有资产收益、重大决策以及选择经营管理者等权利并履行相应义务。

（二）法人所有权的含义

第二百六十九条　营利法人对其不动产和动产依照法律、行政法规以及章程享有占有、使用、收益和处分的权利。

营利法人以外的法人，对其不动产和动产的权利，适用有关法律、行政法规以及章程的规定。

本条规定了法人所有权的含义。

法人所有权是指法人对其不动产和动产依照法律、行政法规的规定及法人章程享有的占有、使用、收益、处分并排除他人干涉的权利。

法人包括营利法人及非营利法人。

营利法人是企业法人，其财产完全是由投资者投资形成的。企业法人对其不动产和动产享有所有权，依照法律、行政法规以及章程对其不动产和动产行使占有、使用、收益和处分的权利。营利法人所有权的行使，除遵循法律、行政法规的规定外，还须遵循法人章程。

非营利法人是指企业法人以外的法人。非营利法人不属于营利法人，有不同的设立目的，其法人财产的形成不同于营利法人财产的形成。作为法人，非营利法人对其不动产和动产也享有法人所有权，但其对财产的处分权能有的会受到一定限制。

例如，机关法人对其支配的财产的处分要依国务院的有关规定为之；捐助法人对其支配的财产的处置不能违背捐助的目的。非营利法人的所有权的行使，适用法律、行政法规以及章程的规定。

五、社会团体法人、捐助法人所有权

第二百七十条　社会团体法人、捐助法人依法所有的不动产和动产，受法律保护。

本条规定了社会团体法人、捐助法人所有权。

社会团体是由会员自愿组成的以从事非营利性活动为目的的社会组织。社会团体为实现自己的设立目的，必须从事一定的民事活动，从而须有自己的必要财产。社会团体对其所有的不动产和动产享有所有权，依法受法律保护。任何组织或者个人不得非法侵害社会团体的财产。捐助法人是以捐助财产设立的以公益为目的的法人，捐助法人依法所有的不动产和动产，同样受法律保护，禁止任何组织或者个人侵害捐助法人的财产。

第六章 业主的建筑物区分所有权

一、业主的建筑物区分所有权的含义

第二百七十一条 业主对建筑物内的住宅、经营性用房等专有部分享有所有权,对专有部分以外的共有部分享有共有和共同管理的权利。

本条规定了业主的建筑物区分所有权的概念。

业主的建筑物区分所有权是随着建筑技术的发展与土地资源的有效利用而出现的。现代社会,为有效利用土地,依靠建筑技术的进步,多层和高层建筑物大量呈现。由于多层和高层建筑物可以区分为不同的部分,各部分均可为一个独立单元成为所有权的客体,因此,如何确定各单元所有权人的权属也就十分重要。从而,业主建筑物区分所有权的概念随之出现。

关于业主建筑物区分所有权的概念有不同的观点,主要有一元说、二元说、三元说及四元说。一元说,又称"单一要素说"、"狭义区分所有权说",该观点又有专有权说和共有权说之分。专有权说认为,建筑物区分所有权是指区分所有权人对建筑物专有部分所享有的所有权(专有权),建筑物区分所有权只存在于专有部分上。共有权说认为,建筑物区分所有权是指区分所有权人对建筑物的持份共有权。该说以集团性、共同性为立论精神，将区分所有的建筑物整体视为全体区分所有权人之共有。二元说又称"复合要素说"、"广义区分所有权说"。该说认为，建筑物区分所有权是指区分所有权人对建筑物的专有部分和共有部分所享有的专有权和共有权的结合。三元说又称为"三要素说"、"最广义区分所有权说"。该说认为，建筑物区分所有权是指区分所有权人对建筑物的专有部分和共有部分所享有的专有权和共有权，以及基于建筑物的管理、维护和修缮等共同事务而产生的成员权的总称。四元说认为，区分所有权由专有部分所有权、共有部分共有权、管理权和相邻权四要素构成。

我国物权法基本上采取三元说。根据物权法规定，业主的建筑物区分所有权也就是建筑物区分所有权，也有的简称为区分所有权，是指多个建筑物区分所有权人共同拥有一栋区分所有的建筑物时，各区分所有权人对建筑物的专有部分所享有的所有权和对共享部分所享有的共有权及共同管理权的总称。

业主的建筑物区分所有权有以下含义：

1. 业主的建筑物区分所有权的主体为业主。业主的建筑物区分所有权是业主享有的权利，主体为业主。所谓业主，是指对建筑物的专有部分享有所有权的人，亦即区分所有权人。虽占有或者管理建筑物但对其专有部分不享有所有权的人，不属于业主。不仅自然人，其他民事主体也均可为业主。[①]

2. 业主的建筑物区分所有权是业主对从纵横方向上区分的

[①] 依最高人民法院《关于审理建筑物区分所有权案件适用法律若干问题的解释》第1条规定，依法登记取得或者依据民法典第二百二十九条至第二百三十一条规定取得建筑物专有部分所有权的人，应当认定为业主；基于与建设单位之间的商品房买卖民事法律行为，已经合法占有建筑物专有部分，但尚未依法办理所有权登记的人，可以认定为业主。

建筑物内的住宅、经营性用房等不动产享有的权利。建筑物区分所有权是不动产所有权，但其客体不同于一般建筑物所有权的客体。一般建筑物所有权是以整个建筑物作为一个客体的不动产所有权，而建筑物区分所有权是将建筑物从纵横方向上区分为各个不同的独立部分，各部分分别作为所有权的客体。一栋建筑物从纵横方向上区分成若干单元，每一单元不论是作为住宅还是作为经营性用房都属于房屋，都可在其上设立一个房屋所有权。这一房屋所有权就是建筑物区分所有权。对于建筑物区分所有权，有的称为住宅所有权，有的称为公寓所有权，也有的称为楼层所有权。应当说，建筑物区分所有权的名称更能体现出其客体的特点。

3.业主的建筑物区分所有权是以业主所享有的专有部分所有权、共有部分的共有权和共同管理权为内容的权利。业主对共有部分享有的共有权以及共同管理权，是以其所享有的专有部分所有权为前提的，也是业主行使专有部分所有权所必享有的权利。业主的这三方面权利相互联系，不可分割，共同构成业主的建筑物区分所有权。

二、业主的建筑物区分所有权的特征

业主的建筑物区分所有权具有以下特征：

1.内容的复合性。建筑物区分所有权是由专有部分所有权、共有部分的共有权以及共同管理权共同构成的，其内容具有复合性。

2.专有部分所有权的主导性。建筑物区分所有权尽管具有多方面的内容，但其中起主导和决定作用的是专有部分所有权。取得专有部分所有权也就同时取得共有部分的共有权和共同管理权。专有部分所有权主体变更，共有部分共有权和共同管理权的主体也随之变更；丧失专有部分所有权，也就丧失共有部分共有权和共同管理权。建筑物区分所有权权属登记仅登记专有部分所有权。

3. 权利主体身份的多重性。由于建筑物区分所有权的内容是由多项权利构成的，而不是单一的，因此，享有建筑物区分所有权的业主相对于其享有的不同权利，也就具有不同的主体身份。建筑物区分所有权人既是专有部分的所有权人，又是共有部分的共有人，还是共同事务管理的成员权人。

4. 流转上的一体性。所谓流转的一体性，是指建筑物区分所有权的各项内容只能一体地流转，而不能分开单独转让。

三、业主专有部分所有权

第二百七十二条　业主对其建筑物专有部分享有占有、使用、收益和处分的权利。业主行使权利不得危及建筑物的安全，不得损害其他业主的合法权益。

本条规定了业主的专有部分所有权。

业主的专有部分所有权又称专有权、特别所有权，是指建筑物区分所有权人即业主对建筑物中属于其所有的独立部分享有的占有、使用、收益和处分并排除他人干涉的权利。专有部分所有权的客体为专有部分。专有部分是指构造上能明确区分、独立，具有排他性且可独立使用的建筑物的部分。依最高人民法院《关于审理建筑物区分所有权纠纷案件适用法律若干问题的解释》第 2 条的规定，建筑区划内符合下列条件的房屋，以及车位、摊位等特定空间，应当认定为专有部分：(1) 具有构造上的独立性，能够明确区分；(2) 具有利用上的独立性，可以排他使用；(3) 能够登记为特定业主所有权的客体。规划上专属于特定房屋，且建设单位销售时已经根据规划列于该特定房屋买卖合同中的露台等，应认定为专有部分的组成部分。专有部分具有构造上的独立性，是指其可与建筑物其他部分完全隔离。也只有这样才能客观地划分不同部分并为各个所有权人独立支配。因为只有这样才能明确客体的范围，并进而明确权利主体所享有的权利的范围，同时也才能准确地判断他人针对建筑物所实施的行为是否构成侵害所有权。专有部分利用上独立性，是指可以被独立地使用或具有独立的经济效用，不需借助其他部分的辅助便能够利用。专有部分能够登记成为特定主体所有权的客体，是指可通过登记进行公示并且表现出法律上的独立性。构造上和利用上的独立性，是经济上的独立性，只有通过登记才能表现为法律上的独立性，即通过登记能够使得被分割的各个部分在法律上形成为各个所有权的客体。如果建筑物被分割的各个部分登记为各个主体所有，则该建筑物作为整体在法律上将不能再作为一个独立物存在。应当指出的是，通过登记表现出来的法律上的独立性，是以构造上和使用上的独立性为基础的。如果构造上或使用上的独立性不复存在，则法律上的独立性也难以存在。

关于专有部分的范围，有不同的观点。主要有空间说、墙面说、壁心说、壁心和最后粉刷表层说等。空间说认为，专有部分的范围限于由墙壁、地板和天花板所构成的空间部分。至于墙壁、天花板和地板本身则属于共有部分。墙面说认为，专有部分包含墙壁、天花板、地板等界壁部分表层所粉刷部分。该说是在空间说的基础上将专有部分的范围延伸到界壁的最后粉刷的表层。壁心说认为，专有部分达到墙壁、天花板和地板等境界部分厚度的中心线。壁心和最后粉刷表层说认为，在区分所有权人的内部关系尤其是建筑物的维持和管理上，专有部分包括墙壁、天花板和地板等境界部分表层所粉刷部分；在外部关系上，专有部分到达墙壁、天花板、地板等境界部分的中心线。以上学说的主要分歧在于：究竟应该如何看待墙壁的权利归属？到底是将墙壁作为专有部分看待还是作为共有部分看待？比较而言，最后一种学说是比较合理的，因为这种学说是根据处理内外部关系的不同来界定专有部分的范围。在区分所有权人的内部关系上，专有部分应包括壁、柱、地板及天花板等境界表层之粉刷的部分，专有部分的所有权人可以放心地对其墙壁进行装饰，而不必担心侵犯他人的权利；但在外部关系上，如买卖、保险以及税金的缴纳上，尤其对于第三人来说，专有部分应达壁、桩、地板及天花板的中心线。

专有部分所有权人对其专用部分享有占有、使用、收益和处分的权利。专有权人得依自己的意愿行使所有权的各项权能。比如，区分所有权人可以将专有部分用于自己居住，也可以出租、抵押、出卖。在区分所有权人的权利受到他人不当干涉之时，区分所有权人有权排除这种不当的干涉，这是区分所有权作为所有权所具有的基本效力。同时专有部分所有权人也负有义务，专有部分所有权人的义务主要有以下三项：

（1）行使权利不得危及建筑物的安全。因为在建筑物区分所有中，专有部分是依赖于整个建筑物而存在的，在物理属性上整个建筑物是一个整体，专有部分与整个建筑物是整体与部分的关系，所以只有保障整个建筑物的安全才能够实现专有部分所有权的有效行使，而每一专用部分的不当行使也都会危及建筑物的安全。因此，专有部分所有权人行使权利不能危及建筑物的安全，不能对建筑物造成损害。例如，擅自改变专有部分的结构，破坏承重墙等行为，都为禁止实施的危及建筑物安全的行为。

（2）行使权利不得损害其他业主的合法权益。因为在建筑物区分所有中，不止有一个专有部分存在，而是有多个专有部分存在，这就涉及到每个专有部分所有权人行使权利的界限问题。整个建筑物是由众多的专有部分构成，各专有部分的所有权人之间实际上存在着一定的共同利益和一定的利益冲突，因此，任何专有部分的权利人行使权利时，都应考虑其他业主的利益，不得因自己权利的行使而损害其他业主的合法权益。专有部分所有权人不当行使权利损害其他业主的合法权益的，其行为会构成权利滥用，应依法承担相应的民事责任。

（3）遵守管理规约。业主为规范共同生活，常订有管理规约。业主在行使专有部分的权利时，应当遵守管理规约的约定，以维护建筑区划内的业主共同生活秩序。

四、共有部分的共有权

第二百七十三条 业主对建筑物专有部分以外的共有部分，享有权利，承担义务；不得以放弃权利为由不履行义务。

业主转让建筑物内的住宅、经营性用房，其对共有部分享有的共有和共同管理的权利一并转让。

本条规定了业主的共有部分的共有权。

业主的共有部分共有权,有的称为共享部分持份权或简称共有权,是指建筑物区分所有权人依照法律或者管理规约的规定,对建筑物专有部分以外的共有部分享有占有、使用、收益及处分的权利。

业主共有权的客体为共有部分。共有部分是指建筑区划内除专有部分以及公有部分外的部分,既包括建筑物的基本构造部分,例如支柱、屋顶、外墙或地下室等,也包括建筑物的共有部分及其附属物,例如楼梯、消防设施、走廊、水塔、自来水管道等,以及仅为部分区分所有权人所共有的部分,还包括其他不属于业主专有部分也不属于市政共用部分或者其他权利人所有的场所及设施等。①

业主共有权的内容包括业主作为共有人的权利和义务。共有人的权利主要有:(1)业主有权按共有部分的用途使用共有部分,他人无权限制和干涉;(2)业主有权分享共有部分的收益。区分所有权人将共有部分用于营利性使用,其收益应由业主分享。共有人的义务主要有:(1)应维护共有部分的正常使用状态,不得随意改动共有部分的设置和结构,不得侵占共有部分;

---

① 最高人民法院《关于审理建筑物区分所有权纠纷案件适用法律若干问题的解释》第3条规定:除法律、行政法规规定的共有部分外,建筑区划内的以下部分,也应认定为民法典第二编第六章所称的共有部分:(一)建筑物的基础、承重结构、外墙、屋顶等基本结构部分,通道、楼梯、大堂等公共通行部分,消防、公共照明等附属设施、设备,避难层、设备层或者设备间等结构部分;(二)其他不属于业主专有部分,也不属于市政共用部分或者其他权利人所有的场所及设施等。建筑区划内的土地,依法由业主共同享有建设用地使用权,但属于业主专有的整栋建筑物的规划占地或者城镇公共道路、绿地占地除外。

（2）应负担共有部分的正常费用。对于为使用、维修、管理共有部分所支出的费用，业主有分摊的义务。业主对共有部分享有的权利和承担的义务共同构成共有权的内容，因此，业主不得以放弃权利为由而不履行义务。

由于建筑区分所有权中的专有部分与共有部分是连在一起的，二者具有不可分离性，或者说共有权与共同管理权是依附于专有权的，因此，业主转让建筑物内的住宅、经营性用房，其对共有部分享有的共有和共同管理的权利一并转让。受让人取得专有部分所有权，也随之取得共有部分的共有权和共同管理权。

五、建筑区划内道路、绿地及其他设施的归属

第二百七十四条 建筑区划内的道路，属于业主共有，但是属于城镇公共道路的除外。建筑区划内的绿地，属于业主共有，但是属于城镇公共绿地或者明示属于个人的除外。建筑区划内的其他公共场所、公用设施和物业服务用房，属于业主共有。

本条规定了建筑区划内的道路、绿地及其他设施的归属。

因为在建筑区划内，除一栋栋建筑物外，还有道路、绿地、公共场所，还有建筑物外的公用设施以及物业用房，而对于这些资产的归属往往发生纠纷，因此，物权法对其归属做出规定。建筑区划内的道路，除属于城镇公共道路的以外，属于业主共有；建筑区划内的绿地归业主共有，但有两种情形例外：一是属于城镇公共绿地的，不属于业主共有；二是明示属于个人的绿地，不属于业主共有。所谓的明示应是在出售房产时，开发

商明确告知某块绿地专属于某个个人。建设区划内的其他公共场所是公众活动的场所,自然不能划归个人,只能由业主共有;公用设施是保障建筑区划内居民的生活需要和生活质量的必要设施,当然也只能由业主共有。物业管理用房,是满足物业管理需要的用房,而物业管理是为全体业主服务的,因此,物业管理用房也应为业主共有。为满足物业管理的需要,开发商应当按照规划要求建造符合规定面积的物业管理用房。

六、车位、车库的归属

第二百七十五条 建筑区划内,规划用于停放汽车的车位、车库的归属,由当事人通过出售、附赠或者出租等方式约定。

占用业主共有的道路或者其他场地用于停放汽车的车位,属于业主共有。

第二百七十六条 建筑区划内,规划用于停放汽车的车位、车库应当首先满足业主的需要。

上两条规定了建筑区划内的车位、车库的归属。

关于建筑区划内的车位、车库的归属,主要有共有说、约定说、附随说、专用权说等不同的观点。共有说主张,停放汽车的车位、车库,应由全体业主共有,业主如使用,则应向物业交纳管理费;业主以外的人使用,应交停车费。约定说认为,车位、车库不同于道路等,可以为个人专有,因此,车位、车库的权属应根据开发商与业主的约定确定。附随说认为,车位、车库附随于建筑物区分所有的专有部分而不具有独立性,车位、车库为建筑物区分所有权中专有权的标的,车位、车库可进行不动产登记，发给业主所有权的权属证书。专用权说认为，车位、车库不应归业主共有，也不易归业主所有，而应赋予业主专用权，使用车位、车库的业主对车位、车库享有专用权，而车位、车库的所有权仍属于开发商。物权法根据现实的不同情形，对车位、车库的归属做出不同的规定。

建筑区划内，规划用于停放汽车的车位、车库应当首先满足业主的需要。这是确定车位、车库归属的基本要求。因为规划建设车位、车库就是为了满足建筑区划内业主停放汽车的需要。因此，只有在满足业主需要的前提下，规划用于停车的车位、车库才可作他用。

在满足业主需要的前提下，车位、车库的归属根据约定确定。由于建筑区划内，规划用于停放汽车的车位、车库，建成后可以作为独立的一物，有着专门的用途，可以作为单独的交易客体，对此部分建筑区划内的业主在买房时，一般不会支付对价。开发商可以将此部分出售、附赠，也可以自己保留所有权而出租给他人。当事人通过出售、附赠或者出租等方式约定了车位、车库归何人所有的，该车位、车库即归何人所有。

由于建筑区划内业主共有的道路和其他场地，并不是规划用于停车的，不具有独立的停车功能。占用业主共有的道路或者其他场地用于停放汽车的车位，是附属于共有物上，当然应当属于业主共有。因此，占用业主共有的道路或者其他场地用于停放汽车的车位，属于业主共有。也就是说，只要车位是建在业主共有的区域，就归业主共有，开发商就不能把这部分车位另行出售或者出租。

七、业主的管理权

业主的管理权,又称为业主的成员权、区分所有权人共同事务管理的成员权,是指规划区域内的建筑物区分所有权人即业主基于建筑物的构造、权利归属和使用上的密切关系而形成的作为建筑物管理团体成员之一所享有的权利和承担的义务。

(一)设立业主大会,选举业主委员会的权利

第二百七十七条 业主可以设立业主大会,选举业主委员会。

业主大会、业主委员会成立的具体条件和程序,依照法律、法规的规定。

地方人民政府有关部门、居民委员会应当对设立业主大会和选举业主委员会给予指导和协助。

本条规定了业主设立业主大会,选举业主委员会的权利。

业主大会是由物业管理区域内全体业主组成的。业主既是业主个体自治法律关系的基本主体,也是业主团体自治法律关系的构成主体。业主大会是基于物业管理区域内物业在构成、权利归属及使用上不可分离的共同关系而产生的。业主大会成立以后,入住的业主将自动成为业主大会的成员。业主委员会是依据业主公约或者法定的程序由业主大会从全体业主中选举产生的,为业主大会的执行机构。业主委员会代表本物业管理区域内全体业主的合法权益,实行业主自治自律与专业化管理相结合的管理体制,保障物业的安全与合理使用,贯彻执行国家有关物业管理的法律、法规和政策规定,维护本物业管理区域内的公共秩序,创造整洁、优美、安全和文明的环境。地方

人民政府有关部门、居民委员会对设立业主大会和选举业主委员会应给予指导和帮助,但政府有关部门、居民委员会不能代替业主行使设立业主大会、选举业主委员会的权利。

(二)决定相关事项的权利

第二百七十八条　下列事项由业主共同决定:

(一)制定和修改业主大会议事规则;

(二)制定和修改管理规约;

(三)选举业主委员会或者更换业主委员会成员;

(四)选聘和解聘物业服务企业或者其他管理人;

(五)使用建筑物及其附属设施的维修资金;

(六)筹集建筑物及其附属设施的维修资金;

(七)改建、重建建筑物及其附属设施;

(八)改变共有部分的用途或者利用共有部分从事经营活动;

(九)有关共有和共同管理权利的其他重大事项。

业主共同决定事项,应当由专有部分面积占比三分之二以上的业主且人数占比三分之二以上的业主参与表决。决定前款第六项和第八项决定的事项,应当经参与表决专有部分面积四分之三以上的业主且参与表决人数四分之三以上的业主同意。决定前款其他事项,应当经参与表决专有部分面积过半数的业主且参与表决人数过半数的业主同意。

本条规定了业主决定相关事项的权利。

业主依法享有对自己所拥有物业的各项权利,但下列事项由业主共同决定:(1)制定和修改业主大会议事规则;(2)制定和修改建筑物及其附属设施的管理规约;(3)选举业主委员会或者更换业主委员会成员;(4)选聘和解聘物业服务企业或者其他管理人;(5)使用建筑物及其附属设施的维修资金;(6)筹集建筑物及其附属设施维修资金;(7)改建、重建建筑物及其附属设施;(8)改变共有部分的用途或者利用共有部分从事经营活动;(9)有关共有和共同管理权利的其他重大事项。所谓其他重大事项,包括改变共有部分用途、利用共有部分从事经营活动、处分共有部分,以及业主大会依法决定或者管理规约依法确定应由业主共同管理的事项。

业主决定共同事项,应当由专有部分面积占三分之二以上的业主且人数占三分之二以上的业主参与表决。决定上述第(6)项和第(8)项规定的事项,应当经参与表决专有部分占建筑物总面积四分之三以上的业主且占参与表决人数四分之三以上的业主同意。决定前款其他事项,应当经参与表决专有部分占建筑物总面积过半数的业主且参与表决人数过半数的业主同意。业主人数,按照专有部分的数量计算,一个专有部分按一人计算。但建设单位尚未出售和虽然已经出售但是尚未交付的部分,以及同一买受人拥有一个以上专有部分的,按一人计算。

(三)业主改变住宅用途的同意权

第二百七十九条 业主不得违反法律、法规以及管理规约,将住宅改变为经营性用房。业主将住宅改变为经营性用房的,除遵守法律、法规及管理规约外,应当经有利害关系的业主一致同意。

本条规定了业主对其他业主改变住宅用途的同意权。

由于建筑物区分的各专有部分的用途是既定的,每一专有部分的使用不仅关系该专有部分业主的利益,也会影响到其他相关业主的利益。因此，业主对自己专有部分权利的行使，也应遵守法律、法规以及管理规约的规定，不能损害他人的合法权益。业主不能擅自改变专有部分的用途，将住宅改变为经营性用房。业主将住宅改变为经营性用房的，不仅不能违反法律、法规和管理规约的规定，而且还应经有利害关系的业主同意。所谓有利害关系的业主，是指本栋建筑物内的其他业主，以及其他建筑物中能证明其房屋价值、生活质量受到或者可能受到不利影响的业主。业主未经有利害关系的全体业主同意，将住宅改变为经营性用房的，有利害关系的业主有权请求法院排除妨害、消除危险、恢复原状或者赔偿损失。

（四）业主大会和业主委员会决定的效力

第二百八十条　业主大会或者业主委员会的决定，对业主具有约束力。

业主大会或者业主委员会作出的决定侵害业主合法权益的，受侵害的业主可以请求人民法院予以撤销。

本条规定了业主大会和业主委员会决定的效力。

业主大会对于共同决定的事项采多数决原则。对于业主大会的决定，业主委员会应当执行。业主委员会根据业主大会的授权，也可以做出相关决定。业主大会和业主委员会是代表全体业主的。业主大会或者业主委员会的决定，只有由全体业主执行，才能得到落实。因此，业主大会或者业主委员会的决定，对全体业主具有约束力，业主应当执行。

业主大会和业主委员会的决定虽然采多数决原则，但也不得与法律、法规相抵触，不得损害业主的合法权益。为维护业主的利益,业主大会或者业主委员会做出的决定侵害业主合法权益的,受侵害的业主可以在知道或者应当知道业主大会或者业主委员会作出决定之日起一年内请求人民法院予以撤销。当然,业主请求法院撤销业主大会或者业主委员会决定的,须证明自己为业主和自己的合法权益因该决定而受侵害。

(五) 维修资金使用的决定和监督权

第二百八十一条 建筑物及其附属设施的维修资金,属于业主共有。经业主共同决定,可以用于电梯、屋顶、外墙、无障碍设施等共有部分的维修、更新和改造。建筑及其附属设施的维修资金的筹集、使用情况应当定期公布。

紧急情况下需要维修建筑物及其附属设施的,业主大会或者业主委员会可以依法申请使用建筑物及其附属设施的维修资金。

本条规定了业主对维修资金使用的决定和监督权。

维修资金又称为"专项维修资金",是根据法律、法规规定设立的专门用于房屋共用部位、共用设施保修期满后的大修、更新和改造的资金。维修资金属于业主共有。对于维修资金的使用,应由业主共同决定,可以用于电梯、水箱等共有部分的维修。业主对维修资金的状况及使用情况有监督的权利,因此,对维修资金的筹集、使用情况,业主大会或业主委员会应当公布。维修资金归业主共有,一般情况下,其使用按正常程序进行。但是紧急情况下,业主大会或业主委员会有权依法申请使用维修资金,以及时对共有部分进行维修、更新和改造,避免维修资金"沉睡"。

（六）共有部分收入的归属

第二百八十二条 建设单位、物业服务企业或者其他管理人等利用业主的共有部分产生的收入，在扣除合理成本之后，属于业主共有。

本条规定了共有部分收入的归属。

业主的共有部分为业主共同所有，因此，无论是建设单位还是物业服务企业或者其他管理人等利用业主共有部分产生的收入，为业主共有物发生的收入，在扣除合理成本后，属于业主共有，而不能为利用人的收益。

（七）分摊费用和分配收益的权利

第二百八十三条 建筑物及其附属设施的费用分摊、收益分配等事项，有约定的，按照约定；没有约定或者约定不明确的，按照业主专有部分面积所占比例确定。

本条规定了业主分摊费用和分配收益的权利。

建筑物及其附属设施的使用，一方面必有一定的费用，另一方面也可能会产生一些收益。如将建筑物墙壁出租做广告，就会有租金收入。建筑物及其附属设施的费用，为业主共同负担；建筑物及其设施的收益为业主共同收益。因此，负担相关费用和分配收益既是业主的义务也是业主的权利。费用的负担和收益的分配，有约定的，按约定；没有约定或者约定不明确的，则按照业主专有部分占建筑物总面积的比例确定。这也符合权利义务相一致的原则。

（八）决定物业管理方式的权利

第二百八十四条　业主可以自行管理建筑物及其附属设施，也可以委托物业服务企业或者其他管理人管理。

对建设单位聘请的物业服务企业或者其他管理人，业主有权依法更换。

本条规定了业主决定物业管理方式的权利。

建筑区划内的物业，是该区划内的全体业主的物业。业主当然有自主决定如何管理物业的权利。业主可以委托他人进行物业管理，也可以不委托他人而自行管理建筑物及其附属设施。是自行管理还是委托他人管理以及委托何人管理物业，这是业主的权利，由业主自行共同决定。

一般来说，新建成的小区开始往往是由建设单位聘请物业服务企业或者其他管理人管理的。对建设单位聘请的物业服务企业或者其他管理人，业主有权依法更换。这主要是因为业主是小区物业的权利人，而建设单位为小区选定的物业公司不一定能够充分维护业主的利益。

（九）物业管理的监督权

第二百八十五条　物业服务企业或者其他管理人根据业主的委托，依照本法第三编有关物业服务合同的规定管理建筑区划内的建筑物及其附属设施，接受业主的监督，并及时答复业主对物业服务情况的询问。

物业服务企业或者其他管理人应当执行政府依法实施的应急处置措施和其他管理措施，积极配合开展相关工作。

本条规定了业主对物业管理的监督权。

物业服务企业或者其他物业管理人与业主之间是一种平等的民事关系。物业管理人与业主之间是一种委托关系，双方之间订立物业服务合同。物业服务企业或者其他管理人是受业主的委托管理物业的，因此其应当根据业主的委托进行管理，其管理的范围不能超出委托的范围，其服务的质量应当符合委托的要求。业主作为委托人，有权接受受托人的物业管理服务，有权对物业管理人的管理服务行为进行监督，物业服务企业或者其他管理人应当接受业主的监督。物业服务企业或其他管理人还应当执行政府依法实施的应急处置措施和其他管理措施，积极配合开展工作，以保障相应措施在其服务区域内落实。

（十）守法守规、维护公共秩序的权利

第二百八十六条 业主应当遵守法律、法规以及管理规约，相关行为应当符合节约资源，保护生态环境的要求。对于物业服务企业或者其他管理人执行政府依法实施的应急处置措施和其他管理措施，业主应当依法予以配合。

业主大会和业主委员会，对任意弃置垃圾、排放污染物或者噪声、违反规定饲养动物、违章搭建、侵占通道、拒付物业费等损害他人合法权益的行为，有权依照法律、法规以及管理规约，请求行为人停止侵害、排除妨害、消除危险、恢复原状、赔偿损失。

业主或者其他行为人拒不履行义务的，有关当事人可以向有关行政主管部门报告或者投诉，有关行政主管部门应当依法处理。

本条规定了业主守法守规、维护公共秩序的权利。

业主有遵守法律、法规以及管理规约的义务，同时有维护公共秩序的权利。业主的行为应符合绿色原则的要求，对于物业管理人执行政府依法采取的管理措施，应依法予以配合。

业主大会和业主委员会对不遵守法律、法规以及管理规约，任意弃置垃圾，排放污染物或者噪声，违反规定饲养动物，违章搭建侵占通道、拒付物业费等损害他人合法权益的行为，有权依照法律法规以及管理规约，要求行为人停止侵害、消除危险、排除妨害、赔偿损失。

对于拒不履行相关义务的人，不论其是否为业主，有关当事人都有权向有关行政主管部门报告或者投诉，有关行政主管部门应当依法处理，而不能置之不理。

八、业主对其合法权益受侵害的救济

第二百八十七条　业主对建设单位、物业服务企业或者其他管理人以及其他业主侵害自己合法权益的行为，有权请求其承担民事责任。

本条规定业主合法权益受侵害时的救济。

无论是业主的专有部分所有权，还是共有部分的共有权及业主共同事务的管理权，都是业主依法享有的，受法律保护的权益。业主的合法权益受到侵害的，不论侵害人是建设单位，还是物业服务企业或者其他管理，或是其他业主，受侵害的业主都有权请求侵害者承担相应的民事责任。

第七章 相邻关系

一、相邻关系的含义和特征

相邻关系即不动产相邻关系，是指相互毗邻或者邻近的不动产所有权人或者使用权人之间在行使权利时，因相互间应依法给予必要的方便和接受必要限制而发生的权利义务关系。在这种关系中一方享有的权利称之为相邻权。

相邻关系的含义可从以下两方面理解：(1)相邻关系是相互毗邻或者邻近的不动产权利人行使权利时发生的权利义务关系。因为不动产是不可移动的，相邻的不动产权利人行使权利时会发生一定冲突，为解决这种冲突，法律规定了当事人双方相应的权利义务，这也就是相邻关系。而动产因为是可移动的，相邻动产的权利人若在行使权利时发生冲突，则仅需移动其动产即可解决，无相邻关系发生的必要性。因此，相邻关系仅是不动产上发生的法律问题。(2)相邻关系是相邻不动产的权利人行使权利时依法应给予他方必要的便利或者应受必要的限制的权利义务关系。相邻关系是不动产各方间的法定的权利义务关系，权利人一方的权利为有权利用他方的不动产，义务人一方的义务为应许可相邻方利用自己的不动产。因此，相邻关系的实质是相邻不动产权利人行使其权利的必要扩张和限制，也就是相邻不动产的一方权利人权利的合理延伸,他方权利人权利的必要限制。

相邻关系具有以下特征:

1. 主体的特殊性。相邻关系的主体只能是相邻的不动产所有权人或者使用权人。不是相邻不动产的权利人,不会发生不动产权利行使上的冲突。至于判断不动产相邻的标准,则不是以物理上或自然上的相邻为标准,而应以法律上一方行使权利是否会影响他方的权益为标准。只要一方行使其不动产权利会影响另一方不动产权利人的利益,则该两项不动产即为相邻的不动产。

2. 客体的特殊性。关于相邻关系的客体,有不同的观点。通说认为,相邻关系的客体是权利人行使不动产权利所体现的利益。相邻关系的客体,并非为不动产本身,因为相邻各方对其不动产权利的归属并无争议。相邻各方是在行使权利时发生冲突的,双方此时的权利义务指向的是要为他方行使权利提供便利,尊重他方的合法权益。

3. 内容的复杂性。相邻关系因种类不同而有不同的内容。总的说,相邻关系的内容包括两方面:一是相邻一方行使权利时,有权要求他方给予方便,而相邻另一方应当提供必要的便利,以使他方能正常行使自己的不动产权利。二是相邻各方行使权利时,不得损害他方的合法权益。这种相邻关系是以相邻方的不作为为内容的。

4. 产生的法定性。相邻关系是法律为解决相邻不动产权利人行使权利时的冲突而直接规定的权利义务关系,因此,相邻关系是直接基于法律规定产生的,而不是由当事人约定的。相邻关系权利人一方享有的权利也称为相邻权。相邻权是否为一项独立物权呢？对此有不同的观点。有的认为，相邻权为用益物权，因为相邻权人有权就他人的不动产为使用收益。通说认为，相邻权并不是一项独立的法定物权，而属于所有权的内容。因为相邻权的实质是所有权的合理延伸和所有权的必要限制。

二、相邻关系的处理原则

第二百八十八条　不动产的相邻权利人应当按照有利生产、方便生活、团结互助、公平合理的原则，正确处理相邻关系。

本条规定了处理相邻关系的原则。

处理相邻关系应遵循以下两项原则：

1. 有利生产、方便生活。相邻关系是相邻不动产权利人在生产、生活中因行使不动产权利而产生的，与人们的生产、生活密切相关。法律规定相邻关系的目的就是为了充分发挥相邻不动产在生产、生活中的使用效益，以满足各方利益需要。因此，在处理相邻关系时，应从有利生产、方便生活为出发点，既保护各方的利益需求，又注意有利生产、方便生活。

2. 团结互助、公平合理。相邻关系是发生在相邻不动产权利人之间的，"远亲不如近邻"，因此，相邻关系的处理应有助于相邻方的团结。各方应从互相帮助上考虑为他方的权利行使提供便利。同时，在双方利益平衡上应坚持公平合理，一方在行使权利上获得便利的，也应尽量不损害他方的利益，对他方予以最小的限制。一方因行使权利给他方造成利益损失的，应给予补偿或赔偿。

三、相邻关系的处理根据

第二百八十九条 法律、法规对处理相邻关系有规定的，依照其规定；法律、法规没有规定的，可以按照当地习惯。

本条规定了处理相邻关系的根据。

相邻关系是受法律调整的直接根据法律规定发生的民事关系，因此，处理相邻关系当然要依照法律、法规的规定。法律、法规有规定的，依照其规定，此属当然。然而，由于相邻关系的多样性、复杂性，法律、法规不可能对各种具体相邻关系都做出具体规定。又由于相邻关系往往是长期形成的，有其历史沿革和当地习惯等因素，所以，在处理相邻关系时，法律、法规没有规定的，可以按照当地习惯。当地习惯是当地人民在处理相关关系上长期形成的公认的做法。依照当地习惯处理相邻关系容易为当事人接受和得到公众的支持，会达到法律效果与社会效果的统一。

四、相邻关系的种类

（一）相邻用水排水关系

第二百九十条 不动产权利人应当为相邻权利人用水、排水提供必要的便利。

对自然流水的利用，应当在不动产的相邻权利人之间合理分配。对自然流水的排放，应当尊重自然流向。

本条规定了相邻用水、排水关系。

相邻不动产的权利人在用水、排水上，应当为他方提供必要的便利。就用水关系来说，水流归国家所有，处于同一水源的各方都有权使用水资源，在水资源充足的情形下，各方一般不会因用水发生纠纷。但在水资源不能完全满足各方的任意需要时，各方应合理分配水资源的利用，为他方用水提供便利。任何一方不得为自己利益堵截水流，改变流水路线，妨碍他方的合理用水。就排水而言，不动产权利人应尊重水的自然流向。对于历史长期形成的排水的自然流向，任何一方不得擅自改变。一方须利用他方的不动产排水时，他方应当允许；利用他人不动产排水的一方，也应采取合理措施，以免对他人合法权益造成不必要的损害。

（二）相邻通行关系

第二百九十一条　不动产权利人对相邻权利人因通行等必须利用其土地的，应当提供必要的便利。

本条规定了相邻通行关系。

相邻通行关系的发生前提是不动产权利人因通行等必须利用他方土地。所谓必须，是指相邻的土地中一方的土地处于相邻土地的包围之中，不动产权利人不利用他人的土地就无法或者不能正常通行，以实现对其不动产的利用。这种土地通常称为"袋地"。如果一方的土地不属于"袋地"，权利人不必经过相邻土地也可通行到公共道路，自无相邻通行关系发生的必要性。相邻通行关系的内容，是须利用他人土地的一方有权利用他方的土地通行等，他方有容忍其利用的义务，并应当为其通行等提供便利。须利用他人土地的不动产权利人应当选择最佳的利用方式，尽量避免对他方造成损害。例如，利用他人土地通行的不动产权利人，应选择对他人土地影响最小的通行路线，只需小路通行的，不得开辟大道；能够在荒地上辟路通行的，就不应在耕地上通行。

（三）相邻建造、修缮建筑物及管线铺设关系

第二百九十二条　不动产权利人因建造、修缮建筑物以及铺设电线、电缆、水管、暖气和燃气管线等必须利用相邻土地、建筑物的，该土地、建筑物的权利人应当提供必要的便利。

本条规定了相邻建造、修缮建筑物及管线铺设关系。

不动产权利人在建造、修缮建筑物以及铺设电线、电缆、水管、暖气和燃气等管线时，有临时使用相邻不动产的必要的，相邻不动产权利人应当允许其使用并提供必要的便利。使用他人不动产的不动产权利人在利用他方不动产时，应当尽量避免给他方造成损害，在使用后应当及时清理现场，恢复原状。

（四）相邻通风、采光和日照关系

第二百九十三条　建造建筑物，不得违反国家有关工程建设标准，不得妨碍相邻建筑物的通风、采光和日照。

本条规定了相邻通风、采光和日照关系。

相邻方建造建筑物的，应当与他方的建筑物保持一定的距离，以免影响他方的通风、采光和日照。确定相邻方建造的建筑物是否影响相邻建筑物权利人的通风、采光和日照的标准，是国家有关工程建设标准。只要是严格按照国家有关工程建设标准建造建筑物的，就不应认定为妨碍相邻建筑物的通风、采光和日照。

相邻不动产一方的林木的枝叶伸展也不能影响相邻方的通风、采光和日照，妨碍他方通风、采光和日照的，他方有权请求排除妨碍。

（五）相邻环保关系

第二百九十四条　不动产权利人不得违反国家规定弃置固体废物，排放大气污染物、水污染物、土壤污染物、噪声、光辐射、电磁波辐射等有害物质。

本条规定了相邻环保关系。

不动产各方在利用不动产过程中，不可避免地会弃置一些废物，排放一些有害物质。如一方在国家规定的标准内弃置废物和排放有害物质，他方有容忍义务。但任何一方都不得违反国家规定弃置固体废物，排放污染物、噪声、光辐射、电磁波辐射等有害物质。违反国家规定弃置固体废物和排放有害物质的，他方有权请求停止侵害，消除危险。

（六）相邻防险关系

第二百九十五条　不动产权利人挖掘土地、建造建筑物、铺设管线以及安装设备等，不得危及相邻不动产的安全。

本条规定了相邻防险关系。

不动产权利人在自己的土地上进行挖掘土地、建造建筑物、铺设管线以及安装设备等施工的，应当采取必要的防护措施，以避免动摇相邻不动产的地基，危及相邻不动产的安全。施工方未采取必要防护措施的，他方有权要求其消除危险。

五、相邻权的限度

第二百九十六条 不动产权利人因用水、排水、通行、铺设管线等利用相邻不动产的,应当尽量避免对相邻的不动产权利人造成损害。

本条规定了相邻权人行使相邻权的限度。

在各种相邻关系中,一方有必要利用他方不动产的,他方应给予必要的便利。同时相邻权人在利用他人不动产时,应尽量避免对相邻不动产权利人造成损害。这是相邻权人行使相邻权的限度和注意义务。

第八章 共有

一、共有的含义和特征

第二百九十七条 不动产或者动产可以由两个以上组织、个人共有。共有包括按份共有和共同共有。

本条规定了共有的概念。

共有是指两个以上的人对同一不动产或者动产共同享有一个所有权的法律状态。按照"一物不能二主"规则，在一个不动产或者动产上不能同时存在两个以上所有权，而只能存在一个所有权。但是，一物之上存在的一个所有权并非只能由一个主体享有，也可以由两个以上的主体按照一定份额或者不分份额地共同享有。两个以上的主体对同一不动产或者动产共同享有所有权，也就发生共有。共同享有所有权的主体称为共有人，共有人共享所有权的不动产或者动产称为共有物，共有人之间基于共有发生的关系称为共有关系。

共有具有以下法律特征：

1.共有主体的多数性。共有是相对于单独所有而言的。单独所有是一人所有，所有权主体仅为一人；而共有是由两个以上的人享有一个所有权，共有主体至少为二人。主体的多数性，是共有与单独所有的根本区别。所以，共有与公有不同。公有的所有权主体为单一的，不具有复数性。

正因为共有主体为二人以上，数人共享一个所有权，每个人的权利行使必受他人权利的制约，所以共用发生共有人如何行使所有权问题。

2. 共有客体的同一性。共有是多数人对同一不动产或者动产享有一个所有权，因此，共有的客体具有同一性，它不仅须为特定财产，而且须为特定的同一财产。共有人的权利及于共有物的整体，而不是仅及于共有物的某一部分。客体的同一性，是共有与分别所有的根本区别。分别所有是指两个以上的人对同一物经分割后的各部分各自单独享有所有权，每个人的权利仅及于该物的特定部分。例如，甲、乙共有一栋联体建筑物，甲、乙的权利及于整栋建筑物各个部分。若甲、乙将该建筑物分为两部分，并各自取得一部分的所有权，则甲、乙对该栋建筑物形成分别所有，各自仅能对其所有的部分行使权利。

3. 共有内容的双重性。发生共有时，不仅有共有人之间的内部关系，而且有共有人与共有人以外的人之间的外部关系。也就是说，共有的内容包括对内对外两方面的权利义务关系。正是在这一意义上说，共有内容具有双重性。

4. 共有权的联合性。所谓共有权的联合性，是指共有是所有权联合的一种法律形式，而不是一种独立的所有权类型。我国所有权类型包括国家所有权、集体所有权、私人所有权、法人所有权等。共有作为所有权的联合，既可以是不同类型所有权之间的联合，也可以是同类型所有权之间的联合。不同类型所有权之间联合，也就会形成混合经济中的共有。

二、共有的种类

共有包括按份共有和共同共有两种类型。

（一）按份共有

第二百九十八条 按份共有人对共有的不动产或者动产按照其份额享有所有权。

本条规定了按份共有。

按份共有又称为分别共有，是指共有人按照确定的份额对共有财产分享权利和分担义务的共有。除具有共有的一般特征外，按份共有具有以下特征：

1. 按份共有人之间的联系不以存在共同关系为必要。按份共有一般是由民事主体依自己的意愿自愿形成的，如甲、乙约定各出资一部分共同购买一台设备，甲、乙对该设备就形成按份共有。尽管在某些情形下，基于法律的规定也可以形成按份共有，如甲、乙的物发生混合时，甲、乙就会基于法律的规定按份共有该混合物。但是，任何情形下产生的按份共有都不需要共有人之间存在特殊的团体性或身份关系。在通常情况下，按份共有人之间原本就不存在共有的基础关系，其完全是基于自己的意愿而发生联系的。

2. 按份共有人各自分别享有确定的份额。按份共有人自共有关系成立之时就按照确定的份额享有所有权，这一份额通常称为各共有人的"应有部分"。按份共有人的"应有部分"是共有人的应有份额，不同于共有物的应有部分。共有人的应有部分是所有权量上的分割，而不是共有物量上的分割。例如，甲、乙二人共有一台设备，甲的份额为三分之二，乙的份额为三分之一。这也就是说，甲享有该设备"三分之二"所有权，乙享有该设备"三分之一"所有权。

3. 按份共有人对其应有部分享有相当于所有权的权利。按份共有人对其共有物的所有权有其确定的份额，这一份额即应有部分是共有物之所有权的量上的分割，也是共有人自己的权利的标的。共有人按照其份额行使共有物的所有权，而对其自己的份额则按自己的意愿行使权利。按份共有人对其自己份额的权利，在内容、性质及效力上与单独所有权无异。

（二）共同共有

第二百九十九条　共同共有人对共有的不动产或者动产共同享有所有权。

本条规定了共同共有。

共同共有是指共有人不分份额地对共有的不动产或者动产共同享有所有权。与按份共有相比较，共同共有具有以下特征：

1. 共同共有一般以共同关系为基础，以共同关系的存在为前提。共同共有也可以由当事人约定。但是，除当事人之间有明确约定外，共同共有只能基于共同关系而发生。这里的所谓共同关系，是指当事人之间有特殊的身份关系，如夫妻关系等。作为共同共有基础的共同关系消灭，共同共有关系也就终止。正是在这一意义上说，共同共有不仅是所有权的结合，也是"人"的结合，是各共有人为特定的共同目的而结合在一起对同一财产享有一个所有权的。

2. 共同共有是不分份额的共有。共同共有人没有各自确定的应有份额，各共有人不是按照确定的份额享受权利和负担义务，不是如同按份共有那样有所有权"量"上的应有部分。只要共同共有关系存在，共有人对共有物的所有权就不能划分各自的份额。只有在共有关系消灭时，共同共有人才能确定各自应有的份额。正是从这一角度说，共同共有人对共有物的份额只是潜在的。

3. 共同共有人平等地享有权利和负担义务。由于共同共有人对共有物的权利并无份额之分，因此共有人是不分份额地平等享有占有、使用、收益和处分共有物的权利，也平等地负担基于共有物发生的义务。

三、共有的内部关系

（一）共有物的占有、使用、收益

由于共有是多数人共同享有一个所有权，因此，共有人对共有物享有占有、使用和收益等权利。共有人权利的行使因共有的类型不同而有所不同。

按份共有人是按照确定的各自份额享有权利的，因此，各共有人依其份额对共有物行使占有、使用和收益的权利。但是，无论共有人的份额多少，各共有人的权利行使都是及于共有物的整体，而不是仅及于共有物的部分。由于按份共有人是按照其份额行使占有、使用、收益的权利，而权利的行使又是及于共有物的全部。因此，如果依共有物的性质，共有人按其份额行使权利不妨碍其他共有人的权利，则共有人可就其应有份额行使权利。例如，二人共有五间房屋，一人占五分之三份额，一人占五分之二份额，他们可以各对三间房屋和二间房屋行使占有、使用、收益的权利。如果依共有物的性质，全体共有人不能同时对共有物进行占有、使用、收益，各共有人如何行使权利，应由共有人协商，按照共有人协商一致的意见行使权利。如果共有人不能就共有物的权利行使达成协议，通说认为，应当按照占共有份额一半以上的共有人的意见处理，但不能损害其他共有人的权益。例如，甲、乙共有一台设备，甲占三分之二份额，乙占三分之一份额，就其设备的占有使用可按照甲两天，乙一天的办法处理。但若甲以其份额占半数以上而主张自己用三天，乙用一天，则甲的意见侵害乙的权利，乙可以请求甲给予赔偿。

共同共有人是不分份额地平等享有权利的，因此，共同共有人对共有物享有平等的占有使用、收益的权利，各共有人的权利平等并及于共有物的全部。共同共有人不得主张对共有物的特定部分行使权利，各共有人只能按照协议对共有物行使占有使用的权利。对于共有物的收益，只能由全体共有人共同享有，而不是也不能按照份额享有。

（二）共有物的管理

第三百条　共有人按照约定管理共有的不动产或者动产；没有约定或者约定不明确的，各共有人都有管理的权利和义务。

本条规定了共有人对共有物的管理权。

这里所谓共有物的管理是指对共有物的保存行为、简易修缮和一般改良行为。所谓保存行为，是指维持共有物现状而不使其减损的行为。所谓简易修缮，是指对共有物为通常的一般的修缮以维护共有物的行为，如更换损坏的汽车轮胎。所谓一般改良行为，是指通常的不改变共有物的性质和效用以维持共有物效用的改良行为。无论是保存行为还是简易修缮及一般改良行为，都只是维持和保存共有物的价值的行为，不会对所有权人的权益产生实质影响。

对共有物的管理既是共有人的权利，也是共有人的义务。共有人对共有物的管理权利的行使和管理义务的履行，首先应按照共有人之间的约定。共有人对共有物管理的约定通常称为管理规约，也有的称为管理契约（合同）、分管契约（合同）。管理规约是共有人达成的管理共有物的协议，只有经全体共有人的一致同意才能成立。管理规约只要符合民事法律行为的有效条件，对全体共有人都具有约束力，是共有人管理共有物的依据，共有人理应按照约定管理共有物。其次，在共有人对管理共有财产没有约定或者约定不明确的情况下，各共有人都有管理的权利，都可对共有物实施保存行为、简易修缮行为和一般改良行为。

（三）共有物的处分和重大修缮

第三百零一条　处分共有的不动产或者动产以及对共有的不动产或者动产作重大修缮、变更性质或者用途的，应当经占份额三分之二以上的按份共有人或者全体共同共有人同意，但是共有人之间另有约定的除外。

本条规定了对共有物的处分和重大修缮的权利。

共有物的处分是指对共有物整体上进行事实上和法律上的处分。这里的事实上的处分，是指实施决定共有物命运的事实行为，如将共有物毁灭。法律上的处分，是指实施决定共有物命运的民事法律行为。如转让所有权、设立担保物权、设立用益物权。共有物的重大修缮、变更性质或者用途是指对共有物为重大的改良行为。无论是处分共有物还是对共有物为重大修缮、变更性质或用途的重大改良，都是共有人的权利。共有人可以在管理规约中约定共有人如何行使处分权和重大改良权。

因为对共有物的处分和重大改良对共有人的权利会造成实质性影响，因此，如果共有人没有对共有物的处分和重大改良做出约定，则不能由共有人单独行使。共有为按份共有的，对共有物的处分和重大改良实行多数决原则，应由占份额三分之二以上的共有人同意；共有为共同共有的，共有物的处分和重大改良应经全体共有人同意。按份共有人未经占份额三分之二以上的人同意或者共同共有人未经其他共有人同意而擅自处分共有物的，其处分构成无权处分，但其他共有人明知该处分而未提出异议的，应视为默认即同意该处分。

（四）共有物的负担承受

第三百零二条　对共有物的管理费用以及其他负担，有约定的，按照其约定；没有约定或者约定不明确的，按份共有人按照其份额负担，共同共有人共同负担。

本条规定了共有物的负担承受。

共有人对共有物享有权利也负有义务。共有人有义务承受基于共有物发生的各项负担。

共有物的负担包括管理费用和其他负担。管理费用包括保存费用、利用费用、修缮和改良费用。其他负担包括税费、因共有物致人损害的赔偿费等。共有物的负担是为共有人的共同利益而发生的，当然应由共有人负担。共有人对共有物的负担有明确约定的，应按照其约定由共有人分担。共有人对共有物的负担没有约定或者约定不明的，若为按份共有，则由各共有人按照其各自的份额负担；若为共同共有，则由各共有人共同负担。

（五）共有关系的维持

第三百零三条 共有人约定不得分割共有的不动产或者动产，以维持共有关系的，应当按照约定，但共有人有重大理由需要分割的，可以请求分割；没有约定或者约定不明确的，按份共有人可以随时请求分割，共同共有人在共有的基础丧失或者有重大理由需要分割时可以请求分割。因分割造成其他共有人损害的，应当给予赔偿。

本条规定了共有关系的维持。

共有关系发生后，当事人是否维持共有关系，也是共有人的权利。共有人约定不得分割共有物以维持共有关系的，各共有人负有依照约定维持共有关系的义务，而不得随意终止共有关系，请求分割共有物。但是在有重大理由需要分割时，即使有维持共有关系的约定，共有人也可以请求分割共有物。一般说来，因为共有的各共有人的权利行使受其他共有人的限制，共有并不利于共有物的效益的发挥，因此，在没有明确约定不可分割共有物的情形下，按份共有人可以随时请求分割，共同共有人在丧失共有的基础或者有重大理由时也可以请求分割。若因应某共有人的请求分割共有物而对其他共有人造成损害，例如因分割致使共有物的价值降低，则其他共有人有权请求要求分割的共有人给予赔偿。

（六）共有物分割的方式和效力

第三百零四条　共有人可以协商确定分割方式。达不成协议，共有的不动产或者动产可以分割并且不会因分割减损价值的，应当对实物予以分割；难以分割或者因分割会减损价值的，应当对折价或者拍卖、变卖取得的价款予以分割。

共有人分割所得的不动产或者动产有瑕疵的，其他共有人应当分担损失。

本条规定了共有物分割的方式和效力。

共有物分割，共有关系也就消灭。共有物的分割依共有人分割共有物的请求权行使而发生。关于共有人请求分割共有物的权利性质有不同的观点。一种观点为请求权说，一种观点为形成权说。因为请求分割共有物并不是让他人为某种行为，而仅是要求消灭共有关系，因此，形成权说更有道理。共有人请求分割共有物的权利，不受时效的限制。

共有人请求分割共有物时，应如何分割共有物呢？因为如何分割共有物也是共有人的权利，因此应依共有人协商确定的方式分割。如果共有人就如何分割共有物达不成协议，当事人可以请求法院或者仲裁机构予以裁决。

共有物的分割有三种方式。一是实物分割。实物分割，是指将共有物分成若干份，由各共有人取得相应份额的实物。共有物为可分物的，因分割后不会损害物的价值或影响物的用途，可以采用实物分割的方式分割。但共有物为不可分物的，因分割后会损害物的价值或影响其用途，则不能采用实物分割的方式分割。二是变价分割。变价分割是指将共有物变价，由各共有人分割拍卖或变卖共有物所得的价款。在共有物为不可分物而又没有共有人愿意取得该共有物的场合，则只能采取变价分割的方式。三是作价分割。作价分割是实物分割与变价分割的结合，是指在共有物为不可分物时，共有人中有人愿意取得该物，将该物折价给该共有人，由该共有人向其他共有人进行价值补偿。

共有物一经分割，共有关系即消灭，各共有人取得其所得部分的单独所有权。在共有物分割效力的发生时间上，有认定主义与转移主义两种不同的主张。认定主义又称宣示主义，认为共有物的分割实际上是对原属于各共有人单独所有的权利加以认定，因此共有物分割的效力溯及至共有成立之时。转移主义又称付与主义，认为共有物的分割实际上是共有人之间权利的转移，即共有人之间相互转移权利而取得单独所有权，分割的效力不溯及既往。我国学者多持转移主义。

共有物分割后，共有人之间仍负有瑕疵担保责任。也就是说，各共有人虽取得单独所有权，但对其他共有人经分割所得的物负有瑕疵担保责任。共有人因分割共有物而得到的不动产或者动产上存在瑕疵的，其他共有人应当按照其得到的份额负担损失。但这里的瑕疵应是指隐蔽瑕疵，而不应包括表面瑕疵。因为对于物的表面瑕疵，共有人于分割共有物时就知道或应当知道。当事人在分割共有物时知道或者应当知道物有瑕疵而未提出的，于共有物分割后不应再主张。

（七）按份共有人的份额处分

第三百零五条 按份共有人可以转让其享有的共有的不动产或者动产份额。其他共有人在同等条件下享有优先购买的权利。

第三百零六条 按份共有人转让其享有的共有的不动产或者动产份额的，应当将转让条件及时通知其他共有人。

其他共有人应当在合理期限内行使优先购买权。

两个以上其他共有人主张行使优先购买权的，协商确定各自的购买比例；协商不成的，按照转让时各自的共有份额比例行使优先购买权。

上两条规定了按份共有人的份额处分权。

按份共有人对其享有的份额享有如同单独所有权人一样的权利，因此，按份共有人对其享有的共有份额可以自行处分。但是如同任何权利的行使都会受一定限制一样，按份共有人对其享有份额的处分权行使也受一定限制。这种限制主要有两方面，一方面是其他共有人利益的限制；另一方面是国家和社会公共利益的限制。

按份共有人可以转让其享有的共有份额，但其他共有人享有优先购买的权利。优先购买的权利是其他共有人的法定权利，共有人不能以协议予以限制。但其他共有人行使优先购买权利，也须符合以下三个条件：

其一，须共有人是有偿向共有人以外的人转让其共有的份额。如果共有人是无偿地将自己享有的共有份额让与他人，则其他共有人不能主张优先购买权。《物权编解释（一）》第9条规定，共有份额的权利主体因继承、遗赠等原因发生变化时，其他按份共有人主张优先购买的,不予支持,但按份共有人之间另有约定的除外。按份共有人不是向共有人以外的其他人而是向其他共有人转让共有份额的,除按份共有人之间另有约定外,其他共有人也不能主张优先购买权。(《物权编解释(一)》第13条)

其二,须在同等条件下行使。所谓同等条件,是指与共有人以外的第三人受让该份额的条件相等。这里的条件主要是指价格,但不应限于价格,也包括付款时间等。《物权编解释(一)》第10条指出,所称的"同等条件",应当综合共有份额的转让价格、价款履行方式及期限等因素确定。

其三,须在一定的合理期限内行使。《物权编解释(一)》第11条规定,优先购买权的行使期间,按份共有人之间有约定的,按照约定处理;没有约定或者约定不明的,按照下列情形确定:(1)转让人向其他共有人发出的包含合同条件内容的通知中载明行使期间的,以该期间为准;(2)通知中未载明行使期间,或者载明的行使期间短于通知送达之日起15日的,为15日;(3)转让人未通知的,为其他按份共有人知道或者应当知道最终确定的同等条件之日起15日;(4)转让人未通知,且无法确定其他共有人知道或者应当知道最终确定的同等条件的,为共有份额权属转移之日起6个月。

按份共有人向共有人之外的人转让其份额,其他共有人在共有人转让其份额时已经表示放弃购买或者未在合理期限内主张优先购买权利的,不能再行使优先购买的权利。依《物权编解释(一)》第12条的规定,其他按份共有人仅以优先购买权受到侵害为由,仅请求撤销共有份额转让合同或者认定该合同无效的，法院不予支持。这也是维护第三人利益及交易秩序的需要。

按份共有人转让其享有的共有份额，若其他共有人中有二人以上主张优先购买权的，应如何处理呢？对此有两种不同的观点。一种观点主张，二人以上都主张优先购买权的，应当由其按享有的共有份额的比例共同购买。另一种观点主张，在有二人以上主张优先购买权的情形下，其享有共有份额的共有人可以自行决定将其份额转让给何共有人。前一种观点，有利于维护主张优先购买权的共有人的利益；后一种观点有利于尊重转让其份额的共有人的自主权。民法典采纳了实务中的观点，即"协商不成的，按照转让时各自的共有份额比例行使优先购买权"。

按份共有人也有权抛弃其共有份额，但其抛弃行为损害国家和社会公共利益或者他人的合法权益的，则抛弃行为无效。例如，共有人为逃避债务而抛弃其享有的共有份额，该抛弃行为无效。按份共有人抛弃其共有的不动产权利份额的，应依法办理登记才能发生抛弃的效力。按份共有人抛弃其共有份额行为有效的，其抛弃的份额由其他共有人按各自的份额比例取得。

按份共有人也可以就其享有的共有份额设定负担，比如设定抵押权。

按份共有人处分其享有的份额也受共有人之间的协议限制。如果共有人的共有管理规约中约定共有人不得擅自处分其份额的，则共有人不得违反约定而处分其享有的份额。但是，共有人之间的约定不具有对抗善意第三人的效力。因此，按份共有人违反约定处分其应有份额的,该处分行为对于善意第三人是有效的。

四、共有的外部关系

第三百零七条 因共有的不动产或者动产产生的债权债务,在对外关系上,共有人享有连带债权、承担连带债务,但是法律另有规定或者第三人知道共有人不具有连带债权债务关系的除外;在共有人内部关系上,除共有人另有约定外,按份共有人按照份额享有债权、承担债务,共同共有人共同享有债权、承担债务。偿还债务超过自己应当承担份额的按份共有人,有权向其他共有人追偿。

本条规定了共有的外部债权债务关系。

共有的外部关系是指共有人与共有人以外的第三人之间的关系。共有对外的债权债务关系是指因共有物产生的债权债务。在因共有物发生共有人与第三人之间的债权债务关系时,不论共有人之间是按份共有还是共同共有,共有人之间享有连带债权、承担连带债务,除非第三人知道共有人之间不具有连带债权债务关系或者法律另有规定。当然,在共有人内部应当按照其约定享有债权、承担债务。如果共有人没有另外的明确约定,则按份共有人按照其享有的份额享有债权、承担债务,共同共有人共同享有债权、承担债务。按份共有人清偿债务超过其应承担的份额的,可以向其他共有人追偿。

共有的外部关系除债权债务关系外,还包括物权关系。在共有的对外物权关系上,共有人得向第三人主张所有权,第三人负有不得侵害共有人的所有权的义务。第三人侵害共有物的，各共有人都有权为全体共有人的利益，就共有物的全部，行使所有权的物上请求权。

五、共有关系类型的推定

第三百零八条 共有人对共有的不动产或者动产没有约定为按份共有或者共同共有，或者约定不明确的，除共有人具有家庭关系等外，视为按份共有。

本条规定了共有类型的推定。

共有人共有不动产或者动产时，可以约定该共有是按份共有还是共同共有。当事人有明确约定的，自应按其约定确认该共有为按份共有还是共同共有。在当事人没有约定或者约定不明确时，则视为按份共有。这里的"视为"，是法律上的推定，没有共有人之间有明确约定的事实不能推翻。但是，共有人具有家庭关系等共同关系的，则不能推定为按份共有。因为在共有人有家庭关系等共同关系时，共有人有共同共有的基础关系，共有人之间的关系为共同共有关系。

六、按份共有人的份额确定原则

第三百零九条 按份共有人对共有的不动产或者动产享有的份额，没有约定或者约定不明确的，按照出资额确定；不能确定出资额的，视为等额享有。

本条规定了按份共有人的份额确定原则。

共同共有人不分份额地对共有物享有权利，而按份共有人则是按照确定的份额享受权利。因此，在共同共有不存在确定共有人应享有的份额问题，而在按份共有则须确定各共有人应享有的份额。按份共有人各自应享有的份额，应依其相互间约定的份额为准。如果按份共有人之间没有约定各自的份额或者约定不明确，则按照出资额确定；不能确定出资额的，视为等额享有。这既尊重了共有人意愿，照顾到出资者利益，又可简化共有人之间关系的认定。

七、准共有

第三百一十条 两个以上组织、个人共同享有用益物权、担保物权的，参照本章的有关规定。

本条规定了准共有。

准共有，是指准用共有规定的其他权利共有。

共有本是指两个以上的主体共同享有一个所有权，但现实中，除两个以上主体共同享有所有权外，还存在两个以上的主体共享其他权利的现象。就物权而言，除所有权外，用益物权、担保物权都可由两个以上的主体享有。在两个以上主体共同享有一个用益物权、担保物权时，则发生他物权的准共有，其权利义务关系参照即准用法律关于共有的规定。

除他物权外，知识产权以及债权也可由两个以上主体享有，于此情形下发生知识产权、债权的准共有。

第九章 所有权取得的特别规定

一、善意取得

第三百一十一条 无处分权人将不动产或者动产转让给受让人的，所有权人有权追回；除法律另有规定外，符合下列情形的，受让人取得该不动产或者动产的所有权：

（一）受让人受让该不动产或者动产时是善意；

（二）以合理的价格转让；

（三）转让的不动产或者动产依照法律规定应当登记的已经登记，不需要登记的已经交付给受让人。

受让人依照前款规定取得不动产或者动产的所有权的，原所有权人有权向无处分权人请求损害赔偿。

当事人善意取得其他物权的，参照适用前两款规定。

本条规定了善意取得制度。

（一）善意取得的含义

善意取得又称即时取得，是指无处分权人将其占有的动产或者登记在其名下的不动产转让给第三人，若第三人在交易时出于善意即可取得该动产或者不动产的所有权的制度。

通说认为，善意取得制度源于罗马法和日耳曼法。罗马法上有"无论何人，不能以大于自己的权利转让他人"和"发现我物之处，我得取回之"原则，但区分善意占有和恶意占有，善意占有的占有人可以依时效制度取得占有物的所有权。日耳曼法上有"以手护手"原则，任意将动产交付他人占有的，仅能要求相对人返还，若相对人将该物转让给第三人，不得对第三人请求返还。近代民法上的善意取得制度正是在"以手护手"原则中导入了罗马法时效制度中的善意要件，赋予第三人取得所有权的法律效果。

善意取得制度是基于法律上的利益衡量与价值判断在所有权保护与交易安全保护之间做出的一种选择。不过，在善意取得的适用范围上，各国规定有所不同。在赋予不动产登记绝对公信力的国家，让善意受让人即可在"知有登记并信赖登记"的情况下当然取得权利[1]，善意取得制度只适用于动产。我国物权法规定的善意取得不限于动产，也包括不动产。

（二）善意取得的条件

1.让与人为无处分权的动产占有人或者登记簿上记载的不动产权利人。转让人为无处分权人，这是善意取得适用的前提条件。让与人有处分权的，其处分行为有效，受让人当然可以取得受让的动产或不动产的权利，无善意取得适用的余地。只有在让与人无处分权的情形下，因无权处分本不应发生处分的效果，所有权人可追回让与的财产，这才发生第三人可否取得

---

[1] 曾祥生：《不动产物权登记之公信力问题研究》，载《法学论坛》2015年第4期，第39页。

受让的财产权问题。让与人无处分权,既包括自始欠缺处分权,也包括嗣后未能取得处分权。让与人无权处分,主要包括以下情形:一是让与人并非所有权人也未取得所有权人的授权而处分财产;二是让与人为所有权人但其所有权的处分权受限制(如其财产被查封);三是让与人为让与物的共有人,但其转让未经其他共有人同意。让与人虽无处分权,但却是动产的直接占有人或者登记的不动产权利人。动产的直接占有人,包括动产的保管人、借用人、承租人、保留所有权买卖中已经接受交付的买受人等。登记的不动产权利人,是指并非不动产的真正权利人但登记簿中记载为权利人。因为,占有和登记是物权的公示方式,物权的公示是具有公信力的,所以让与人虽无处分权,但是却具有使他人相信其有处分权利的权利外观。而第三人正是基于这一权利外观,相信让与人是有处分权才与之交易的。可见,善意取得制度的基础在于物权公示的公信力,目的就是保护交易安全与交易便利。

2. 受让人受让动产或者不动产时是善意的。受让人受让动产或者不动产时为善意,这是善意取得的根本条件。在如何确定受让人是否为善意上,有积极观念说和消极观念说。积极观念说认为,受让人须具有将让与人视为所有权人之观念始为善意;消极观念说认为,受让人不知道或者不应知道让与人无处分权即为善意。消极观念说为通说。《物权编解释(一)》第14条第1款规定,"受让人受让不动产或者动产时,不知道转让人无处分权,且无重大过失的,应当认定受让人为善意。"此解释也是采取消极观念说。以何标准认定受让人知道还是不知道转让人无处分呢?司法实务中依转让的是不动产还是动产分别用不同的标准。

依《物权编解释（一）》第 15 条规定，具有下列情形之一的，应当认定不动产受让人知道转让人无处分权：（1）登记簿上存在有效的异议登记；（2）预告登记有效期内，未经预告登记的权利人同意；（3）登记簿上已经记载司法机关或者行政机关依法裁定、决定查封或者以其他形式限制不动产权利的有关事项；（4）受让人知道登记簿上记载的权利主体错误；（5）受让人知道他人已经依法享有不动产物权。真实权利人有证据证明不动产受让人应当知道转让人无处分权的，应当认定受让人具有重大过失。

《物权编解释（一）》第 16 条规定，受让人受让动产时，交易的对象、场所或者时机等不符合交易习惯的，应当认定受让人具有重大过失。之所以于此情形下应认定受让人具有重大过失，就是因为按照交易习惯有处分权人不会在此种场合或者时机进行这种交易，受让人应当知道动产的转让人是无处分权人。

至于确定受让人善意的时间点，则也应当根据受让的财产为动产还是不动产来确定。因为动产是以交付为权利转让生效条件的，因此对于动产应以交付的时间，作为确定受让人是否为善意的时间点；而不动产物权的变动以登记为生效条件，因此对于不动产应以办理登记的时间，作为确定受让人是否为善意的时间点。受让人受让动产或者不动产时是善意的，即使其后知道让与人无处分权，也不影响善意取得的成立。受让人是否为善意，应当由主张受让人不是善意的一方当事人负举证责任。《物权编解释（一）》第 14 条第 2 款规定，"真实权利人主张受让人不构成善意的，应当承担举证证明责任。"

3. 让与人以合理价格转让。这一条件首先表明，善意取得仅适用于让与人有偿处分动产或者不动产的场合。如果让与人为无偿转让，则不发生善意取得问题。因为让与人无偿转让时，受让人并无付出代价，由所有权人追回财产，既不会给受让第三人造成损失，也不影响交易安全。而善意取得制度的目的在于保护交易安全，因此只有在让与人有偿转让即让与人与受让人之间存在有偿交易关系时，才有善意取得的适用。其次，只有让与人转让的价格合理，也就是受让人支付合理代价，才可适用善意取得。是否以合理价格转让，实际上也常为确定受让人是否为善意的一个要素。如果转让的价格不合理，则受让人应当察觉让与人的权利是有瑕疵的。至于转让的价格是否合理，应依交易当时同类财产的市场价格为准。若转让的价格与当时市场价格并无差异，应当认定为合理的；若转让的价格明显低于同类财产的市场价格，则应认定为不合理。《物权编解释（一）》第18条规定，对于"合理的价格"，应当根据转让标的物的性质、数量以及付款方式等具体情况，参考转让时交易地市场价格以及交易习惯等因素综合认定。

4. 转让的不动产或者动产已经登记或者交付。转让的不动产或者动产依照法律规定应当登记的已经登记，不需要登记的已经交付给受让人，这表明人与受让人之间的交易已经结束。因为依照法律规定应当登记的，办理完登记，物权变动即发生效力。依照法律规定不需要登记的，交付结束也就发生物权变动的效力。如果法律规定应当登记而未办理登记，法律规定不需要登记的未予交付，则受让人与让与人之间的物权不发生变动，受让人也就不能取得受让的物权。

（三）善意取得的效力

善意取得的效力是指善意取得在各方当事人之间发生的法律后果，主要包括以下两个方面：

1. 受让人取得受让的动产或者不动产所有权

善意取得的直接效力就是受让人取得受让的不动产或者动产的所有权。受让人取得所有权，原所有权人的所有权也就消灭，原所有权人不得向受让人主张返还。这是善意取得在受让人与原所有权人之间的效力。受让人取得所有权为原始取得还是继受取得，有不同的观点。一般认为，既然受让人取得所有权是基于法律的直接规定而与原所有权人的意思无关，受让人的权利取得应为原始取得。受让人取得所有权虽然与原所有权人的意思无关，但却是基于受让人与转让人之间的转让合同取得的，因此受让人取得的所有权受转让合同的限制。转让合同无效、被撤销的，受让人也就不能取得受让的动产或者不动产的所有权。[①]

2. 原所有权人取得损害赔偿请求权

善意取得虽使原所有权人丧失所有权，原所有权人无权向受让人要求返还原物，但原所有权人的利益并未丧失。因为善意取得制度让善意受让人取得所有权，仅是平衡各方利益的结果，并非不保护原所有权人的利益。原所有权人不能要求受让人返还财产，却可以向无权处分的出让人请求赔偿损失。原所有权人请求无处分权人损害赔偿的根据可以是债务不履行，也可以是侵权。原所有权人与让与人之间原有债权债务关系的，原所有权人可以依债务不履行为由要求出让人赔偿。同时，因为无权处分人的处

[①] 参见《物权编解释（一）》第20条。

分构成对原所有权人的权利侵害，原所有权人也可以依侵权损害赔偿的规定要求无权处分人赔偿。一般来说，如果转让的价格等于或基本等于市场价格，原所有权人可以按照市场价格要求赔偿；如果转让的价格高于市场价格，原所有权人可以按照实际转让的价格要求赔偿。因为无权处分人不能从转让中取得任何利益。

（四）善意取得适用的扩张

善意取得制度本是所有权取得的特殊方式，适用于所有权取得。但是，按照物权法的规定，善意取得也可适用到其他物权的取得。对于所有权以外的其他物权包括用益物权和担保物权，也可以依善意取得的方式取得。

其他物权的善意取得，也须符合善意取得的以下条件：其一，设立他物权的人其实并没有设立他物权的处分权，例如将登记在自己名下但其不是真正权利人的不动产设立抵押权，保管人将保管的他人之物用于设立质权；其二，受让人受让他物权时是善意的，即不知道或者不应当知道设立人并没有设立他物权的权利；其三，交易的价格合理，例如，设立担保物权的有符合提供担保的债权；设立用益物权的，价格符合市场一般价格；其四，法律规定应当登记的已经登记，不需要登记的已经交付。如设立不动产抵押权的，已经办理抵押权登记；设立动产质权的，已经将出质动产交付质权人。

（五）善意取得适用的限制

第三百一十二条 所有权人或者其他权利人有权追回遗失物。该遗失物通过转让被他人占有的，权利人有权向无处分权人请求损害赔偿，或者自知道或者应当知道受让人之日起二年内向受让人请求返还原物；但是，受让人通过拍卖或者向具有经营资格的经营者购得该遗失物的，权利人请求返还原物时应当支付受让人所付的费用。权利人向受让人支付所付费用后，有权向无处分权人追偿。

  本条规定了对遗失物善意取得的限制。

  对于动产的善意取得的适用是否有限制，即是否各种无权处分人有偿转让其占有的动产都适用善意取得呢？对此有肯定说与否定说两种不同的主张。肯定说主张，不论无权处分人是如何占有他人动产的，只要其处分所占有的动产，就可以适用善意取得。因为善意取得的目的就是保护交易安全，而非保护其他利益。否定说认为，善意取得仅限于基于所有权人的意思而占有他人动产的占有人的无权处分。因为善意取得是在保护所有权人与受让人之间的一种利益平衡。基于所有权人的意思占有动产的占有人处分他人动产的，应重点保护受让人。因为在此种场合所有权人更知道何人侵害其所有权，更能够从无处分权人得到赔偿；而受让人较所有权人更难以确定何人为无处分权人，若不让其取得受让动产，则其不易追回所付出的价款。相反，在无处分权人并非基于所有权人的意思占有他人动产，也就是占有人占有的物为脱离物的场合，占有人转让其占有的脱离物，受让人与所有权人相比较，受让人比所有权人更清楚无处分权人为何人。此时，应重点保护所有权人，让所有权人追回其动产，因为受让人也较所有权人更容易实现损害赔偿请求权。脱离物主要包括盗赃物和遗失物。依我国法现行规定，对于盗赃物不适用善意取得；而对于遗失物则是有限制地适用善意取得。

对于遗失物善意取得的限制主要表现在以下方面:

其一,遗失物被转让的,所有权人或者其他权利人可以要求受让人返还原物,而不管受让人是否善意。但是,所有权人或者其他权利人自知道或者应当知道遗失物被转让时超过2年未要求受让人返还原物的,则不能再向受让人要求返还,受让人可以取得该遗失物所有权,所有权人或者其他权利人有权要求无处分权人赔偿。

其二,遗失物所有权人或者其他权利人在知道或者应当知道遗失物被转让后2年内要求受让人返还遗失物的,若受让人是通过拍卖或者有经营资格的经营者购得该遗失物的,则权利人应向受让人支付受让人所付出的费用。权利人只有向受让人支付该费用,才能追回该遗失物。权利人向受让人支付费用后,有权向无处分权人要求返还。若受让人不是通过拍卖或者有经营资格的经营者取得遗失物的,所有权人或者其他权利人可不向受让人支付其所付出的费用,受让人只能向无处分权人要求返还其所支付的费用。

其三,遗失物为货币或者无记名证券的,则无论何时权利人都无权要求善意受让人返还,而只能要求无处分权人赔偿。

(六)善意取得对物上原有权利的影响

第三百一十三条 善意受让人取得动产后,该动产上的原有权利消灭。但是,善意受让人在受让时知道或者应当知道该权利的除外。

本条规定了善意取得对物上原有权利的影响。

因为善意取得为原始取得，取得人取得的权利原则不受原所有权人负担的影响。因此，在受让人受让的物上有负担即附有第三人权利时，则该负担于受让人善意取得后应消灭。但是，因为善意取得也是以受让人与转让人即无处分权人之间的转让合同为前提的，若受让人于受让之时知道受让的动产上有负担，则受让人受让后，该动产上的负担不能消灭。

因为不动产实行登记制度，不动产上的负担以登记为准，对于受让不动产上原有的权利，受让人在受让之时当然知道或者应当知道，因此，不动产善意取得不存在受让不动产上原有权利消灭的问题。只有善意受让动产时，除受让人在受让之时知道或者应当知道受让动产上原有的权利外，受让动产上的原权利才消灭。

二、遗失物的拾得

（一）遗失物拾得的构成

遗失物是指非基于占有人的意思占有人丧失其占有且现无人占有的非无主物。遗失物也就是占有人丢失或者遗忘于某处而又未被任何人占有的动产。

构成遗失物须具备以下五个条件：其一，须为动产。不动产具有不可移动性，性质上不可能遗失；其二，须为有主物。无主物不存在遗失问题；其三，占有人丧失了对物的占有，即占有人对物已经确定地失去事实上的管领力。确定占有人是否已经丧失对物的占有，应依社会观念及客观情形，以占有人是否确定地失去事实上的管领力为标准。例如，将物放在家中的某处而不记得放在何处，事实上占有人并未失去管领力；再如自己的动物跑到外面，社会观念上也不认为其失去管领力。其四，占有的丧失不是出于占有人的意思。如果基于占有人的意思丧失对物的占有，则该物构成抛弃物，而不属于遗失物。抛弃物属于无主物。但占有辅助人未经占有人同意放弃物的占有的，对于占有人来说不构成抛弃，该物为遗失物而不是抛弃物。其五，该物不为任何人事实上占有。若物被遗忘在某人家中，而该物只属于遗忘物而不是遗失物。因为该物事实上处于他人占有中。

拾得遗失物须有拾得行为。所谓拾得行为，是指发现并且实际占有遗失物的行为。发现是指看到或者知道该遗失物存在于某处；占有是实际控制该遗失物。发现仅是一种事实，不要求发现人有意思表示。但占有则要求发现人有占有的意思和占有行为。只发现某物而不占有该物的，不构成拾得。数人都发现某物，先占有该物的人为拾得人；发现人同时共同占有该物的，则构成共同拾得。拾得行为不属于民事法律行为，因此，不要求拾得人具有完全民事行为能力，但拾得人应有一定的认识能力，否则其不会有占有的意思。

（二）遗失物拾得的效力

1. 拾得人的返还和通知义务

第三百一十四条 拾得遗失物，应当返还权利人。拾得人应当及时通知权利人领取，或者送交公安等有关部门。

本条规定了遗失物拾得人的返还和通知义务。

遗失物拾得人的主要义务是将所拾得的遗失物返还权利人。

拾得人拒不履行返还义务而将拾得之物据为己有的，构成侵权。遗失物的拾得人可以将拾得的物直接交还权利人，也可以及时通知权利人自己领取。拾得人不能及时通知或者不愿意通知权利人领取的，也可以将所拾得的物送交公安等有关部门。拾得人将所拾得的物送交公安等部门的，也就履行了返还义务。

2. 收到遗失物的有关部门的义务

第三百一十五条　有关部门收到遗失物，知道权利人的，应当及时通知其领取；不知道的，应当及时发布招领公告。

本条规定了收到遗失物的有关部门的义务。

遗失物的拾得人将遗失物送交公安等有关部门，拾得人的返还和通知义务也就消灭。因为遗失物并非无主物，需要将遗失物返还权利人，因此，从此时起将遗失物返还给权利人的义务也就转由接受遗失物的有关部门负担。为将遗失物返还权利人，有关部门知道权利人的，应当及时通知其领取；不知道权利人的，应当及时发布招领公告。

3. 占有遗失物者的保管义务

第三百一十六条　拾得人在遗失物送交有关部门前，有关部门在遗失物被领取前，应当妥善保管遗失物。因故意或者重大过失致使遗失物毁损、灭失的，应当承担民事责任。

本条规定了占有遗失物的拾得人或者有关部门的保管义务。

遗失物的拾得人在遗失物送交有关部门前，为遗失物的占有人；拾得人将遗失物送交有关部门后在遗失物被领取前，有关部门为遗失物的占有人。遗失物的占有人占有遗失物是为他人占有，因此其对占有的遗失物负有保管义务。在保管遗失物上，占有人负有如同保管自己的物一样的注意义务。占有人因故意或者重大过失致使遗失物毁损、灭失的,应当承担赔偿损失的民事责任。占有人没有尽到如同保管自己的同样物的注意义务的,即为有重大过失。但遗失物不是因占有人的故意或者重大过失而毁损、灭失的,占有人不承担民事责任。

4.遗失物权利人领取遗失物时的义务

第三百一十七条 权利人领取遗失物时,应当向拾得人或者有关部门支付保管遗失物等支出的必要费用。

权利人悬赏寻找遗失物的,领取遗失物时应当按照承诺履行义务。

拾得人侵占遗失物的,无权请求保管遗失物等支出的费用,也无权请求权利人按照承诺履行义务。

本条规定了遗失物的权利人领取遗失物时的义务。

遗失物为有主物,权利人领取遗失物是其权利。但是,遗失物的权利人领取遗失物的,也应负担相应的义务,因为毕竟遗失物是由他人保管的。遗失物权利人领取遗失物时,主要有以下两项义务:

其一,支付保管费等必要费用的义务。遗失物由拾得人或者有关部门保管期间,保管人负有保管义务,其保管是为了遗失物权利人利益的,因此,由此而发生的保管费用等费用,应由遗失物的权利人负担。权利人领取遗失物时,应当向拾得人或者有关部门支付此项费用。权利人应支付的保管等费用仅以必要者为限。拾得人或者有关部门支出的保管等费用是否为必要,应当以当时的具体情形判断。

其二,支付悬赏承诺的报酬的义务。领取遗失物的权利人是否有向拾得人支付报酬即拾得人有无要求遗失物权利人给付报酬的权利，有不同的立法例。在物权法立法过程中也有不同的观点。有一种观点主张，为鼓励拾得人，应赋予拾得人报酬请求权。但立法最终没有一般性地规定遗失物权利人有支付报酬的义务。对于是否支付报酬，由遗失物权利人自行决定。遗失物权利人悬赏寻找遗失物，也就自愿承诺向拾得人支付报酬，于此情形下，权利人领取遗失物时，就应当按照承诺履行义务，向拾得人支付承诺给予的报酬。权利人承诺悬赏的行为属于单方民事法律行为，不以拾得人的同意为要件。

遗失物权利人的义务，也是遗失物拾得人的权利。遗失物权利人领取遗失物时，不履行其应负担的义务的，遗失物的拾得人有权请求其支付相关费用和履行义务。当然，遗失物权利人的义务和拾得人的权利是以拾得人履行其返还遗失物的义务为前提的。拾得人拒不履行返还义务为侵占遗失物，也就无权请求遗失物权利人支付其保管遗失物等支出的费用，也无权请求权利人按照承诺履行给付报酬的义务，并应当依法承担相应的侵权责任。

（三）无人认领的遗失物的归属

第三百一十八条　遗失物自发布招领公告之日起一年内无人认领的，归国家所有。

本条规定了无人认领的遗失物的归属。

遗失物的权利人应当及时认领遗失物。自招领公告发布之日起1年内，权利人未领取遗失物的，则无权再领取。因为若遗失物长期无人领取，不仅会加重有关部门的保管负担，也不利于法律关系的稳定。遗失物权利人未在规定的期限内领取遗失物的，该遗失物归谁所有呢？对此在立法中有不同的观点。一种观点认为，无人领取的遗失物归国家所有。另一种观点认为，无人领取的遗失物应归拾得人所有，因为遗失物多为普通动产，归国家所有并无多大意义，而由拾得人取得所有权，更有利于发挥该遗失物的效益，也有利于鼓励人们捡拾遗失物。物权法最终采取了第一种观点。

三、漂流物的拾得，埋藏物或隐藏物的发现

第三百一十九条　拾得漂流物、发现埋藏物或者隐藏物的，参照适用拾得遗失物的有关规定。法律另有规定的，依照其规定。

本条规定了漂流物的拾得和埋藏物或隐藏物的发现。

漂流物，是指不是基于占有人的意思丧失占有而漂流于水面上的有主物。漂流物与遗失物的区别仅在于漂流物是漂在水面上。拾得漂流物是指发现并占有漂流物的事实行为。

埋藏物是指埋藏于地下的所有权人不明的物。隐藏物是指隐藏在他物之中的所有权人不明的物。埋藏物、隐藏物只能是动产，而不能是不动产。发现埋藏物或者隐藏物是指发现埋藏物或隐藏物的所在并予以占有该物的事实行为。

漂流物、埋藏物、隐藏物都是有主物，只不过于发现时所有权人不明而已。埋藏物、隐藏物是基于权利人的意思而被埋藏或隐藏的，不过权利人已经忘记埋藏或隐藏之处，因此，埋藏物、隐藏物不属于遗失物。

拾得漂流物、发现埋藏物或隐藏物的人，应将该物返还权利人，不知道权利人的应送交有关部门。自有关部门发布招领

公告之日起1年内，无人领取的漂流物、埋藏物、隐藏物，由国家取得该漂流物、埋藏物或隐藏物的所有权。正是在这一意义上说，拾得漂流物、发现埋藏物或隐藏物，是国家所有权的特别取得方式。

所发现的埋藏物、隐藏物属于文物的，依文物保护法等法律的有关规定处理。按照文物保护法的规定，中华人民共和国境内地下、内水和领海遗存的一切文物，属于国家所有；任何单位和个人不得私自发掘地下文物。发现文物隐匿不报，不上交国家的，由公安部门给予警告或者罚款，并追缴其非法所得的文物。

四、从物随主物的取得

第三百二十条 主物转让的，从物随主物转让，但是当事人另有约定的除外。

本条规定了从物随主物的取得规则。

主物与从物，是根据两物之间的关系对物的一种分类。主物是指为同一人所有的需共同使用才能更好发挥效用的两物中起主要作用的物，而同一人所有的两物中对主物发挥效用起辅助作用的物为从物。主物与从物为同一人所有的独立的相互有从属关系的两物。不为同一人所有的物，无主从关系，也就不发生主物转让可否转让从物问题。属于同一人所有，但没有从属关系的两物，各物只需单独转让，不会发生一物转让另一物也随之转让的现象。从物虽辅助主物发挥效用，但它是独立的物，而不是主物的构成部分。例如，汽车的备用胎与汽车为从物与主物的两物，但汽车车胎却不是汽车的从物，而是汽车的构成部分。判断是物的构成部分还是独立的从物,应依社会观念和日常生活经验为标准。例如,手表与表带在社会观念和日常生活中不认为为两物,手表表带为手表的构成部分。但对于怀表与表链,则一般认为表链不为怀表的必要组成部分。

由于主物与从物具有使用上的辅助关系,只有二者相互结合,才能更好地发挥物的效用。因此,二者不宜为不同人取得。为发挥物的效用,法律规定主物转让的,从物随主物转让。这也是民法上的"从随主"规则的表现。但是,从物随主物转让并非强制性规则,当事人可以排除其适用。因此,当事人另有约定时,从物可不随主物转让。这也就是说,只有在当事人没有另外约定时,取得主物所有权者,才同时取得从物所有权。

五、孳息的取得

第三百二十一条 天然孳息,由所有权人取得;既有所有权人又有用益物权人的,由用益物权人取得。当事人另有约定的,按照其约定。

法定孳息,当事人有约定的,按照约定取得;没有约定或者约定不明确的,按照交易习惯取得。

本条规定了孳息的取得规则。

孳息是与原物相对应的物。原物是产生孳息的物,孳息是由原物所生之物。孳息有天然孳息与法定孳息之分。天然孳息是指原物依其自然性质而产生的物。例如,母猪所生猪崽、果树所产果实,均属于天然孳息。天然孳息是从原物分离出的物,在与原物分离前构成原物的部分。法定孳息是指根据法律规定依一定法律关系由原物所生收益。例如，租金、股息、利息等即为法定孳息。

由于孳息与原物是两个不同的物，孳息是新生的物，也就发生应由何人取得孳息所有权问题。因天然孳息是由原物自然产生的，因此天然孳息由原物所有权人取得。而在既有所有权人又有用益物权人的情形下，因取得收益为用益物权人的权能，天然孳息是原物的收益，因此，应由用益物权人取得。但是，由何人取得天然孳息，无关公共利益，完全可由当事人约定。所以当事人有约定的，应按照其约定确定天然孳息的归属。因为法定孳息是根据一定法律关系产生的，所以对于法定孳息应按照当事人的约定取得。当事人没有约定或者约定不明确的，按照交易习惯取得。例如，对于租金的收取，当事人没有约定或者约定不明确的，根据交易习惯则由出租人收取。

六、添附

第三百二十二条　因加工、附合、混合而产生的物的归属，有约定的，按照约定；没有约定或者约定不明确的，依照法律规定；法律没有规定的，按照充分发挥物的效用以及保护无过错当事人的原则确定。因一方当事人的过错或者确定物的归属造成另一方当事人损害的，应当给予赔偿或者补偿。

本条规定了确定添附物归属的规则。

添附是指不同所有权人的物结合、混合在一起或者不同人的劳力与物结合在一起形成一种新物的法律状态。原《物权法》未规定添附为所有权取得的特殊方式，但现实中存在这一现象，司法实务中也认可添附为所有权的取得方式。①因此,《民法典》作出规定。添附包括附合、混合和加工。

(一) 附合

附合是指不同所有权人的物结合在一起而形成一个新物。因附合新形成的物称为附合物。附合包括动产与不动产的附合和动产与动产的附合。

动产与不动产的附合简称为不动产附合,是指不同所有权人的动产和不动产结合在一起而形成一新物,实际上是一个人的动产附合于另一人的不动产上而成为该不动产的组成部分。如一人的建筑材料用在他人的建筑物上。动产与不动产附合的发生需具备以下三个条件:其一,动产结合于不动产之上。至于因何原因动产结合到不动产上,则在所不问;其二,动产成为不动产的组成部分。只有动产与不动产的结合具有固定性、持续性,在观念上已经视为一物,才成立附合。如果动产与不动产的结合只是暂时的,将二者分离开并不损害物的价值,也不用花大的代价,则不成立附合;其三,动产与不动产原属于不同的人所有。如果动产与不动产原来就属于同一人所有,就

---

① 最高人民法院《关于贯彻执行〈中华人民共和国民法通则〉若干问题的意见(试行)》第86条规定:"非产权人在使用他人的财产上增添附属物,财产所有人同意增添,并就财产返还时附属物如何处理有约定的,按约定办理,没有约定又协商不成,能够拆除的,可以责任拆除;不能拆除的,也可以折价归财产所有人;造成财产所有人损失的,应当负赔偿责任。"
最高人民法院《关于适用〈中华人民共和国担保法〉若干问题的解释》第62条第1款规定:"抵押物因附合、混合或者加工使抵押物的所有权为第三人所有的,抵押权的效力及于补偿金;抵押物所有人为附合物、混合物或者加工物的所有人的,抵押权的效力及于附合物、混合物或者加工物;第三人与抵押物所有人为附合物、混合物或者加工物的共有人的,抵押权的效力及于抵押人对共有物享有的份额。"

不会发生附合物由何人取得问题。动产与不动产发生附合,附合物的归属应依当事人的约定;当事人没有约定或者约定不明确的,应由不动产所有权人取得附合物,原动产所有权人有权要求不动产所有权人给予补偿,但不能要求恢复原状。如果不动产所有权人恶意使动产附合不动产的,原动产所有权人有权要求其赔偿损失。

动产与动产的附合简称动产附合,是指不同所有权人的动产相互结合而形成一新物。例如,一人的涂料被刷到另一人的家具上形成新家具。动产附合的构成须具备以下三个条件:其一,须为动产与动产结合在一起,即相结合的两物都是动产,至于结合的原因,在所不问;其二,两物结合后形成一物,也就说相结合的两物不经毁损不能分离或者虽能分离但花费过大;其三,相结合的两物为不同的人所有。同一所有人的动产结合在一起,不属于附合。动产附合,当事人对附合物的归属有约定的,当然按照其约定。当事人没有约定或者约定不明确的,动产附合物的归属一般应按以下原则处理:如果相互结合的各动产的价值相当或者难以区分主从的,则由原各动产所有权人共有附合物,各共有人的应有份额由共有人协商确定或者依附合时动产的价值比例确定;如果相结合的动产中一物的价值明显高于另一物的价值,则由价值高的动产的所有权人取得附合物,并由其给另一方以适当补偿;如果相结合的两物间可区分出主物与从物,则应由主物所有权人取得附合物,并由其给予对方补偿。但是,无论属于何种情形,恶意实施让动产附合的行为的人,不能取得附合物的所有权,附合物应归他方取得。

（二）混合

混合是指不同所有权人的动产混杂在一起而成为一物。例如，一人的油料与另一人的油料混在一起。混合的两物只能是相同形态的动产，不动产自不会与动产混合，形态不同的动产也不能混合。如固体与固体会混合，而固体与液体则不发生混合。动产混合后，混在一起的各物已经无法识别或者不能依通常的方法区分开，因此，只能确定混合后的物归何人所有。一般认为，混合物的归属应按照动产与动产附合的处理规则确定。

（三）加工

所谓加工，是指对他人的动产进行制作、改造，使之形成一件具有更高价值的新物，如将他人的树根制作成根雕。加工的构成须具备以下四个要件：其一，须有加工行为。加工行为也就是对物进行改造、制作的行为。加工行为虽有脑力和体力的付出，但属于事实行为，不要求加工人有民事行为能力，也不论其是否善意、是否有取得加工物的意思；其二，加工的标的物为动产。对不动产的加工，不适用关于加工的规则，不会发生所有权的变动。例如，对他人的房屋改建，改建后的房屋仍属于原所有权人，不可能由加工人取得；其三，加工的物须为他人所有。所有权人对自己的物进行改造、制作，不属于这里所说的加工；其四，加工后须形成新物，即加工前的物与加工后形成的并非同一物。至于加工后形成的物是否为不同于原物的新物，则应依一般交易观念确定。

对于加工物的归属，有加工主义与材料主义两种不同的主张。加工主义主张，加工物应当由加工人取得所有权；材料主义则主张，加工物应由原物即材料所有权人取得所有权。通说认为，确定加工物的归属，应以材料主义为原则，以加工主义为例外。也就是说，原则上加工物应归原材料所有权人所有，但在加工人为善意加工且加工后新物的价值明显高于原物的情况下，应由加工人取得加工物所有权。取得加工物所有权的一方，应给他方以补偿。但是加工人为恶意的，无论加工物增值多大，加工人也不能取得加工物所有权。

七、先占

（一）先占的含义和性质

先占，是指占有人以所有的意思，先于他人占有无主的动产而取得该动产所有权的法律事实。

各国立法一般都规定先占为所有权取得的特别方式。我国在物权法制定中对于是否规定先占为所有权的取得方法，有不同的观点。物权法最终未规定先占为所有权取得的特殊方法。但是实务上认可先占制度。现实中捡拾废品者取得所捡到的废品的所有权即为典型。

关于先占的性质，主要有法律行为说、准法律行为说和事实行为说三种学说。法律行为说认为，先占为法律行为，因为先占的成立以先占人以所有的意思占有标的物为要件，而所有的意思也就是取得先占物的所有权的效果意思。准法律行为说认为，先占是以意思表示为要素的准法律行为中的非表现行为，因为先占不属于达到私法自治的目的行为，仅属于法律对一定的意思行为承认其有取得所有权的效果。事实行为说认为，先占虽以先占人有以所有的意思占有为条件，但这里"所有的意思"并非取得所有权的效果意思，而是指事实上对标的物的完全管领的意思，法律是基于占有无主物的事实而赋予先占人取得占有物所有权的法律效果的。事实行为说为通说。正因为先占的法律性质为事实行为，因此，先占不以先占有人有完全民事行为能力为必要。

（二）先占的构成条件

1. 先占的标的物须为适用先占的动产。不动产不能依先占取得所有权，也就不能为先占的标的物。先占的标的物仅限于动产，但并不是所有的动产都可为先占的标的物。依照法律规定或者习惯，不能依先占取得的动产，也不能成为先占的标的物。例如，禁止流通物，依法律规定不得流通，也就不能成为先占的标的物。又如，依习惯他人享有排他的先占权的动产，不能成为先占的标的物。例如，取得特定水面养殖权的人依习惯对该水域中的水生动植物有排他的占有权，该水域内的水生动植物就不能成为先占的标的物。

2. 先占的标的物须为无主物。这里的所谓无主物，是指在先占人占有该物时该物不为任何人所有。无主物有两种情形：一是从来就不为任何人所有的物，如不受国家法律保护的野生动植物；二是原来有所有权人而现在无所有权人的物，如抛弃物。一物是否属于无主物，不以先占人的主观认识为标准，而应依先占人占有时该物的客观状态而定。先占人认为为无主物而实际上属于遗失物的物，不属于无主物；相反，先占人认为是遗失物，而实际上属于所有权人抛弃的废弃物，仍属于无主物。

3. 占有人以所有的意思占有。所谓以所有的意思占有，是指占有人是以将该物归自己所有的意思并实际控制占有该物。这一要件包括两方面的要求：一是占有人有将占有物归自己的意思，这意味着先占人的占有不是为他人占有，而是为自己占有；二是先占人实际上控制占有物。先占人有将物归自己所有的意思却未控制标的物的，或者事实上控制占有物却没有由自己取得所有的意思，都不为"以所有的意思"占有。先占人的占有不限于自己亲自占有，利用他人或者指示他人占有的，也可构成先占。

（三）先占的法律效果

先占的法律效果就是由先占人取得占有物的所有权。先占是取得所有权的法律事实，这一法律事实属于事实行为，因此，只要具备先占的条件，不论先占人是否具有民事行为能力，先占人都可依先占规则取得占有物的所有权。由于先占人取得标的物的所有权并不依赖所有权人的意思，因此，先占取得属于原始取得。先占取得的标的物上即使原有其他权利，该权利也会因原所有权人的抛弃而消灭，先占人不会也不可能承受先占物上的其他权利。

第三分编　用益物权

第十章 用益物权的一般规定

一、用益物权的含义

第三百二十三条 用益物权人对他人所有的不动产或者动产，依法享有占有、使用和收益的权利。

本条规定了用益物权的定义。

用益物权是对他人所有的不动产或者动产，依法享有占有、使用和收益的权利。这是从用益物权的内容上定义用益物权的。用益物权是指在一定范围内以使用收益为目的而在他人所有的物上设立的他物权。依物权法规定，用益物权有以下的含义：

（一）用益物权是对他人所有的物的权利。用益物权是在他人所有的不动产或者动产上设立的利用他人之物的权利。用益物权所支配的并不是自己所有的物，而是他人所有的物。对自己的不动产或者动产为使用收益，属于所有权的内容。只有对他人之物为使用收益，才会属于用益物权。

（二）用益物权是对物直接为一定支配并排除他人干涉的权利。用益物权虽为对他人所有的不动产或者动产为使用收益的权利，但利用他人之物的权利并不都是用益物权。用益物权作为物权，具有物权的基本特征，权利人得对标的物为直接支配并排除他人的干涉。如果权利人可对他人之物为利用，但其利用不具有排他性，则该权利人享有的权利不属于用益物权。例如，承租人虽也可对租赁物为使用，但由于该权利不具有排他性，因此承租人的租赁权属于债权而不属于用益物权。当然，现代社会随着债权物权化的发展，租赁权开始呈现出物权化的倾向。

（三）用益物权是以对他人的不动产或者动产为占有、使用和收益为目的的权利。用益物权的设立目的，是对他人的不动产或者动产为使用和收益，而使用、收益是以占有为前提的，因此，用益物权是以对他人之物为占有、使用和收益为内容的。用益物权人直接支配的是标的物的使用价值，而不是标的物的价值。

二、用益物权的特征

用益物权除了具有物权的一般特征外，还具有以下特征：

1. 用益物权是他物权即定限物权。用益物权虽是对他人之物予以支配的权利，但用益物权人对标的物的支配仅限于一定期间和一定范围，而不能对标的物予以全面的支配。因此，用益物权属于他物权、定限物权，而不属于自物权、完全物权。

2. 用益物权具有占有性。用益物权的占有性是指用益物权的实现是以占有他人之物为前提的，不占有标的物，也就不能实现用益物权。因为用益物权是对标的物的使用价值的支配，只有占有标的物的实体，才能对标的物为使用收益。这里的占有，是指对物的实体为事实上的控制和支配。用益物权人失去对标的物的占有的，也就会失去用益物权。

3.用益物权具有用益性。用益物权的用益性，是指用益物权具有对他人之物进行使用收益的性质。设立用益物权的目的就是为了对他人之物为使用收益，因此，用益性是用益物权区别于其他物权的根本属性。用益物权的用益性，也决定了用益物权是对标的物的使用价值的支配。

4.用益物权具有独立性。用益物权的独立性，是指用益物权可以独立存在，而不以他权利的存在为存在前提，不从属于他权利。当然，也有例外，用益物权中的地役权就具有从属性和不可分性。

5.用益物权一般设定在不动产上。尽管物权法规定，用益物权可以在他人的不动产或者动产上设立，但一般来说，用益物权的标的物仅限于不动产。这是因为不动产价值较高且有稀缺性，不动产所有权人即使自己不能利用也不愿意转让其所有权，人们不易取得不动产所有权但是需要利用不动产的社会需求却极强烈。因此，为满足对不动产为使用收益的需求和不动产所有权人拥有所有权的要求，法律规定用益物权，以使不动产的使用价值与所有权分离，充分发挥不动产的社会效用。而对于动产来说，因为通常人们可以取得其所有权，或者可以通过债权方式取得对其利用，而一般没有设立用益物权的需要。

三、自然资源用益物权的意义

第三百二十四条　国家所有或者国家所有由集体使用以及法律规定属于集体所有的自然资源，组织、个人依法可以占有、使用和收益。

第三百二十五条　国家实行自然资源有偿使用制度，但是法律另有规定的除外。

上两条规定了自然资源用益物权及其意义。

在我国，自然资源属于国家或者集体所有，私人、营利法人以及非营利法人是不能取得自然资源所有权的。这也是维护社会主义公有制的基本要求。但是，一方面国家或者集体并不能直接利用全部自然资源，另一方面无论是法人还是私人，为从事生产经营和生活需要，必须利用特定的自然资源。如何解决自然资源的"所有"与"利用"之间的矛盾，充分发挥自然资源的社会效用呢？这就是在国有和集体所有的自然资源上依法设立用益物权。依物权法规定，组织、个人虽不能取得自然资源的所有权，但依法可以就国家所有以及集体所有的自然资源为占有、使用和收益。在国家所有和集体所有的自然资源上依法设立用益物权后，自然资源的所有权人仍保留所有权，不会动摇社会主义公有制的基础；另一方面用益物权人可以利用其享有用益物权的自然资源，满足其生产和生活的需要，充分实现自然资源的利用价值。

在高度集中的计划经济时代，我国的自然资源主要是通过计划手段划拨给相关单位无偿使用的。对于自然资源的无偿使用，极易导致自然资源的过度开发和浪费，既不利于保护自然资源，也难以充分发挥自然资源的价值。在社会主义市场经济的条件下，市场也是调整自然资源利用的有效手段，因此，物权法规定对自然资源实行有偿使用制度。按照自然资源有偿使用制度，除法律另有规定外，取得自然资源用益物权的人须支付相应的使用费，而不能无偿使用自然资源。有偿利用自然资源的用益物权的确立，对于妥善处理所有权人和用益物权人之间的利益关系，保护和合理开发利用自然资源，通过市场有效配置自然资源的利用，实现可持续发展、绿色发展，有重要意义。

四、用益物权的行使

第三百二十六条 用益物权人行使权利，应当遵守法律有关保护和合理开发利用资源、保护生态环境的规定。所有权人不得干涉用益物权人行使权利。

本条规定了用益物权的行使规则。

用益物权是用益物权人享有的开发利用资源的权利。用益物权人应当合理地行使用益物权。

首先，用益物权人合理行使用益物权，应遵守法律有关保护和合理开发利用资源、保护生态环境的规定，不得破坏和过度开发利用资源，不得破坏环境和生态。保护和合理利用资源是用益物权人的法定义务，当事人必须履行，不得以任何方式和任何理由排除。用益物权人违反这一法定义务，破坏和过度开发利用资源，破坏生态环境的，所有权人有权收回所设定的用益物权，并可以要求用益物权人承担相应的法律责任。

其次，用益物权人合理行使用益物权，应按照约定的范围正当行使权利，不得滥用权利，不得超出与所有权人约定的权利范围，不得违反设立用益物权的具体目的，不得损害所有权人的权益。

用益物权是一项独立的物权，用益物权人有权独立行使其权利。用益物权人可以自己行使其权利，也可以由他人代为行使其权利。任何人包括所有权人不得非法干涉用益物权人权利的行使。他人非法干涉用益物权人权利行使的，用益物权人有权要求排除妨碍、停止侵害、消除危险。用益物权人因他人侵害权利而受损失的，可以要求侵害者赔偿损失。

五、用益物权因征收、征用的救济

第三百二十七条 因不动产或者动产被征收、征用致使用益权消灭或者影响用益物权行使的，用益物权人有权依照本法第二百四十三条、第二百四十五条的规定获得相应补偿。

本条规定了用益物权因征收、征用的救济。

用益物权是一项独立的权利，有独立于所有权人的利益。为了公共利益的需要，国家可以依照法律规定的权限和程序征收、征用不动产或者动产。如果被征收的不动产或者被征用的动产上设定有用益物权，征收、征用就会导致用益物权消灭或者影响用益物权的行使，于此情形下，不仅所有权人有权获得相应补偿，用益物权人也有权依照法律规定获得相应的补偿。当然，如果不动产或者动产的征收、征用并不影响用益物权人权利的正常、正当行使的，用益物权人则不能要求补偿。

六、用益物权的类别

用益物权依不同的标准，可作不同的分类。依据用益物权所适用的法律，用益物权分为普通用益物权和特别用益物权。

（一）普通用益物权

普通用益物权又称一般用益物权，是指普通法上规定的用益物权。规定物权的普通法就是民法典，因此，在民法典上具体规定的用益物权即为普通用益物权。在物权法立法过程中对于物权法上应规定哪几类用益物权，曾有不同的观点。民法典物权编最终具体规定了建设用地使用权、土地承包经营权、宅基地使用权、居住权和地役权。因此，物权编具体规定的这五种用益物权为普通用益物权。

（二）特别用益物权

第三百二十八条 依法取得的海域使用权受法律保护。

第三百二十九条 依法取得的探矿权、采矿权、取水权和使用水域、滩涂从事养殖、捕捞的权利受法律保护。

以上两条规定了特别用益物权。

特别用益物权是指特别法上具体规定的用益物权，有的称为准用益物权。对于特别用益物权，应适用特别法的规定，特别法上没有规定的，适用普通法的规定。

特别用益物权主要有以下两大类：

1.海域使用权。海域使用权是指依法对特定海域占有、使用和收益的权利。在我国，海域归国家所有。其他任何人只能取得海域使用权，而不能取得海域所有权。海域使用权的客体是特定的海域，海域使用权的内容依其使用目的而有所不同，但无论何种海域使用权都是有偿取得的有期限的对特定的海域为占有、使用和收益的权利。在现代社会，海域这一蓝色国土有着与黄色国土同样重要的地位，设立海域使用权，是有效利用海域资源的必要手段，也是发展海上经济、建设海洋强国的需要。

2. 探矿权、采矿权、取水权和养殖、捕捞权。探矿权、采矿权，是指依法对特定区域的矿藏进行探测和开发的权利，二者合称为矿业权，但可以分别授与不同的人。取得探矿权的人可优先取得采矿权。取水权，是指依法提取水资源用于生产经营的权利，并不包括全部的利用水资源的水权。养殖、捕捞权，是指使用特定水域、滩涂养殖水生动植物、捕获水生动植物的权利，有的将二者合称为渔业权。但取得捕捞权者未必取得养殖权。

上述探矿权、采矿权、取水权、养殖权和捕捞权等用益物权的根本特征在于这类用益物权是从事特许生产经营活动的基础。只有取得这些用益权物，才能从事特许的相应生产经营活动。因此，这些用益物权的取得都须经过政府的有关部门的特别行政许可，只有取得特别许可的主体才可取得相应的用益物权。不具有特许经营资格的主体，既不能通过设立取得这类用益物权，也不能通过流转取得这类用益物权。

第十一章　土地承包经营权

一、土地承包经营权的制度基础

第三百三十条　农村集体经济组织实行家庭承包经营为基础、统分结合的双层经营体制。

农民集体所有和国家所有由农民集体使用的耕地、林地、草地以及其他用于农业生产的土地，依法实行土地承包经营制度。

本条规定了土地承包经营权的制度基础。

土地承包经营权的经济基础是农村集体经济组织实行家庭承包经营为基础、统分结合的双层经营体制。

十一届三中全会后，农村实行改革，将土地承包给家庭进行经营，确立了家庭经营的主体地位，使家庭承包经营和集体统一经营成为相互依存的一个整体，打破了原来人民公社的单一地统一经营的计划经济模式，家庭承包经营成为集体经济内部的一个经营层次。家庭承包经营的实行，既维护了农村集体经济的公有制性质，不改变土地等生产资料的集体所有权，又让农民取得对土地等生产资料的使用权，此后农民可以自主地从事农业生产，极大地调动了农民的生产积极性。

正是为了从法律上巩固农村改革的成果，在1993年宪法修正案中正式规定"农村集体经济组织实行以家庭承包经营为基础、统分结合的双层经营体制。"而实行这一体制就须实行土地承包经营制度。所以，物权法规定，农民集体所有和国有所有由农民集体使用的农业用地都依法实行土地承包经营制度。

二、土地承包经营权的含义和特征

第三百三十一条 土地承包经营权人依法对其承包经营的耕地、林地、草地等享有占有、使用和收益的权利，有权从事种植业、林业、畜牧业等农业生产。

本条规定了土地承包经营权的定义。

土地承包经营权，有的称为农地使用权，有的简称农地承包权，是指土地承包经营权人依法对其承包经营的农业用地享有占有、使用和收益，以从事农业生产的权利。土地承包经营权有以下含义：

1.土地承包经营权是土地承包经营权人享有的权利。土地承包经营权是实行家庭承包经营责任制的产物。土地承包经营权的主体只能是因实行家庭经营而取得承包经营权的人。不具有取得土地承包经营资格的其他人可以从土地承包经营权人取得经营权，但不能取得承包经营权。而享有取得家庭承包经营权资格的人是农业生产经营者。正是从这一意义上说，承包经营权的主体是从事农业生产经营者。但这里所说的承包经营权主体为从事农业生产经营者，是指从集体经济组织取得土地承包经营权之时对主体的要求。至于取得土地承包经营权后，土地承包经营权人是否继续一直从事农业生产经营，则不应影响其具有土地承包经营权的主体资格。

2. 土地承包经营权是利用他人土地的他物权。在《物权法》颁布以前，对于土地承包经营权的性质，有不同的观点。一种观点认为，土地承包经营权为债权，但多数学者主张土地承包经营权为物权。在我国，由于农村土地属于集体所有或者属于国家所有由集体使用，实行承包经营制度并不能改变土地所有权的性质，但是土地承包经营权人所取得的土地承包经营权具有对抗第三人的效力。土地承包经营权人享有依法独立行使利用土地的权利，不受他人包括所有权人的非法干涉，因此，土地承包经营权是利用他人土地的他物权。由于我国农用的土地只能为集体所有或者国家所有由集体使用，因此，土地承包经营权的客体为集体所有或者国家所有由集体使用的土地。这是土地承包经营权客体上的特征。

3. 土地承包经营权是以对集体所有或国家所有由集体使用的土地占有、使用和收益为内容的权利。土地承包经营权的设立原因是实行家庭承包经营为基础、统分结合的双层经营体制。取得土地承包经营权是为了利用土地从事农业生产经营活动，因此，土地承包经营权须以占有、使用和收益为内容，其目的是取得土地的使用价值。土地承包经营权为用益物权而不属于担保物权，这是土地承包经营权在权利内容上的特征。

4. 土地承包经营权是为从事农业生产而利用土地的权利。土地承包经营权是在集体所有和国家所有由集体使用的耕地、林地、草地上设立的他物权。土地承包经营权人有权利用其承包的土地从事种植业、林业、畜牧业等农业生产经营活动。土地承包经营权人可以自己利用承包地从事农业生产经营活动，也可以让他人将承包地用于从事农业生产经营活动。但是作为土地承包经营权客体的土地只能用于从事农业生产活动,而不能任意改变其用途。以从事农业生产为目的而利用土地,是土地承包经营权在设立目的上的特征。

三、土地承包经营权的期限

第三百三十二条　耕地的承包期为三十年。草地的承包期为三十年至五十年。林地的承包期为三十年至七十年。

前款规定的承包期限届满,由土地承包经营权人依照农村土地承包的法律规定继续承包。

本条规定了土地承包经营权的期限。

土地承包经营权作为一项他物权,是有期限的物权,当然有一定的期限限制。一般来说,用益物权的期限由所有权人与用益物权人在设立用益物权时自行约定。但由于土地承包经营权制度是一项长期不变的国家政策,稳定土地承包经营权、维护农民的土地承包权益是党的"三农"政策的核心内容。为保障土地承包经营权的稳定性和确定性,消除农民对土地承包经营关系多变的顾虑,法律规定了土地承包经营权的最低期限。设立土地承包经营权时可以约定土地承包经营权的期限,但所约定的期限不得短于法定期限;短于法定期限的,以法定期限为准。土地承包经营权的最短期限依土地的用途不同而有所不同。耕地的承包期限为30年;草地的承包期限为30至50年;林地的承包期限为30至70年。

土地承包期限届满,土地承包经营权人有权按照国家有关规定继续承包。依《农村土地承包法》规定,耕地承包期限届满后再延长30年,草地、林地承包期限届满后,依规定的期限相应延长。

四、土地承包经营权的取得

土地承包经营权的取得有创设取得与转移取得两种方式。

(一) 土地承包经营权的创设取得

第三百三十三条 土地承包经营权自土地承包经营权合同生效时设立。

登记机构应当向土地承包经营权人发放土地承包经营权证、林权证等证书,并登记造册,确认土地承包经营权。

本条规定了创设取得承包经营权的时间。

土地承包经营权的创设取得,是指承包人通过和发包人签订土地承包经营权合同在农业用地上设立土地承包经营权而取得土地承包经营权。这是土地承包经营权取得的基本方式,其条件是承包人与发包人订立土地承包经营权合同。土地承包经营权合同的订立应坚持公平、公开、公正原则,依照法定程序进行。依现行法规定,进行土地承包的程序为:(1)本集体经济组织成员的村民会议选举产生承包工作小组;(2)承包工作小组依照法律、法规的规定拟定并公布承包方案;(3)依法召开本集体经济组织的村民会议,讨论通过承包方案;(4)公开组织实施承包方案;(5)签订承包合同。承包合同的发包人为集体经济组织或者村民委员会或者村民小组。实行家庭承包经营的,承包人为该集体组织的成员;通过招标、拍卖、公开协商等方式实行承包经营的,承包人可以是本集体经济组织以外的人,但同等条件下,本集体经济组织成员享有优先承包权。

土地承包经营权合同依法应采取书面形式,一般应包括以下内容:(1)发包方、承包方的名称或者姓名,发包方负责人和承包方代表人的姓名、住所;(2)承包土地的名称、坐落、面积、质量等级;(3)承包期限和起止日期;(4)承包土地的用途;(5)发包方和承包方的权利义务;(6)违约责任。

土地承包经营权合同应符合合同法规定的合同有效条件。符合合同有效条件的土地承包经营权合同,自合同成立时起生效。自土地承包经营权合同生效时起,土地承包经营权设立,承包人取得合同中约定的土地的承包经营权。

土地承包经营权人取得土地承包经营权后,登记机构应当向土地承包经营权人发放土地承包经营权证、林权证、草原使用权证等,并登记造册。向土地承包经营权人发放权属证书,对土地承包经营权进行登记,是保护农民土地承包经营权、稳定土地承包关系的重要措施,但是应当注意政府的这一行政行为仅仅是对土地承包经营权的确认,而不是土地承包经营权取得的根据。土地承包经营权并不以登记为其变动的生效要件。

(二)土地承包经营权的转移取得

土地承包经营权的转移取得,是指由受让人通过土地承包经营权的流转而取得出让人原享有的土地承包经营权。这里的土地承包经营权流转,仅指土地承包经营权人将其土地承包经营权转让给他人享有,而自己不再享有原土地承包经营权的行为。土地承包经营权作为一项用益物权,也可以依法转让。但是在出让人仅将土地的经营权让与的情形下,受让人只能取得出让人承包地的经营权,而不能取得该地块的承包经营权,出让人仍保有土地承包权。

法律不禁止继承的土地承包经营权,在土地承包经营权人死亡时,由死者的继承人依法继承在承包期内继续承包。

五、土地承包经营权的效力

土地承包经营权的效力主要指土地承包经营权人的权利,包括以下几项。

(一)依法流转土地承包经营权的权利

第三百三十四条 土地承包经营权人依照法律规定,有权将土地承包经营权互换、转让。未经依法批准,不得将承包地用于非农建设。

第三百三十五条 土地承包经营权互换、转让的,当事人可以向登记机构申请登记;未经登记,不得对抗善意第三人。

上两条规定了土地承包经营权的流转方式和流转的效力。

土地承包经营权人有权依法将其土地承包经营权流转。土地承包经营权流转的方式主要有以下几种:

1. 互换。互换是指土地承包经营权人之间相互自愿交换相应的土地承包经营权。互换后,双方各自取得对方原享有的土地承包经营权,原来享有的土地承包权因由他方取得而消灭。

2. 转让。转让是指土地承包经营权人作为出让人依法将其土地承包经营权让与受让人。转让生效后,受让人取得受让的土地承包经营权,出让人不再为土地承包经营权人。土地承包经营权转让应经发包方同意,转让人应有稳定的收入,受让人应为从事农业生产经营者。

土地承包经营权的互换、转让都是发生土地承包经营权主体变更的行为。互换、转让土地承包经营权的当事人要求登记的,应当向登记机构申请土地承包经营权变更登记。但土地承包经营权的变更登记不是土地承包经营权变更的生效要件,而仅是对抗要件。也就是说,土地承包经营权的主体自土地承包经营权互换、转让合同生效时发生变更,但是未经变更登记的,不具有对抗善意第三人的效力。

(二)依法自主经营权

土地承包经营权人有权依照土地承包经营权设立的目的,利用承包地从事种植业、林业、养殖业和畜牧业等农业生产活动。土地承包经营权人享有对承包地的使用收益权,有权依法自主经营承包地,不受任何人包括发包人的非法干涉。

(三)依法拒绝调整承包地的权利

第三百三十六条 承包期内发包人不得调整承包地。

因自然灾害严重毁损承包地等特殊情形,需要适当调整承包的耕地和草地的,应当依照农村土地承包的法律规定办理。

本条规定了发包人不得调整承包地的义务,也是赋予土地承包经营权人拒绝承包地调整的权利。

为保证土地承包关系的稳定,必须限制承包地的调整。如果发包人可以任意调整承包地,土地承包经营权人的权益就难以保障,也会严重影响土地承包经营权人的生产积极性和对土地的长期投入。因此,法律规定在承包期内发包人不得调整承包地。只有在因自然灾害严重毁损承包地等特殊情形下,发包人才可以依照法律规定对承包的耕地和草地进行适当的调整。依《农村土地承包法》第 28 条规定,于此情形下须经本集体组织成员的村民会议 2/3 以上或者 2/3 以上村民代表同意,并报乡(镇)人民政府和县级政府农业农村、林业和草原等主管部门批准。发包人在承包期内非因法定的特殊情形未依照法律规定办理承包地调整的,构成对土地承包经营权人的土地承包经营权的侵害,土地承包经营权人有权拒绝对承包地的非法调整。

(四)依法拒绝收回承包地的权利

第三百三十七条 承包期内发包人不得收回承包地。法律另有规定的,依照其规定。

本条规定了发包人不得收回承包地的义务,也是赋予土地承包经营权人拒绝收回承包地的权利。

在土地承包经营期限内,土地承包经营权人享有排他的利用其承包的土地的权利,任何人包括发包人也不得妨碍其权利的行使。保证土地承包经营权人在承包期内享有权利和独立行使承包经营权,这也是稳定土地承包关系,促进农业持续稳定发展的需要。为此,发包人不得在承包期内收回承包地。这是发包人的法定义务。发包人违反这一法定义务,在承包期内收回承包地的,土地承包经营权人有权拒绝交还承包地。

当然,承包期内发包人不得收回承包地并非是绝对的禁止性规定，法律另有规定的，可以按照法律的另外规定收回承包地。需要注意的是，法律之外的行政法规和地方性法规不得规定收回承包地的事由。

（五）获得投资补偿的权利

第三百三十八条　承包地被征收的，土地承包经营权人有权依照本法第二百四十三条的规定获得相应补偿。

本条规定了土地承包经营权人在承包地被征收时的补偿权。

土地承包经营权人在承包期间必对土地进行投入，因此，在因故失去土地承包经营权时，土地承包经营权人有权获得补偿。这主要包括以下两种情形：一是因承包地被征收。土地被征收，土地承包经营权人的承包经营权消灭。土地承包经营权人有权获得相应补偿。依《民法典》第243条第2款规定，土地承包经营权人获得的补偿包括土地补偿费、地上附着物和青苗补偿费等。二是承包期内，承包人交回承包地或者发包人依法收回承包地。于此情形下，承包人对其在承包地上投入而提高生产能力的投资有权得到补偿。

六、土地承包经营权的消灭

土地承包经营权的消灭原因主要有以下几种：

1.土地承包经营权期限届满承包人不愿意继续承包的。土地承包经营权为有期限物权，期限届满，土地承包经营权即消灭。但在期限届满后承包人愿意继续承包的，双方可以续展土地承包经营权合同，土地承包经营权不消灭。

2.在承包期内土地承包经营权人交回承包地。在承包期限内,承包人是否继续承包是其权利,承包人不愿意承包而自愿交回土地的,其承包经营权消灭。依照法律规定承包人应当交回承包地时,承包人交回承包土地的,其承包经营权也消灭。

3.发包人在承包期内依法调整或收回承包地。

4.承包地被依法征收。

七、土地经营权

(一) 土地经营权的取得

第三百三十九条　土地承包经营权人可以自主决定依法采取出租、入股或者其他方式向他人流转土地经营权。

本条规定了土地经营权取得的方式。

土地经营权是通过土地承包经营权人流转土地经营权而设立的权利,因此,土地经营权人是通过土地承包经营权人转让经营权而取得土地经营权的。流转土地经营权是土地承包经营权人的权利。土地承包经营权人可以自己经营,也可以让他人经营。土地承包经营权人流转土地经营权可以采取的方式包括出租、入股以及其他方式。出租,是指在承包期限内,承包经营权人将承包土地租赁给他人进行农业生产经营。入股,是指在承包期限内,将承包地经营权作为出资方式,由受让人取得土地经营权,而承包人享有股权。典型的入股方式是成立农业专业合作社。承包经营权人也可以采取其他方式流转土地经营权。依《农村土地承包法》规定,土地经营权流转应当遵循以下原则:(1)依法、自愿、有偿,任何组织和个人不得强迫或者阻碍土地经营权流转;(2)不得改变土地所有权的性质和土地的农业用途,不得破坏农业综合生产能力和农业生态环境;(3)流转期限不得超过承包期的剩余期限;(4)受让方须有农业经营能力或者资质;(5)在同等条件下,本集体经济组织成员享有优先权。土地经营权流转,当事人双方应当签订书面流转合同。土地经营权流转合同一般包括以下条款:(1)双方当事人的姓名、名称;(2)流转土地的名称、坐落、面积、质量等级;(3)流转期限和起止日期;(4)流转土地的用途;(5)双方当事人的权利和义务;(6)流转价款及支付方式;(7)土地被依法征收、征用、占用时的有关补偿的归属;(8)违约责任。承包方将土地由他人代耕不超过1年的,可以不签书面合同。

(二)土地经营权人的权利

第三百四十条 土地经营权人有权在合同约定的期限内占有农村土地,自主开展农业生产经营并取得收益。

本条规定了土地经营权人的权利。

土地经营权是从土地承包经营权分立出的一项权利。土地经营权人独立享有以下权利:其一,在合同约定的期限内占有流转的土地;其二,自主利用占有的土地从事农业生产经营活动;其三,自主取得经营收益;其四,经承包方同意,并向本集体经济组织备案,可以再流转土地经营权,可以投资改良土壤,建设农业生产附属、配套设施,并按照合同约定对其投资部分获得合理补偿。依《农村土地承包法》第47条规定,承包方可以用承包地的土地经营权向金融机构融资担保,并向发包方备案。受让方通过流转取得的土地经营权,经承包方同意并向发包方备案，也可以向金融机构融资担保。

依《农村土地承包法》第42条规定，承包方不得单方解除土地经营权流转合同，但受让方有下列情形之一的除外：(1)擅自改变土地的农业用途；(2)弃耕抛荒两年以上；(3)给土地造成严重损害或者严重破坏土地生态环境；(4)其他严重违约行为。

(三) 土地经营权登记的效力

第三百四十一条　流转期限五年以上的土地经营权自流转合同生效时设立。当事人可以向登记机构申请土地经营权登记；未经登记，不得对抗善意第三人。

本条规定了土地经营权登记的效力。

流转期限5年以上的土地经营权自流转合同生效时设立。当事人可以决定是否向登记机构申请土地经营权登记。但是，土地经营权登记具有对抗效力。未经土地经营权登记的，土地经营权不能对抗善意第三人。只有经过不动产权益登记的土地经营权，才具有对抗第三人的效力。

八、以公开方式承包的土地承包经营权的流转

第三百四十二条　通过招标、拍卖、公开协商等方式承包农村土地，经依法登记取得权属证书的，可以依法采取出租、入股、抵押或者其他方式流转土地经营权。

本条规定了以公开方式承包的土地承包经营权的流转。

按照农村土地承包法规定，对不宜采取家庭承包方式的四荒地土地，可以通过招标、拍卖、公开协商等方式进行承包，

于此场合,土地的承包经营权人也可以是本集体经济组织以外的人。通过招标、拍卖、公开协商等方式取得的四种土地承包经营权,具有比家庭承包的承包经营权更强的流通性,其在承包期内的流转不受限制,经依法登记取得权属证书的,不仅可以出租,还可以入股、抵押或者以其他方式流转。土地承包经营权入股后,土地承包经营权人取得相应股份,土地承包经营权由其投资的企业享有。

九、国有农用地承包经营的法律适用

第三百四十三条 国家所有的农用地实行承包经营的,参照适用本编的有关规定。

本条规定了国有农用地实行承包经营的法律适用。

国家所有的农用地是指国家所有的直接用于农业生产的土地,包括国家所有的耕地、林地、草地、农田水利地、养殖水面等。国家所有的农用地,有的交由农民集体经济组织使用,有的并未交由农民集体经济组织使用,而是由国有农场、国有林场使用,或者还没有开发利用。国家所有的由国有农场、国有林场使用的农用地,一般也实行承包经营。国家所有的农用地只要实行承包经营,就参照民法典物权编关于土地承包经营权制度的规定。

第十二章　建设用地使用权

一、建设用地使用权的含义

第三百四十四条　建设用地使用权人依法对国家所有的土地享有占有、使用和收益的权利，有权利用该土地建造建筑物、构筑物及其附属设施。

本条规定了建设用地使用权的定义。

建设用地使用权有广义与狭义之分。广义的建设用地使用权是指土地使用权人为建造建筑物、构筑物以及附属设施而利用国家所有或者集体所有的土地的权利。狭义的建设用地使用权仅是指在国家所有的土地上设立的建设用地使用权，而不包括在集体所有的土地上设立的建设用地使用权。物权法规定的建设用地使用权为狭义的建设用地使用权，是指建设用地使用权人利用国家所有的土地建造建筑物、构筑物及其附属设施的权利。建设用地使用权有以下含义：

1.建设用地使用权是利用国家所有的土地的权利。建设用地使用权是由国家土地所有权派生的权利，只能设定在国有土地上。在我国，土地除依法归农村集体经济组织所有外都属于国家所有。但国家对其所有的用于建设的土地并不直接进行开发、经营，而是通过设立建设用地使用权，由建设用地使用权人利用国有土地进行建设，从而实现国有土地的开发、经营。从这一意义上说，建设用地使用权是盘活国有土地资产，使城市国有土地资源进入市场的基本法律形式。

2.建设用地使用权是以占有、使用、收益为内容的用益物权。建设用地使用权是以取得对土地的使用收益为目的的他物权，建设用地使用权人取得的是土地的使用价值而非价值。而对土地的使用收益是以占有为前提的。因此，建设用地使用权是以占有、使用和收益为内容的用益物权，而有别于以取得物的价值为目的之担保物权。

3.建设用地使用权是土地使用权人自主利用土地进行建设的权利。建设用地使用权人利用土地的目的是进行建设即建造建筑物、构筑物及其附属设施，而不是用于进行其他生产经营活动。

二、建设用地使用权的特征

建设用地使用权除具有物权的一般特征外，还具有以下特征：

1.建设用地使用权的客体局限于国有的非农用地。在《物权法》颁行以前的法律文件中，建设用地使用权被称为"国有土地使用权"，是以国家所有的土地为客体的权利。但以国家所有的土地为客体的权利也不限于建设用地使用权，国有的农用地上设立的土地承包经营权也是以国有土地为客体的。物权法规定的建设用地使用权的概念有别于以往的"国有土地使用权"，突出了其客体为建设用地，因此，建设用地使用权的客体仅限于国有的建设用地，而不能是国有的农用地。建设用地使用权的这一特征,使其既区别于在集体建设用地上设立的土地使用权,也区别于土地承包经营权。

2.建设用地使用权是以在土地上建造并保存建筑物、构筑物及其附属设施为目的权利。建设用地使用权是以占有、使用、收益为内容的他物权,权利人依法对其取得建设用地使用权的土地享有占有、使用和收益的权利。建设用地使用权人行使建设用地使用权是为了建造并保存建筑物、构筑物及其附属设施。所谓建筑物,是指在土地上建造的房屋等;构筑物及其附属设施,是指利用土地建造的除建筑物以外的其他工作物,如桥梁、沟渠、地窖、堤防、隧道、停车场等。建设用地使用权的这一特征是其与其他用益物权在目的性上的区别。

3.建设用地使用权是对土地综合开发利用的用益物权。由于建设用地使用权设立的目的是为了建造建筑物、构筑物及其附属设施,而这些建设行为既可在地上、地表实施,也可在地下实施。这决定了建设用地使用权人不仅可以开发利用土地的地表,也可以开发利用土地的地上或地下空间。而其他用益物权的权利人仅能利用地表,而不可能利用地上、地下空间。对土地的综合开发利用是建设用地使用权与其他用益物权在权利行使范围上的区别。

三、建设用地使用权的设立原则

第三百四十五条　建设用地使用权可以在土地的地表、地上或者地下分别设立。

第三百四十六条　设立建设用地使用权,应当符合节约资源、保护生态环境的要求，遵守法律、行政法规关于土地用途的规定，不得损害已经设立的用益物权。

上两条规定了建设用地使用权设立的原则。

建设用地使用权是对土地综合开发利用的权利，因此，在一地之上可以就地表、地上、地下分别设立若干建设用地使用权。例如，在一单元土地上为建造住宅楼设立了建设用地使用权，其后为修建地铁又在该单元土地的地下设立了建设用地使用权，为利用太阳能又在住宅楼上的空间设立了建设用地使用权以建造利用太阳能的发电设施。后两项建设用地使用权是为利用地下空间和地上空间设立的权利，是以空间利用权为权利客体的建设用地使用权。

由于空间利用权（或简称空间权），在我国也属于国家所有，因此，不仅在国有土地上可设立利用地上或地下空间的建设用地使用权，在集体所有的土地的地下或地上空间也可设立建设用地使用权。比如，为在集体土地上的空间建造高架铁路，需要设立建设用地使用权；为在集体土地的地下建造地下铁路也需要设立建设用地使用权。但这种场合所设立的建设用地使用权的客体实质为国家所有的空间，而不是土地的地表，因为土地是归集体所有的。

建设用地使用权无论是在地表设立，还是在地下或者地上设立，都应当符合节约资源、保护生态环境的要求，不得违反法律、法规关于土地用途的规定。

在国有的建设用地上分别先后设立建设用地使用权时，由于权利的经济目的不同，权利界限可能不清，会发生各建设用地使用权之间的冲突。而在集体所有的土地的地上或地下设立建设用地使用权，因在集体土地上会设立有土地承包经营权、宅基地使用权，也就会发生建设用地使用权与土地承包经营权、宅基地使用权等用益物权的冲突。为避免建设用地使用权之间、建设用地使用权与其他用益物权之间发生冲突，法律规定，新设立的建设用地使用权，不得损害已设立的用益物权。依此规定，新设立建设用地使用权所利用土地的地表、地上或地下的范围或边界须以不妨害已设立的用益物权的行使为限度。

四、建设用地使用权的创设取得

建设用地使用权的创设取得，是指通过在国有土地上设立建设用地使用权而取得建设用地使用权。建设用地使用权创设取得与建设用地使用权转移取得是取得建设用地使用权的两种方式。建设用地使用权的转移取得是通过建设用地使用权的转让而取得建设用地使用权的，没有建设用地使用权也就不会发生建设用地使用权的转移取得。可见，建设用地使用权的创设取得也是建设用地使用权转移取得的基础或前提。建设用地使用权的创设取得也就是通过设立建设用地使用权而取得建设用地使用权。

（一）建设用地使用权的设立方式

第三百四十七条 设立建设用地使用权，可以采取出让或者划拨等方式。

工业、商业、旅游、娱乐和商品住宅等经营性用地以及同一土地有两个以上意向用地者的，应当采取招标、拍卖等公开竞价的方式出让。

严格限制以划拨方式设立建设用地使用权。

本条规定了建设用地使用权的设立方式。

建设用地使用权的设立方式有出让和划拨两种。

出让是指将国有土地的建设用地使用权在一定期限内出让给需要建设用地的使用人，并由使用人支付出让金等费用而取得建设用地使用权。经营性用地或者在同一土地上有两个以上意向用地者，都应当以公开竞价的出让方式设立建设用地使用权。

划拨是指将国有土地的建设用地使用权在一定期限内无偿地让土地使用人使用。以划拨方式取得建设用地使用权的土地使用人只需依法缴纳补偿、安置等费用而无须支付出让金就可以取得建设用地使用权。以划拨方式设立建设用地使用权的，须严格遵循法定程序，遵守法律、行政法规关于土地用途的规定。依现行法规定，下列建设用地使用权，确属必要的，可以由县级以上人民政府依法批准划拨：（1）国家机关用地和军事用地；（2）城市基础设施用地和公益性事业用地；（3）国家重点扶持的能源、交通、水利等基础设施用地；（4）法律、行政法规规定的其他用地。

（二）建设用地使用权的出让设立

第三百四十八条 通过招标、拍卖、协议等出让方式设立建设用地使用权的，当事人应当采取书面形式订立建设用地使用权出让合同。

建设用地使用权出让合同一般包括下列条款：

（一）当事人的名称和住所；

（二）土地界址、面积等；

（三）建筑物、构筑物及其附属设施占用的空间；

（四）土地用途、规划条件；

（五）建设用地使用权期限；

（六）出让金等费用及其支付方式；

（七）解决争议的方法。

本条规定了建设用地使用权的出让设立方式。

通过出让设立建设用地使用权主要有招标、拍卖和协议三种方式。

招标、拍卖都是以竞价的方式出让建设用地使用权。招标、拍卖方式出让，是通过招投标和拍卖程序，由竞价最优者取得建设用地使用权。因此，以招标、拍卖方式出让建设用地使用权能够最大程度地在最大限度内实现土地的价值。协议方式出让，是指由出让人与土地使用人在平等自愿基础上协商确定出让建设用地使用权。以协议方式出让不存在竞争，不是市场配置资源的最优方式。因此，凡法律规定应采取公开竞价方式出让建设用地使用权的，不得采取协议方式出让建设用地使用权。

不论以何种方式出让建设用地使用权，建设用地使用权的出让人和受让人应订立建设用地使用权出让合同。出让人是代表国家行使权利的县级以上人民政府的土地管理部门，受让人是需要使用土地的土地使用人。建设用地使用权出让合同为要式合同，应采书面形式，一般包括以下内容：（1）当事人的名称或者姓名；（2）土地界址、面积；（3）建筑物、构筑物及其附属设施占有的空间；（4）土地用途、规划条件；（5）土地使用权期限；（6）出让金等费用及其支付方式；（7）解决争议方法。

关于建设用地使用权出让合同的性质，有不同的观点。一种观点认为，建设用地使用权出让合同为行政合同。这种观点混淆了行政关系与合同关系。建设用地使用权出让合同是民事合同，也应当适用合同法的规定。建设用地使用权出让合同不符合合同法规定的合同有效条件的，合同不能有效，受让人不能取得建设用地使用权。但建设用地使用权出让合同有效，并不等于受让人就取得了建设用地使用权。

（三）建设用地使用权的设立登记

第三百四十九条 设立建设用地使用权的，应当向登记机构申请建设用地使用权登记。建设用地使用权自登记时设立。登记机构应当向建设用地使用权人发放权属证书。

本条规定了建设用地使用权的设立登记。

建设用地使用权的设立登记是指经建设用地使用权的出让人与受让人双方向不动产登记机构申请由不动产登记机构将建设用地使用权设立记载于不动产登记簿上。建设用地使用权的设立以登记为生效条件。自办理建设用地使用权设立登记之日起，建设用地使用权出让合同的受让人才取得建设用地使用权，成为建设用地使用权人。双方虽订立有效的建设用地使用权出让合同，但未办理建设用地使用权设立登记的，建设用地使用权的设立不生效，受让人不能取得受让的建设用地使用权。不动产登记机构办理建设用地使用权设立登记后，应向建设用地使用权人发放建设用地使用权证书。建设用地使用权证书是建设用地使用权人享有建设用地使用权的证明。

五、建设用地使用权的效力

建设用地使用权的效力表现为建设用地使用权人的权利义务，主要包括以下几项：

（一）建设用地使用权人合理利用土地的义务

第三百五十条 建设用地使用权人应当合理利用土地，不得改变土地用途；需要改变土地用途的，应当依法经有关行政主管部门批准。

本条规定了建设用地用使用权人合理利用土地的义务。

建设用地使用权人应当合理利用土地。合理利用土地的要求有二：首先，建设用地使用权人应当按照建设用地使用权设立登记时登记的土地用途使用土地，不得擅自改变土地用途。例如，建设用地使用权设立登记为住宅用地的，不得改变为工业用地；登记为工业用地的，不得改变为住宅用地。建设用地使用权人确需改变土地用途的，须依法经有关行政主管部门批准，并办理变更登记。其次，建设用地使用权人应根据土地的自然属性和法律属性在规定的范围和限度内使用土地，保护土地的完好，维护土地的使用价值和价值。

（二）建设用地使用权人支付出让金等费用的义务

第三百五十一条 建设用地使用权人应当依照法律规定以及合同约定支付出让金等费用。

本条规定了建设用地使用权人支付出让金等费用的义务。

建设用地使用权的出让金是建设用地使用权人取得建设用

地使用权的代价,是国有土地实行有偿使用的具体体现。法律规定或者约定的出让金以外的其他费用,也是建设用地使用权人得以利用土地进行建设所需交付的费用。以划拨方式取得建设用地使用权的,虽无须支付出让金,但也须依照法律规定支付有关费用。以划拨方式取得的建设用地使用权依法转让时,应当由受让方办理建设用地使用权出让手续并缴纳出让金。因此,建设用地使用权人为取得和行使建设用地使用权必须按照法律规定支付出让金等费用。

(三) 建设用地使用权人建造建筑物、构筑物及其附属设施并取得所有权的权利

第三百五十二条 建设用地使用权人建造的建筑物、构筑物及其附属设施的所有权属于建设用地使用权人,但是有相反证据证明的除外。

本条规定了建设用地使用权人建造建筑物、构筑物及其附属设施并取得所有权的权利。

建设用地使用权是以占有、使用和收益为内容的用益物权,建设用地使用权人当然有权占有其享有建设用地使用权的土地,有权利用其使用的土地,对该土地进行投资、开发、建设,有权取得经营该土地所取得的收益。这是建设用地使用权的基本权能。

建设用地使用权是以建造建筑物、构筑物及其附属设施为设立目的的权利。取得所建造的建筑物、构筑物及其附属设施是建设用地使用权人取得收益的基本途径,因此,建设用地使用权人有权取得其建造的建筑物、构筑物及其附属设施的所有权。但是建设用地使用权人也可以与他人合作进行开发建设,

也可以让他人取得建造物的所有权。所以,建设用地使用权人所建造的建筑物、构筑物及其附属设施的所有权属于建设用地使用权人,这仅是法律上的推定。如有相反证据证明建设用地使用权人建造的建筑物、构筑物及其附属设施所有权属于他人,则该建筑物、构筑物及其附属设施的所有权就不属于建设用地使用权人。例如,如有证据证明由他人投资并取得相应的建筑物的所有权,则该建筑物的所有权就属于该投资人,而不属于建设用地使用权人。需要指出的是,建设用地使用权人只有按照法律、法规规定建造建筑物、构筑物及其附属设施,才能取得所建造的工作物的所有权。建设用地使用权人若进行违法、违章建设,则不能取得所建造的工作物的所有权。

(四)建设用地使用权人处分建设用地使用权的权利

第三百五十三条 建设用地使用权人有权将建设用地使用权转让、互换、出资、赠与或者抵押,但是法律另有规定的除外。

第三百五十四条 建设用地使用权转让、互换、出资、赠与或者抵押的,当事人应当采取书面形式订立相应的合同。使用期限由当事人约定,但是不得超过建设用地使用权的剩余期限。

第三百五十五条 建设用地使用权转让、互换、出资或者赠与的,应当向登记机构申请变更登记。

第三百五十六条 建设用地使用权转让、互换、出资或者赠与的,附着于该土地上的建筑物、构筑物及其附属设施一并处分。

以上四条规定了建设用地使用权人处分建设用地使用权的权利、方式及效力。

建设用地使用权是建设用地使用权人享有的权利,除法律另有规定外,建设用地使用权人有权处分其享有的建设用地使用权。但是以划拨方式取得建设用地使用权的,建设用地使用权人只有在办理出让手续并缴纳出让金之后才可以处分其建设用地使用权。

建设用地使用权的处分主要有三种情形：一是将建设用地使用权让与他人；二是在建设用地使用权上设立负担；三是将建设用地使用权抛弃。前两种情形的处分可以看作是以流转方式处分建设用地使用权。

建设用地使用权人以流转方式处分建设用地使用权的方式包括转让、互换、出资、赠与、抵押。

建设用地使用权的转让是指建设用地使用权人将建设用地使用权有偿地让与他人的行为。建设用地使用权转让由出让人与受让人订立书面转让合同,由受让人支付相应的对价,由出让人将其享有的建设用地使用权让与受让人。建设用地使用权的互换是指建设用地使用权人之间相互交换各自的建设用地使用权的行为。建设用地使用权互换由交换双方订立建设用地使用权互换合同,各自将其享有的建设用地交给对方,取得对方的土地的建设用地使用权。建设用地使用权出资是指建设用地使用权人将建设用地使用权投资的行为。建设用地使用权出资由建设用地使用权人与受让人订立书面投资合同,建设用地使用权人以约定的建设用地使用权折价作为向受让人的投资,受让人取得建设用地使用权,建设用地使用权人享有相应的股权。建设用地使用权的赠与是建设用地使用权人无偿地将建设用地使用权让与（赠送）他人的行为。建设用地使用权赠与由赠与人与受赠人订立书面的赠与合同,赠与人将其享有的建设用地使用权无偿地给予受赠人,受赠人取得受赠的建设用地使用权。

建设用地使用权抵押是指建设用地使用权人将建设用地使用权用于设立抵押权的行为。建设用地使用权抵押由建设用地使用权人作为抵押人与抵押权人订立书面抵押合同，由抵押权人取得建设用地使用权抵押权。建设用地使用权转让、互换、出资、赠与或者抵押，当事人可以约定取得建设用地使用权的期限，但是不得超过建设用地使用权的剩余期限。当事人没有约定使用期限的，应当以建设用地使用权的剩余期限为准。

建设用地使用权转让、互换、出资或者赠与都会发生建设用地使用权的变动。建设用地使用权的变动以登记为生效要件。因此，建设用地使用权转让、互换、出资或者赠与的，都应向不动产登记机构申请变更登记。只有经不动产登记机构办理变更登记，建设用地使用权的转让、互换、出资或者赠与才发生建设用地使用权移转的效力。若未经办理变更登记，即使当事人之间订立的转让、互换、出资或者赠与的合同有效，受让方也不能取得建设用地使用权。

建设用地使用权转让、互换、出资或者赠与的，随着于该土地上的建筑物、构筑物及其附属设施一并处分，由取得建设用地使用权的人取得建筑物、构筑物及其附属设施的所有权。这也就是所谓的"房随地走"规则。

（五）建设用地使用权人有处分其所有的工作物的权利

第三百五十七条　建筑物、构筑物及其附属设施转让、互换、出资或者赠与的，该建筑物、构筑物及其附属设施占用范围内的建设用地使用权一并处分。

本条规定了处分建筑物、构筑物及其附属设施的效力。

建设用地使用权人不仅可以以转让、互换、出资或者赠与的方式处分其建设用地使用权,也可以以这些方式处分其所有的建筑物、构筑物及其附属设施(通常统称为工作物)。当然,若该建筑物、构筑物及其附属设施不属于建设用地使用权人所有,则建设用地使用权人不能处分,而只能由其所有权人处分。但无论是建设用地使用权人还是其他有处分权人处分建筑物、构筑物及其附属设施的,该建筑物、构筑物及其附属设施占用范围内的建设用地使用权一并处分。这也是所谓"地随房走"规则。

无论是"房随地走"还是"地随房走",都是为了使所建造的建筑物、构筑物及其附属设施的所有权与建设用地使用权的主体保持一致,以避免因主体的不同一而发生不必要的权利冲突。

(六)建设用地使用权人在权利被提前收回时获得补偿的权利

第三百五十八条 建设用地使用权期限届满前,因公共利益需要提前收回该土地的,应当依照本法第二百四十三条的规定对该土地上的房屋以及其他不动产给予补偿,并退还相应的出让金。

本条规定了建设用地使用权期限届满前提前收回时的补偿。

建设用地使用权是有使用期限的用益物权,为稳定土地权利和法律的严肃性,在建设用地使用权期限届满前,任何人包括国家不能随意收回建设用地使用权人利用的土地。只有在也只能在因公共利益需要提前收回建设用地使用权人使用的土地时,经原批准用地的人民政府或者有权批准的人民政府批准,可以提前收回该土地。国家依法提前收回土地的,应当对建设用地使用权人予以补偿,并退还相应的出让金,补偿的范围包括该土地上的各项不动产的价值。因此，建设用地使用权人在其利用的土地因公共利益需要被提前收回时，有权要求国家给予补偿和要求退还相应的出让金。

六、建设用地使用权消灭

（一）建设用地使用权消灭的含义

建设用地使用权消灭，是指建设用地使用权的绝对消灭，即任何人不能享有该建设用地使用权。建设用地使用权因转移为他人取得的，从原权利人而言其建设用地使用权消灭，但这属于建设用地使用权相对消灭，因为该建设用地使用权为新的权利人取得。

建设用地使用权消灭也须有一定的法律事实。导致建设用地使用权消灭的法律事实也就是建设用地使用权消灭的原因。建设用地使用权消灭的原因主要有三：一是建设用地使用权被收回。建设用地使用权人有法律规定的违法行为或者合同约定的违约行为的，出让人可以依法撤销建设用地使用权，解除合同并收回建设用地使用权。例如，建设用地使用权人未按照合同约定支付出让金，或者未按照合同约定开发建设的，土地管理部门有权解除合同，收回建设用地使用权。在建设用地使用权期间，为公共利益需要使用土地的，国家也可以通过征收收回建设用地使用权。二是土地灭失。作为建设用地使用权之客体的土地灭失，该土地上的建设用地使用权也就消灭。但是土地部分灭失而不影响其他部分使用的，该地上的建设用地使用权不消灭，建设用地权利人对未灭失部分的土地仍享有建设用地使用权。三是使用期限届满。建设用地使用权为有期限的物权，期限届满而又未续期的，建设用地使用权也就消灭。

(二) 建设用地使用权期限届满的法律后果

第三百五十九条 住宅建设用地使用权期间届满的，自动续期。续期费用的缴纳或者减免，依照法律、行政法规的规定办理。

非住宅建设用地使用权期间届满后的续期，依照法律规定办理。该土地上的房屋以及其他不动产的归属，有约定的，按照约定；没有约定或者约定不明确的，依照法律、行政法规的规定办理。

本条规定了建设用地使用权期限届满后的法律后果。

建设用地使用权是有期限的，期限届满时，可以续展该期限。建设用地使用权期限届满而又未续期的，建设用地使用权归于消灭。

关于建设用地使用权的续期，依建设用地使用权人用地是否为住宅建设用地而有不同。

住宅建设用地使用权期间届满的，自动续期。也就是说，住宅建设用地使用权期间届满，不需要当事人申请，建设用地使用权期限自动就续展，只要住宅存在，住宅的所有权人也就享有其住宅占用范围内的建设用地使用权。至于住宅所有权人就期限届满后的建设用地使用权是否需支付使用费，有不同的观点。一种观点认为，房屋所有权人应当支付使用费，不应无偿使用国有土地；另一种观点认为，住宅所有权人不应支付使用费，因为住宅所有权人在购买住宅时已经支付了土地使用费，该费用是由开发商计入成本的；还有一种观点认为，国家可以通过房地产税的方式收取住宅所有权人使用土地的费用。至于具体如何处理，有待于国家做出规定，依照法律、行政法规的规定办理。

非住宅建设用地使用权期间届满的，不能自动续期。建设用地使用权人需要继续用地的，按照现行法规定应于期限届满前一年提出续期申请。只要非因公共利益需要须收回该土地的，出让人应当同意建设用地使用权人的申请。建设用地使用权人申请续期经批准的，双方应重新订立建设用地使用权出让合同，建设用地使用权人依照规定支付建设用地使用权出让金。建设用地使用权期限届满，建设用地使用权人未申请续期或者虽申请续期但未经批准的，该建设用地使用权消灭。

建设用地使用权消灭后，该土地上的房屋以及其他不动产如何处置呢？《城镇国有土地使用权出让和转让暂行条例》曾规定，土地使用权期限届满，土地使用权及其建筑物、其他随着物所有权由国家无偿取得。对此规定，多有异议。有学者认为，这一规定有利于地权与房权主体的同一。也有学者指出，建设用地使用权期限届满，地上的不动产归属应根据公平原则确定，不宜规定一律归国家所有。物权法根据现实实践，改变了原来的规定，不再是由国家无偿取得到期建设用地使用权土地上的不动产。依物权法规定，对该不动产的归属，有约定的，按照约定；没有约定或者约定不明确的，依照法律、行政法规的规定办理。

（三）建设用地使用权的注销登记

第三百六十条 建设用地使用权消灭的，出让人应当及时办理注销登记。登记机构应当收回权属证书。

本条规定了建设用地使用权的注销登记。

建设用地使用权以登记为权利变动的生效要件。因此，无论是因建设用地使用权期间届满还是因建设用地使用权被收回或是因土地灭失而导致建设用地使用权消灭的，出让人都应及时到不动产登记机构办理注销登记。自办理注销登记后，建设用地使用权从法律意义上消灭。不动产登记机构应出让人申请办理注销登记后应向原建设用地使用权人收回建设用地使用权证书。

七、集体土地用于建设的法律适用

第三百六十一条　集体所有的土地作为建设用地的，应当依照土地管理的法律规定办理。

本条规定了集体土地用于建设的法律适用。

集体所有的土地主要用于农业生产，但也有用于建设的。如集体的土地用于乡镇企业建设，用于建设乡村公共设施等。集体所有的土地作为建设用地的，也须由土地使用人取得土地的使用权。用于建设的集体土地的使用权人享有的权利与建设用地使用权人享有的权利基本相似。但是集体土地的建设用地使用权与建设用地使用权在取得方式等诸多方面有所不同。集体所有的土地的建设用地，主要是由土地管理的法律规定的，应当依照土地管理的法律规定办理。对于集体所有的土地上设立建设用地使用权，应适用土地管理的法律。学者多认为，其他法律没有规定的，也应参照适用物权法的规定。

第十三章 宅基地使用权

一、宅基地使用权的含义

第三百六十二条 宅基地使用权人依法对集体所有的土地享有占有和使用的权利,有权依法利用该土地建造住宅及其附属设施。

本条规定了宅基地使用权的定义。

从广义上说,凡用于建造住宅的土地都是宅基地,利用他人宅基地的使用权也就都为宅基地使用权。这种意义上的宅基地使用权,在境外的立法上一般称为地上权。但在我国的立法上区分了城镇宅基地和农村宅基地,区分了国有土地上建造住宅的土地使用权和集体土地上建造住宅的土地使用权。前者属于建设用地的范畴,只有农村用于建造住宅的土地才称为宅基地。因此,我国法上的宅基地使用权是狭义的,仅指依法在农村集体所有的土地上建造住宅及其附属设施,以供居住使用的权利。

宅基地使用权有以下两方面含义:

1.宅基地使用权是利用集体所有的土地的权利。宅基地使用权与建设用地使用权不同。建设用地使用权是利用国有土地的权利,而宅基地使用权是利用集体所有土地的权利。宅基地使用权既是利用集体土地的权利，权利人为能够利用土地，也就有权依法占有集体的土地。

2. 宅基地使用权是利用集体土地建造住宅的权利。宅基地使用权虽是利用集体土地的权利，但它与同为利用集体土地的土地承包经营权不同。土地承包经营权是利用土地进行农业生产经营的权利，而宅基地使用权是利用土地建造住宅的权利。

二、宅基地使用权的特征

1. 宅基地使用权是利用他人土地的用益物权。宅基地使用权人有权依法占有和利用集体所有的土地，宅基地使用权人有权排除任何人包括土地所有权人对其占有利用宅基地的非法干涉。宅基地使用权人是为利用宅基地建造住宅而取得宅基地使用权的，这也就是说，宅基地使用权是以取得宅基地的使用价值为目的的。因此，从权利属性上说，宅基地使用权是利用他人土地的用益物权。

2. 宅基地使用权的客体是集体所有的土地。宅基地使用权是利用集体的土地建造住宅的权利，而不是利用国家所有的土地建造住宅的，因此，宅基地使用权的客体只能是集体所有的土地，国有的土地不能成为宅基地使用权的客体。这是宅基地使用权在客体上与建设用地使用权的区别。

3. 宅基地使用权是为解决农村住房而设立的用益物权。宅基地使用权的客体仅为农村集体所有的土地，设立宅基地使用权以使权利人利用宅基地使用权建造住宅，是为了解决在农村居住的居民住房。安居方能乐业。无论是在城镇居住的居民还是在农村居住的居民都需要有自己的住宅。城镇的住宅是通过建设用地使用权的行使来实现的，而农村的住宅就是通过宅基地使用权的行使来实现。因此，宅基地使用权的主体为居住在农村的人。

宅基地使用权的主体通常或者说一般都是农村集体组织的成员（通常称为农民或村民），宅基地使用权是农村集体经济组织成员利用其集体所有的土地建造住宅的权利。但是，宅基地使用权的主体是否仅限于农村集体经济组织的成员呢？对此，有不同的观点。一种观点认为，宅基地使用权的主体仅限于农村集体经济组织成员，因为宅基地使用权是农村集体经济组织成员享有的一项福利。另一种观点认为，宅基地使用权的主体不限于农村集体经济组织成员。宅基地使用权对于集体经济组织成员来说，确实是集体经济组织成员应享有的福利，因此，土地管理法规定要保证"一户一处宅基地"，但物权法并未限定只有农村集体组织成员才可享有宅基地使用权，宅基地使用权的主体也可以是居住在农村的非集体经济组织的成员。从现实宅基地使用权享有的情况看，在1993年以前，离退休人员、港澳台同胞、归国华侨等人士回到家乡居住的，都可申请取得宅基地使用权以建造住宅，他们依法利用宅基地使用权建造住宅，当然也就享有住宅所有权和宅基地使用权。

4. 宅基地使用权是用以建造住宅及其附属设施供居住、使用为目的的权利。宅基地使用权的设立目的是依法利用宅基地建造住宅及其附属设施以供居住使用的。这里的所谓附属设施是指附属于住宅使用的设施。例如，庭院、花木等。宅基地使用权的设立目的决定了宅基地使用权人对其所依法建造的住宅及其附属设施享有所有权。住宅所有权是私人所有权的重要组成部分。

三、宅基地使用权的取得和行使

第三百六十三条 宅基地使用权的取得、行使和转让，适用土地管理的法律和国家有关规定。

本条规定了宅基地使用权的取得、行使和转让的法律适用。

宅基地使用权的取得有创设取得和转移取得两种方式。

宅基地使用权的创设取得是指因在集体所有的土地上设立宅基地使用权而取得宅基地使用权。宅基地使用权的创设取得属于宅基地使用权的继受取得，这是宅基地使用权取得的基本方式。

实际上，宅基地使用权的取得还有一种特殊的原始取得方式，即宅基地使用权是由宅基地所有权转化而取得的，并无创设行为。因为20世纪60年代以前，农民对自己的房屋占有的宅基地是享有所有权的，宅基地并未与其他土地一样加入合作社。但是1962年《农村人民公社工作条例》规定，生产队范围内的土地都归生产队所有。自此农村的土地也就都归集体所有了，农村房屋所有权人对其房屋占用范围内的土地的所有权也就成了宅基地使用权。也正是从此以后，在农村居住的人需要建造住宅的，经申请批准后，即可取得宅基地使用权。经申请批准取得宅基地使用权即属于宅基地使用权的创设取得。

宅基地使用权的转移取得，是指通过宅基地的流转而取得宅基地使用权。宅基地使用权是否可以单独转让，物权法中未作禁止性规定，仅规定宅基地使用权的转让适用土地管理的法律和国家有关规定。宅基地使用权原则上不可能单独转让。但宅基地使用权人对其在宅基地上建造的住宅及其附属设施享有所有权，房屋所有权人依法可以转让自己的房产。在房屋流转时，根据"地随房走"规则，取得农村房屋所有权的人也就取得该房屋占用范围内的宅基地使用权。因此，宅基地使用权可以随房屋所有权的转让而转让。宅基地使用权的这种取得为法定取得。依现行土地管理法规定，农民转让自己房屋的，不得再申请宅基地。

四、宅基地使用权的效力

宅基地使用权的效力亦即宅基地使用权的内容，指的是宅基地使用权人的权利。宅基地使用权的效力主要包括以下方面：

1. 宅基地的占有权。宅基地使用权人对其享有宅基地使用权的宅基地有独占的权利，任何人包括宅基地所有权人不得侵占宅基地使用权人的宅基地。

2. 宅基地的利用权。宅基地使用权人有权依法利用宅基地，他人不得非法干涉其利用。宅基地使用权人应依约定的土地用途利用宅基地，不得擅自改变土地用途。宅基地使用权人擅自改变宅基地的用途为利用的，构成非法利用。

3. 建造住宅及其附属设施的权利。宅基地使用权人有权利用宅基地建造住宅及其附属设施。宅基地使用权人也应依照批准的面积和规划建造住宅及其附属设施，不得多占宅基地。

4. 宅基地使用权人有权依法处分宅基地使用权。关于宅基地使用权人是否有宅基地使用权的处分权,有不同的观点。一种观点认为,宅基地使用权是农民的社会福利,宅基地所有权归集体,宅基地使用权人对宅基地只有利用权而无收益权,宅基地使用权人无宅基地使用权的处分权。另一种观点认为,宅基地使用权人有宅基地使用权和处分权。宅基地使用权属于用益物权,是宅基地使用权人的一项重要财产权,宅基地使用权的权利属性决定了宅基地使用权人有权处分其宅基地使用权。任何权利的权利人原则上都可处分其权利,宅基地使用权也不应例外。例如,宅基地使用权人可以放弃宅基地使用权,可以将宅基地交还给集体组织。当然,如同任何权利行使都会受一定限制一样,宅基地使用权人对宅基地使用权的处分也受一定限制。一般来说,宅基地使用权人不能单独转让宅基地使用权。宅基地使用权人处分宅基地使用权的,不得再申请宅基地。

五、宅基地使用权的消灭

第三百六十四条 宅基地因自然灾害等原因灭失的,宅基地使用权消灭。对失去宅基地的村民,应当依法重新分配宅基地。

本条规定了宅基地使用权的消灭。

宅基地使用权的消灭是指宅基地使用权的绝对消灭,即不会再有人获得该宅基地使用权。

宅基地使用权因宅基地灭失而消灭。因为宅基地为宅基地使用权的客体,因自然灾害等原因导致宅基地灭失时,宅基地使用权的客体不存在,宅基地使用权当然也就消灭。如果不是宅基地灭失而仅是宅基地上的建筑物等毁灭，则作为宅基地使用权客体的宅基地仍存在，宅基地使用权不消灭，宅基地使用权人有权利用其使用的宅基地重新建造住宅及其附属设施。因宅基地灭失而失去宅基地使用权的村民，可以依法要求村集体重新分给宅基地，以取得新的宅基地使用权。

除因宅基地灭失外，在宅基地使用权被收回时，宅基地使用权也消灭。土地所有权人因城乡发展规划的调整需要收回宅基地使用权或者在因公共利益需要宅基地被依法征收而收回宅基地使用权时，宅基地使用权因被收回而消灭。但在因调整发展规划而收回宅基地使用权时，土地所有权人应依法另行批给原宅基地使用权人宅基地并给予补偿。在因公共利益需要征收而导致宅基地使用权消灭的，原宅基地使用权人有权要求补偿并有权要求保障其居住条件。

在宅基地使用权人将宅基地退还给集体时，宅基地使用权也消灭。

六、宅基地使用权的变更、注销登记

第三百六十五条　已经登记的宅基地使用权转让或者消灭的，应当及时办理变更登记或者注销登记。

本条规定了宅基地使用权的变更、注销登记。

宅基地使用权为不动产物权。不动产物权的变动应当办理登记。不过，宅基地使用权的创设取得不以登记为生效要件，因此，宅基地使用权可以登记，也可以不登记。没有办理宅基地使用权登记的，也就不发生宅基地使用权的变更登记或者注销登记。因为只有已经登记的宅基地使用权才会发生变更或者注销登记。已经登记的宅基地使用权，在出现宅基地使用权转让或者消灭的法律事实时，当事人应当及时办理变更登记或者注销登记，未经办理变更登记或者注销登记的，宅基地使用权的转让或消灭不具有对抗善意第三人的效力。

第十四章　居住权

一、居住权的含义

第三百六十六条　居住权人有权按照合同的约定，对他人的住宅享有占有、使用的用益物权，以满足生活居住的需要。

本条规定了居住权的概念。

居住权，是指以居住为目的，对他人的住宅享有的占有、使用的权利。居住权是一项有悠久历史的制度，罗马法中就有规定。在《物权法》立法过程中，对于是否规定居住权有争议，立法机关最终在《物权法》中未规定居住权。但居住权在现实中一直存在。为满足现实中社会对居住权的需求，特别是为满足以房养老的多种养老形式的需要，《民法典》明确规定了居住权。

居住权有以下含义：其一，居住权是对他人住宅享有的权利。对自己住宅享有的居住的权利为所有权的权能，所有人对自己住宅的占有、使用，为所有权的行使，而不属于居住权。其二，居住权是以居住为内容的权利。居住权人占有、使用他人的住宅是为了满足生活居住的需要，因此，居住权是以居住为内容的权利，而不是以对住宅为其他利用为内容的。其三，居住权是自然人享有的权利。因为居住权是权利人为满足生活居住需要而设立的权利，而只有自然人才会有生活居住的需要，因此，居住权的主体只能是自然人，而不能是法人、非法人组织。

二、居住权的特征

居住权主要具有如下法律特征：

其一，居住权是他物权。居住权是可以对抗一切人的物权，同时，居住权又为在他人住宅上设立的，因此，居住权为一项他物权。对自己住宅享有的占有、使用，以满足居住需要的权利不属于居住权，而为所有权的内容。居住权既然是在他人住宅上设立的物权，也就构成他人住宅上的一种负担。

其二，居住权是用益物权。他物权有以取得物的使用价值为目的的用益物权，也有以取得物的价值为目的的担保物权。居住权是以满足生活居住为目的，居住权人有权占有、使用他人的住宅，因此，居住权是以取得住宅的使用价值为目的的权利，属于用益物权，而不属于担保物权。

其三，居住权是人役权。居住权是在他人住宅上设立的负担，在他人住宅上设立的负担也就是一种役权。役权有地役权与人役权之分。为特定不动产权利行使的便利在他人不动产上设立的役权为地役权即不动产役权，而为特定人利用不动产之需要在他人不动产上设立的役权为人役权。居住权是为特定的居住权人在他人住宅上设立的负担，因此，居住权为人役权，只能为特定的人享有。也正因为如此，居住权具有强烈的人身属性，不具有可让与性。

其四，居住权具有长期性。因为居住权是为满足居住权人生活居住需要而设立的权利,而生活居住需要并不是一时之需,因此,居住权具有长期性,一般是居住权人终身享有的。

三、居住权的设立

第三百六十七条 设立居住权,当事人应当采用书面形式订立居住权合同。

居住权合同一般包括下列条款:

(一)当事人的姓名或者名称和住所;

(二)住宅的位置;

(三)居住的条件和要求;

(四)居住权期限;

(五)解决争议的方法。

第三百六十八条 居住权无偿设立,但是当事人另有约定的除外。设立居住权的,应当向登记机构申请居住权登记。居住权自登记时设立。

上两条规定了居住权的设立。

居住权的设立通常须具备以下两个条件:

其一,当事人双方以书面形式订立居住权合同。居住权合同是一种双方民事法律行为,因此,居住权合同须具备民事法律行为有效的要件,才能有效。如果居住权合同不具备民事法律行为的有效要件,则居住权合同不能有效,居住权也就不能设立。居住权合同为要式民事法律行为,应采用书面形式。居住权合同一般包括下列条款:(1)当事人的姓名或者名称和住所;(2)住宅的位置;(3)居住的条件和要求;(4)居住权期限;

（5）解决争议的方法。设立居住权一般是无偿的，但是当事人也可以约定居住权人应向住宅所有权人支付一定的费用。在当事人约定居住权人应当支付一定费用的情形下，居住权合同就为有偿合同。

其二，办理居住权登记。居住权登记是居住权设立的有效要件，因此，设立居住权的，当事人应当向登记机构申请居住权登记。居住权自登记时设立，当事人虽订立居住权合同，但未办理居住权登记的，居住权合同可有效，居住权却未设立。

四、居住权的效力

第三百六十九条　居住权不得转让、继承。设立居住权的住宅不得出租，但是当事人另有约定的除外。

本条规定了居住权的效力

居住权的效力体现在以下方面：

其一，居住权人有权占有、使用设立居住权的住宅。居住权是为满足生活居住需要而使用他人住宅的权利，所以，居住权人有权占有、使用该住宅，并且居住权人的家庭成员也可以使用该住宅。如，《德国民法典》第1093条中就规定"权利人得携带家属及与其身份相当之服役与随从所必需之人员进入住处。"[①] 我国法未另作此明确规定，也应作如此解释。

其二，居住权人不得转让居住权。居住权具有强烈的人身

[①] 台湾大学法律学院、台大法学基金会编译：《德国民法典》，北京大学出版社2017年版，第893页。

属性，不得转让，不得继承。因此，居住权人不得将居住权让与他人。

其三，除当事人另有约定外，居住权人不得将设立居住权的住宅出租。居住权人一般只能自己居住，而不得将居住的住宅出租。但是，在当事人有约定时，居住权人可以出租住房。

房屋所有权人可否将设立居住权的住宅出租呢？有一种观点认为，所有权人也不得出租。这种理解不准确。从法理上说，所有权人当然有权出租其住宅。但是，因为该住宅设立了居住权，居住权可以对抗一切人，因此，所有权人虽然可以出租设立居住权的住宅，但其不能交付住宅给承租人使用，会承担债务不履行的责任。

其四，居住权人应负责占用、使用的住宅的维修。设立居住权不同于出租，因此，住宅所有权人在居住权人占有、使用住宅期间不负有维修义务，为满足自己居住的需要，居住权人应对其占有、使用的住宅承担保管和维修义务。

五、居住权的消灭

第三百七十条 居住权期限届满或者居住权人死亡的，居住权消灭。居住权消灭的，应当及时办理注销登记。

本条规定了居住权消灭的原因。

居住权消灭的原因主要有两项：其一，居住权期限届满。居住权为期限物权，当事人约定的期限届满的，居住权也就消灭；其二，居住权人死亡。因为居住权是为特定人设立的权利，特定的居住权人死亡的，居住权也就当然消灭。除上述原因外，居住权还可因居住权人抛弃居住权以及设立居住权的住宅灭失而消灭。但是设立居住的住宅并未灭失而仅受到损坏的,居住权不消灭。

居住权消灭的,应当及时办理注销登记。

六、以遗嘱设立居住权的法律适用

第三百七十一条　以遗嘱方式设立居住权的,参照适用本章的有关规定。

本条规定了以遗嘱设立居住权的法律适用。

居住权不仅可以通过双方民事法律行为设立,也可以通过遗嘱这种单方民事法律行为设立。住宅所有权人在遗嘱中对其住宅设立居住权的,参照适用以合同设立居住权的规定。例如,所有权人在其遗嘱中指定其住宅由其子继承,同时指定某人对该住宅享有居住权。居住权的取得、居住权的效力、居住权的消灭等都应参照适用本章的规定。

第十五章 地役权

一、地役权的含义

第三百七十二条 地役权人有权按照合同约定，利用他人的不动产，以提高自己的不动产的效益。

前款所称他人的不动产为供役地，自己的不动产为需役地。

本条规定了地役权的定义。

地役权是指按照合同约定利用他人的不动产，以提高自己不动产效益的权利。传统上地役权是发生在土地上，为土地上的负担，所以称为地役权。但随着建设技术的进步和城市的发展，现代社会的地役权更多发生在土地以外的其他不动产上，所以，有的将地役权改称为不动产役权。

地役权是一方为自己不动产利用的便利而使用他人不动产的权利。其中，为自己不动产便利需要利用他人不动产的一方为需役地人或地役权人，其不动产为需役地；将自己的不动产供他人利用的一方为供役地人，其不动产为供役地。

地役权有以下含义：

1.地役权是存在于他人不动产上供自己不动产利用之便利的他物权。在现代社会，地役权的标的虽不以土地为限，但以不动产为限。地役权只能存在于他人的不动产上，在自己的不动产上不会也不必为自己设立地役权。关于地役权的本质，有需役地所有权延伸说、增加需役地价格之形态说、需役地权利说等。多数学者认为，地役权本质上是以限制供役地所有权为内容的他物权。地役权在他人的不动产上存在，也就是在他人的不动产上存在的负担。不动产上的负担当然也就构成对不动产所有权内容的限制。

地役权的主要功能是调节不动产的利用。在不动产利用上，所谓自己的不动产、他人的不动产，都是从使用权的角度上说的，这里的自己、他人指的是不动产使用权人，因此，地役权人不以所有权人为限，地役权不仅可以存在于不同的不动产所有权人之间，不同的不动产使用权人之间以及不动产使用权人与不动产所有权人之间也可设立地役权。例如，同一农村集体经济组织中的不同土地的土地承包经营权人之间就可设立地役权。

2. 地役权是以为供自己不动产利用的便利而利用他人不动产为内容的用益物权。地役权是为自己不动产利用的便利而利用他人不动产的权利。地役权人使用他人不动产的目的，是为了便利对自己不动产的利用，以增进其不动产的价值和利用效益。所谓便利，是指方便利用。这种利用的利益不限于经济上的，也包括精神上或者感情上的利益。例如，通行地役权体现的是通行利益，而眺望地役权体现的就不是财产利益，而是环境上舒适感的精神利益。但是，如果以利用他人土地而获得利益为目的，则该权利不属于地役权。

3. 地役权是为需役地而存在的物权。地役权的发生以需役地和供役地两个不动产的同时存在为前提。供役地是地役权的客体，没有供役地这一不动产，地役权因没有客体而不能存在。

同时地役权又是地役权人以他人不动产供自己不动产便利之用的权利，是为需役地这一不动产利用便利之必要而存在的，而不是为特定人的利益而存在的。为特定人利益而存在的役权属于人役权，而不属于地役权。例如甲因居住需要利用乙的不动产，双方约定乙的不动产为甲利用，这种在乙的不动产上存在的负担仅仅是为了甲的利益而存在的，不能为地役权。

地役权因是利用他人不动产的权利，也有的称为邻地利用权。而相邻关系也称为相邻权，因此，地役权与相邻关系极为相似。"地役权与相邻关系在功能上具有重合性，且地役权在一定程度上可以修正相邻关系的规定，地役权的类型与相邻关系的类型一致，也可能相反，甚至补充相邻关系的类型。"[①] 但地役权与相邻关系不同。地役权与相邻关系的区别主要有以下几点：其一，性质不同。地役权是一种用益物权，而相邻关系是对所有权的扩张或限制，不构成新的一项物权。其二，发生的原因不同。地役权一般是由当事人约定的，具有约定性，而相邻关系是由法律直接规定的，具有法定性。其三，机能不同。地役权是依当事人的意思广泛调节不动产的利用，需役地与供役地两个不动产不以邻近为限。而相邻关系是法定的对不动产利用的最小限度的调节，以不动产的相邻为限。其四，对价不同。地役权可以是有偿的，也可以是无偿的，是否有偿决定于当事人的约定。而相邻关系是所有权的合理延伸和限制，相邻不动产权利人利用他人的不动产是无偿的，只有因其行使权利给相

---

① 耿卓：《传承与革新——我国地役权的现代发展》，北京大学出版社 2017 年版，第 21 页。

邻方造成损失时,才应负赔偿责任。其五,效力不同。地役权是由当事人约定的用益物权,未经登记不具有对抗善意第三人的效力。而相邻关系是法定的,无须登记就当然具有对抗第三人的效力。

地役权的含义表明了地役权制度有利于有效利用不动产,有利于调节不动产权利人之间的冲突和矛盾,也有利于保护第三人的利益。

二、地役权的特性

地役权与其他用益物权相比较,具有以下特殊性:

1. 地役权具有从属性。地役权须从属于需役地而存在,无需役地则不会发生地役权。地役权的从属性还表现在地役权随需役地的所有权或使用权的转移而转移,地役权不得与需役地的所有权或使用权分离而单独转让,也不得单独成为其他权利的标的。而其他用益物权不具有从属性。

2. 地役权具有不可分性。地役权是为需役地的便利使用而存在于供役地上的用益物权,必须及于需役地和供役地的全部。地役权不得被分割为两个以上的权利,也不得使其一部分消灭、一部分存在。地役权的不可分性主要表现在以下方面:(1)发生上的不可分。需役地为共有不动产的,各共有人不能仅就其应有部分设立地役权;供役地为共有不动产的,各共有人对地役权的负担是全部的,而不能各按其应有部分负担相应部分。(2)享有或负担上的不可分。地役权设立后,需役地为共有不动产的,不论共有发生在地役权设立前还是设立后,各共有人共同享有地役权；供役地为共有不动产的，各共有人共同负担地役权，至于共有发生的时间，则在所不问。(3)消灭上和转让上的不可分。需役地或供役地为共有不动产的，各共有人不能按其共有的应有份额使地役权消灭。地役权不能与需役权或供役地的使用权分离而单独转让。

3.地役权的内容具有宽泛性。由于地役权是由当事人为需役地便利之用而设立的权利，而便利之用的利益极其广泛，因此，地役权的内容也就具有宽泛性的特点。例如，有的地役权是供需役地使用的，如通行地役权、取水地役权、排水地役权等；有的地役权是供需役地收益的，如在供役地采集牧草的地役权；有的地役权是为排除相邻关系所发生的限制的，如双方设立需役地房屋上的流水可直接注入供役地的地役权；有的地役权是为禁止或者限制供役地为利用的，如为了需役地的采光、眺望而限制供役地建设高层建筑或者栽种高大树木等的地役权。

三、地役权的种类

地役权多种多样，根据不同的标准可作不同的分类。地役权通常有以下分类：

1.积极地役权与消极地役权。根据地役权行使的内容，地役权可分为积极地役权和消极地役权。积极地役权又称为作为地役权，是指地役权人可以在供役地上为一定行为的地役权。积极地役权的供役地人负有容忍需役地人为一定行为的义务。通行地役权、排水地役权、取水地役权等都属于积极地役权。消极地役权又称为不作为地役权，是以供役地人在供役地上不得为一定行为为内容的地役权。消极地役权不是以地役权人得为一定行为为内容的，而是以供役地的权利人不为一定行为的不作为为内容，供役地人并不是负容忍义务，而是负不作为义务。如眺望地役权就属于消极地役权，供役地人不得在供役地上建设妨碍需役地人眺望的建筑物及其他设施。

2. 继续地役权和非继续地役权。根据行使地役权的方法，地役权可分为继续地役权和非继续地役权。继续地役权是指地役权权利内容的实现，无须每次都有地役权人的行为，地役权人在时间上能够无间断地行使权利。例如，设有管道的取水地役权，地役权的行使无须每次都有权利人的取水行为。消极地役权因不以地役权人的作为为内容，因此一般都属于继续地役权。非继续地役权是指地役权权利内容的实现，每次都须有地役权人的行为。例如，排水地役权，地役权内容的实现每次都须有地役权人的排水行为。

3. 表见地役权和非表见地役权。根据权利存在的状态，地役权可分为表见地役权和非表见地役权。表见地役权又称为表现地役权，是指地役权的存在有外形的标识，能够从外部认识到权利的存在。如通行地役权、地面排水地役权、眺望地役权等，即为表见地役权。非表见地役权又称为不表现地役权，是指权利的存在无外形标识，不能够从外部认识到地役权的存在。如地下管线通过的地役权、地下排水地役权等，即为非表见地役权。

四、地役权的取得

地役权的取得包括创设取得和转移取得。

（一）地役权的创设取得

第三百七十三条 设立地役权，当事人应当采取书面形式订立地役权合同。

地役权合同一般包括下列条款：

（一）当事人的姓名或者名称和住所；

（二）供役地和需役地的位置；

（三）利用目的和方法；

（四）地役权期限；

（五）费用及其支付方式；

（六）解决争议的方法。

第三百七十四条 地役权自地役权合同生效时设立。当事人要求登记的，可以向登记机构申请地役权登记；未经登记，不得对抗善意第三人。

上两条规定了地役权的创设取得。

地役权的创设取得也就是通过在他人的不动产上设立地役权而取得地役权。

地役权设立需要由当事人双方订立地役权合同。这里的地役权合同当事人，是指需役地的权利人和供役地的权利人。需役地和供役地的权利人可以是不动产所有权人，也可以是用益物权人。不是需役地或供役地的所有权人或者用益物权人，不能成为地役权合同的当事人。

地役权合同应当采取书面形式，合同的内容一般应包括：（1）当事人的姓名或者名称和住所；（2）供役地和需役地的位置；（3）利用目的和方法；（4）地役权期限；（5）费用及其支付方式；

(6)解决争议的方法。其中(1)(2)(3)项为地役权合同的必要条款,(4)(5)(6)项为地役权合同的普通条款。

地役权合同应符合民事法律行为的有效条件才能生效。地役权自地役权合同生效时设立。地役权这一不动产物权的设立不以登记为生效要件。地役权设立后,当事人要求登记的,可以向不动产登记机构申请地役权登记。地役权登记虽不是地役权变动的生效要件,但是登记却是地役权的公示方式。因此,地役权登记具有公示公信效力,未经登记的地役权不具有对抗善意第三人的效力。

(二) 地役权的转移取得

地役权的转移取得是指通过地役权的流转而取得地役权。

地役权也可因继承而取得。地役权人死亡的,其享有的地役权可由继承人继承,自继承开始,继承人依继承法的规定而取得被继承人的地役权。

五、地役权的效力

(一) 供役地权利人的权利义务

第三百七十五条 供役地权利人应当按照合同约定,允许地役权人利用其不动产,不得妨害地役权人行使权利。

本条规定了供役地权利人的义务。

供役地权利人负有的主要义务是容忍义务。因为地役权是以供役地供需役地的利用为目的而设立的权利,因此,供役地权利人在地役权的目的范围内,负有容忍和不作为义务。对于积极地役权，供役地权利人应当按照合同的约定，允许地役权人利用其不动产，容忍地役权人在供役地上为一定行为，不得禁止、干涉地役权人为行使地役权所为的应为行为。对于消极地役权，依照地役权的目的，供役地权利人应当按照合同约定不在供役地上为一定行为，不得妨害地役权人行使权利。

当然，在一般情况下，供役地权利人负担容忍义务或不作为义务是有代价的。供役地权利人有权按照合同约定要求地役权人支付费用。

供役地权利人在负有容忍义务的同时也有一定权利。供役地权利人有权在不妨害地役权行使的范围内使用地役权人在供役地上所设置的必要设施。在当事人没有另外约定时，供役地权利人使用地役权人所设置的必要设施，也应按其受益的程度分担设置的费用。

供役地权利人应当许可地役权人按照合同约定的场所和方法行使地役权。但是，如果变更当事人在合同中约定的行使地役权的场所及方法对地役权人并无不利，而对于供役地权利人有利益，供役地权利人就有权请求地役权人变更地役权行使场所或者行使方法。地役权人应供役地权利人的请求应当变更地役权的行使场所及行使方法，供役地权利人也应当负担由此发生的费用。

（二）地役权人的权利义务

第三百七十六条　地役权人应当按照合同约定的利用目的和方法利用供役地，尽量减少对供役地权利人物权的限制。

本条规定了地役权人的义务。

地役权人既享有权利也负有义务。地役权人的权利义务主要有以下几项：

1.按照合同约定的内容和范围、方法、程度使用供役地。地役权人设立地役权的目的是为自己行使权利的便利得使用他人的不动产。因此，得使用供役地是地役权人的基本权利。地役权的内容和范围等是由当事人在地役权合同中约定的，地役权人应当按照合同约定的利用目的和方法利用供役权，合理行使利用供役地的权利。地役权人利用供役地时，依诚信原则应选择对供役地损害最小的方法和处所对供役地为必要的利用，以免对供役地造成不必要的负担，尽量减小对供役地权利人物权的限制。

2.为附随行为和设置必要设施。地役权人为达到设立地役权的目的，有权实施必要的附随行为和设置必要的设施，例如，为达到通行的目的可以在供役地上修筑道路，为排水可以开设水渠。至于地役权人所为的行为和设置的设施是否为必要，应以是否为实现地役权的目的所需为标准。如果不是为实现地役权目的所必要的，当事人又无另外约定的，则不能认定是必要的。同时，地役权人在为必要行为和设置必要设施时，也应当选择对供役地损害最小的方法和处所，尽量减少对供役地权利人物权的限制。

3.工作物的取回。地役权人在地役权消灭后，对于其在供役地上设置的工作物有取回的权利，同时也负有恢复原状的义务。如果供役地权利人愿意以适当的价格购买地役权人设置的工作物，地役权人不得拒绝。

4.维护设置和支付地役权的费用。地役权人对于其所设置的设施，有维护的权利和义务。地役权人应按照合同的约定支付费用。

（三）地役权的期限

第三百七十七条　地役权期限由当事人约定；但是，不得超过土地承包经营权、建设用地使用权等用益物权的剩余期限。

本条规定了地役权的期限。

地役权的期限是地役权的存续期间。地役权仅在其存续期间内有效力。期限届满，地役权即消灭。地役权的期限由当事人约定。当事人双方为不动产所有权人的，因所有权是无期限限制的物权，当事人双方可以任意约定地役权的期限，甚至可以约定无存续期限的地役权。但是，在地役权当事人一方为土地承包经营权人、建设用地使用权人等时，因为当事人所享有的权利是有期限的，当事人所约定的地役权的期限只能在其享有的权利期限内，所以，土地承包经营权人、建设用地使用权人等用益物权人设定的地役权的存续期间不能长于其权利的存续期间，地役权的期限最长只能为其用益物权的剩余期限。

（四）地役权对后设立的用益物权的效力

第三百七十八条　土地所有权人享有地役权或者负担地役权的，设立土地承包经营权、宅基地使用权等用益物权时，该用益物权人继续享有或者负担已设立的地役权。

本条规定了地役权对后设立的用益物权的效力。

土地所有权人设立地役权后，可在自己的土地上设立土地承包经营权、宅基地使用权等用益物权。因为地役权是不动产

（土地）的役权，是特定不动产（土地）对特定不动产（土地）的负担，所以土地所有权人设立地役权后又在其土地上设立土地承包经营权、宅基地使用权等用益物权时，土地所有权人享有的地役权或者负担的地役权，由土地承包经营权人、宅基地使用权人等用益物权人继续享有或者继续负担。例如，张村和李村有相邻 A、B 两地，张村与李村两村达成设立地役权的协议，张村的 A 地经李村的 B 地排水，因此，张村享有经 B 地排水的地役权，李村负担该排水地役权。后张村、李村都实行承包经营责任制。张村在 A 地上为甲设立了土地承包经营权，李村在 B 地上为乙设立了土地承包经营权。甲享有其承包地经 B 地排水的地役权，乙负担让 A 地经其承包地排水的地役权。

（五）已设立用益物权对地役权的限制

第三百七十九条　土地上已经设立土地承包经营权、建设用地使用权、宅基地使用权等用益物权的，未经用益物权人同意，土地所有权人不得设立地役权。

本条规定了已设立用益物权对地役权的限制。

地役权与土地承包经营权、建设用地使用权、宅基地使用权都是以取得对他人不动产利用为目的的用益物权，权利人所支配的是标的物的使用价值，因此，相互之间存在冲突。按照物权效力原理，在同一不动产上不能同时存在两个效力互相冲突的物权。在同一不动产上先后设立效力相互冲突的物权时，先设立的权利效力优先于后设立的权利，后设立的物权若对先设立的物权有影响，则后设立的物权在先设立物权实现时被排斥或消灭。为避免权利冲突，土地上已经设立其他用益物权的，土地所有权人不得设立地役权,除非经先设立的用益物权人的同意。因为先设立的用益物权人同意的,也就表明该用益物权人在地役权行使的范围内放弃了的自己的权益。

(六) 地役权的转让

第三百八十条 地役权不得单独转让。土地承包经营权、建设用地使用权等转让的,地役权一并转让,但是合同另有约定的除外。

本条规定了地役权的转让。

地役权为用益物权,应具有流通性。但是,地役权不同于其他用益物权,它具有从属性。地役权的从属性决定了地役权不得与其所从属的权利分离而单独转让。也正是地役权的从属性决定了地役权所从属的土地承包经营权、建设用地使用权等权利转让的,地役权也就一并转让,受让人因受让而取得地役权。但是若转让合同约定,地役权不随土地承包经营权、建设用地使用权等转让的,则地役权应消灭。

(七) 地役权的抵押

第三百八十一条 地役权不得单独抵押。土地承包经营权、建设用地使用权等抵押的,在实现抵押权时,地役权一并转让。

本条规定了地役权不能单独成为抵押权的标的。

抵押权为担保物权,一物抵押后,在抵押权实现时,抵押物将被转让。因为地役权具有从属性,不能与需役地权利相分离而单独成为其他权利的标的,因此,地役权不能成为抵押权的标的,地役权不能单独抵押。地役权是否可以与其他权利一并抵押呢？对此有不同的观点。一种观点认为，地役权可以与其他权利一并抵押，因为法律仅规定地役权不得单独抵押而未规定地役权不得与其他财产权一并抵押。另一种观点认为，地役权也不能与其他权利一并抵押，因为地役权的性质决定其不能成为抵押权的标的。实际上，地役权的从属性表现之一就是上面所说的转让上的从属性。因此，地役权是否可一并抵押并不重要，重要的是在抵押权实现时，地役权能否单独转让。如上所述，地役权不能单独转让，但是土地承包经营权、建设用地使用权等转让的，地役权一并转让。因此，土地承包经营权、建设用地使用权等抵押的，在实现抵押权时，地役权也一并转让。

（八）用益物权转让对地役权效力的影响

第三百八十二条 需役权以及需役地上的土地承包经营权、建设用地使用权等部分转让时，转让部分涉及地役权的，受让人同时享有地役权。

第三百八十三条 供役地以及供役地上的土地承包经营权、建设用地使用权等部分转让的，转让部分涉及地役权的，地役权对受让人具有法律约束力。

上两条规定了不动产用益物权转让对地役权效力的影响。

地役权具有不可分性，存在于需役地和供役地的全部，而不能分割为各个部分或仅以一部分而单独存在。在需役地与供役地被分割，形成两个以上的所有权、土地承包经营权、建设用地使用权等的，地役权在被分割后的需役地和供役地的各个部分上仍然存在。因此，需役地以及需役地上的土地承包经营权、建设用地使用权等部分转让的，所转让的部分涉及地役权的，受让人在取得受让部分的不动产的所有权、土地承包经营权、建设用地使用权等的同时，也取得地役权。供役地及供役地上的土地承包经营权、建设用地使用权等部分转让的，转让部分涉及地役权的，地役权对受让人具有约束力。

六、地役权的消灭

第三百八十四条 地役权有下列情形之一的，供役地权利人有权解除地役权合同，地役权消灭：

（一）违反法律规定或者合同约定，滥用地役权；

（二）有偿利用供役地，约定的付款期限届满后在合理期限内经两次催告未支付费用。

本条规定了地役权的消灭。

地役权消灭，是指任何人不再享有已设立的地役权。

地役权是基于地役权合同而设立的，在地役权合同解除时，地役权也就消灭。地役权合同的解除须有解除事由。当事人在地役权合同中约定解除事由的，在约定的解除事由发生时，当事人可以解除地役权合同。当事人在合同中没有约定解除事由，在发生以下两种情形时，供役地权利人有权解除地役权合同：一是地役权人违反法律或者合同约定，滥用地役权；二是地役权人在合同约定的付款期限届满后在合理期限内经两次催告仍未支付费用。

地役权除因地役权合同解除而消灭外，还会因以下原因消灭：

1. 不动产灭失。地役权是以供役地和需役地两个不动产的同时存在为其成立和存续要件的，因此，只要供役地和需役地中的一项不动产灭失，地役权也就消灭。

2. 设立目的事实上不能实现。设立地役权的目的事实上不能实现的，地役权因设立目的不能达到而消灭。例如，设立取水地役权的目的是从供役地取水，在供役地水源枯竭而无水可取时，该取水地役权就因目的事实上不能实现而消灭。

3. 存续期限届满。当事人约定地役权存续期间的，地役权期限届满也就消灭。

4. 权利混同。需役地与供役地同归属于一人时，地役权则因权利混同而消灭。但如果需役地或者供役地为第三人物权的客体，地役权存续对于所有权人或者第三人有法律上利益时，则地役权不消灭。例如，需役地为甲地，供役地为乙地，现甲地的建设用地使用权人和乙地建设用地使用权人为同一人，则地役权因混同而消灭。但如果乙地的建设用地使用权已经抵押，供役地上存在第三人的抵押权，地役权为乙地的负担仍存在。

5. 地役权人抛弃地役权。对于地役权人是否可抛弃地役权，有不同的观点。有的认为，地役权人可抛弃地役权；有的认为定有期限的地役权，地役权人不能抛弃。通说认为，地役权人可以抛弃地役权，但是，地役权定有期限的，地役权人仍须支付剩余期间的对价；地役权未定有期限的，地役权人须事先通知供役地人并支付一定期间的对价，以兼顾双方的利益。

七、地役权的变更、注销登记

第三百八十五条　已经登记的地役权变更、转让或者消灭的，应当及时办理变更登记或者注销登记。

本条规定了地役权的变更、注销登记。

地役权登记不是地役权变动的生效要件,却是地役权的公示方式。已经登记的地役权变更、转让或者消灭的,应当及时办理变更登记、注销登记。地役权变更、转让或者消灭而未办理变更登记或者注销登记的,该地役权的变更、转让或者消灭对善意第三人不发生效力,善意第三人基于已经登记的地役权而发生的交易受法律保护。这是地役权登记公示公信效力的表现。例如,为甲需役地在乙供役地上设立的地役权已经登记,现该地役权消灭但未办理注销登记消灭,善意的丙基于甲地享有地役权而为交易,则交易后的丙对乙地享有地役权。

第四分编　担保物权

第十六章　担保物权的一般规定

一、担保物权的含义与特性

第三百八十六条　担保物权人在债务人不履行到期债务或者发生当事人约定的实现担保物权的情形，依法享有就担保财产优先受偿的权利，但是法律另有规定的除外。

本条规定了担保物权人的优先受偿权。

（一）担保物权的含义

担保物权是指以确保债权的实现而设定的，以优先直接取得或者支配特定财产的交换价值为内容的权利。担保物权具有以下含义：

其一，担保物权是为确保债权的实现而设定的权利。担保物权不论是意定的还是法定的，都是以确保债权的实现为目的。由于债权为价值权，为确保债权实现为目的之担保物权也是价值权。担保物权的目的性决定了担保物权与被担保的债权之间有从属关系。没有债权的存在，也就不能存在担保物权。债权是通过债务人清偿债务来实现的，只有在债务人不履行债务时，才有必要通过实现担保物权保障债权实现。从这一意义上说，担保物权具有补充性。

其二，担保物权为直接支配特定财产的权利。担保物权人可以直接以自己的意思支配作为权利内容的财产利益，而不受他人的干涉。担保物权人可以无须他人行为的介入而直接实现其权利，因此，担保物权属于支配权。能够为权利人直接支配的只能是特定财产，而不能是不特定的财产。也正因为如此，担保物权的客体只能为特定财产，在不特定财产上不能设立担保物权。担保物权人所支配的担保财产不属于自己的财产，而是担保人的财产，因此，担保物权为存在于他人之物上的他物权。

其三，担保物权是以支配特定财产的交换价值为内容的权利。物权是对特定物的支配权，但不同的物权所能支配的范围和内容不同。所有权是对客体全面支配的物权，而他物权只能对客体的特定方面或一定范围予以支配。他物权中的用益物权是对客体实体的支配，是以取得其使用价值为目的的；而担保物权是对客体价值的支配，是以取得其交换价值为目的的。担保物权人支配客体的交换价值，以使能够直接从客体价值受偿。因此，担保物权是以支配特定财产的交换价值为内容的。正因为如此，不具有交换价值或者交换价值不能实现的财产，不能成为担保物权的客体。因为担保物权与用益物权的支配范围不同，担保物权对财产价值的支配，不必直接占有、使用物的客体，所以在同一物上可以同时设立担保物权和用益物权。

（二）担保物权的特性

担保物权的含义决定了担保物权具有不同于其他物权的以下特性：

1. 优先受偿性

除法律另有规定外，担保物权人在债务人不履行到期债务或者发生当事人约定的实现担保物权的情形，依法享有就担保财产优先受偿的权利。因此，优先受偿性是担保物权的基本属性。担保物权的优先受偿性主要表现在以下方面：

（1）在一般情形下，担保物权人优先于普通债权人受偿其债权。债权具有平等性。也就是说，不论债权发生的先后，债权人都平等地从债务人获得受偿，在债务人的财产不足以清偿全部债权时，各债权人也是平等地按比例受偿。但是担保物权具有优先性。担保物权人可以优先于担保人的其他普通债权人以担保财产的价值受偿其债权。

（2）在担保财产被查封、被执行时，担保物权优先于执行权。担保财产一般不得为其他债权人扣押或者强制执行。担保财产被扣押或者强制执行时，担保物权人得优先行使担保物权，以担保财产的变价受偿。

（3）在担保人被宣告破产时，担保物权人有别除权。担保人被宣告破产的，其财产将作为破产财产用于清偿债务，但担保财产不能列入破产财产，担保物权人得优先从担保财产的变价受偿受担保物权担保的债权。

2. 特定性

担保物权的特定性表现在两方面：一是客体的特定性。担保物权为物权，而物权的客体都具有特定性，因此，担保物权的客体具有特定性；二是被担保的债权的特定性。由于担保物权是担保债权的，担保物权的担保性决定了受担保物权担保的债权的范围也是特定的。

3. 从属性

担保物权以确保债权的实现为目的,担保物权的担保性决定了担保物权从属于被担保的债权。在担保物权与被担保的债权之间的主从关系上,被担保的债权为主权利,担保物权为从权利。根据"从随主"规则,除法律另有规定或者当事人另有约定外,担保物权,随被担保的债权的存在而存在,随被担保的债权的转移而转移,随被担保债权的消灭而消灭。

4. 不可分性

担保物权的不可分性,是指担保物权的效力不可分。在被担保的债权全部受偿前,担保物权人可以就担保财产的全部行使其权利,担保物权担保债权的全部并及于担保财产的全部。担保物权的不可分性主要表现在以下方面:(1)担保财产一部分灭失的,其余未灭失部分仍然担保债权的全部;(2)担保财产部分被分割或者让与第三人时,担保物权不受影响,担保物权人仍可以就分割或者让与的财产行使担保物权;(3)债权一部分因清偿等原因消灭的,担保物权人仍可以就担保财产的全部行使担保物权;(4)债权经分割或者部分让与的,担保物权不受影响,除当事人另有约定外,各债权人仍可以就其债权份额行使担保物权。

5. 物上代位性

担保物权的物上代位性,是指担保物权的效力及于担保财产的代替物,担保物权人可以就担保财产的代替物行使担保权。因为担保物权是价值权,担保财产的形态改变并不意味着其价值改变,担保财产的形态改变,担保财产的价值可存续在其代替物上。所以担保物权人对担保财产的代替物行使权利,仍然能够取得担保财产的价值,实现其担保债权的目的。

二、担保物权与用益物权的区别

担保物权与用益物权同为他物权,但二者不同,主要有以下区别:

1. 权利内容和权利目的不同。担保物权是以直接支配客体的交换价值为内容的,以取得客体所保有的交换价值用以确保债权实现为目的的;而用益物权是以直接支配客体的使用价值为内容,以取得对客体的实体加以利用为目的的。正因为如此,用益物权的权利人须占有标的物,但不能对标的物予以法律上的处分;而担保物权的权利人可以不占有标的物,但可以对标的物于一定条件下为法律上的处分。

2. 权利的实现时间不同。担保物权人须于其受担保的债权已届清偿期而债务人未清偿债务或者于一定期间届满债务人仍未清偿债务时,才可以实现财产的变价,行使优先受偿权,以达到权利的目的。所以担保物权的实现与担保物权的取得之间有一定的时间间隔,权利实现之时亦为权利消灭之时。而用益物权因权利人取得权利即可实现权利,从而对标的物为占有、使用、收益,达到用益的目的,所以用益物权的取得与权利实现二者之间并无时间间隔。

3. 权利消灭时间不同。因为担保物权于其实现时,权利人以担保财产的变价优先受偿,其权利也就消灭,所以担保物权的权利实现与消灭同时发生。而用益物权因于权利取得时即可实现用益之目的,而一旦权利消灭,权利人也就不能实现用益的目的,因此用益物权的消灭只能于权利实现后的一定期间届满时发生,而不能与权利的实现同时发生。

4.权利的功能和社会价值不同。担保物权的功能在于对担保财产的价值的充分利用,也就是通过对担保财产的变价来优先受偿债权,以满足权利人原有的债权利益。因此,担保物权的社会价值主要在于确保债权的实现,维护信用和交易秩序,融通资金,从而繁荣经济。而用益物权的功能主要在于对物的实体的直接利用,以直接满足权利人生产和生活上对物的需求。所以用益物权的社会价值在于充分发挥物的使用价值,解决资源"所有"和"利用"之间的矛盾。

5.权利的客体范围不同。担保物权的客体可以为有体物,也可以是具有交换价值的其他财产(如权利),因为担保物权只以取得标的之价值为目的,无须直接占有。而用益物权因是以持有或利用标的物的实体为目的的权利,因此其客体仅限于有体物,而不包括其他财产。

6.权利特性不同。担保物权以确保债权为目的,以支配标的价值为内容,因此,担保物权一般具有从属性、不具有独立性,且担保物权具有物上代位性,在担保财产毁损、灭失时,只要交换价值存在,担保物权就不消灭。而用益物权因以直接支配物的使用价值为内容,以对物的实体加以利用、收益为目的,因而用益物权一般不具有从属性而具有独立性,用益物权也不具有物上代位性,用益物权的客体毁损、灭失时用益物权也就消灭。

三、担保物权的分类

从学理上可对担保物权作各种不同的分类,常见的分类主要有以下几种:

1. 不动产担保物权、动产担保物权、权利担保物权与企业财产担保物权

以担保物权的标的为标准，担保物权可分为不动产担保物权、动产担保物权、权利担保物权与企业财产担保物权。

不动产担保物权，是以不动产为担保标的物的担保物权，如以房屋或者其他地上定着物设定的抵押权即属之。在现代社会，不动产担保物权一般为不动产抵押权，不动产优先权也为不动产担保物权。动产担保物权，是以动产为担保标的物的担保物权，如动产抵押权、动产质权、动产留置权均属之。权利担保物权，是指以权利为担保标的之担保物权，如以建设用地使用权为标的设定的抵押权，权利质权等属之。企业财产担保物权，是指以企业的整体财产为标的设定的担保物权，如财团抵押权、浮动抵押权。

2. 法定担保物权与意定担保物权

依据担保物权的发生原因，担保物权可分为法定担保物权与意定担保物权。

法定担保物权，是指依法律规定的条件而发生的担保物权，并不由当事人约定，如留置权、优先权。意定担保物权，是指依当事人的意思自愿设定的担保物权。意定担保物权的设定由当事人以合同的方式为之。但设定担保物权的合同仅具有债权的效力，而不具有物权效力。担保物权以意定担保物权为原则，以法定担保物权为例外。

3. 设权型担保物权与权利移转型担保物权

以担保物权的构造形态为标准，担保物权可分为设权型担保物权与权利移转型担保物权。

设权型担保物权，是指在标的物上新设定具有担保作用的定限物权为其构造形态的担保物权。如抵押权、质权、留置权、优先权。这类担保物权成立后，标的物的所有权并不发生转移。权利移转型担保物权，是指以移转标的物的所有权或其他权利于担保权人为构造形态的担保权。如所有权保留、让与担保等。我国现行法尚未将权利移转型的物的担保确认为担保物权。

4.留置性担保物权与优先受偿性担保物权

以担保物权的主要效力为标准，担保物权可分为留置性担保物权与优先受偿性担保物权。

留置性担保物权是指以留置标的物，迫使债务人清偿为主要效力的担保物权，如留置权、营业质权[①]。优先受偿性担保物权，是指以优先受偿为主要效力的担保物权。如抵押权、优先权。我国物权法规定的担保物权都具有优先受偿性。

5.占有担保物权与非占有担保物权

以担保物权的成立是否须占有标的物为标准，担保物权可

[①] 营业质权是相对于民事质权、商事质权而言的一种质权。质权根据其所适用的法规的属性，可分为民事质权、商事质权与营业质权。民事质权，是指适用民法规定的质权；商事质权是指适用商法规定的质权。我国物权法规定的质权，既适用于一般民事担保活动，也适用于商事担保活动。因此，在我国，没有民事质权与商事质权之分，即使在一些商事特别法中规定有质权，该质权也属于特别法上规定的民事质权。营业质权是指适用当铺规则的质权，指的是债务人以一定的财物交付于当铺作担保，向当铺借贷一定数额的金钱，于一定期限（即回赎期限）内，债务人清偿债务后得取回担保物，回赎期限届满后，债务人不能清偿债务时，担保物即归债权人所有或者由债权人以担保物的价值优先受偿。在营业质中，用于设定质权的物称为当物，债权人即质权人只能是依法从事质押业务的当铺。设定营业质权的行为，通常称为当，也有的称为质当、押当、典当。营业质权与民事质权的根本区别在于，营业质权不适用关于禁止流质契约的规定。在营业质权，当事人双方得约定在期限届满债务人不能回赎质物时，质物即归债权人所有。而在民事质权，按现行法规定，当事人不得约定在债务履行期届满债务人不履行债务时，质物的所有权即转归质权人。

分为占有担保物权与非占有担保物权。

占有担保物权,是指以占有标的物为成立要件的担保物权。占有担保物权,权利人不占有标的物则不能成立和保有。动产质权、留置权均属之。非占有担保物权,是指不以占有为成立要件的担保物权。非占有担保权物成立后,担保人仍占有标的物,而担保物权人并不占有担保财产。抵押权、优先权即属于非占有担保物权。

6. 登记担保物权与非登记担保物权

以担保物权是否经登记为标准,担保物权可分为登记担保物权与非登记担保物权。

登记担保物权是指已经登记的担保物权。凡法律规定以登记为生效要件的担保物权,未经登记的,担保物权不成立;法律规定应登记但不以登记为生效要件而未登记的担保物权,不具有对抗善意第三人的效力。非登记担保物权,是指未经登记的担保物权。

登记的担保物权的顺位按照登记的先后确定,非登记的担保物权的顺位一般依设定先后确定。除法律另有规定外,登记的担保物权优于非登记的担保物权。

7. 典型物的担保与非典型物的担保

以担保权是否具有典型性为标准,物的担保可分为典型物的担保与非典型物的担保。

典型物的担保是指已经类型化且已于法律中规定为担保物权的物的担保。非典型物的担保,是指尚未在法律中明定为担保物权的物的担保。如上所述,由于担保物权为物权,担保物权的种类须由法律规定,因此,《民法典》和其他法律中明确规定的物的担保即为典型的担保物权,如抵押权、质权、留置权、优先权。而《民法典》和其他法律中未明确规定为担保权的物的担保,如所有权保留、让与担保等即为非典型物的担保。非典型物的担保若在法律上作为担保物权予以规定也就成为典型物的担保权。

四、担保物权的设立自由和反担保

第三百八十七条 债权人在借贷、买卖等民事活动中,为保障实现其债权,需要担保的,可以依照本法和其他法律的规定设立担保物权。

第三人为债务人向债权人提供担保的,可以要求债务人提供反担保。反担保适用本法和其他法律的规定。

本条规定了担保物权的设立自由和反担保。

担保物权是为确保债权实现为目的的权利,只要在借贷、买卖等民事活动中发生债权,债权人为保障自己的债权实现,认为需要担保的,就可以设立担保物权。是否设立担保物权,这是债权人的自由。当然,根据债权人的意愿而设立的担保物权属于意定担保物权。

债权人可以根据自己的需要设立担保物权。但担保物权属于物权,根据物权法定原则,物权的类型、物权的内容、公示方式等是由法律规定的,因此,债权人须依照物权法和其他法律的规定设立担保物权,不能设立法律未规定的担保物权。

债权人需要担保的,可以是由债务人提供担保,也可以是由第三人为债务人向其提供担保。第三人向债权人提供担保的,可以要求债务人提供反担保。

反担保，是指债务人或者第三人向为主债务人履行主债务提供担保的担保人所提供的，保障担保人的追偿权实现的担保，因此又称为求偿担保。反担保仅适用于担保人是债务人以外的第三人的场合。

反担保实际上是担保人为转移或者避免因担保所发生的损失的风险的一项措施。因为担保人是担保主债务人履行债务的，若担保人为第三人，在主债务人不履行到期债务时，担保人应依照约定或者法律的规定承担担保责任，替债务人向债权人在担保责任范围内清偿债务。担保人向债权人清偿后即取得代位求偿权，可以代债权人的地位向债务人追偿。然而，担保人的追偿权能否实现，决定于债务人的信用，并且担保人的追偿权与债务人的其他债权人的债权处于平等的法律地位。如果担保人为债务人承担了担保责任而向债务人追偿时，债务人又没有足够的财产清偿，则担保人的追偿权就不能实现，担保人也就会受到损失。这也就是担保人承担的担保风险。担保人为避免因提供担保而使自己受损失的风险，就需要采取一定的担保措施保障自己追偿权的实现。这一措施也就是在为主债务人提供担保时，为自己未来可能发生的追偿权要求主债务人一方提供担保。债务人应担保人的要求为担保人追偿权的实现而由自己或者第三人提供的担保，就是反担保。

反担保是以存在担保的前提下才发生的担保，也就是说，反担保是相对于前一担保而言的。相对于反担保，前一担保则应称为正担保，学者有的称为本担保，有的称为原始担保，也有的称为原担保或者前担保，我们这里仍称为担保。反担保与担保二者之间既有联系又有区别。

反担保与担保的联系主要表现在以下方面：（1）反担保中的债权人为担保中的担保第三人。反担保中的当事人双方是反担保人与担保人。担保人只能是在担保关系中为债务人提供担保的第三人。反担保中的权利人为担保关系中的担保人即担保义务人，反担保中的义务人可以是债务人，也可以是债务人以外的第三人；（2）反担保是以担保的存在为前提的。担保关系不能有效存在，反担保也就不能有效存在。但担保关系消灭，反担保并不必然随之消灭；（3）反担保是以担保中的担保人为主债务人承担担保责任为生效条件的。只有在担保人承担了担保责任后，反担保才能发生效力，否则，反担保也不能生效。从这个意义上可以说，反担保是一种附延缓条件的担保。

反担保与担保二者的区别主要在以下方面：（1）被担保的债权不同。担保所担保的是主债权，而反担保所担保的是担保人的追偿权，是一种附延缓条件的未来债权；（2）当事人不同。担保当事人双方为担保权人与担保人，担保人是主债务人（以自己财产供为担保时）或者第三人（保证人或者物上保证人[①]），担保权人为主债权人。而在反担保中，尽管双方也为担保权人与担保人，但担保权人不能是主债权的债权人，而是担保中的担保人，并且该担保人不能是主债务人，只能是第三人；而担保人可以是主债务人，也可以是第三人，而且一般为主债务人；（3）担保人的责任性质不同。担保与主债权关系为主从关系，担保人须于主债务人不履行债务时承担担保责任；而反担保是

[①] 物上保证人是指以自己的财产为债务人提供物的担保的第三人。

从属于担保的,而不直接从属于主债权,只有在主债务人不向担保人履行偿还义务时,才发生反担保人的担保责任;(4)担保既可以是法定的,又可以是约定的。而反担保只能是约定的,不能是法定的。

民法典规定,反担保适用民法典和其他法律的规定。这是否意味着反担保可以适用物权法和其他法律规定的各种担保方式呢?对此学者有不同的观点。一种观点认为,反担保方式同样为保证、抵押、质押、留置和定金。[①]另一种观点认为,反担保的方式只能是抵押、质押和定金。第三种观点认为,反担保的方式可有保证、抵押、质押三种。争论的焦点集中在留置权、定金和保证可否为反担保方式上。一般认为,留置权不能成为反担保的方式,因为留置权为法定担保物权,只有在具备法定条件时才能成立。定金也不能成为反担保方式,因为定金是由当事人约定的担保双方债务的。反担保方式可以是债务人提供的抵押或者质押,也可以是其他人提供的保证、抵押或者质押。

五、担保物权的设立方式

第三百八十八条　设立担保物权,应当依照本法和其他法律的规定订立担保合同。担保合同包括抵押合同、质押合同和其他有担保功能的合同。担保合同是主债权债务合同的从合同。

[①] 参见唐德华主编:《最新担保法条文释义》,人民法院出版社1995年版,第17页。

主债权债务合同无效，担保合同无效，但是法律另有规定的除外。

担保合同被确认无效后，债务人、担保人、债权人有过错的，应当根据其过错各自承担相应的民事责任。

本条规定了担保物权的设立方式。

担保物权有法定担保物权与意定担保物权之分。意定担保物权是由当事人根据自己的意愿自行设立的。当事人设立担保物权的方式就是订立担保合同。担保合同包括抵押合同、质押合同和其他具有担保功能的合同。

担保合同的当事人是担保物权人和担保人。担保物权人只能是主债权债务关系中的债权人，担保人可以是主债权债务关系中的债务人也可以是第三人，但应是对担保财产有处分权的人。

担保合同应依照物权法和其他法律的规定订立。这里所说的其他法律主要是指合同法。担保合同的订立程序、合同的有效要件等应依照合同法的规定。担保合同不符合法律规定的有效条件而无效或者被撤销的，担保物权不能设立。担保合同符合合同有效要件的，担保物权未必就设立。因为法律规定以登记为生效要件的担保物权，经登记后才设立；而法律规定以交付为生效要件的担保物权，在交付后才设立。

担保合同与被担保的主债权债务合同为主从关系，被担保的债权债务合同为主合同，担保合同为从合同。根据从随主规则，主债权债务合同无效，担保合同也就无效，但法律另有规定的除外。法律另有规定的除外情形，主要是指当事人另有约定的，按照其约定。也就是说，如果当事人约定主债权债务合同无效担保合同仍有效的，那么，虽然主债权债务合同无效担保合同仍可有效。于此情形下，当事人设立的担保物权所担保的只能是主债权债务合同无效后债务人的债务履行。

担保合同虽为被担保的主债权债务合同的从合同，但也是独立的合同。因此，主债权债务合同有效，被担保合同也会因其不符合有效合同的要求而无效。担保合同被确认无效的，担保物权不能设立，担保人不承担担保责任，但订立担保合同的当事人应根据其过错各自承担相应的民事责任[①]，当事人承担的责任属于缔约过失责任。

六、担保物权的担保范围

第三百八十九条　担保物权的担保范围包括主债权及其利息、违约金、损害赔偿金、保管担保财产和实现担保物权的费用。当事人另有约定的，按照其约定。

本条规定了担保物权的担保范围。

担保物权的担保范围，也就是担保权人可从担保财产的变价优先受偿的范围。担保物权可由当事人自愿设立，当事人在设立担保物权时当然可以约定担保物权的担保范围。当事人约定了担保物权的担保范围的，按照其约定确定担保物权的担保范围。当事人没有约定或者约定不明确的，担保物权的担保范

[①] 依最高人民法院《关于适用〈中华人民共和国民法典〉有关担保制度的解释》(以下简称《担保的解释》) 第 17 条规定，主合同有效而第三人提供的担保合同无效，担保人有过错而债权人无过错的，担保人对债务人不能清偿的部分，承担赔偿责任；债权人、担保人均有过错的，担保人承担赔偿责任，不应超过债务人不能清偿部分的 1/2。主合同无效而导致第三人提供的担保合同无效，担保人无过错的，担保人不承担赔偿责任。担保人有过错的，担保人承担的赔偿责任，不应超过债务人不能清偿部分的 1/3。

围包括:(1)主债权。主债权又称原债权,是在设立担保物权时担保人同意为之担保的债权;(2)利息。利息是指主债权的法定孳息,包括约定利息、法定利息、迟延利息等;(3)违约金。违约金是主债权合同的债务人不履行债务而依照约定或者法律规定应向债权人支付的一定数额的金钱;(4)损害赔偿金。损害赔偿金是债务人不履行债务而应向债权人支付的赔偿金;(5)保管担保财产和实现担保物权的费用。保管担保财产和实现担保物权的费用是为实现担保权必须支付的费用,自应优先受偿。

七、担保物权及于代位物的效力

第三百九十条 担保期间,担保财产毁损、灭失或者被征收等,担保物权人可以就获得的保险金、赔偿金或者补偿金等优先受偿。被担保债权的履行期限未届满的,也可以提存该保险金、赔偿金或者补偿金等。

本条规定了担保物权及于代位物的效力。

如前所述,担保物权的价值性决定了担保物权具有物上代位性。这也就是说,担保物权的效力及于担保财产的代位物上,担保物权人可以就担保财产的代替物行使担保权。

在担保期间,担保财产因第三人的原因或者自然原因毁损、灭失的,在担保财产投保的情形下,担保人可得到保险金、损害赔偿金;担保财产被征收的,担保人可得到征收补偿金。保险金、赔偿金、补偿金等也就为担保财产的代位物。

关于担保物权人对担保财产代位物行使代位权的权利性质,有两种不同观点:一是原担保权说。该说主张担保权人对代位物行使的权利仍然是原来的担保权；二是法定债权质权说。该说主张担保权人对代位物行使的权利是依照法律规定新成立的与原来的担保权顺序相同的债权质权。依法定债权质权说，担保物权人的物上代位权不是对担保人应受的赔偿金等进行支配，而是对赔偿金等请求权的支配。保险金、赔偿金、补偿金为一般等价物，若给付义务人将其给付给受领权利人，则无法特定。因此，担保物权的效力虽及于担保财产的代位物上，但担保物权人应是就保险金、赔偿金、补偿金等的请求权行使权利。被担保债权清偿期限届满的，担保权人可直接于优先受偿的范围内请求第三给付义务人给付保险金、赔偿金、补偿金等。被担保债权未届清偿期的，担保物权人可以要求将第三人应给付的保险金、赔偿金、补偿金等提存。担保物权人请求第三给付义务人给付时，第三给付义务人应向担保物权人支付，第三给付义务人不向担保物权人而向担保人给付的，该给付应不发生效力，但是担保物权人未向第三给付义务人为请求或者第三给付义务人不知道或不应知道被毁损、灭失或者被征收的财产上存在担保物权的除外。

八、债务承担与担保物权的关系

第三百九十一条　第三人提供担保，未经其书面同意，债权人允许债务人转移全部或者部分债务的，担保人不再承担相应的担保责任。

本条规定了债务承担与担保物权的关系。

债务承担是指债务人将其承担的债务转移给他人承担，而自己不再承担债务。债务人将债务全部转移给他人的，债务人不再成为债务人，此种债务承担为免责的债务承担。债务人将其债务部分转让给他人的，若债务人与受让人约定债务人与受让人按份承担责任，在受让人承担的债务份额内，债务人的责任也免除。此种情形也属于免责的债务承担。第三人提供担保的，第三人是基于债务人的信用而为担保的，债务人一旦将其债务转移给他人，被担保的债务人的信任也就发生变化，因此，于此情形下，担保人有权决定是否继续为新的债务人提供担保。债务人转移债务应经债权人同意方发生效力。因此，在债务人转移债务时，债权人应向提供担保的第三人征求是否同意继续担保。债权人同意债务人免责地转移全部或者部分债务时，未经提供担保的第三人书面同意继续担保的，担保人不再承担相应的担保责任，担保物权在相应的范围内消灭。于此情形下，实际上是债权人自己承担债务转移所带来的债务不能履行的风险。《担保的解释》第39条第2款规定，主债务被分割或者部分转移，债务人自己提供物的担保，债权人请求以该担保财产担保全部债务履行的，人民法院应予支持；第三人提供物的担保，主张对未经其书面同意转移的债务不再承担担保责任的，人民法院应予支持。

九、担保物权与保证并存时的效力

第三百九十二条 被担保的债权既有物的担保又有人的担保的，债务人不履行到期债务或者发生当事人约定的实现担保物权的情形，债权人应当按照约定实现债权；没有约定或者约定不明确，债务人自己提供物的担保的，债权人应先就该物的担保实现债权；第三人提供物的担保的，债权人可以就物的担保实现债权，也可以要求保证人承担保证责任。提供担保的第三人承担担保责任后，有权向债务人追偿。

本条规定了担保物权与保证并存的效力。

现实生活中，有的债权人为确保自己的债权实现，对同一债权既设立担保物权，又设立保证担保，并称之为"双保险"。同一债权既有物的担保又有人的担保，也就是同一债权既受担保物权担保又受保证担保，发生担保物权与保证并存在现象。在担保物权与保证同时担保同一债务履行时，债务人不履行到期债务或者发生当事人约定的实现担保物权的情形，债权人是先实行担保物权还是先要求保证人承担保证责任呢？对此有不同观点。一种观点是物的担保优先说。此说认为，在担保物权与保证并存时，债权人应先行使担保物权。债权人放弃担保物权的，在放弃的范围内免除保证人的责任。第二种观点为区别说。此说主张，在担保物权与保证并存时，应视担保物权与保证责任的形式、保证责任的内容来决定其关系。第三种观点为平等说。此说中有的主张物上保证人与保证人的担保责任平等；有的主张物的担保责任与人的担保责任平等。[①]《中华人民共和国担保法》（以下简称《担保法》）第 26 条曾规定，同一债权既有保证又有物的担保的，保证人对物的担保以外的债权承担保证责任。债权人放弃物的担保的，保证人在债权人放弃的范围内免除保证责任。该法采取物的担保责任优先说。司法实务中认为：同一债权既有保证又有第三人提供物的担保的，债权人可以请求保证人或者物的担保人承担担保责任。当事人对保证担保的范围或者物的担保范围没有约定或者约

[①] 详见郭明瑞：《物权法实施以来疑难案例研究》，中国法制出版社 2011 年版，第 184—185 页。

定不明的,承担了担保责任的担保人,可以向债务人追偿,也可以要求其他担保人清偿其应当分担的份额。同一债权既有保证又有物的担保的,物的担保合同被确认无效或者被撤销,或者担保物因不可抗力的原因灭失而没有代位物的,保证人仍应当按照合同的约定或者法律的规定承担担保责任。债权人在主合同履行期届满后怠于行使担保物权,致使担保物的价值减少或者毁损、灭失的,视为债权人放弃部分或者全部物的担保。保证人在债权人放弃的范围内减轻或者免除担保责任。《物权法》基本上采纳了司法实务中关于物的担保与保证并存时担保权行使的规则,《民法典》沿用了《物权法》的规定,确认了债权人行使担保权的以下规则:

首先,当事人有明确约定的,按照约定行使担保权。

其次,当事人没有约定或者约定不明确,担保物为债务人提供的,债权人应先实现担保物权,而不能先要求保证人承担保证责任;债权人放弃担保物权的,在放弃的范围内保证人的责任免除。担保物为第三人提供的,该第三人为物上保证人,债权人有选择权,即债权人可以先后或者同时实现担保物权和要求保证人承担保证责任。

再次,物上保证人或者保证人承担担保责任后,有权向债务人追偿,因为债务人才是最终的债务承担人。

提供担保的第三人承担担保责任后,是否可向其他担保人追偿呢?《物权法》和《民法典》未作明确规定,对此有不同的观点。一种观点认为,物权法未规定承担了担保责任的担保人有权向其他担保人追偿,因此,其只能向债务人追偿,而不能向其他担保人追偿。另一种观点认为,基于公平原则,物上保证人与保证人的担保责任是平等的,各担保人之间应有追偿权,也就是说承担了担保责任的担保人有权向其他担保人追偿其应当承担的份额。如果承担了担保责任的担保人只能向债务人追偿，而债务人又无力清偿的，就会导致承担了担保责任的担保人承担全部担保责任。这是不公平的。从法理上说，《民法典》规定了保证人等担保人的代位权，基于代位权，会发生对其他担保人的追偿。因此承担担保责任的担保人，也应可以要求其他担保人清偿其应当承担的份额。《担保的解释》第18条第2款规定，同一债权既有债务人自己提供的物的担保，又有第三人提供的担保，承担了担保责任或者赔偿责任的第三人，主张行使债权人对债务人享有的担保物权的，人民法院应予支持。《担保的解释》第13条第2款规定，同一债务有两个以上第三人提供担保，担保人之间未对相互追偿作出约定且未约定承担连带共同担保，但是各担保人在同一份合同书上签字、盖章或者按指印，承担了担保责任的担保人请求其他担保人按照比例分担向债务人不能追偿部分的，人民法院应予支持。

十、担保物权的消灭

第三百九十三条 有下列情形之一的，担保物权消灭：

（一）主债权消灭；

（二）担保物权实现；

（三）债权人放弃担保物权；

（四）法律规定担保物权消灭的其他情形。

本条规定了担保物权的消灭。

担保物权消灭，是指该担保物权不再存在，不能为任何人再享有。担保物权消灭后，已经登记的担保物权应办理注销登记；原担保物权人占有担保财产的，应当返还担保财产。除因物权消灭的一般原因而消灭外，担保物权还可因下列原因消灭：

1. 主债权消灭。由于担保物权是被担保债权的从权利，担保物权的存在以主债权的存在为前提，因此，主债权消灭的，因主权利不存在，作为从权利的担保物权也就消灭。但在主债权不是全部消灭而仅部分消灭时，由于担保物权具有不可分性，担保物权不消灭，而仍存在于全部担保财产上担保未受偿部分债权。主债权因第三人的清偿而消灭时，第三人取得代位求偿权的，担保物权也不消灭。

2. 担保物权实现。担保物权实现，是担保物权人依法对担保财产变价并从中优先受偿了其债权。担保物权实现，担保目的达到，担保物权也就消灭。

3. 债权人放弃担保物权。担保物权为债权人享有的权利，只要不损害社会利益和他人利益，权利人可以放弃权利。因此，债权人可以放弃担保物权，担保物权一经放弃也就消灭。但是如同其他权利的放弃一样，债权人放弃担保物权会损害他人利益或社会公共利益的，则债权人不能放弃担保物权，其放弃的行为无效。例如，在担保物权随同被担保债权一并为他人设立担保时，债权人就不得放弃该担保物权。

4. 法律规定担保物权消灭的其他情形。凡发生法律规定担保物权消灭的情形的，担保物权即消灭。例如，第三人提供担保的，未经担保人书面同意，债权人允许债务人转移债务的，担保物权消灭；债权人返还出质财产的，质权消灭；留置权人丧失留置物占有的，留置权消灭。

第十七章　抵押权

第一节　一般抵押权

一、抵押权的含义

第三百九十四条　为担保债务的履行，债务人或者第三人不转移财产的占有，将该财产抵押给债权人的，债务人不履行到期债务或者发生当事人约定的实现抵押权的情形，债权人有权就该财产优先受偿。

前款规定的债务人或者第三人为抵押人，债权人为抵押权人，提供担保的财产为抵押财产。

　　本条规定了抵押和抵押权的含义。

　　抵押和抵押权在各国立法上的含义并不完全一致。在大陆法系的国家，抵押一般是指债务人或者第三人将一定的财产不移转占有地供与债权人作担保。因为最初的抵押基本上仅限于以不动产作担保，其后才出现以动产作担保的动产抵押，所以，有的国家的法律规定，抵押是指债务人或者第三人将不动产不移转占有地供为债权担保，而将动产抵押作为一种特别抵押。在我国，1986年通过的《中华人民共和国民法通则》未区分抵押与质押，凡以财产提供担保的统称为抵押，而1995年通过的《担保法》区分了抵押与质押。《担保法》第33条中规定，抵押是指债务人或者第三人不转移财产的占有，将该财产作为债权的担保。《物权法》沿用了担保法的规定。根据物权法的规定：抵押，指的是债务人或者第三人不移转对特定财产的占有，而将该财产供为债权担保的行为。提供财产的债务人或者第三人为抵押人，接受担保的债权人为抵押权人，供为担保的财产为抵押财产或者称为抵押物。抵押权则是抵押权人对于抵押人不移转占有而供为债权担保的抵押财产，于债务人不履行到期债务或者发生当事人约定的实现抵押权的情形时，可以就该财产优先受偿的权利。从抵押和抵押权的概念看，抵押权有以下含义：

（一）抵押权是不移转抵押财产占有的担保物权

抵押人设定抵押，并不移转抵押财产的占有，也就是说，抵押权是在不移转标的物占有的情况下于抵押财产上设定的担保物权。这也是抵押与质押的重要区别。因为抵押权是不以抵押财产的占有移转为成立条件的，因此对于抵押权不能以占有的方式来公示，而需要依其他的诸如登记或者注册的方式公示。抵押权因是在不移转抵押财产占有的条件下设定的物权，抵押权人无须占有抵押财产却得以直接支配或控制抵押财产的价值，抵押人虽将抵押财产供与担保却仍可以继续对该财产为使用，所以，抵押权这种担保方式既可免去担保权人因占有担保财产所带来的保管等负担，又可充分发挥担保财产的使用价值和担保价值。正是因为抵押权能最大限度地实现担保物权的社会功能，所以有人称抵押权为"担保之王"。

（二）抵押权是在债务人或者第三人的财产上设定的担保物权

担保物权是于一定的特定财产上设定的用以担保债权的物权。抵押是由债务人或者第三人提供财产作为债权担保的行为，因而抵押权是在债务人或者第三人的财产上设定的担保物权。尽管有的国家也规定了所有权人可在自己的财产上设定抵押权，但多数国家的法律并不承认原始的所有权人抵押权。在我国现行法律上，抵押权也只是在债务人或者第三人的财产亦即他人财产上设定的担保物权。至于债务人或者第三人用以抵押的财产，既可以是不动产，也可以是动产，还可以是法律规定的可用以抵押的权利。

（三）抵押权是以法律规定可以抵押的特定财产为客体的担保物权

抵押权是一种担保物权，物权的客体只能是特定的财产，因而抵押权也只能是以特定的财产为客体。同时作为抵押权客体的特定财产须是法律规定可用于抵押的财产，凡法律规定禁止抵押的财产不能成为抵押权的客体，在禁止抵押的财产之上不能设定抵押权。

（四）抵押权是就其标的物的价值优先受偿的物权

抵押权不是以取得对抵押财产的占有、使用、收益为内容的物权，而仅是于债务人不履行债务时得依法以抵押财产的价值来优先受偿的物权。也正是在这一意义上说，抵押权属于价值权、变价权或换价权、优先受偿权。抵押权为优先受偿权，体现了抵押权为担保物权的本质，保障着抵押权人的债权的实现。

二、抵押权的特性

抵押权为典型的担保物权，当然具有担保物权所具有的一般法律特性，如从属性、不可分性、特定性和物上代位性等。除此以外，抵押权还具有顺序性和追及性。

1. 抵押权的顺序性。抵押权的顺序性，是指在同一财产上设定有数个抵押权时，各抵押权之间有一定的先后顺位。因为抵押权不以转移对抵押财产的占有为成立要件，而是就抵押财产的变价优先受偿的权利，所以在同一财产上可以设定数个抵押权。又因为抵押权的实质是优先受偿权，同一财产上设定的数个抵押权就应有一定的先后受偿顺序。顺序在先的抵押权优于顺序在后的抵押权，在实现抵押权时只有先顺序的抵押权人受偿后，后一顺序的抵押权人才能就抵押财产余下的价值受偿。如果数个抵押权为同一顺序，则各抵押权人只能按其各自的债权额比例受清偿。

2. 抵押权的追及性。抵押权的追及性，指的是不论抵押财产落入何人之手，抵押权人都可以追及该财产行使权利。抵押权的追及性是其不同于其他担保物权的一项重要特征，其主要表现有二：其一，抵押人擅自将抵押财产转让给他人时，抵押权不受影响，抵押权人得追及该抵押财产并对之行使抵押权；其二，抵押财产受到他人不法侵害的，抵押权人得基于抵押权而请求除去妨害。

三、抵押权的分类

根据不同的标准,从不同的角度,抵押权可有不同的分类。常见的抵押权分类有以下几种。

1. 不动产抵押权、权利抵押权、动产抵押权

根据抵押权的标的性质的不同,抵押权可分为不动产抵押权、权利抵押权和动产抵押权。

不动产抵押权是以不动产为标的物的抵押权。因不动产具有不可移动性,在不动产上最便于设定抵押权,因此,不动产抵押权是抵押权的主要形态。并且,在现代法上,不动产上不能设定质权,以不动产供为担保的,只能设定抵押权而不能设定质权。不动产抵押权以登记为成立要件。

权利抵押权是以不动产上的权利为标的的抵押权。在我国,因土地不能用于抵押,可用于抵押的仅限于土地使用权。因此,权利抵押也是常见的抵押形式。除土地使用权以外,以其他用益物权和被称为准物权的诸如海域使用权、采矿权等权利为标的的抵押权,也属于权利抵押权。权利抵押权也以登记为成立要件。

动产抵押权是以动产为标的物的抵押权。动产抵押权在近代法上原仅为抵押权的例外。但在现代社会,动产抵押权已成为抵押权的一般形态。航空器、船舶、车辆、机器等重要的和价值较大的动产,常成为抵押权的标的物。动产抵押权以登记为对抗要件,未经登记的动产抵押权不能对抗善意第三人。

2. 意定抵押权和法定抵押权

根据抵押权的成立原因,抵押权可分为意定抵押权和法定

抵押权。

意定抵押权是根据当事人的意愿成立的。这又有两种情形：一是由抵押人与抵押权人双方合意设定抵押权；二是由所有权人依自己的意思设定所有权人抵押权。我国立法上未规定原始的所有权人抵押权，因而我国法上的意定抵押权仅指由抵押关系当事人双方合意设定的抵押权。

法定抵押权是指法律规定的在存在某种关系时当然发生而无须当事人设定的抵押权。法定抵押权在许多国家的法律中都有规定，也有的国家仅规定为优先权（日本法上称为先取特权）。我国法上未明确规定法定抵押权。但对于法律规定的建设工程承包合同的承包人就建设工程所享有的优先受偿的权利，有学者认为属于法定抵押权。有的国家的法定抵押权还包括裁判抵押权。裁判抵押权是指无须当事人设定而由法院裁决所设定的抵押权。

3.保全抵押权和流通抵押权

根据抵押权设定的目的和功能，抵押权可分为保全抵押权和流通抵押权。

保全抵押权，是指专为确保债权实现为目的而设定的，并不期待其流通的抵押权。保全抵押权的功能仅在于担保债权，其效力依存于所担保的债权，不具有流通性，不能成为投资手段。我国现行法上的抵押权即为保全抵押权，但增加抵押权的流通性为改革的方向，这也是共识。

流通抵押权，是指以确保债权和得以流通为目的而设定的抵押权。流通抵押权的特点在于：（1）具有独立性，其效力不受被担保的债权效力的影响；（2）具有流通性，可作为一种投资手段。流通抵押权一般应做成抵押证券，抵押证券转移，抵押权也就转移。流通抵押权是抵押权发展的趋势。德国法、瑞士法上的抵押权以流通抵押为原则，保全抵押为例外。

4. 一般抵押权和特殊抵押权

根据抵押权的特性，抵押权可分为一般抵押权和特殊抵押权。

一般抵押权，是指法律无特别规定的具有抵押权一般特性的抵押权。因抵押权最初仅限于以不动产为标的，因而动产抵押权、权利抵押权在最初都不属于一般抵押权，而属于特别抵押权。但现在一般不以标的物的性质来区分一般抵押权和特殊抵押权。

特殊抵押权，是相对于一般抵押权而言的，指的是法律有特别规定的在某一特性上具有特殊性的抵押权。通常认为，共同抵押权[①]、最高额抵押权、所有权人抵押权、财团抵押权、浮动抵押权等都属于特殊抵押权。

《物权法》和《民法典》的"抵押权"一章分为两节，第一节为一般抵押权，第二节为最高额抵押权。依此章节的划分，

[①] 共同抵押又称为总括抵押，是指为共同担保同一债权而于数项不同的财产上设定一个抵押权。共同抵押权的特殊性主要在于抵押财产为数项，且数项财产各是独立的，不是集合一起，即并非为"一物"。在当事人没有明确约定时，共同抵押的数项抵押财产的价值都担保全部债权额，成立连带共同抵押。抵押权人于实现抵押权时可以同时就各个抵押财产行使权利，也可以任意就各抵押财产行使抵押权，若抵押财产为不同人所有时，则会发生不同所有权人之间的求偿关系。因此，各国立法对于共同抵押权人的受偿都制定有特别规则，主要有同时分配求偿主义和异时分配求偿主义。依同时分配求偿主义，抵押权人就数项抵押财产同时实现抵押权，同时受各抵押财产价款的分配，各项抵押财产按照其份额的比例分担所担保的债权额。依异时分配主义，在抵押权人仅就共同抵押财产的某一财产实现抵押权时，抵押权人可以就该财产的价款受偿其全部债权，但后顺序抵押权的抵押权人可以就其他抵押财产代位行使共同抵押权人的抵押权，以实现其求偿权。后顺序抵押权人的求偿范围，以共同抵押人按分割主义应就其他抵押财产优先受偿的金额为限。

我国立法上仅将最高额抵押权作为特殊抵押权，除最高额抵押权外的其他抵押权均规定于"一般抵押权"中。这仅仅是以担保金额的确定性这一个标准或者性质来区分特殊抵押权与一般抵押权的，并不能以此否认其他特殊抵押权的特殊性。

四、抵押权的标的

第三百九十五条　债务人或者第三人有权处分的下列财产可以抵押：

（一）建筑物和其他土地附着物；

（二）建设用地使用权；

（三）海域使用权；

（四）生产设备、原材料、半成品、产品；

（五）正在建造的建筑物、船舶、航空器；

（六）交通运输工具；

（七）法律、行政法规未禁止抵押的其他财产。

抵押人可以将前款所列财产一并抵押。

本条规定了可作为抵押权标的之财产。

抵押权的标的，亦即抵押权的客体，又称抵押财产、抵押物，是指抵押人用以设定抵押权的财产。因为抵押权为物权、换价权，所以抵押权的标的须符合以下四个条件：

其一，具有特定性。不特定的财产无法确定其价值，无法支配其价值，不可能在不特定财产上设定抵押权。因此，作为抵押权标的的财产必须特定化。所谓特定化，是指作为抵押标的的财产能够与其他财产相区分开，既可以为特定的某一项财产，也可以是特定的某类财产或者某些财产。

其二，具有交换价值和让与性。因抵押权是支配标的之交换价值的权利，其标的当然须具有交换价值；因为抵押权为一种换价权，其实质为优先受偿权，所以作为抵押权标的之财产还须具有可让与性。不具有交换价值的财产不能变价，不具有可让与性的财产不能实现变价，不能作为抵押权的标的。一项财产是否具有让与性，不能单纯依据该财产自身的性质决定，而应依法律的规定确定。其性质上可以让与但法律禁止流通的物，为不可让与的财产，不能为抵押权的标的。法律规定限制流通的物，其让与虽受一定限制，但并非完全不可让与，因而也可作为抵押权的标的。

其三，具有长期可用性。所谓长期可用性，是指该财产可以长期反复使用，不会因继续使用收益而损毁其本来的价值及形态。因为在设立抵押权后，抵押人仍得对抵押财产为使用收益，若该抵押财产因抵押人的继续使用收益会受到毁损致其价值减损，则抵押权人的利益就会失去保障。所以，抵押权的标的须为非消耗物，而不能为消耗物。

其四，具有以占有以外方式的可公示性。由于抵押权不以移转标的物的占有为要件，抵押权也就不能以占有的方式公示，而需要以登记等方式公示，因此，作为抵押权标的之财产应为可以登记等方式公示权利的财产。没有实行登记等制度的财产，不能以登记等方式公示其权利状态，不宜作为抵押权的标的。当然，我国现行法上对于动产抵押权的标的并无限制，即使没有以登记或者注册等方式公示权利的动产，也可为抵押权的标的。但是，未经登记的动产抵押权不具有对抗善意第三人的效力。

依物权法规定，可以抵押的财产包括以下七类：

1. 建筑物和其他地上附着物。这是抵押人依法有权处分的不动产。这里的建筑物是指一切固定于土地上，以建筑材料将特定空间从自然空间中隔离而供生产、生活之用的人工建造的工程，主要是房屋，但不限于房屋。凡建筑物，不论是作为生活资料的，还是作为生产资料的，只要是法律没有禁止抵押的，都可用于抵押。其他地上附着物是指附着于土地之上的建筑物之外的自然物或者人工建造的物，如林木、果树、农作物、桥梁、围墙等。

2. 建设用地使用权。这是抵押人依法有权处分的不动产权利。建设用地使用权是国有土地的重要利用形式，是一项重要的用益物权。在我国因土地所有权不能流通，进入市场交易的只能是土地使用权。因此，建设用地使用权也可用于抵押。但依划拨方式取得建设用地使用权的，因使用权人无权任意处分，因此，依划拨方式取得的建设用地使用权不能抵押，以这种建设用地使用权抵押的，须缴纳该宗土地的出让金。

3. 海域使用权。海域使用权是一项依法设立的用益物权。海域使用权人有权依法使用海域，获得收益。海域使用权依法可以转让，具有可让与性，可用于抵押。

4. 生产设备、原材料、半成品、产品。这些财产都属于抵押人有权处分的动产。这些动产既可单独用于抵押，也可集合一起用于抵押，但主要是用于设立浮动动产抵押。

5. 正在建造的建筑物、船舶、航空器。对于正在建造中的当事人尚未取得建筑物所有权的建筑物可否抵押这一问题上，理论界曾有争议。这涉及房地产开发商可否就其在建的房屋设定抵押和房屋预购人可否以预购的房屋抵押的问题。一种观点认为，在建的建筑物因未建成，当事人尚未取得所有权登记，不存在独立的使用价值和交换价值，因此不能抵押。也有的人提出，以在建房屋抵押的，实质上是以土地使用权为抵押的标的。另一种观点则认为，在建的房屋尽管不具有独立的使用价值，但其已具有独立的交换价值，并有可让与性，不然如何能够预售？因此，在建的房屋也可以抵押。依我国《海商法》的规定，正在建造的船舶尽管尚未取得所有权，也可以抵押。同理，正在建造的建筑物也应可以抵押。我国实务界也一直承认在建的建筑物抵押。① 为适应社会的需要，物权法明确规定，正在建造的建筑物、船舶、航空器可以抵押。当然，以在建的建筑物、船舶、航空器抵押的，该未建成的建筑物、船舶、航空器也必须可以成为独立的交易客体。

6. 交通运输工具。这类财产是指抵押人有权处分的重要的特殊动产。这里的交通运输工具是指各种交通运输设备，如航空器、船舶、车辆等。交通运输工具，一方面价值较高，另一方面有登记制度，因此较宜于设定抵押权。

7. 法律、行政法规未禁止抵押的其他财产。这是指除上述

---

① 例如，1988 年 2 月中国农业银行发布的《抵押、担保贷款暂行办法》（该规定现已经失效）中规定："依法获准建造的房屋或其他建筑物，可自动工建造之日起设定抵押权，但该贷款必须用于该建筑物的建造。购置依法获准建造的房屋或其他建筑物并预付价金的，可自该建筑物动工建造之日起设定与预付金额相应的抵押权。但出卖单位不得以此建筑物设定抵押权。" 1997 年建设部《城市房地产抵押管理办法》第 3 条规定，在建工程抵押是抵押人为取得在建工程继续建造资金的贷款，以其合法方式取得的土地使用权连同在建工程的投入资产，以不转移占有的方式抵押给贷款银行作为偿还贷款履行担保行为。

财产以外的可以抵押的财产。从民法原理说，法无禁止者即可为之，只要法律、行政法规没有禁止抵押的财产，就应当可以抵押。

上述可以抵押的财产，可以单独抵押，也可以一并抵押。所谓一并抵押，是指数项财产可以同时作为抵押权的标的，包括共同抵押。

五、浮动抵押

第三百九十六条 企业、个体工商户、农业生产经营者可以将现有的以及将有的生产设备、原材料、半成品、产品抵押，债务人不履行到期债务或者发生当事人约定的实现抵押权的情形，债权人有权就抵押财产确定时的动产优先受偿。

本条规定了浮动抵押。

浮动抵押也称浮动担保，又称浮动式财团抵押，产生于英国，现在英美法系国家得到普遍适用。其主要有以下特点：第一，抵押权的标的一般为企业的全部财产，既包括企业现有的财产，也包括企业将来取得的财产。它是抵押人现在及将来的总体财产，而不是具体指定为某一财产或某几项财产；第二，在抵押权实现之前，用于抵押的财产处于不断变动之中，亦即抵押人的资产随时可能退出或加入担保财产的范围，担保财产的数额无法固定和明确。只有于抵押权实现之时，担保财产才能具体确定；第三，抵押人于抵押权设定后，得就其标的财产为使用、收益及自由处分，也就是说，在抵押权实现前，抵押人仍得利用抵押财产继续进行生产经营活动。

浮动抵押是以企业全部财产抵押的制度，但不同于财团抵押。财团抵押是指以属于企业的有形资产和无形资产的财产整体作为财团为抵押权标而设定一个抵押权的抵押。所谓财团，指的是企业、单位的整体财产，是由一企业、单位的全部财产集合而成的，它既不是单独的不动产，也不是单独的动产，也不是单独的某项权利，而是包括了各项不动产、动产和财产权利。由于抵押权一般是按照"一物一权原则"，在各个单独财产上而设定的，而财团抵押是在企业、单位的集合财产上整体上设定一个抵押权，因此，财团抵押属于特别抵押权。财团抵押不同于共同抵押，它不是在数项财产上设定一个抵押权担保同一债权，而是于一个集合财产上设定一个抵押权。财团抵押是近现代各国法律为适应市场经济发展的需要而制定的新制度。在现代市场经济条件下，财团抵押具有其他担保形式不具有的优点。这主要表现在以下两点：第一，财团抵押最能发挥财产的担保价值，增强企业的担保能力，有利于企业融通资金。因为企业的各项资产，是企业的有机的生产构成，只有相互结合、相互配合，才能发挥其最大的效用。如将企业的各项资产各个单独设定担保权，既麻烦又会减损各个财产的担保价值。相反，将企业的资产作为一个整体财产设定一个抵押权，一方面其担保价值可以大于各个财产单独担保价值的总和，另一方面也比较经济。这对于企业融资是特别有利的；第二，财团抵押更能发挥物的使用价值。因为设定财团抵押后，抵押人仍可继续利用企业的整体财产进行生产经营，从而可以使企业财产的整体效益发挥出来。另外，由于企业的财产整体用于抵押，抵押权人得就企业整体实现抵押权，从而使其债权的实现也更有保障。①

在浮动抵押，抵押权的客体是浮动的，抵押人经营的物品、营业中的债权、商品等，都为财团的构成物件；抵押权的标的于抵押权设定时是不完全固定的财产，设定抵押权后，现有的财产流出后不再为抵押权效力所及，后流入抵押人的财产则为抵押权效力所及；在抵押权成立后，抵押人仍可利用抵押财产自主经营，于抵押权实现之时抵押权的客体才能特定，所以于抵押权实现前，抵押人可以自由地变更或者增加财团的组成物，财团组成物的变动对抵押财产不生影响，从抵押人手中取得财团组成物件的第三人，即使知道浮动抵押权的存在，也可以取得完全的所有权。

在下列两种情形下，抵押财产确定，浮动抵押也就转化为固定抵押，有的称为浮动抵押结晶：一是浮动抵押所担保的债权届期不能受偿，抵押权人提出实现抵押权；二是抵押人合并或者被宣告破产。

---

① 财团抵押又称为固定式财团抵押，发源于德国法，为大陆法系国家所采用。其特点主要有以下几点：第一，抵押担保的标的限于企业现有财产中特定财团，一般不能包括将来可以取得的财产；第二，抵押权的标的于抵押权设定时就已特定，而不是于抵押权实现时才能确定和明确；第三，抵押人于抵押权设定后抵押权实现前虽仍得就抵押标的之财团及其所属的各个物或权利进行处分，但其处分权受有一定限制。财团抵押的标的为财团。财团上设定抵押权时，抵押权的效力当然及于构成财团的各个物或者权利；并且一个财团全部为一体，为抵押权的标的，所以就其一部不能设定抵押权。财团抵押的标的原则上包括企业的各项财产。在德国式的财团担保，抵押权的客体是固定的，具有浮动性的物件不能为财团的构成部分，作为抵押权的客体只能是于设定抵押时企业现有的已经确定的财产，其价值也是确定的。在财团抵押，因抵押标的于设定时已经特定，对于组成财团物件的分离加以严格的限制，在抵押权成立后，尽管抵押人可以对抵押客体为使用收益，但原则上不经抵押权人的同意，不得将属于财团的物件由财团分离；任意分离的，其分离之物仍然受抵押权的拘束；但是随企业经营新用于企业设备增加的企业用物，如当事人于设定抵押权时未为反对的约定，而增加行为也不构成诈害行为的，则其增加物应当为财团的组成物，但于此情形下，应为财团抵押目录的变更登记，否则抵押权对该财产的效力不得对抗第三人。

浮动抵押与财团抵押制度可以说各有利弊。德国式的财团抵押更有利于保护债权人利益，因为抵押客体自始特定，抵押权人可以控制抵押客体的担保价值；而英国式的浮动抵押更有利于企业融资和自由经营，因为抵押标的范围扩大，设定时也无须制作财团目录，手续更简便。在现代法上，两种财团抵押的方式有融合的趋势。例如，日本虽原采用财团抵押制度，但自20世纪50年代末，又兼采浮动抵押制度。

我国物权法所规定的浮动抵押属于动产浮动抵押，不同于他国法上的浮动抵押，其区别至少有以下几点：

（1）抵押人的范围不同。他国的浮动抵押的抵押人一般仅限于公司，而我国物权法所规定的抵押人既可以是企业，也可以是个体工商户、农业生产经营者。

（2）抵押的标的范围不同。他国的浮动抵押的标的包括抵押人现有的和将来可取得的不动产、动产及知识产权等全部财产，而我国法规定的浮动抵押的标的仅限于现有的和将有的生产设备、原材料、半成品、产品这些动产，可以说主要是指库存货物。可见，我国法上的浮动抵押的主要意义是盘活抵押人的库存，而不是增强企业资产的融资能力。

（3）抵押权的效力不同。他国的浮动抵押登记只具有推定性通知的效力，不能推知第三人已经知道当事人设立了限制性条款。而我国物权法规定的浮动抵押经登记之后具有对抗效力，未经登记的浮动抵押权不具有对抗善意第三人的效力。

（4）抵押权的实现程序不同。他国的浮动抵押，法律对抵押权的实现有特别的程序规定，而我国物权法对浮动抵押权的实现无特别规定。

六、建设用地使用权与建筑物的抵押

第三百九十七条 以建筑物抵押的,该建筑物占用范围内的建设用地使用权一并抵押。以建设用地使用权抵押的,该土地上的建筑物一并抵押。

抵押人未依照前款规定一并抵押的,未抵押的财产视为一并抵押。

第三百九十八条 乡镇、村企业的建设用地使用权不得单独抵押。以乡镇、村企业的厂房等建筑物抵押的,其占用范围内的建设用地使用权一并抵押。

上两条规定了建筑物与建设用地使用权的一并抵押。

因为建筑物是不能脱离土地而存在的,但其与土地又属于不同的不动产,各自有着独立的使用价值和交换价值。因此,以建筑物抵押时,必然会涉及其占用范围内的土地使用权如何处置的问题。反之亦然。为使建设用地使用权与建筑物所有权的主体一致,减少权利冲突,物权法规定,以建筑物抵押的,建筑物占用范围内的建设用地使用权一并抵押。按现行法规定,乡镇、村企业的建设用地使用权不得单独抵押,而其他建设用地使用权可以单独抵押。依物权法规定,建设用地使用权抵押的,该土地上的建筑物一并抵押,抵押人未将建筑物和建设用地使用权一并抵押的,未抵押的财产视为一并抵押。可见,物权法对于建筑物和建设用地使用权抵押的规定,贯彻了我国法上一贯的"房随地走、地随房走"原则。《不动产登记暂行条例实施细则》第2条中规定,房屋等建筑物、构筑物和森林、林木等定着物应当与其所依附的土地、海域一并登记,保持权利主体一致。

但是，建设用地使用权与建筑物毕竟属于两个不同的财产，如果抵押人仅以建筑物和建设用地使用权分别抵押担保不同债权并分别办理了抵押登记，抵押权的效力如何认定呢？对此，有不同的观点：一种观点认为，两项抵押都无效；第二种观点认为，登记在前的抵押权有效，登记在后的无效；第三种观点认为，于此情形下是在建筑物和建设用地使用权集合上设立抵押权，两个抵押权都有效，依登记的先后确定其顺序。第四种观点认为，分别抵押的两个抵押权均有效，在抵押权实现时应当将建筑物和建设用地使用权一并变价，但各个抵押权人只能就抵押的建筑物或者建设用地使用权的价值优先受偿。有学者提出：第一，将房地产分别设定抵押，是当事人签订抵押合同时的真实意思表示。因两个抵押合同均未违反物权法定原则，故法律没有理由强行干预并认定其中一个抵押权无效；第二，分别抵押在实行时系采分别估价、一并处分的方式，并不违反"房随地走、地随房走"原则；第三，分别抵押的实质是对房屋所有权和土地使用权的价格分割，虽然抵押权设定时导致价值分属于不同主体，但在实行时并未最终导致权利分别归属不同主体；第四，分别抵押中的抵押权人在缔约时已有明确的法律预期；若将分别抵押解释为集合抵押，会出现先登记的抵押权获得超出合同预期之外的利益，而后登记的抵押权人一无所获，有违民法公平原则；第五，担保法允许多重抵押，物权法认可重复抵押，充分彰显物尽其用之原则，若将"房随地走、地随房走"原则理解为禁止分别抵押，将严重限制融资渠道，人为地设置不动产融资障碍。[①]《担保的解释》

[①] 参见王闯：《规则冲突与制度创新（中）》，载《人民法院报》2007年6月27日，第6版。

第 51 条规定，当事人仅以建设用地使用权抵押，债权人主张抵押权的效力及于土地上已有建筑物以及正在建造的建筑物已完成部分的，人民法院应予支持。债权人主张抵押权的效力及于正在建造的建筑物的续建部分以及新增建筑物的，人民法院不予支持。当事人以正在建造的建筑物抵押，抵押权的效力范围限于已办理抵押登记的部分。当事人按照担保合同约定主张抵押权的效力及于续建部分、新增建筑物以及规划中尚未建造的建筑物的，人民法院不予支持。抵押人将建设用地使用权、土地上的建筑物或者正在建造的建筑物分别抵押给不同债权人的，人民法院应当根据抵押登记的时间先后确定清偿顺序。

七、不得抵押的财产

第三百九十九条 下列财产不得抵押：

（一）土地所有权；

（二）宅基地、自留地、自留山等集体所有土地的使用权，但是法律规定可以抵押的除外；

（三）学校、幼儿园、医院等为公益为目的成立的非营利法人的教育设施、医疗卫生设施和其他公益设施；

（四）所有权、使用权不明或者有争议的财产；

（五）依法被查封、扣押、监管的财产；

（六）法律、行政法规规定不得抵押的其他财产。

本条规定了不得用于抵押的财产。

不得抵押的财产是指不能作为抵押权标的的财产，包括以下六类：

1. 土地所有权。土地归国家所有和农村集体所有，作为重要的自然资源和生产要素，其可以进入市场交易的仅仅是土地使用权，而不是土地所有权。土地所有权既然不能流通，当然也就不能为抵押权的标的，不得抵押。

2. 宅基地、自留地、自留山等集体所有土地的使用权，但是法律规定可以抵押的除外。农村宅基地是农村居民建造私有房屋的用地，自留地、自留山是分配给农民用以解决其生活需要的用地，这些土地虽归集体所有，但农民有土地使用权，为保障这些土地用途不变，以保障农业生产和农村秩序的稳定，现行法规定不得以其土地使用权抵押。关于耕地的土地承包经营权可否抵押，在《物权法》制定中有不同的观点，虽然《物权法》最终未接受可以抵押的观点，但耕地的土地使用权不可抵押这一规定已经不适应社会需求。2014年1月中共中央、国务院《关于全面深化农村改革推进农业现代化的若干意见》中提出，"赋予农民对承包地占有、使用、收益、流转及承包经营权抵押、担保功能。在落实农村土地集体所有权的基础上，稳定农户承包权、放活土地经营，允许承包土地的经营权向金融机构抵押融资。"2015年12月经国务院报请全国人大常委会授权批准国务院在试点地区许可耕地土地承包经营权抵押，暂停《物权法》第184条、《担保法》第37条的实施。2016年3月中国人民银行等部门联合印发了《农村承包土地的经营权抵押贷款暂行办法》。《民法典》规定土地承包经营权等可以抵押，耕地使用权也就不为禁止抵押的财产。依法律规定，宅基地使用权不得抵押，但房屋抵押的，于抵押权实现时，抵押房屋占用范围内的宅基地使用权会随房屋一并转让。

3. 学校、幼儿园、医院等以公益为目的成立的非营利法人的教育设施、医疗卫生设施和其他公益设施。以公益为目的的非营利法人的社会公益设施，是其实现公益目的的物质条件。为保障公益事业的发展，防止和避免公益设施的流失，以公益为目的的非营利法人的公益设施不得抵押。一般说来，非以公益为目的单位中的公益设施也不宜用于抵押。例如，企业中职工的福利性住房就不宜抵押。相反，即使以公益为目的单位，其公益设施以外的财产也是可以抵押的。实务中认为，学校、幼儿园、医院等以公益为目的的非营利法人，以其教育设施、医疗卫生设施和其他社会公益设施以外的财产为自身债务设定抵押的，人民法院可以认定抵押有效（参见《担保的解释》第6条）。

4. 所有权、使用权不明或者有争议的财产。这里的使用权，是指包含处分权能的用益物权。因为抵押人必须对抵押财产有处分权，而所有权、使用权不明或者有争议的财产，不能确定其处分权人，所以，所有权、使用权不明或者有争议的财产不能抵押。抵押人对抵押财产是否有处分权，一般应以权属证书的证明为准。

5. 依法被查封、扣押、监管的财产。这类财产因为其所有权人或者使用权人已不得私自处分，实际上已处于不可让与的状态，因此也不得抵押。但是，如果查封、扣押错误，则抵押人以被查封、扣押的财产设定抵押权的，应为有效。被查封、扣押、监管的财产在依法解除强制保全措施后，得用于抵押。在设定抵押后财产被查封、扣押、监管的，抵押权不受影响，仍为有效。《担保的解释》第2、3款规定，当事人以依法被查封或者扣押的财产抵押，抵押权人请求行使抵押权，经审查查封或者扣押措施已经解除的，人民法院应予支持。抵押人以抵押权设立时财产被查封或者扣押为由主张抵押合同无效的，人民法院不予支持。以依法被监管的财产抵押的，适用前款规定。

6. 法律、行政法规规定不得抵押的其他财产。除上述不得抵押的财产以外，其他的法律、行政法规中规定不得抵押的财产，也不得抵押。法律、行政法规中虽未明定不得抵押，但规定不得转让的财产也就不得抵押。

八、抵押权的设立方式

第四百条 设立抵押权，当事人应当采用书面形式订立抵押合同。

抵押合同一般包括下列条款：

（一）被担保债权的种类和数额；

（二）债务人履行债务的期限；

（三）抵押财产的名称、数量等情况；

（四）担保的范围。

本条规定了抵押权的设立方式。

设立抵押权，当事人应订立书面抵押合同。抵押合同也就是抵押人与抵押权人设立抵押权的合意或协议，订立抵押合同是设立抵押权的必要条件和程序。

抵押合同的当事人亦即抵押关系的当事人，为抵押人和抵押权人。

抵押人是抵押关系中不转移财产的占有而将其财产提供给债权人作为债权担保的一方当事人，作为抵押合同的一方又称为设抵人。抵押人可以是债务人，也可以是第三人。第三人为抵押人的，该第三人即为物上保证人。抵押人须具备以下两个条件：

其一，抵押人须为有完全民事行为能力人。因为在抵押关系中，抵押人并非受利益之人，所以无民事行为能力人、限制民事行为能力人不能成为抵押人，未成年人的父母也不得代理未成年人订立抵押合同。

其二，抵押人须对抵押财产有处分权。因为抵押人是以自己的财产作为债权担保的，在债务人不履行债务时须以抵押财产的变价偿债，所以，对抵押财产无权处分的人不能为抵押人。例如，依《中华人民共和国企业破产法》（以下简称《破产法》）第31条的规定，人民法院受理破产申请前1年内，债务人（即申请破产企业）"对没有财产担保的债务提供财产担保的"，管理人有权请求人民法院撤销该担保行为，该担保行为一经法院撤销也就是无效的。而管理人之所以可以请求法院撤销该担保行为，就是因为破产企业在此期间内对其财产无处分权。再如，共有人对其共有财产的处分须经全体共有人同意，不得擅自处分共有财产。因此，共有人未经其他共有人同意而擅自将共有物抵押的，该抵押也因抵押人无处分权而无效。但按份共有的共有人因其对自己的份额有处分的权利，所以，按份共有人以自己在共有财产中的份额设定抵押的，抵押合同可以有效。而共同共有的共有人因其对共有财产不是按份额享有权利，无可处分的权利份额，因此也就不能存在共同共有人以自己的财产份额设定抵押。共同共有人只可能以共有财产抵押，但因共有人没有单独处分共有财产的权利，未经其他共有人的同意，不能以共有财产设定抵押权。

抵押权人须为抵押权所担保的主债权的债权人，非主债权人不能成为抵押权人。因为抵押权人在抵押关系中是纯受利益之人，所以，只要享有主债权，限制民事行为能力人也可以成为抵押权人。

抵押合同应当采用书面形式。但书面形式并非抵押合同的成立要件，抵押合同的书面形式仅具有证据效力。《民法典》第490条第2款规定：法律、行政法规规定或者当事人约定合同应当采用书面形式订立，当事人未采用书面形式但是一方已经履行主要义务，对方接受时，该合同成立。如果抵押当事人订立抵押合同未采取书面形式，但已经履行合同的，如已办理了抵押权登记，抵押合同仍然可成立有效。

抵押合同的内容，通常是指抵押合同条款。抵押合同一般包括以下条款：

1. 被担保的债权种类、数额。因担保物权是以担保财产的价值担保债权的，因而被担保物权所担保的债权原则上应为以支付金钱为给付标的之金钱债权。但对不以金钱为给付标的之债权，也可以设定抵押担保。被担保的债权不是以金钱为给付标的时，抵押权所担保的债权实质上是债务人不履行债务而发生的损害赔偿债权。因此，当事人应当约定抵押权所担保的赔偿范围；若当事人未作此约定，则抵押权所担保的债权应以债务人不履行债务时债权人可以得到赔偿的范围和数额为限。

2. 债务人履行债务的期限。债务人履行债务的期限，也是决定抵押权人行使抵押权的期限。因为如果没有另外的约定，只有在债务履行期限届满而债务人又未履行债务时，抵押权人才可以行使抵押权。若债务履行期限尚未届满，债务人是否履行债务不能确定，抵押权人也就不能行使抵押权。因此，债务履行期限对于抵押双方当事人有着重要意义，应在抵押合同中明确规定。

但是，债务人履行债务的期限并非抵押权的期间。抵押当事人可以在抵押合同中约定抵押权的存续期间。但抵押权的存续期间不能与债务履行期间相同，更不能短于债务的履行期限。有的抵押合同中规定的抵押期间与债务履行期间相同，这种约定应为无效。因为抵押期间也就是抵押权的存续期间，抵押期间届满，抵押权也就应消灭。如抵押期间与债务的履行期间相同，则完全失去了抵押权的担保意义，等于没有设定抵押权。所以，当事人约定的抵押期间必须长于债务的履行期间。也有学者认为，当事人约定的任何抵押期间都是无效的，抵押权不会因抵押期间的届满而消灭。

3. 抵押财产的名称、数量等情况。抵押财产的名称、数量、质量、状况，是使抵押权特定所需要的条件，也反映着抵押财产的价值。一般说来，当事人在抵押合同中应当对抵押财产的价值做出估计，以便确定担保是否充分。但抵押财产的估价额，并不等于抵押权行使时抵押权人得优先受偿的数额。抵押财产的所有权权属或者使用权权属，是确定抵押人可否以该财产设定抵押的内容。只有在抵押合同中注明抵押财产的权属，在抵押权登记时才有可能确定可否对该抵押权予以登记。

4. 担保的范围。担保的范围，也就是抵押权所担保的债权范围，指的是抵押权人得以抵押财产的变价优先受清偿的债权范围。当事人可以约定抵押权担保债权的全部，也可以约定仅担保债权的部分。当事人不仅应约定抵押权是否担保全部原本债权，还应约定抵押权是否担保利息、违约金、损害赔偿金等。如当事人对抵押担保的范围没有约定或者约定不明确，抵押权的担保范围包括主债权及其利息、违约金、损害赔偿金和实现抵押权的费用。

除上述事项外，当事人认为需要约定的其他事项，也应在合同中约定。例如，当事人认为有必要约定实现抵押权的事由的，可以约定除债务人不履行到期债务外抵押权人可以实现抵押权的事由；当事人认为有必要对抵押权的实现方式、抵押财产的拍卖方法做出约定的，也可以在合同中约定。但是，对于违反法律规定的事项，当事人不得约定，其约定也是无效的。由抵押权的性质所决定的事项，当事人不必约定。例如，抵押权的性质决定了抵押权人有权就抵押财产的卖得价款优先受偿。当事人若在合同中约定这样的条款，就是完全不必要的。

抵押合同虽不完全具备前述各项条款或者约定不明确的，当事人可以协商予以补充，抵押合同并不因此而无效。但是，基于抵押权的特定性，抵押权所担保的主债权和抵押的标的物必须特定。有关抵押权所担保的主债权和抵押财产的条款也就是抵押合同的必要条款。

不符合同法规定的合同有效条件的抵押合同无效。抵押合同无效的，合同所约定设立的抵押权不能设立。但抵押合同有效成立的，抵押权也并不当然设立。

九、流押条款的效力

第四百零一条 抵押权人在债务履行期限届满前，与抵押人约定债务人不履行到期债务时抵押财产归债权人所有的，只能依法就抵押财产优先受偿。

本条规定了流押条款的效力。

所谓流押条款，有的称为抵押物代偿条款，是指抵押人与抵押权人在债务履行期届满前所做出的债务人不履行到期债务时抵押财产即归债权人所有的约定。

自罗马法以来，各国法律一般都禁止流押条款（契约）。法律之所以禁止流押条款，是为了保护债权人、债务人和抵押人各方的利益。因为在抵押权实现前约定抵押财产于债务人不履行合同即归债权人所有，其后物价上涨时则会损害抵押人和抵押人的其他债权人的利益；而在约定抵押财产归债权人所有时，由于各种因素，当事人对抵押财产的价值可能估计不充分，而不利于保护抵押人和债务人的利益。

我国《物权法》规定当事人不得订立流押条款，因此，当事人约定流押条款的，其约定无效。但这里的所谓无效，是指抵押财产直接归抵押权人的约定无效，并非指抵押权的设定无效。当然，对于流押条款的效力，学者也有不同意见。有一种观点认为，流押条款可以简化抵押权的实现程序，有利于节省交易成本，在现代社会不应一律禁止。

有的当事人在抵押合同中约定，在债务人不履行债务时，抵押人以若干价格将抵押财产卖与抵押权人。这种约定也属于流押条款，也是无效的。因为，流押条款的根本特点在于它排除了于抵押权实现之时当事人对债权债务和抵押财产价值的重新估算。所以，只要于抵押权实现之前当事人约定以确定的价格抵偿债务，这种约定就属于流押条款，是无效的。

《民法典》对流押条款未作不得约定的规定。因此，流押条款无效仅指不能依约定由抵押权人直接取得抵押财产，抵押权人仍然只能就抵押财产优先受偿。

十、抵押登记的效力

第四百零二条 以本法第三百九十五条第一款第一项至第三项规定的财产或者第五项规定的正在建造的建筑物抵押的,应当办理抵押登记。抵押权自登记时设立。

第四百零三条 以动产抵押的,抵押权自抵押合同生效时设立;未经登记,不得对抗善意第三人。

第四百零四条 以动产抵押的,不得对抗正常经营活动中已经支付合理价款并取得抵押财产的买受人。

上三条规定了抵押登记的效力。

抵押登记亦即抵押权登记,是指由主管机关依法在登记簿上就抵押财产上的抵押权状况予以记载。

关于抵押权登记的效力,各国立法上大体有两种立法例:其一是采取登记生效主义,不经登记的抵押权不生效;其二是采取登记对抗主义,不经登记的抵押权可以生效,但不能对抗善意第三人。物权法对抵押权登记的效力,依抵押财产性质的不同而采取了两种不同的主义:以不动产和正在建造的建筑物抵押的,应当办理抵押登记,自登记时起抵押权设立,登记为抵押权的生效要件;以动产抵押的,自抵押合同生效时起抵押权设立,未经登记的抵押权不得对抗善意第三人,登记为抵押权的对抗要件。

由于抵押权的登记为抵押权的生效要件或者对抗要件,若当事人于抵押合同订立后不办理登记,则抵押权人或者不能取得抵押权或者不能取得对抗善意第三人的权利。因此,于抵押合同订立后当事人应依诚实信用原则办理相关抵押权登记手续,以使抵押权生效或者具有对抗善意第三人的效力。抵押人拒绝办理登记手续的，应承担违约责任，赔偿违反抵押合同而给债权人造成的损失。《担保的解释》第46条规定，不动产抵押合同生效后未办理抵押登记手续，债权人请求抵押人办理抵押登记手续的，人民法院应予支持。抵押财产因不可归责于抵押人自身的原因灭失或者被征收等导致不能办理抵押登记，债权人请求抵押人在约定的担保范围内承担担保责任的，人民法院不予支持；但是抵押人已经获得保险金、赔偿金或者补偿金等，债权人请求抵押人在其所获资金范围内承担赔偿责任的，人民法院依法予以支持。因抵押人转让抵押财产或者其他可归责于抵押人自身的原因导致不能办理抵押登记，债权人请求抵押人在约定的担保范围内承担责任的，人民法院依法予以支持，但是不得超过抵押权能够设立时抵押人应当承担的责任范围。

依《物权法》规定，动产浮动抵押权的设立采取登记对抗主义。也就是说，当事人设立的浮动抵押权只有经登记才能具有对抗第三人的效力；未经登记的浮动抵押权，虽自抵押合同生效时设立，但不能对抗善意第三人。动产浮动抵押的登记机构为抵押人住所地的工商行政管理部门。

依《民法典》规定，动产抵押权在设立之后，不论是否办理登记，抵押人仍可以利用抵押的动产进行生产经营活动。动产抵押权不得对抗在正常经营活动中由他人已支付合理价款并取得的财产的第三人。相反地，若不是在正常经营活动中由他人支付合理价款取得的财产，仍为抵押权的效力所及。因此，动产抵押权才不得对抗正常经营活动中已支付合理价款并取得抵押财产的买受人，必须具备以下两方面的条件：一是从抵押人方面说，抵押人对抵押标的动产内的财产的处分须为其正常的经营活动；二是从财产取得人方面说，其须是支付了合理价款并且取得该财产的买受人。有学者指出，对于合理价款的界定，应当以市场价格为准；取得抵押财产，不以已经登记或者已经交付为条件，只要所受让的抵押物已经特定或可得确定，就可以认定满足了"取得抵押财产"要件。[①]

依《担保的解释》第56条规定，买受人在出卖人正常经营活动中通过支付合理对价取得已被设立担保物权的动产，担保物权人请求就该动产优先受偿的，人民法院不予支持，但是有下列情形之一的除外：（1）购买商品的数量明显超过一般买受人；（2）购买出卖人的生产设备；（3）订立买卖合同的目的在于担保出卖人或者第三人履行债务；（4）买受人与出卖人存在直接或者间接的控制关系；（5）买受人应当查询抵押登记而未查询的其他情形。所称出卖人正常经营活动，是指出卖人的经营活动属于其营业执照明确记载的经营范围，且出卖人持续销售同类商品。所称担保物权人，是指已经办理登记的抵押权人、所有权保留买卖的出卖人、融资租赁合同的出租人。

十一、抵押人对抵押财产的权利

抵押人对抵押财产的权利是抵押权对抵押人的效力。由于抵押权的设定并不移转抵押财产的占有，抵押权又为价值权而非实体权，因此，于抵押权成立后，抵押人仍享有得对抵押财产为占

[①] 参见董学立：《浮动抵押的财产变动与效力限制》，载董学立主编：《担保法理论与实践》，中国法制出版社2015年版，第121页。

有、使用、收益及处分的权利，但抵押人对于抵押财产的使用收益须在维持抵押财产价值的限度内。同时因抵押财产上已设定担保物权，抵押权人得以抵押财产的价值优先受偿以确保其债权，抵押人对抵押财产享有的权利又不能不受一定的限制。

（一）抵押财产的出抵权

抵押财产的出抵权，是指抵押人于抵押财产上设定抵押权后，得为担保其他债权在此抵押财产上再设定抵押权的权利。由于抵押权虽有排他性，但其排他性并非绝对的，亦即并非在一物之上只能成立一个抵押权，所以各国法律一般都规定在抵押权设定后，抵押人得在抵押财产上再设定抵押权。

关于抵押人于抵押财产上可否再设定抵押权，我国学者曾有不同的观点。一种观点认为，由于抵押权是对所有权的限制，抵押权人对抵押财产有一定的处分权，因此抵押财产一经抵押，抵押人就无权将所有权已不完整的抵押财产同时再抵押给别人。依这种观点，在同一抵押财产上根本就不能有数个抵押权。另一种观点认为，应当承认抵押人的余额抵押权，即抵押人于抵押权设定后，可以再设定抵押权，但后设定的抵押权所担保的债权额仅以该抵押财产的价值超出其原担保的债权额的余额为限。我国原《担保法》基本上是采取这种观点的[①]。第三种观点认为，抵押人于抵押财产上可以设定数个抵押权，并且不受所担保债权数额的限制。依这种观点，即使抵押人就抵押财产的

[①] 《担保法》第35条规定："抵押人所担保的债权不得超出其抵押物的价值。财产抵押后，该财产的价值大于所担保债权的余额部分，可以再次抵押，但不得超出其余额部分。"

同一价值再设定抵押权即重复抵押也是可以的。

物权法对重复抵押未作明文规定,但规定了抵押权的顺序。规定抵押权顺序也就认可抵押人在抵押后有权再将抵押财产抵押,在同一财产上可有数个抵押权。

(二) 抵押财产的出租权

第四百零五条　抵押权设立前,抵押财产已经出租并转移占有的,原租赁关系不受该抵押权的影响。

本条规定了抵押人对抵押财产的出租权。

抵押财产的出租权,是指抵押人于抵押权设定后得将抵押财产出租给他人的权利。因为在抵押期间,抵押人仍得对抵押财产为使用收益,抵押人可以自己为使用收益,也可以让他人为使用收益,所以抵押人理应有出租抵押财产的权利。

在抵押期间,抵押人将抵押财产出租的,在同一抵押财产上即存在抵押权与承租权的竞合。若租赁合同的期间长于抵押权期间,即在租赁关系存续中抵押权人实现抵押权时,承租权能否对抗抵押权,即租赁合同对抵押财产的买受人是否继续有效呢?对此有两种观点。一种观点认为,只有当租赁关系的存在影响抵押权人的利益时,抵押权才能对抗承租权,否则租赁关系仍然有效。另一种观点认为,抵押人于抵押权设定后将抵押财产出租的,承租权不能对抗抵押权,抵押权当优先于承租权,在抵押权实现时,租赁权应当然终止。物权法采取的是后一种观点:抵押权设立后抵押财产出租的,该租赁关系不得对抗已登记的抵押权。所谓不得对抗,也就是指抵押权人可以就已出租的抵押财产行使抵押权,而租赁关系应于抵押权实现时终止。因为未登记的抵押权只是不具有对抗善意第三人的效力。如果抵押人将已设立抵押权的财产出租，而承租人又知道该财产已抵押的，则该承租人不属于善意第三人，该租赁关系也就不能对抗抵押权。只有在承租人为善意时即其不知道或者不应当知道租赁财产已经抵押的情形下，租赁关系才可以对抗未登记的抵押权。《担保的解释》第54条第（2）项规定，抵押人将抵押财产出租给他人并移转占有，抵押权人行使抵押权的，租赁关系不受影响，但是抵押权人能够举证证明承租人知道或者应当知道已经订立抵押合同的除外。

抵押人于抵押权设立前出租抵押财产的，抵押权与承租权的关系不同于抵押人将抵押财产出租时的关系。在将出租财产抵押的情况下，因租赁关系成立在前，抵押权成立在后，租赁关系对抵押权发生效力，抵押权不能对抗承租权。因为，尽管抵押权为物权，承租权为债权，但因承租权已构成抵押财产上的负担，而抵押权人于成立抵押权时，就已经知道或者应当知道抵押财产上存在承租权的事实和其对抵押权的影响，自愿地承担了这一负担，并且一般说来，在设定抵押权时也会因抵押财产上存在承租权而使抵押权担保的债权额减少。所以，在此情形下，抵押权不能对抗租赁权，原租赁关系不受该抵押权的影响。于抵押权实现时仍在租赁合同的有效期限内的，抵押权实现后租赁关系仍存在于原抵押财产上。

（三）抵押财产的处分权

第四百零六条 抵押期间，抵押人可以转让抵押财产。当事人另有约定的，按照其约定。抵押财产转让的，抵押权不受影响。

抵押人转让抵押财产的，应当及时通知抵押权人。抵押权人能够证明抵押财产转让可能损害抵押权的，可以请求抵押人将转让所得价款向抵押权人提前清偿债务或者提存。转让的价款超过债权数款的部分归抵押人所有，不足部分由债务人清偿。

本条规定了抵押人对抵押财产的处分权。

抵押人对抵押财产法律上的处分也就是转让抵押财产的所有权。在抵押人可否对抵押财产为法律上的处分，有肯定与否定两种不同的学说。否定说认为，抵押权设定后，抵押人的所有权已受到限制，抵押人不得随意转让抵押财产。肯定说认为，抵押权设定后，抵押人的所有权并未丧失，抵押人仍得转让抵押财产的所有权。国外的立法一般是采取肯定说，有的国家还明确规定当事人约定抵押人不得转让抵押财产的，该约定也无效。[1]我国以往的立法原则上采取否定说。[2]

《物权法》对于抵押人转让抵押财产的后果区分了两种不同的情形：抵押期间，抵押人经抵押权人同意转让抵押财产的，转让所得的价款为抵押财产的代位物；未经抵押权人同意的，

---

[1] 例如，《德国民法典》第1136条就规定："所有权人对债权人约定，负有不将土地让与，或设定其他负担之义务者，其约定无效。"

[2] 最高人民法院在《关于贯彻执行〈中华人民共和国民法通则〉若干问题的意见（试行）》第115条中曾规定，在抵押期间，非经债权人同意，抵押人将同一抵押物转让他人的，其行为无效。依该解释意见，抵押人转让抵押物必须经抵押权人同意。《担保法》第49条第1款对该规定作了一定修正，规定："抵押期间，抵押人转让已办理登记的抵押物的，应当通知抵押权人并告知受让人转让物已经抵押的情况；抵押人未通知抵押权人或者未告知受让人的，转让行为无效。"这一规定虽未将"经债权人同意"作为抵押人得转让抵押物的必要条件，但对抵押人转让抵押物仍予以两条限制：其一为"应当通知抵押权人"；其二为"应当告知受让人转让物已经抵押"。可见，《担保法》的规定仍然注重对抵押人转让行为的限制，而不承认抵押人得自由转让抵押物。依《担保法》第49条的规定，抵押人未通知抵押权人或者未告知受让人转让物已抵押而转让抵押物的，转让行为无效。

抵押人不得转让抵押财产，但如果受让人代为清偿债务则可以转让。

在抵押期间，抵押人未经抵押权人同意转让抵押财产的，该转让行为是否有效呢？有两种观点。一种观点认为，转让行为无效。另一种观点则认为，该转让行为属于有权转让，可以有效，但抵押权人仍可对该抵押财产行使抵押权，受让人代为清偿债务的，受让人可取得所有权。对于抵押人未经抵押权人同意转让抵押财产的后果，还应区分抵押权效力不同的情形：抵押权已登记的，抵押权人仍可追及该抵押财产行使抵押权；抵押权未经登记的，因其不具有对抗善意第三人的效力，善意第三人可以取得受让抵押财产的权利，而抵押权人不能追该财产行使权利。

从抵押权的本质上说，只要抵押人的转让行为不影响抵押权人的优先受偿权，抵押人就可以转让抵押财产，而不必限制。实际上，抵押权设定后，抵押人行使处分权的限制，仅是受抵押权的追及效力的限制。因为抵押权有追及性和不可分性，不论抵押财产为全部转让还是部分转让，也不论转让与何人，抵押权人都可追及之而行使优先受偿权。所以，对于抵押人对抵押物的法律上处分，立法上应采取肯定说，规定抵押人可以让与抵押财产的所有权，但抵押权并不因此而受影响。[①]《民法典》修正了《物权法》的规定，规定抵押人可以转让抵押财产。抵押财产转让的，不影响抵押权的效力。抵押权人证明抵押财产

---

① 参见郭明瑞：《担保法原理与实务》，中国方正出版社1995年版，第169—172页。

转让会损害其抵押权的,可以要求抵押人以转让所得的价款提前清偿债务或者提存。

因为在抵押期间抵押人仍享有抵押财产的所有权,所以抵押人也可以将抵押财产赠与他人,在其死亡时,抵押财产也为遗产。但无论抵押财产被继承还是被赠与,抵押权人都得就抵押财产行使权利。

十二、抵押权人在抵押期间的权利

抵押权人在抵押期间的权利,是抵押权对抵押权人的效力。抵押权人的权利主要有以下几项。

(一)抵押权的转让权

第四百零七条 抵押权不得与债权分离而单独转让或者作为其他债权的担保。债权转让的,担保该债权的抵押权一并转让,但是法律另有规定或者当事人另有约定的除外。

本条规定了抵押权人将抵押权转让或者供作担保的权利。

抵押权的转让,是指抵押权人将其抵押权让与他人。

关于抵押权让与的条件,各国法律规定并不完全一致。依《日本民法典》第376条的规定,抵押权人得为同一债务人的其他债权人单独让与抵押权。[①]在我国,不论转让抵押权时的受让对象为何人,抵押权均不能与受担保的债权分离而单独为让与,

---

① 《日本民法典》第376条:"1.抵押权人,可以将抵押权作为其他债权的担保,或为同一债务人的其他债权人利益,将其抵押权或其顺位让与,或者放弃。"

而只能与受担保的债权一并转让。抵押权与主债权一并让与时，须办理抵押权转让的登记。主债权一部让与的，供作其担保部分的抵押权随之让与；为抵押权转移登记时，应在登记中注明其所让与的债权额。但如果法律另有规定或者当事人另有约定，则债权转让时，抵押权可以不随之转让而应消灭。

抵押权也可以供作其他债权的担保。虽然抵押权不得与债权分离而单独作为其他债权的担保，但是抵押权可以随同受担保的主债权一并作为他债权的担保。抵押权随同受担保的债权供作其他债权担保的，属于质押担保，成立债权质。以抵押权连同债权设定附随抵押权的债权质，通常需订立书面质权合同、将债权证明文件交付质权人、通知债务人并办理质权设定登记和交付抵押权证书。在完成这些行为之后，发生设定的效力。[1] 债权质生效后，质权人取得标的债权的收取权，其为债的实现并得行使抵押权。

（二）抵押权的保全权

第四百零八条 抵押人的行为足以使抵押财产价值减少的，抵押权人有权要求抵押人停止其行为；抵押财产价值减少的，抵押权人有权要求恢复抵押财产的价值，或者提供与减少的价值相应的担保。抵押人不恢复抵押财产的价值，也不提供担保的，抵押权人有权要求债务人提前清偿债务。

本条规定了抵押权人的抵押权的保全权。

抵押权的保全权，是指在抵押期间于抵押财产的价值受侵

---

[1] 参见梁慧星、陈华彬：《物权法》（第五版），法律出版社2010年版，第317页。

害时，抵押权人得享有的保全其抵押权益的权利。因为在抵押期间虽抵押权人不占有抵押财产，但如抵押财产受到侵害致使其价值减少的，于抵押权实现时，抵押权人就会不能完全受清偿或者减缩受清偿的范围。因此，在抵押期间对抵押财产的侵害，也会构成对抵押权的一种侵害，为保护抵押权人的权利，法律赋予抵押权人保全抵押权的权利。

对抵押财产的侵害，是指行为人不法地损毁抵押标的物使其价值减少或者灭失的行为，既包括以积极的方法破坏抵押财产的行为，也包括以消极的方法使抵押财产价值减损的行为。前者，如抵押人将抵押财产毁损；后者，如抵押人对抵押财产不为必要的修缮。抵押人对于抵押财产本无交付保险费的义务，但如果在抵押权设定时抵押财产已保险，其后抵押人不为保险的更新或者不缴纳保险费致使保险终止，抵押人的这一行为也为使抵押财产价值减少的侵害行为。

在抵押财产受侵害时，抵押权人的保全权主要包括以下内容。

1. 停止侵害和排除妨害请求权

抵押权人的停止侵害请求权，是指在抵押人的行为足以使抵押财产价值减少时，抵押权人得要求抵押人停止其侵害行为的权利。抵押权人的停止侵害请求权是防止抵押财产价值减少的有效的救济措施，不仅得以抵押人为相对人，也得以第三人为相对人。[①] 因为不论是抵押人还是第三人都负有不得侵害抵押

[①] 《德国民法典》第1134条规定："1.所有权人或第三人干涉土地，致该土地有发生足以危及抵押权担保之毁损之虞时，债权人得提起不作为之诉。2.干涉系所有人所为者，法院得依债权人之请求，命令为防止危害所必要之处分。所有人对第三人之干涉或其他损害，不为必要之预防，致土地有受毁损之虞者，亦同。"

权的不作为义务，如其违反该义务而实施侵害行为，足以使抵押财产的价值减少或者继续减少时，抵押权人就得请求其停止侵害。抵押权人的停止侵害请求权属于不作为请求权，既适用于作为的侵害，也适用于不作为的侵害。例如，抵押财产为房屋的，抵押人拆毁房屋时，抵押权人得请求其停止拆毁；抵押人不对房屋为必要修缮的，抵押权人得请求其停止不为修缮的消极行为而为必要的修缮。

抵押人或者第三人妨害抵押权人行使抵押权的，抵押权人有排除妨害请求权。例如，抵押人或第三人注销抵押权登记，或者妨碍对抵押财产的变卖的，抵押权人即得请求人民法院排除妨害。

2. 恢复原状请求权

抵押权人恢复原状请求权，是指在因可归责于抵押人的事由致抵押财产价值减少时，抵押权人得请求抵押人恢复抵押财产的价值的权利。这里的所谓恢复抵押财产的价值，是指恢复抵押财产原来的状态，以维系抵押财产的原价值，所以称之为恢复原状。例如，将损毁的房屋修复。

满足恢复原状请求权，须具备以下两个条件：其一，须有恢复原状的可能。包括事实上的可能和法律上的可能。如不可能恢复原状时，则不能适用恢复原状的救济方法。例如，抵押财产为房屋的，房屋完全倒塌已无法修复，为事实上不可能；抵押财产为建设用地使用权的，该建设用地使用权被出让人依法收回，则为法律上不可能恢复原状；其二，须有恢复原状的必要，即恢复原状符合经济合理的要求，从社会经济效益上看是合算的。如果从经济合理性上说，已没有必要恢复原状，则也不能适用恢复原状的救济措施。

3. 提供相当担保请求权

提供相当担保请求权，是指在因可归责于抵押人的事由致抵押财产价值减少时，抵押权人得请求抵押人另行提供与减少的价值相应的担保的权利。由于抵押人另行提供相当的担保，是在原担保上再提供的担保，因此又称为增担保。至于抵押人另行提供的担保为人的担保还是物的担保，则在所不问，只要能保持抵押财产原担保价值即可。所以，提供相当的担保实际上是恢复抵押财产价值的又一项措施。

在因可归责于抵押人的事由致使抵押财产价值减少时，抵押权人既享有恢复原状请求权，又享有提供相当担保请求权。但是，这两项请求权并不是并存的、得同时行使的关系，抵押权人只能选择行使其中一项请求权。一般说来，在抵押财产价值减少后，能够恢复原状态的，抵押权人应行使恢复原状请求权；不能恢复原状的，抵押权人应行使提供相当担保请求权。但是这两项请求权之间并无先后顺序关系，即使能够恢复原状，抵押权人也得请求提供相当担保，而不要求恢复原状。

在抵押财产的价值减少后，抵押权人向抵押人提出恢复原状的请求或者提出提供相当担保的请求，而抵押人并不理睬，其既不恢复原状也不提供相当担保时应如何处置呢？外国法一般规定，于抵押人或债务人不能满足抵押权人的请求时，抵押权人得立即实现抵押权。我国物权法规定为"抵押权人有权要求债务人提前清偿债务"。抵押权人要求债务人提前清偿债务而债务人又不清偿的，债务人的行为构成不履行到期债务，抵押权人当然就可以实现抵押权。

4.损害赔偿请求权

损害赔偿请求权,是指抵押权人在抵押权受到侵害时得请求赔偿损害的权利。抵押权是优先受偿权,因此只有在抵押财产的价值减少致使抵押权人不能完全地优先受清偿或者其原有的优先受偿的范围减缩时,才能构成对抵押权的侵害。如果抵押财产虽受到侵害,但其剩余部分的价值仍能使受担保的债权额全部受偿时,则因抵押权人并无损害的发生,不构成对抵押权的侵害,不能成立抵押权人的损害赔偿请求权。

(三) 抵押权和抵押权顺位的抛弃、变更权

第四百零九条 抵押权人可以放弃抵押权或者抵押权的顺位。

抵押权人与抵押人可以协议变更抵押权顺位以及被担保的债权数额等内容。但是,抵押权的变更,未经其他抵押权人书面同意的,不得对其他抵押权人产生不利影响。

债务人以自己的财产设定抵押,抵押权人放弃该抵押权、抵押权顺位或者变更抵押权的,其他担保人在抵押权人丧失优先受偿权益的范围内免除担保责任,但是其他担保人承诺仍然提供担保的除外。

本条规定了抵押权人对抵押权和抵押权顺位的抛弃、变更权。

1.抵押权的抛弃

抵押权的抛弃,是指抵押权人放弃其优先受偿的担保利益,包括抵押权的绝对抛弃和抵押权的相对抛弃。

抵押权的绝对抛弃,是指抵押权人为所有债权人的利益而抛弃抵押权,实际上是抵押权人与抵押人解除抵押权关系。抵押权的绝对抛弃须由抵押权人向抵押人做出抛弃的意思表示,

并且已经办理抵押登记的,应注销抵押权登记。抵押权的绝对抛弃对于一切债权人都发生效力。抵押权一经抵押权人绝对抛弃,抵押权消灭,原抵押权人成为普通债权人。抵押权的绝对抛弃不得损害第三人的利益,因此若绝对抛弃抵押权会损害第三人的利益时,抵押权人不得抛弃抵押权。例如,在抵押权已随同债权供作其他债权担保时,若抵押权人抛弃抵押权就会损害该受担保的债权人的利益,则抵押权人不得抛弃抵押权。

抵押权的相对抛弃,指的是抵押权人仅为同一债务人的特定债权人的利益而抛弃抵押权。抵押权的相对抛弃应由抵押权人向抵押人做出相应的抛弃的意思表示并经抵押人同意。抵押权一经相对抛弃后,抛弃抵押权的抵押权人并不丧失抵押权,仅是使受抵押权抛弃的特定债权人处于与抛弃抵押权的抵押权人同一的地位。因此,抵押权的相对抛弃只对特定的债权人发生效力,对其他无利害关系人并不发生效力。相对抛弃抵押权的抵押权人对于未受其抵押权抛弃的其他债权人仍享有抵押权人的地位,仍得优先受清偿。

2. 抵押权的变更

抵押权的变更是指抵押权人与抵押人协议变更被担保的债权数额等内容。抵押权的变更须具备以下条件:其一,有抵押权人与抵押人变更抵押权的合意;其二,法律规定应当登记的抵押权已经办理了变更登记;其三,该变更不损害其他债权人的利益。

3. 抵押权顺位的抛弃

抵押权的顺位指的是各抵押权人之间优先受偿的关系,顺位在先的抵押权人较顺位在后的抵押权人优先受偿。由于抵权人之间的先后受偿的顺序和位次直接关涉各抵押权人的利益，因此，抵押权顺位也是一种权利，称之为顺位权或顺序权、次序权。抵押权的顺位是抵押权效力的一种状态，其是否可变，各国立法规定不一。在抵押权位次可否变动上，有抵押权位次固定与位次升进两种立法主张。所谓抵押权位次固定，是指抵押权的位次不能改变，即使前一顺位的抵押权消灭，后一顺位的抵押权也不能当然升进为前一位次；所谓抵押权位次升进，是指前一位次的抵押权消灭，原则上后一位次的抵押权自然升进至前一位次。但无论在抵押权位次上采取何种立法主张，抵押权顺位既然是抵押权人的权利而非其义务，抵押权人也就可以处分之。抵押权人可以抛弃抵押权顺位，也可以变更抵押权顺位。

抵押权顺位的抛弃，指的是抵押权人放弃其顺序利益，包括抵押权顺位的相对抛弃和抵押权顺位的绝对抛弃。

抵押权顺位的相对抛弃，是指前一顺位的抵押权人为同一债务人的特定的后顺位抵押权人的利益而抛弃其顺位权。抵押权顺位的相对抛弃，以抛弃人一方的意思表示为之即可。但登记的抵押权应为附记登记。抵押权顺位的相对抛弃，不同于一般的权利抛弃。一般的权利抛弃，权利人抛弃其权利后，该权利即消灭。而抵押权顺位相对抛弃后，抛弃人并不完全丧失其优先受偿权，该抛弃人只是对受抛弃的抵押权人失去优先受偿权，对于不受抛弃的其他后顺位的抵押权人并不发生影响。因此，抵押权顺位相对抛弃的后果，是使抛弃人与受抛弃人处于同一顺位，在抛弃人的抵押权顺位上按照抛弃人应得的受偿数额，按抛弃人与受抛弃人各自债权额的比例优先受偿，与其他抵押权人并无利害关系。如甲、乙、丙分别为第一、二、三顺序的抵押权人，甲的抵押权所担保的债权额为50万元，乙的抵押权所担保的债权额为30万元，丙的抵押权所担保的债权额为20万元，甲将其抵押权顺位为丙的利益相对抛弃，则丙与甲处于同一顺序，丙与甲就抵押财产的变价只能在50万元的额度内按各自的债权额比例优先于乙受偿，乙仍处于第二顺序，得就抵押财产价值50万元的余额优先受偿。

抵押权顺位的绝对抛弃，是指前一顺位抵押权人并非专为同一债务人的某一特定的后顺位抵押权人的利益而是为所有后顺序抵押权人的利益抛弃其顺序利益。抵押权顺位绝对抛弃的方法与相对抛弃的方法相同，其与相对抛弃的区别在于，抵押权顺位的绝对抛弃对于抛弃人抛弃抵押权顺位前已成立的一切抵押权均发生效力。因此，在抵押权顺位绝对抛弃时，后顺位的抵押权顺位依次升进，抛弃人的抵押权处于最后一顺位。但抵押权顺位的绝对抛弃对于抛弃后成立的抵押权不生效力，亦即于抛弃人抛弃抵押权顺位后新成立的抵押权，其顺位不能在抛弃人的抵押权顺位之前。例，如甲、乙、丙分别为第一、二、三顺序的抵押权人，甲将其抵押权顺位绝对抛弃的，甲的抵押权就成为第三顺序的抵押权，而乙、丙的抵押权成为第一、二顺序抵押权。若在甲绝对抛弃抵押权顺位后，于该抵押财产上又为丁设立一个抵押权，则丁所享有的抵押权只能属于第四顺序。

4.抵押权顺位的变更

抵押权顺位的变更，是指同一抵押人的数个抵押权人，将其抵押权的顺位互换。抵押权顺位的变更和抵押权内容的变更的要求相当，须具备三个条件：一是有抵押权人与抵押人的合意，即有变更协议；二是须经其他抵押权人的书面同意。若该变更未经其他抵押权人书面同意，不得对未经其书面同意的抵押权人产生不利影响，换言之，未书面同意该变更的抵押权人仍享有原担保利益；三是应进行变更登记，抵押权顺位和抵押权内容的变更均经登记发生效力。变更一经发生效力，抵押权人即依照变更后的顺位或者变更后的内容行使优先受偿权。

在抵押权人同时享有其他担保权时，抵押权人抛弃抵押权、抵押权顺位或者变更抵押权的，必会影响到其他担保人的担保责任。为维护其他担保人的利益，物权法规定，对于在债务人财产上设立的抵押权，抵押权人无论是抛弃该抵押权，还是抛弃该抵押权的顺位或者变更抵押权，其他担保人在抵押权人因此而丧失的优先受偿范围内免除担保责任，但其他担保人承诺仍然提供担保的，其担保责任不能免除。

十三、抵押权的实现

（一）抵押权实现的条件和方式

第四百一十条 债务人不履行到期债务或者发生当事人约定的实现抵押权的情形，抵押权人可以与抵押人协议以抵押财产折价或者以拍卖、变卖该抵押财产所得的价款优先受偿。协议损害其他债权人利益的，其他债权人可以请求人民法院撤销该协议。抵押权人与抵押人未就抵押权实现方式达成协议的，抵押权人可以请求人民法院拍卖、变卖抵押财产。

抵押财产折价或者变卖的，应当参照市场价格。

本条规定了抵押权实现的条件和方式。

抵押权的实现，又称为抵押权的实行，是指抵押权人行使抵押权，实现抵押财产的价值，从中优先受偿其债权的法律现象。实现抵押权，也就是抵押权人行使优先受偿权，是抵押权人的主要权利。

1. 抵押权实现的条件

抵押权的实现，须具备一定的条件。关于抵押权实现的条件，各国法规定不完全相同。抵押权的实现通常须具备以下条件：

（1）须抵押权有效存在并不受限制

抵押权的设定如为无效或者已被撤销，则因抵押权已不存在，当然不能实现。例如，债务人与多个普通债权人中的一个债权人恶意串通将财产抵押给该债权人而损害其他债权人权益的抵押为恶意抵押，恶意抵押一经撤销即为无效，[①] 当然也就无所谓抵押权的实现。抵押权虽然有效存在，但是其实现受一定限制时，在受限制的范围内不能实现抵押权。例如，抵押权随同主债权一并为其他债权设定担保时，抵押权的实现就受到限制。又如，为抵押权所担保的主债权代位清偿时，清偿人不得于有害于债权人利益的情形下代位行使抵押权。因此，有效存在的抵押权也只有在其实现不受限制的条件下，才得以实现。

（2）须债务人不履行到期债务或者发生当事人约定的实现抵押权的情形

在一般情形下只有债务人不履行到期债务才可实现抵押权。

[①] 最高人民法院《关于债务人有多个债权人而将其全部财产抵押给其中一个债权人是否有效问题批复》（法复【1994】2号）规定：债务人有多个债权人时，而将其全部财产抵押给其中一个债权人，因此丧失了履行其他债务的能力，损害了其他债权人的合法权益，根据《中华人民共和国民法通则》第4条、第5条的规定，应当认定为该抵押协议无效。

债务人的债务履行期限,是决定债务人有无清偿责任的标准。债务履行期限未到的,债务人并无清偿的责任,债权人当然不能要求债务人履行;债务履行期限虽到但未届满的,则债务人在履行期限内是否履行债务,也不得而知,债权人也不能主张实现抵押权。但是,在下列情形下,抵押权人可以于债务履行期满前请求实现抵押权:①债务人被宣告破产的;②抵押人的行为足以使抵押财产价值减少,抵押权人请求恢复原状或者提供担保而遭到拒绝,抵押权人要求债务人提前清偿债务而债务人不为清偿的;③债务人于债务履行期限届满前已明确表示不清偿债务的。债务人未履行债务,债权人的债权不能受偿,抵押权人得实现抵押权以受偿其债权。若债务人履行了债务,债权人的债权受到清偿,抵押权人自无必要也不得实现抵押权。需要说明的是,债务人未履行债务须因债务人的原因。若债务人未履行债务是因债权人一方造成的,而不是债务人的原因,则抵押权人不得实现抵押权。例如,债权人拒绝接受债务人的适当履行,从而使债务未能履行,则因为不能让债务人承担债权人的过错,抵押权人不得实现抵押权。因此,只有在因债务人一方造成债务不履行时,抵押权人才可以实现抵押权。

当事人于抵押合同中明确约定了可以实现抵押权的事由的,发生当事人约定的实现抵押权的事由时,抵押权人也可以实现抵押权。

(3)须在抵押权存续期间

抵押权是有存续期间的权利,抵押权人只能在抵押权存续期间内行使抵押权。抵押权存续期间届满后,抵押权人的抵押权消灭,抵押权人不能再实现抵押权。

2. 抵押权的实现方式

关于实现抵押权的方式，各国立法例不一，主要有三种立法例：其一是由抵押权人自行处分抵押财产；其二是由抵押权人申请法院强制执行；其三是依法院的命令或者当事人的合意执行。

依我国《担保法》第 53 条第 1 款规定，抵押权人首先得与抵押人协商以抵押物折价或拍卖、变卖抵押物的方式实现抵押权。只有在双方协商不成时，抵押权人才可以向人民法院提起诉讼。对此规定，学者表示出不同的意见。有学者认为，如何实现抵押权应为抵押权人的权利，应由抵押权人自行决定；也有学者主张，只要抵押权的实现条件具备，抵押权人就可以直接请求法院实现抵押权，而不必先与抵押人协商。[1] 为更好地保护抵押权人的利益，方便抵押权的实现，《物权法》第 195 条第 2 款对《担保法》的规定作了修正：抵押权的实现可依照当事人的协议执行；当事人达不成协议的，抵押权人可以直接申请人民法院实现抵押权。《民法典》沿用了《物权法》的规定。按照《民事诉讼法》第 197 条规定，法院受理申请后，经审查符合法律规定的，裁定拍卖、变卖担保财产，当事人依据该裁定可以向法院申请执行；不符合法律规定的，裁定驳回申请，当事人可以向法院提起诉讼。

无论是由抵押权人与抵押人协商实现抵押权，还是由抵押权人经申请依据法院的裁定拍卖、变卖抵押财产以实现抵押权，抵押权的实现方法可分为抵押财产的拍卖、变卖和折价。

---

[1] 详见郭明瑞：《担保法原理与实务》，中国方正出版社 1995 年版，第 199—200 页。

抵押财产的拍卖与变卖都是以出卖的方式实现抵押财产的价值。拍卖是一种特殊的买卖，变卖是以拍卖以外的方式出卖抵押财产。因拍卖是以竞争的方式进行的买卖，因此以拍卖方式出卖抵押财产，能最充分地实现抵押财产的价值。为保护抵押权人和抵押人双方以及第三人的利益，抵押财产的出卖最好采取拍卖的方式，以其他方式变卖抵押财产的应当参照市场价格。抵押财产的折价，是指抵押权人与抵押人协商由抵押权人以确定的价格取得抵押财产的所有权。这是实现抵押权的又一种重要方式。

抵押财产折价须具备以下条件：

其一，债务履行期限届满债务人未履行债务或者发生当事人约定的实现抵押权的情形，抵押权人得实现抵押权。因为抵押财产折价为抵押权实现的一种方式，只能于得实现抵押权时为之。

其二，由抵押权人与抵押人双方商定。抵押财产折价，实际上是抵押人与抵押权人订立将抵押财产卖与抵押权人的合同。因此，抵押财产折价，须当事人双方的意思表示一致，不得由单方决定。若当事人双方就抵押财产的折价意思表示不一致，则不能以抵押财产折价的方式实现抵押权。当然，如当事人双方同意以抵押财产折价方式实现抵押权，仅是就抵押财产的价格有争议，则可以由有关机关来确定抵押财产的价格。但法院或其他机构均无权决定以抵押财产折价的方式实现抵押权。

其三，须不损害其他债权人的利益。由于抵押财产折价实际上是抵押权人与抵押人协商以确定的价格将抵押财产卖给抵押权人，所折抵押财产的价格超过担保债权额的，余额部分应返还给抵押人，折价的价格不足以清偿所担保的债权额的，抵押权人还得向债务人请求清偿。因此，如果当事人双方约定的价格过低，则会损害其他债权人的利益。而任何权利的行使都不能损害他人的利益，抵押人与抵押权人双方以抵押财产折价方式实现抵押权的，应当参照市场价格。当事人双方协议如以过低的价格将抵押财产折价或者变卖而损害其他债权人利益时，其他债权人得于知道或者应当知道撤销事由之日起1年内请求撤销抵押权人与抵押人之间的该协议。

依最高人民法院《关于审理城镇房屋租赁合同纠纷案件具体应用法律若干问题的解释》第15条规定，抵押房屋为出租房屋的，出租人与抵押权人协议折价、变卖租赁房屋偿还债务，应当在合理期限内通知承租人。承租人请求以同等条件优先购买房屋的，人民法院应予以支持。

（二）浮动抵押权的抵押财产确定

第四百一十一条 依照本法第三百九十六条规定设定抵押的，抵押财产自下列情形之一发生时确定：

（一）债务履行期届满，债权未实现；

（二）抵押人被宣告破产或者解散；

（三）当事人约定的实现抵押权的情形；

（四）严重影响债权实现的其他情形。

本条规定了浮动抵押的抵押财产的确定。

浮动抵押的抵押财产是浮动的，而抵押权的实现只能是由抵押权人将特定的抵押财产予以变价。所以，浮动抵押权只能在抵押财产确定时才可实现。浮动抵押财产的确定又称抵押权的固定。自抵押财产确定后，浮动抵押也就成为固定抵押，抵押权人依法律规定的抵押权实现方式实现抵押权。

浮动抵押在下列情形下，抵押财产确定，浮动抵押转化为固定抵押。

1. 债务履行期届满，债权未实现。债务到期后，债权人未实现债权的，债权人已经知道自己的债权可能不能从债务人受偿，抵押财产应确定，以使债权人能够实现抵押权。至于债权履行期届满，债权因何原因未实现，是因债务人拒不清偿还是因债务人无力清偿，则在所不问。

2. 抵押人被宣告破产或者解散。抵押人被宣告破产或者解散时，要对抵押人进行清算，抵押权人对抵押财产享有别除权。而只有抵押财产确定，抵押权人才能行使别除权。因此，为使浮动抵押权人能够及时行使别除权以维护自己的利益，在抵押人被宣告破产或者解散时，抵押财产应确定。

3. 当事人约定的实现抵押权的情形。发生当事人约定的抵押权实现的情形，抵押权人可以实现抵押权。为使浮动抵押权人能够实现抵押权，抵押财产也就应确定。

4. 严重影响债权实现的其他情形。在发生其他严重影响债权实现的情形时，抵押权人如不行使抵押权，则会损害其债权的实现。因此，于此情形下，抵押财产应确定。

（三）抵押权实现对孳息的效力

第四百一十二条 债务人不履行到期债务或者发生当事人约定的实现抵押权的情形，致使抵押财产被人民法院依法扣押的，自扣押之日起抵押权人有权收取该抵押财产的天然孳息或者法定孳息，但是抵押权人未通知应当清偿法定孳息义务人的除外。

前款规定的孳息应当先充抵收取孳息的费用。

本条规定了抵押权实现时抵押权及于抵押财产孳息的效力。

孳息为抵押财产所生之物。因抵押权设定后，抵押人仍占有抵押财产，因此，抵押人有权收取抵押财产的孳息。但在可实现抵押权后，抵押权人为实现抵押权申请由法院扣押抵押财产的，自抵押财产被扣押时起，抵押人无权再收取抵押财产的孳息，自此时起抵押财产孳息为抵押权效力所及，抵押权人有权收取。但是，因抵押财产的法定孳息是由第三义务人给付的，只有第三义务人向抵押权人给付法定孳息，抵押权的效力才能及于该法定孳息。因此，在抵押财产被人民法院依法扣押后，抵押权人应通知第三义务人，让第三义务人向其给付法定孳息。抵押权人未通知清偿法定孳息义务的第三人的，第三人义务人向抵押人给付法定孳息的，其给付有效，抵押权的效力就不能及于该法定孳息。

抵押权人收取的孳息，应先用于清偿收取费用；剩余的部分用于清偿抵押权担保的债权。

（四）抵押财产变价价款的归属和清偿顺序

第四百一十三条　抵押财产折价或者拍卖、变卖后，其价款超过债权数额的部分归抵押人所有，不足部分由债务人清偿。

第四百一十四条　同一财产向两个以上债权人抵押的，拍卖、变卖抵押财产所得的价款依照下列规定清偿：

（一）抵押权已经登记的，按照登记的时间先后确定清偿顺序；

(二)抵押权已经登记的先于未登记的受偿;

(三)抵押权未登记的,按照债权比例清偿。

其他可以登记的担保物权,清偿顺序参照适用前款规定。

上两条规定了抵押财产变价的价款归属和清偿顺序。

由于以抵押财产的变价优先受偿其债权,是抵押权人的主要权利,也是抵押权实现的内容和目的,因此,以实现抵押权时所得的价金用于受偿所担保的债权,是抵押权对抵押权人的主要效力。抵押财产变价所得价款清偿债务有余额即价款超过债权数额的,超过部分归抵押人所有,因为抵押财产属于抵押人;所得价款不足以清偿债权数额的,不足部分由债务人清偿,因为债务人是债权的清偿人。

在抵押财产上有数个抵押权时,则发生各抵押权人之间受偿价金的分配问题。在对拍卖的后果采取承受主义的立法例的立法上,被拍卖的抵押财产上存在前顺序抵押权时,前顺序的抵押权不因拍卖而受影响,由买受人承受抵押权,实现抵押权的抵押权人以拍卖所得受偿其债权。但在采取注销主义立法例的国家,不论何顺序的抵押权人实现抵押权,抵押财产上的各个抵押权均因抵押财产的拍卖而消灭。各个抵押权人应按照抵押权的顺序受偿。即前一顺序的抵押权人先受偿,后一顺序的抵押权人后受偿,抵押权顺序相同的,按照其担保的债权额比例受偿。我国法采取的是注销主义立法例。同一财产向两个以上债权人抵押的,任何一个债权人的抵押权符合实现条件时,抵押权人都可以实现抵押权,将抵押财产变价,抵押财产上的抵押权消灭。若某一抵押权的债权受偿期限尚未届满,则应当将该抵押权人应优先受偿的金额提存。在同一财产上设定有数个抵押权且各个抵押权所担保的债务履行期不同时,若先顺序的抵押权所担保的债权先到期的,则该抵押权人自可实现抵押权,但应将清偿后剩余的价款提存。若后顺序的抵押权所担保的债权先到期,则该抵押权人实现抵押权时,其只能就抵押财产变价于扣除顺序在先的抵押权所担保的债权额后优先受偿。但是,后顺序的抵押权人实现抵押权的费用应优先于顺序在先的抵押权人就抵押财产的变价受清偿。

依物权法规定,同一财产上存在两个以上抵押权的,拍卖、变卖抵押财产所得的价款按照以下规定清偿:一是抵押权已经登记的,按照登记的时间先后确定清偿顺序;二是抵押权已经登记的先于未登记的受偿;三是抵押权未登记的,按照债权比例清偿。

数抵押权清偿顺序的规定,也适用于其他可以登记的担保物权。

(五)抵押权与质权竞合的清偿顺序

第四百一十五条 同一财产既设立抵押权又设立质权的,拍卖、变卖该财产的价款按照登记、交付的时间先后确定清偿顺序。

本条规定了抵押权与质权竞合的清偿顺序。

所谓抵押权与质权竞合,是指同一财产上既有抵押权又有质权,有的称为抵押权与质权并存。一般来说,担保物权并存,是指同一性质的担保物权存在于同一财产上,如同一财产上同时存在两个抵押权或两个质权。同一财产上同时存在两个不同性质的担保物权称为担保物权竞合。在发生抵押权与质权竞合时,就须确定其先后的清偿顺序。因物权法规定,动产抵押权经登记才具有对抗第三人的效力,而动产质权以交付为设立条件。因此,在同一财产发生抵押权与质权竞合时,应按照登记、交付的时间先后确定清偿顺序,即抵押权登记在先的,抵押权优先受偿;质权设立在先即先交付动产设立质权的,质权优先受偿。

(六)担保价款抵押权的效力

第四百一十六条 动产抵押担保的主债权是抵押物的价款,标的物交付后十日内办理抵押登记的,该抵押权优先于抵押物买受人的其他担保物权人受偿,但是留置权人除外。

本条规定了担保价款债权抵押权的优先效力。

价款债权是指出卖人享有的取得价款的权利。在外国的立法上,有的规定有动产价款优先权,即价款债权优先于债务人的其他债权受偿。出卖人出卖动产后,因交付即由买受人取得所有权,而出卖人仅有取得价款的债权。为保障价款债权的实现,出卖人可以采取所有权保留的方式担保债权,即在买受人支付全部价款前,标的物虽交付也不发生所有权的转移。出卖人也可以在由买受人取得所有权的标的物上设立抵押权。同时因标的物已经为买受人取得,买受人也会在其上设立其他担保物权。为担保价款债权的实现,法律规定,担保价款债权的抵押权只要在标的物交付后10日内办理了抵押登记,就具有优先于抵押物买受人的其他担保物权的效力。也就是说,无论抵押物买受人的其他担保物权人的权利设立先后,都只能后于价款债权抵押权受偿。但是,价款抵押权不能优先于抵押物上的留置权。留置权人的受偿权优于价款债权抵押权人的受偿权。

依《担保的解释》第 57 条规定，担保人在设立动产浮动抵押并办理登记后又购入或者以融资租赁方式承租新的动产，下列权利人为担保价款债权或者租金的实现订立担保合同，并在该动产交付 10 日内办理登记，主张其权利优先于先设立的动产浮动抵押权的，人民法院应予支持：(1) 在该动产上设立抵押权或者保留所有权的出卖人；(2) 为价款支付提供融资而在该动产上设立抵押权的债权人；(3) 以融资租赁方式出租该动产的出租人。买受人取得动产但未付清价款或者承租人以融资租赁方式占有租赁物但是未付清全部租金，又以标的物为他人设立担保物权，前款所列权利人为担保价款债权或者租金的实现而订立担保合同，并在该动产交付后 10 日内办理抵押登记，主张其权利优先于买受人为他人设立的担保物权的，人民法院应予支持。

（七）抵押权实现时抵押财产处分的扩张

第四百一十七条　建设用地使用权抵押后，该土地上新增的建筑物不属于抵押财产。该建设用地使用权实现抵押权时，应当将该土地上新增的建筑物与建设用地使用权一并处分。但是，新增建筑物所得的价款，抵押权人无权优先受偿。

本条规定了抵押权实现时抵押财产处分的扩张。

抵押财产处分的扩张，是指抵押权人于必要时得将不在抵押权效力范围内的财产一并处分。

抵押权人于实现抵押权时可以处分的标的本来应当以抵押权效力所及的标的物为限。关于抵押权效力所及的标的物范围，通说认为，除当事人另有约定外，抵押权的效力及于抵押权设立时抵押物的从物[①]、从权利以及后来发生的抵押物的附合物[②]等。由于在抵押权设定后新增建的建筑物不在抵押权效力所及范围内，该新建的建筑物也就不能与抵押财产一并处分。但因为建筑物不能与土地分离，若不将新增的建筑物一并处分，则或无人竞买，或卖价偏低，从而影响全部债权的清偿；若将新增的建筑物拆除，则使社会财富损失，于社会经济不利。所以，为保护各方的利益，保护社会财富不受损失，物权法规定建设用地使用权抵押权人实现抵押权时，应将该土地上新增的建筑物一并处分，但其对拍卖新增建筑物所得无优先受偿权。当然，抵押权人一并处分的标的物须为在建设用地使用权抵押后新增的建筑物，且须该建筑物是合法享有建设用地使用权的人合法建造的。不享有建设用地使用权而建造的建筑物为违法建筑，建造人不能取得所有权，也不能使其因拍卖而成为合法建筑。对违法建筑，于拍卖时应予以拆除，或者先办理合法的手续。

需要指出，物权法的规定与担保法的规定是不同的。依《担保法》第51条的规定，抵押权人于需要拍卖时可以将新增的建筑物一并拍卖，此以有一并拍卖的必要为条件。是否有一并拍卖的必要，以能否影响抵押权人的受偿为标准。如果不将新增的房屋一并拍卖，仅拍卖抵押标的也不影响抵押权人的债权受偿，则属于无一并拍卖的必要，不应将新增的建筑物一并

[①] 依《担保的解释》第40条规定，抵押权设定前为抵押物从物的，抵押权的效力及于抵押物的从物。但是，当事人另有约定的除外。从物产生于抵押权依法设立后的，抵押权的效力不及于从物，但是在抵押权实现时可以一并处分。

[②] 参见《担保的解释》第41条。

拍卖。而依《物权法》和《民法典》的规定，抵押权人不是可以而是应当将土地上新增的建筑物与建设用地使用权一并处分，一并处分是义务而不以有一并处分的必要为条件。之所以如此规定，是因为唯有如此才不会造成建设用地使用权人与建筑物所有权人的不同。

（八）集体土地使用权抵押权实现的特殊效力

第四百一十八条 以集体所有土地的使用权依法抵押的，实现抵押权后，未经法定程序，不得改变土地所有权的性质和土地用途。

本条规定了集体所有土地的使用权抵押权实现时的特殊效力。

抵押权实现后受让人取得抵押财产的所有权。抵押财产上存有负担时，受让人是否负担该负担呢？如果该负担是因当事人约定发生的，则依其发生在抵押权设立前还是抵押权设立后对受让人有不同的效力。抵押权设立前抵押财产上已经存在用益物权或者租赁权等负担的，因该负担具有对抗抵押权的效力，因此，抵押权实现后受让抵押财产的受让人，也应承受该负担。抵押权设立后抵押财产上产生的租赁权或者用益物权，因其发生后于抵押权，不具有对抗抵押权的效力，于抵押权实现时，该负担应予以消除，抵押财产的受让人不承受该负担。受让人经拍卖而受让抵押财产的，如果拍卖时拍卖人、委托人未说明拍卖的财产存在负担的，则受让人因承受该受让的财产的负担而受损害的，有权请求拍卖人赔偿。

但是，对于抵押财产上存在的法定负担，不论于何种情形下，基于抵押权实现受让抵押财产的受让人不能免除。在我国，可以抵押的土地承包经营权的农用地以及乡镇、村企业的厂房等建筑物占用的建设用地，都属于集体所有的土地，并且各有其专用的用途。享有土地承包经营权或集体土地建设用地使用权的土地使用权人，不经法定程序，不得改变其使用的土地的性质和用途。这是其负有的法定义务。所以，依物权法规定，因抵押权实现而受让土地承包经营权或者集体土地建设用地使用权的受让人必须负担原抵押人负担的法定义务，未经法定程序，不得改变土地所有权的性质和土地用途。

十四、抵押权的行使期间

第四百一十九条 抵押权人应当在主债权诉讼时效期间行使抵押权；未行使的，人民法院不予保护。

本条规定了抵押权的行使期间。

抵押权因行使而消灭，因此，抵押权的行使期间也就是抵押权的存续期间。

关于抵押权有无期限限制，各国立法有不同的立法例，学者中也有不同的观点。一种观点认为，抵押权的存续期间不受限制，当事人约定抵押期间的，约定无效。另一种观点认为，抵押权是期限物权，抵押期限即为抵押权的存续期间，抵押期限届满，抵押权也应当消灭。抵押期限可由抵押当事人自行约定。但是约定的抵押期限，只有在抵押登记时已为登记的，才发生效力。若当事人未在抵押登记中予以登记，则其约定的抵押期限不能发生效力。同时，当事人约定的抵押期限不能与债务履行期限相同，更不能短于债务履行期限。如果当事人约定的抵押期限与债务的履行期限相同或者更短,则该约定应为无效。若当事人约定了抵押期间,但没有约定起算点,则抵押期间应自债务履行期限届满之日起算。因为自此时起,抵押权人即可行使抵押权。

对于当事人未在抵押合同中约定抵押期限,抵押权可否因一定期限届满而消灭呢?对此也有不同的看法。我国台湾地区现行"民法"规定,以抵押权担保之债权,其请求权已因时效而消灭,如抵押权人于消灭时效完成后5年间不行使其抵押权者,其抵押权消灭。我国物权法规定,抵押权人应当在主债权诉讼时效期间行使抵押权;未行使的,人民法院不予保护。于此时法院何以不予保护?是因主债权诉讼时效的效力及于从权利呢,还是对抵押权也适用诉讼时效或者是因抵押权消灭?对此有不同的理解。有学者认为,该条参照了《法国民法典》第2180条所规定的抵押权规制模式,主债权诉讼时效完成后,抵押权消灭。[①] 有学者认为,我国法规定的期间属于抵押权诉讼的时效期间,因而该期间届满并不消灭实体权利——抵押权。抵押权人所丧失的仅是请求司法保护(胜诉权),也就是说,抵押权人只是不能请求法院拍卖、变卖抵押物。因此,主债权诉讼时效届满后,抵押权仍然存在,抵押权人与抵押人达成抵押权实现协议,视为抵押人对其时效抗辩的抛弃,如无其他无效理由,该协议有效。也有学者认为,我国法规定的期间属于抵押

---

① 参见王闯:《规则冲突与制度创新(中)》,载《人民法院报》2007年6月27日。王教授指出,如此解释优点有三:其一,维护了民法关于诉讼时效仅适用于请求权的通说;其二,符合物权法第四编担保物权体系内在逻辑;其三,使抵押因主债权诉讼时效完成而消灭,不仅简单明快,而且便于实务操作。

权的除斥期间，该期间的经过起着消灭抵押权的作用。主债权诉讼时效届满后，抵押权不再存续，不仅胜诉权消灭，而且实体权利也消灭，此时，抵押权人与抵押权人达成的抵押权实现协议无效。还有学者认为，我国法关于抵押期间实际上规定的是主债权诉讼时效对抵押权行使的影响，是抵押权的从属性的体现，并不是抵押权的诉讼时效，也不是抵押权的除斥期间。[1]从实务上看，不应将该期间的经过仅仅看成是抵押权效力的减弱，因为该期间届满，抵押权也就失去效力，于此期间届满后抵押人要求注销抵押权登记的，应注销抵押权登记。否则，抵押权人实现抵押权又不受保护，抵押财产上会存有一个不能实现的抵押权，这是不符合立法者原意的。司法实务中已有判例认为，抵押权人在主债权诉讼时效期间未行使抵押权导致抵押权消灭，而非胜诉权的丧失。抵押权消灭后，抵押人要求解除抵押权登记的，人民法院应当支持。[2]《担保的解释》第44条第1款规定，主债权诉讼时效期间届满后，抵押权人主张行使抵押权的，人民法院不予支持；抵押人以主债权诉讼时效期间届满为由主张不承担担保责任的，人民法院应予支持。主债权诉讼时效期间届满前，债权人仅对债务人提起诉讼，经人民法院判决或者调解后未在民事诉讼法规定的申请执行时效期间内对债务人申请强制执行，其向抵押人主张行使抵押权的，人民法院不予支持。

---

[1] 参见高圣平：《担保法论》，法律出版社2009年版，第267—271页。
[2] 参见《王军诉李睿抵押合同纠纷案》，载《中华人民共和国最高人民法院公报》2017年第7期，第39—43页。

第二节　最高额抵押权

一、最高额抵押权的含义

第四百二十条　为担保债务的履行，债务人或者第三人对一定期间内将要连续发生的债权提供担保财产的，债务人不履行到期债务或者发生当事人约定的实现抵押权的情形，抵押权人有权在最高债权额限度内就该担保财产优先受偿。

最高额抵押权设立前已经存在的债权，经当事人同意，可以转入最高额抵押担保的债权范围。

本条规定了最高额抵押权的概念。

最高额抵押权，又称最高限额抵押权，是指为担保属于一定范围内的由继续的法律关系将来可发生的债权，当事人约定于预定的应担保的债权最高限额内，以抵押财产担保债权的抵押权。最高额抵押是适应近现代经济发展的需要而出现的一种新的抵押担保制度，在各国立法上几乎都有规定。例如，《德国民法典》于第1190条明确规定了最高额抵押权。[1]日本民法于

---

[1]　《德国民法典》第1190条（最高限额抵押权）规定：1.抵押权之设定，得定明就土地只决定其所负担之最高金额，此外关于债权额之确定，加以保留债。最高金额应登记于土地登记簿。2.债权定有利息者，其利息算入最高额金以内。3.本条所定之抵押权，在土地登记簿上纵未有所标明，仍应认为保全抵押权。4.本条所定之债权，得依关于债权让与之普通规定而为让与。债权依普通规定而为让与者，抵押权并不随同移转。台湾大学法律学院、台大法学基金会编译：《德国民法典》，北京大学出版社2017年版。

1971年以第 99 号法律在民法典第 398 条追加了关于最高额抵押（根抵押）的规定。

最高额抵押权为特别抵押权，其与一般抵押权相比，主要有以下三方面的特殊性：

其一，相对独立性。一般抵押权具有典型的从属性，一般先有债权存在才设定抵押权，主债权消灭，抵押权也消灭。而最高额抵押权却具有典型的相对独立性，其设定不以主债权的存在为前提，也不能随某一债权的消灭而消灭。在最高额抵押权设定时，主债权完全可以是未发生的，而且将来是否发生都不必确定；对于设立前已经存在的债权，也只有经当事人同意才可转入抵押担保的债权范围。因此，最高额抵押权也不同于一般为将来债权担保所设定的抵押权。为将来债权作担保的抵押权有两种情况：一为将来生效的特定的债权作担保，例如，为担保附停止条件的债权而设定抵押权；一为将来发生的不确定的债权作担保而设定的抵押权。只有后一种情况才属于最高额抵押权。因此，可以说，最高额抵押权是为将来债权担保的典型形式。

其二，所担保的债权的不确定性。特定性为抵押权的特性之一。在一般抵押权，不仅抵押财产须特定，而且抵押权所担保的债权也要特定。但最高额抵押权是担保未来债权的，其所担保的债权将来是否一定发生、发生额为多少，在抵押权设定时都不确定，更说不上特定。最高额抵押权所担保的债权仅是限于一定范围内和一定期间内发生的债权。如果说其具有特定性，也仅仅是指在债权范围上和最高额度上特定，而不是在债权具体数额上特定。

其三，适用范围上的限定性。一般抵押权的适用，原则上并无限制，对于任何债权都可以设定。但是，最高额抵押权由于是对一定期间内将要连续发生的债权的担保，因而其适用范围上受有一定限制，即仅适用于有连续发生债权的法律关系，如连续交易关系、连续借贷关系等。依《日本民法典》第398条之二的规定，最高额抵押权应担保的不特定债权的范围，应限于因和债务人的特定的继续交易契约所产生者或因和债务人一定种类交易所产生者予以确定；基于特定原因，与债务人间继续地产生的债权或票据、支票上的请求，可以不拘上面规定，以之作为最高额抵押权应担保的债权。[1]但日本实务上认为，概括最高额抵押权的设定，依契约自由的原则，无加以否定的理由。所谓概括最高额抵押权，是指抵押权人与债务人之间，无基本契约（一定的法律关系）为担保债权发生的基础关系，而将该当事人间所发生现在与将来的一切债权，在最高限额内予以担保的最高额抵押权。这种抵押权因当事人就担保债权发生原因的基础关系未加限定，因此债务人与抵押权人之间发生的一切债权，都可成为担保的范围。由于若不限定最高额抵押权所担保债权的范围，则不仅会导致偶然发生的债权（如因侵权行为等所生之债务）可随时进入担保范围，甚至抵押权人得以

---

[1]《日本民法典》第398条之二（根抵押权）规定：1.抵押权，可以依设定行为所定，将属于一定范围内的不特定债权以最高额为限度，为担保而设定。2.依前项规定的抵押权（以下称"根抵押权"）所担保的不特定债权的范围，须限定于，与债务人之间以特定的持续交易契约而发生，以及与其他债务人之间以一定种类的交易而发生的债权。3.基于特定原因与债务人间持续发生的债权，或者票据上或支票上的请求权，可以不拘前项的规定，将其作为可由根抵押权担保的债权。渠涛编译：《最新日本民法》，法律出版社2006年版。

不当方法搜集无担保债权、票据债权列入担保范围，从而会破坏交易安全，损害后次序抵押人或一般债权人的利益，[1]因此，各国立法上一般对最高额抵押权的适用范围予以一定限制，而不承认概括最高额抵押权。我国原《担保法》第60条特别强调："借款合同可以附最高额抵押合同。""债权人与债务人就某项商品在一定期间内连续发生交易而签订的合同，可以附最高额抵押合同。"

二、最高额抵押权的设定

最高额抵押权由当事人双方自愿地依抵押权设定的一般程序设定。最高额抵押权的成立，不仅须有当事人双方之间的抵押合同，也须依法办理抵押权登记。一般来说，设立最高额抵押权的抵押财产多为不动产，而不大可能是动产。与一般抵押权设定不同的是，当事人在设定最高额抵押权时，须注明下列两项内容：

1.抵押权所担保的债权范围和最高限额，并在登记时注明。依我国现行法的规定，最高额抵押权所担保的债权应是因借款合同发生的债权或者就某项商品的连续发生交易的分期分批履行的债权。在最高额抵押合同中，当事人应当明确抵押权所担保的债权为何种债权，其限额为多少。

对于设立前已经存在的债权，也应说明该债权是否列入担

---

[1] 参见谢在全：《民法物权论》（下），中国政法大学出版社1999年版，第718—719页。

保范围;如没有说明,则该债权不在最高额抵押权的担保范围内。但是,在最高额抵押权设立后,当事人也可以另行达成协议将设立前已经存在的债权转入该最高额抵押权担保的债权范围。最高人民法院指导案例 95 号《中国工商银行股份有限公司宣城龙首支行诉宣城柏冠贸易有限公司、江苏凯盛置业有限公司等金融借款合同纠纷案》的裁判要点指出:当事人另行达成协议将最高额抵押权设立前已经存在的债权转入该最高额抵押担保的债权范围,只要转入的债权数额仍在该最高额抵押担保的最高债权额限度内,即使未对该最高额抵押权办理变更登记手续,该最高额抵押权的效力仍然及于被转入的债权,但不得对第三人产生不利影响。①

---

① 见《最高人民法院报》2018 年 6 月 28 日。

基本案情 2012 年 4 月 20 日,中国工商银行股份有限公司宣城龙首支行(以下简称工行宣城龙首支行)与宣城柏冠贸易有限公司(以下简称柏冠公司)签订了《小企业借款合同》,约定柏冠公司向工行宣城龙首支行借款 300 万元,借款期限为 7 个月,自实际提款日起算,2012 年 11 月 1 日还 100 万元,2012 年 11 月 17 日还 200 万元。涉案合同还对借款利率、保证金等作了约定。同年 4 月 24 日,工行宣城龙首支行向柏冠公司发放了上述借款。

2012 年 10 月 16 日,江苏凯盛置业有限公司(以下简称凯盛公司)股东会议决定,同意将该公司位于江苏宿迁市宿豫区江山大道 118 号——宿迁红星凯盛国际家居广场(房号:B-201、产权证号:宿豫字第 201104767)房产,抵押给工行宣城龙首支行,用于亿荣达公司商户柏冠公司、闽航公司、航嘉公司、金亿达公司四户企业在工行宣城龙首支行办理融资抵押,因此产生一切经济纠纷由凯盛公司承担。同年 10 月 23 日凯盛公司向工行宣城龙首支行出具一份抵押担保的承诺函,同意以上述房产为上述四户企业在工行宣城龙首支行融资提供抵押担保,并承诺如该四户企业不能按期履行工行宣城龙首支行的债务,上述抵押物在处置后的价值又不足以偿还全部债务,凯盛公司同意用其他财产偿还剩余债务。该承诺函及上述股东会议决议均经凯盛公司盖章。2012 年 10 月 24 日,工行宣城龙首支行与凯盛公司签订《最高额抵押合同》,约定凯盛公司以宿房证宿豫字第 201104767 号房地产证项下的商铺为自 2012 年 10 月 9 日至 2015 年 10 月 19 日期间,在 4000 万元的最高余额内,工行宣城龙首支行依据与柏冠公司、闽航公司、航嘉公司、金亿达公司签订的借款合同等主合同而享有对债务人的债权,无论该债权是否在上述期间届满时是否已到期,

(接上页)也不论该债权是否在最高额抵押权设立前已经产生,提供抵押担保,担保的范围包括主债权本金、利息、实现债权的费用等。同日,双方对该房产依法办理了抵押登记,工行宣城龙首支行取得宿房他证宿豫第201204387号房地产他项权证。2012年11月3日,凯盛公司再次经股东会决议,并同时向工行宣城龙首支行出具房产抵押承诺函,股东会决议与承诺函及签名盖章均与前述相同。当日,凯盛公司与工行宣城龙首支行签订《补充协议》,明确双方签订的《最高额抵押合同》担保范围包括2012年4月20日工行宣城龙首支行与柏冠公司、闽航公司、航嘉公司和金亿达公司签订的四份贷款合同项下的债权。

柏冠公司未按期偿还涉案借款,工行宣城龙首支行诉至宣城市中级人民法院,请求判令柏冠公司偿还借款利息及实现债权费用,并要求凯盛公司以其抵押的宿房权证宿豫字第201104767号房地产权证项下的房地产承担抵押担保责任。

裁判结果 宣城市中级人民法院于2013年11月10日作出(2013)宣中民初字第80号民事判决:一、柏冠公司于判决生效之日起五日内给付工行宣城龙首支行借款本金300万元及利息。……四、如柏冠公司未在判决确定的期限内履行上述第一项给付义务,工行宣城龙首支行以凯盛公司提供的宿房权证宿字第201104767号房地产权证项下的房产折价或者以拍卖、变卖该房产所得的价款优先受偿……。宣判后,凯盛公司以涉案《补充协议》约定的事项未办理最高额抵押权变更登记为由,向安徽省高级人民法院提起上诉。该院于2014年10月21日作出(2014)皖民二终字第00395号民事判决:驳回上诉,维持原判。

裁判理由 法院生效判决认为:凯盛公司与工行宣城龙首支行于2012年10月24日签订《最高额抵押合同》,约定凯盛公司自愿以其名下的房产作为抵押物,自2012年10月19日至2015年10月19日期间,在4000万元的最高余额内,为柏冠公司在工行宣城龙首支行所借贷款本息提供最高额抵押担保,并办理了抵押登记,工行宣城龙首支行依法取得涉案房产的抵押权。2012年11月3日,凯盛公司与工行宣城龙首支行又签订《补充协议》,约定前述最高额抵押合同中述及担保的主债权及于2012年4月20日工行宣城龙首支行与柏冠公司所签《小企业借款合同》项下的债权。该补充协议不仅有双方当事人的签字盖章,也与凯盛公司的股东会议决议及其出具的房地产抵押担保承诺函相印证,故该《补充协议》应系凯盛公司的真实意思表示,且所约定内容符合《中华人民共和国物权法》(以下简称《物权法》)第203条第二款的规定,也不违反法律、行政法规的强制性规定,依法成立并有效,其作为最高额抵押合同的组成部分,与最高额抵押合同具有同等法律效力。由此,本案所涉2012年4月20日《小企业借款合同》项下的债权已经转入前述最高额抵押权所担保的最高额4000万元的主债权范围内。就该《补充协议》约定事项,是否需要对前述最高额抵押权办理相应的变更登记手续,《物权法》没有明确规定,应当结合最高额抵押权的特点及其相关法律规定来判定。

根据《物权法》第203条第一款规定,最高额抵押权有两个显著特点:一是最高额抵押权所担保的债权额有一个确定的最高额度限制,但实际发生的主债权是不确定的;二是最高额抵押权是对一定期间内将要连续发生的债权提供担保。由此,最高额抵押权设立时所担保的具体债权一般尚未确定,基于尊重当事人意思自治原则,《物权法》第203条第二款对前款作了但书规定,即允许经当事人同意,将最高

2.决算期。决算期是确定抵押权所担保的债权实际数额的日期。因为最高额抵押合同中约定担保的债权最高限额,并非为抵押权实际担保的数额,抵押权所担保的债权可随时增减变动,最高额抵押权实际担保的数额须于决算期日另行确定,所以最高额抵押合同中不可无决算期的约定。但决算期条款并非最高额抵押合同的必要条款。当事人未约定决算期的,并不影响最高额抵押权的成立。最高额抵押合同订有存续期间并已为登记的,该存续期间届满之日可认定为决算期日。最高额抵押合同中确定的决算期,当事人可以变更,但不得以其变更对抗已经成立的后顺序抵押权人;决算期变更的,应为变更登记,

---

(接上页)额抵押权设立前已经存在的债权转入最高额抵押担保的债权范围,但此并非重新设立最高额抵押权,也非《物权法》第 205 条规定的最高额抵押权变更的内容。同理,根据《房屋登记办法》第 53 条的规定,当事人将最高额抵押权设立前已存在债权转入最高额抵押担保的债权范围,不是最高额抵押权设立登记的他项权利证书及房屋登记簿的必要记载事项,故亦非应当申请最高额抵押权变更登记的法定情形。

本案中,工行宣城龙首支行和凯盛公司仅是通过另行达成补充协议的方式,将上述最高额抵押权设立前已经存在的债权转入最高额抵押权所担保的债权范围内,转入的涉案债权数额仍在该最高额抵押担保的 4000 万元最高债权额限度内,该转入确定债权并非最高额抵押权设立登记的他项权利证书及房屋登记簿的必要登记事项,在不会对其他抵押权人产生不利影响的前提下,对于该意思自治行为,应当予以尊重。此外,根据商事交易规则,法无禁止即可为,即在法律规定不明确时,不应强加给市场交易主体准用严格交易规则义务。况且,就涉案 2012 年 4 月 20 日借款合同项下的债权转入最高额抵押担保的债权范围,凯盛公司不仅形成了股东会决议,出具了房产抵押担保函,且和工行宣城龙首支行达成了《补充协议》,明确将已经存在的涉案借款转入前述最高额抵押权所担保的最高额为 4000 万元的主债权范围内。现凯盛公司上诉认为该《补充协议》约定事项必须办理最高额抵押权变更登记才能设立抵押权,不仅缺乏法律依据,也有悖于诚实信用原则。

综上,工行宣城龙首支行和凯盛公司达成《补充协议》,将涉案 2012 年 4 月 20 日借款合同项下的债权转入前述最高额抵押权所担保的主债权范围内,虽未办理最高额抵押权变更登记,但最高额抵押权的效力仍然及于被转入的涉案借款合同项下的债权。

未为变更登记的不得以其变更对抗第三人。

最高额抵押权一般是在所担保的债权债务发生前设定，但当事人也可以在债权已发生而实际担保数额尚未确定前随时设定。虽然有超过限定数额的债权存在，但其数额如不是确定的，也不妨设定最高额抵押权，对已存在的债权和将来可发生的债权一并设定一个抵押权。最高额抵押权一经设定，在决算期前，即使因债务人履行债务，债权一度消灭，其抵押权也不消灭，而仍继续存在并担保其后所发生的债权。

三、最高额抵押权的效力范围

最高额抵押权于其设立时，只是确定抵押权所担保的债权的范围和限额，抵押权所担保的实际债权数额须至决算期才能确定。因此，在决算期前，债权数额得随时增减。在抵押权设定后至决算期到来时，债权处于不断变动中，有的债权发生，有的债权消灭。抵押权实际担保的债权额于决算期应依据两方面来确定：一是决算期日实际存在的债权额；二是当事人约定的债权最高限额。也就是说，至决算期，若实际存在的债权额超过所约定的最高限额，抵押权所担保的债权以最高限额为限；若实际存在的债权额不足所约定的最高限额，则抵押权所担保的债权额为实际存在的债权额。抵押权人实现最高额抵押权时，如果实际发生的债权余额高于最高限额的，以最高限额为限，超过部分不具有优先受偿的效力；如果实际发生的债权余额低于最高限额的，以实际发生的债权余额为限对抵押财产优先受偿。至于当事人在合同中约定的最高限额是否仅限于原本，则应依当事人的约定为准。如果当事人在合同中已明确所约定的最高限额仅为原本，则应依其约定；但当事人未明确约定时，合同中约定的债权最高限额应包括原本、利息及违约金和损害赔偿金。在此情形下，最高额抵押权人，可就已确定的原本、利息、违约金及损害赔偿金，以最高限额为限度，行使其抵押权。依《担保的解释》第 15 条第 2 款规定，登记的最高债权额与当事人约定的最高债权额不一致的，人民法院应当依据登记的最高债权额确定债权人优先受偿的范围。但是，实现抵押权的费用不应计入最高限额内，而应于抵押财产卖得的价金中先予扣除。

四、最高额抵押权的转让

第四百二十一条　最高额抵押担保的债权确定前，部分债权转让的，最高额抵押权不得转让，但是当事人另有约定的除外。

本条规定了最高抵押权的转让。

关于最高额抵押权可否让与，各国有不同的立法例。有的国家规定，在应担保的债权原本确定前，抵押权人经抵押人同意，可以让与其最高额抵押权。依此立法例，最高额抵押权具有完全独立性，可完全与所担保的债权分离而让与。但依我国法的规定，最高额抵押权在让与性上还不具有完全独立性。在最高额抵押担保的债权确定后，抵押权与其所担保的债权一并转让，此为当然。在最高额抵押权所担保的债权确定前，最高额抵押权也只能随同其基础法律关系的转让而转让，而不能脱离基础法律关系单独转让；债权人不转让基础法律关系仅转让部分具体债权的,最高额抵押权不转让,转让出的债权为无担保债权。但是这一规定也是任意性的,当事人可以做出另外的相反约定。

五、最高额抵押权的变更

第四百二十二条 最高额抵押担保的债权确定前,抵押权人与抵押人可以通过协议变更债权确定的期间、债权范围以及最高债权额。但是,变更的内容不得对其他抵押权人产生不利影响。

本条规定了最高额抵押权的变更。

最高额抵押合同订立后,最高额抵押担保的债权确定前,当事人也可以变更其关于债权确定期、债权范围、最高债权额等约款。但是,最高额抵押合同的这些内容已为登记的,变更时也须为变更登记。最高限额抵押约款的变更,不经登记不能发生效力;增加最高债权限额的,不得以其变更对抗变更登记前已成立的后顺序抵押权;延长抵押合同存续期间的,应就合同存续期间已为登记,不为期间延长的登记,也不得对抗第三人,并且对于延长期间以前已成立的后顺序抵押权,不得以期间的延长对抗之。当事人对最高额抵押合同的最高限额、最高额抵押期间进行变更,以其变更对抗顺序在后的抵押权人的,人民法院不予支持。

六、最高额抵押权所担保的债权的确定

第四百二十三条 有下列情形之一的,抵押权人的债权确定:

(一)约定的债权确定期间届满;

（二）没有约定债权确定期间或者约定不明确，抵押权人或者抵押人自最高额抵押权设立之日起满二年后请求确定债权；

（三）新的债权不可能发生；

（四）抵押权人知道或者应当知道抵押财产被查封、扣押；

（五）债务人、抵押人被宣告破产或者解散；

（六）法律规定债权确定的其他情形。

本条规定了最高额抵押权所担保的债权的确定。

最高额抵押权于设立时仅规定最高限额，在行使抵押权时，最高额抵押权所担保的债权必须从不特定的债权转为确定的特定债权。最高额抵押权所担保的债权一经确定，最高额抵押权也就转变为一般抵押权。最高额抵押权人的债权一经确定，该债权额在最高额限度内的，为最高额抵押权担保；超过最高额部分，不为抵押权所担保，为无担保权的普通债权。于抵押权人的债权确定后再发生的债权，均为不受最高额抵押权担保的债权。

有下列情形之一的，最高额抵押权人的债权确定：（1）约定的债权确定期间届满。此期间是抵押人于订立最高额抵押合同时确定的其承担担保责任的债权期间，也就是当事人约定的决算期；（2）没有约定债权确定期间或者约定不明确，抵押权人或者抵押人自最高额抵押权设立之日起满二年后请求确定债权；（3）新的债权不可能发生。新的债权不可能发生，也就表明债权已经确定；（4）抵押人知道或应知道抵押财产被查封、扣押。抵押财产被查封、扣押的，抵押财产将被执行，只有确定债权，抵押权人才能行使优先受偿权；（5）债务人、抵押人被宣告破产或者解散；（6）法律规定债权确定的其他情形。

七、最高额抵押权的法律适用

第四百二十四条　最高额抵押权除适用本节规定外，适用本章第一节的有关规定。

本条规定了最高额抵押权的法律适用。

最高额抵押权为法律规定的特别抵押权，其有不同于一般抵押权的特点。基于最高额抵押权的特殊性，法律对最高额抵押权作了特别规定，因此对于最高额抵押权应适用法律的特别规定。但是最高额抵押权也属于抵押权，当然具有一般抵押权所具有的特性，因此对于最高额抵押权与一般抵押权的共同之处，法律没有也没有必要做出重复规定。所以，对于最高额抵押权，法律没有特别规定的，适用法律关于一般抵押权的规定。

第十八章 质权

第一节 动产质权

一、质权的含义

质权，是指债权人因担保其债权而占有债务人或者第三人提供的财产，于债务人不履行债务或者发生当事人约定的实现质权的情形时，得以债务人或者第三人提供担保的财产价值优先于其他债权人受偿其债权的一种担保物权。设定质权的行为，为质押。债务人或者第三人用于质权担保的财产为质权标的，称为质押财产或质物；占有质权标的之债权人为质权人；提供财产设定质权的债务人或者第三人为出质人，又称为质押人。

质权包含以下四层意思：

1.质权是在债务人或者第三人交付的担保财产上设定的他物权。质权的标的可以是债务人的财产，也可以是第三人的财产，但不能是债权人自己的财产。因而质权仅是在他人财产上设定的他物权。质权不仅须在他人财产上设定，而且须在债务人或者第三人交付给债权人占有的财产上设定，而不能在债权人已经占有的他人财产上基于债权人的占有而设定。因此，质权以出质人移交质押财产给债权人占有为成立要件。是否移交担保财产的占有，是质权与抵押权的重要区别。

2. 质权为担保物权。质权是为担保债权而设定的物权，因而是一种担保物权，而不属于用益物权。质权既然是担保物权，也就是以对标的之价值加以支配并排除他人干涉为内容的，而不以对标的之使用收益为内容。故不论用于质押的财产为物还是权利，质权的内容都在于对质押财产的交换价值的支配。

3. 质权是由债权人占有质权标的的权利。质权以出质人移交质押财产的占有给债权人为成立要件，也是以债权人占有质押财产为存续要件的。所以，质权人有占有质权标的之权利。在债务人履行债务前，质权人得留置质押财产。在动产质权，质权人须直接占有质押财产，在债权受偿前，质权人有权留置质押财产而拒绝质押财产所有人的返还请求；在权利质权，质权人须占有权利证书和有关证书或者为设权登记，在债权受偿前，质权人有权留置质权标的，禁止出质人行使其已质押的权利。

4. 质权是就质权标的之价值优先受偿的权利。质权虽由质权人占有质权的标的，但质权人并不能直接以质押财产抵偿其债权，而只能以质权标的之价值优先于其他债权人受偿。当然，债权人优先受偿其债权的方法在动产质权和权利质权有所不同。例如，在动产质权，质权人可以以质押财产拍卖、变卖或者折价所得的价金优先受偿；在债权质权，质权人则可以直接收取标的债权以受偿。

质权根据用于设立质权的财产性质可分动产质权、不动产质权与权利质权。动产质权是指以动产为标的物的质权。因为动产是以占有为公示方法的，多数动产并无登记或注册制度，因而以动产供作担保的，多采用设定质权的方式。在各国立法上，动产质权都为质权的一般，而将他种质权作为例外。在我国，动产质权也是质权的主要形态。不动产质权是指以不动产为标的物的质权。不动产质权在古代普遍存在，因其为农业经济的产物，随着工商业的发展，日益显出其缺点而逐渐被淘汰。现在虽然个别国家的民法上还有规定，但实际上其适用很少，而多数国家不再承认不动产质权。我国也不承认不动产质权，以不动产提供担保的，只能设定抵押权。权利质权是指以债权或者其他财产权利为标的物的质权。权利质权是各国法律普遍承认的质权，我国《民法典》物权编第十八章"质权"的第二节专节规定权利质权。

二、动产质权的概念

第四百二十五条　为担保债务的履行，债务人或者第三人将其动产出质给债权人占有的，债务人不履行到期债务或者发生当事人约定的实现质权的情形，债权人有权就该动产优先受偿。

前款规定的债务人或者第三人为出质人，债权人为质权人，交付的动产为质押财产。

本条规定了动产质权的概念。

动产质权是以动产为标的物的质权。债务人或者第三人移交动产的占有给债权人以作为债权担保的，为质押。交付动产的债务人或者第三人为出质人，债权人享有的在债务人不履行到期债务或者发生当事人约定的实现质权的情形时得以其占有的出质人用作债权担保的动产优先受偿的权利，即为动产质权。享有动产质权的债权人为动产质权人。出质人交付的动产为质押财产,也称为质物。

动产质权的标的物为债务人或者第三人移交债权人占有的动产。由于动产的移动并不会损害物的实体和减损物的价值,因此,动产一般是以占有为权利的公示方式。占有动产也就推定为对该动产享有权利。所以,以移交动产的占有给债权人作为债权担保,极为简便。这是动产质权优于抵押权的长处,也是动产质权得以成为重要的融资手段的重要原因。

三、动产质权的标的物

第四百二十六条　法律、行政法规禁止转让的动产不得出质。

本条规定了动产质权的标的物。

动产质权的标的物即质押财产,是质押合同中约定的由出质人移交质权人占有的动产。由于实现动产质权时,要对质押财产予以变价,因此,动产质权的标的物须符合以下两条要求:

第一,须为可让与的且法律不禁止流通的动产。其性质上不能让与的财产,或者虽从其性质上可让与但法律禁止流通的财产,不能为动产质权的标的物。这是因为动产质权为变价权,以不能让与的动产为质押财产的,质权人无法实现其权利,不能以质押财产的变价受偿。法律不禁止流通但限制流通的动产,因为并非不可实现其变价,因而可以为动产质权的标的物。但以限制流通物为质押财产的,于质权实现时,不能以拍卖的方式出卖质押财产,而只能将质押财产由有关部门收购,质权人以收购价款优先受偿。

第二,须为特定的动产。在罗马法上曾承认得以不特定物之代替物为质权的标的物，以此种不特定物设定的质权被称为不规则质权。这种不规则质权，是由质权人先取得质物的所有权，到债务人履行债务时，再以同种同量之物返还给出质人。但现代各国法律上一般不承认这种不规则质。因此，动产质权的标的物只能是特定的动产，而不能是不特定的物。对于种类物、可代替物，只有在其特定化后，才可成为质权的标的物。例如金钱，若将一定数额的金钱包封或者专门存放于一定地方（如专用的保险箱）即将其特定化，也可以成为质权的标的物。但以此种方式设定的质权，与一般动产质权相比，在实现方式上是不同的。因为此种质权在实现时无须为质押财产的变价，债权人可以直接以该金钱优先受偿。一般说来，金钱如不被特定化，则不能作为质权的标的物。因为出质人一旦将出质的金钱交付给质权人，就发生所有权的转移，无法将质权人的金钱与出质人用于质押的金钱区分开。

在现实生活中，广泛存在着押金、保证金等担保形式。但这些形式是否都属于动产质权，其性质如何，学者中有许多观点。[①]对这些担保形式的性质应作具体分析，不可一概而论。例如，有的保证金属于质量担保，不属于债权担保；有的则属于动产质权。最高人民法院2015年11月19日发布的指导案例54号《中国农业发展银行安徽省分行诉张大标、安徽长江融资担保集团有限公司执行异议之诉纠纷案》的裁判要点指出："当事人依约为出质的金钱开立保证金专门账户，且质权人取得对该专

[①] 参见郭明瑞：《担保法原理与实务》，中国方正出版社1995年版，第248—249页。

门账户的占有控制权,符合金钱特定化和移交占有的要求,即使该账户内资金余额发生浮动,也不影响该金钱质权的设立。"①

---

① **基本案情** 2009年4月7日,原告中国农业发展银行安徽省分行(以下简称农发行安徽分行)与第三人安徽长江融资担保集团有限公司(以下简称长江担保公司)签订一份《贷款担保业务合作协议》。其中第三条"担保方式及担保责任"约定:甲方(长江担保公司)向乙方(农发行安徽分行)提供的保证担保为连带责任保证;保证担保的范围包括主债权及利息、违约金和实现债权的费用等。第四条"担保保证金(担保存款)"约定:甲方在乙方开立担保保证金专户,担保保证金专户行为农发行安徽分行营业部,账户尾号为9511;甲方需将具体担保业务约定的保证金在保证合同签订前存入担保保证金专户,甲方需缴存的保证金不低于贷款额度的10%;未经乙方同意,甲方不得动用担保保证金专户内的资金。第六条"贷款的催收、展期及担保责任的承担"约定:借款人逾期未能足额还款的,甲方在接到乙方书面通知后五日内按照第三条约定向乙方承担担保责任,并将相应款项划入乙方指定账户。第八条"违约责任"约定:甲方在乙方开立的担保专户的余额无论因何原因而小于约定的额度时,甲方应在接到乙方通知后三个工作日内补足,补足前乙方可以中止本协议项下业务。甲方违反本协议第六条的约定,没有按照履行保证责任的,乙方有权从甲方在其开立的担保基金专户或其他任一账户中扣划相应的款项。2009年10月30日、2010年10月30日,双方分别签订与上述合作协议内容相似的两份《信贷担保业务合作协议》。上述协议签订后,农发行安徽分行与长江担保公司就贷款担保业务进行合作,长江担保公司在农发行安徽分行处开立担保保证金账户,账号尾号为9511;长江担保公司按照协议缴存规定比例的担保保证金,并据此为相应额度的贷款提供了连带责任担保。自2009年4月3日至2012年12月31日,该账户共发生了107笔业务,其中贷方业务为长江担保公司缴存的保证金,借方业务主要涉及两大类,一类是贷款归还后长江担保公司申请农发行安徽分行退还的保证金,部分退至债务人的账户;另一类是贷款逾期后农发行安徽分行从该账户内扣划的保证金。2011年12月19日,安徽省合肥市中级人民法院审理张大标诉安徽省六本食品有限责任公司、长江担保公司等民间借贷纠纷一案过程中,根据张大标的申请,对长江担保公司上述保证金账户内的资金1495.7852万元进行保全。该案判决生效后,合肥市中级人民法院将上述保证金账户内的资金1338.313257万元划至该院账户。农发行安徽分行作为案外人提出执行异议,2012年11月2日被合肥市中级人民法院裁定驳回异议。随后,农发行安徽分行因与被告张大标、第三人长江担保公司发生执行异议纠纷,提起诉讼。原告农发行安徽分行诉称,其与第三人长江担保公司按照签订的《信贷担保业务合作协议》,就信贷担保业务按约进行了合作。长江担保公司在农发行安徽分行处开设的担保保证金专户内的资金实际是长江担保公司向其提供的质押担保,请求判令其对该账户内的资金享有质权。被告张大标辩称:农发行安徽分行与第三人长江担保公司之间的《信贷担保业务合作协议》没有质押的意思表示;案涉账户资金本身是浮动的,不符合金钱特定化的要求,农发行安徽分行对案涉保证金账户内的资金不享有质权。第三人长江担保公司认可安徽分行对账户资金享有质权的意见。

（接上页）安徽省合肥市中级人民法院于2013年3月28日作出（2012）合民一初字第505号民事判决：驳回农发行安徽分行的诉讼请求。宣判后，农发行安徽分行提出上诉。安徽省高级人民法院于2013年11月19日作出（2013）皖民二终字第261号民事判决：一、撤销安徽省合肥市中级人民法院（2012）合民一初字第00505号民事判决；二、农发行安徽分行对长江担保公司账户（账号尾号9511）内的13383132.57元资金享有质权。

法院生效裁判认为：本案二审的争议焦点为农发行安徽分行对案涉账户内的资金是否享有质权。对此应当从农发行安徽分行与长江担保公司之间是否存在质押关系以及质权是否设立两个方面进行审查。

一、农发行安徽分行与长江担保公司是否存在质押关系

《中华人民共和国物权法》（以下简称《物权法》）第210条规定："设立质权，当事人应当采取书面形式订立质权合同。质权合同一般包括下列条款：（一）被担保债权的种类和数额；（二）债务人履行债务的期限；（三）质押财产的名称、数量、质量、状况；（四）担保的范围；（五）质押财产交付的时间。"本案中，农发行安徽分行与长江担保公司之间虽没有单独订立带有"质押"字样的合同，但依据该协议内容第四条、第六条、第八条约定的条款内容，农发行安徽分行与长江担保公司之间协商一致，对以下事项达成合意：长江担保公司为担保业务所缴存的保证金设立担保保证金专户，长江担保公司按照贷款额度的一定比例缴存保证金；农发行安徽分行作为开户行对长江担保公司存入该账户的保证金取得控制权，未经同意，长江担保公司不能自由使用该账户内的资金；长江担保公司未履行保证责任，农发行安徽分行有权从该账户中扣划相应的款项。该合意明确规定了所担保债权的种类和数额、债务履行期限、质物数量和移交时间、担保范围、质权行使条件，具备《物权法》第210条规定的质押合同的一般条款，故应认定农发行安徽分行与长江担保公司之间订立了书面质押合同。

二、案涉质权是否设立

《物权法》第212条规定："质权自出质人交付质押财产时设立。"最高人民法院《关于适用〈中华人民共和国担保法〉若干问题的解释》（简称《担保法若干问题的解释》）第85条规定，债务人或者第三人将其金钱以特户、封金、保证金等形式特定化后，移交债权人占有作为债权担保，债务人不履行债务时，债权人可以以该金钱优先受偿。依照上述法律和司法解释规定，金钱作为一种特殊的动产，可以用于质押。金钱质押作为特殊的动产质押，不同于不动产抵押和权利质押，还应当符合金钱特定化和移交债权人占有两个要件，以使金钱既不与出质人其他财产相混同，又能独立于质权人的财产。

本案中，首先金钱以保证金形式特定化。长江担保公司于2009年4月3日在农发行安徽分行开户，且与《贷款担保业务合作协议》约定的账号一致，即双方当事人已经按照协议约定为出质金钱开立了担保保证金专户。保证金专户开立后，账户内转入的资金为长江担保公司根据每次担保贷款额度的一定比例向该账户缴存保证金；账户内转出的资金为农发行安徽分行对保证金的退还和扣划，该账户未作日常结算使用，故符合最高人民法院《担保法若干问题的解释》第85条规定的金钱以特户等形式特定化的要求。其次，特定化金钱已移交债权人占有。占有是指对物进行控制和

《担保的解释》第 70 条第 1 款规定，债务人或者第三人为担保债务的履行，设立专门的保证金账户并由债权人实际控制，或者将其资金存入债权人设立的保证金账户，债权人主张就账户内的款项优先受偿的，人民法院应予支持。当事人以保证金账户内的款项浮动为由，主张实际控制账户的债权人对账户内的款项不享有优先权的，人民法院不予支持。至于押金，有的属于动产质权，有的应为债权质权。如果押金以"包封"的方式交付债权人占有，债权人不得利用押金的，则成立动产质权。如果押金不是以"包封"的方式交付给债权人占有，而许可债权人任意使用，则该押金应为债权质权，也就是债务人以其对债权人的押金返还的债权担保债权人的债权，在债务人履行债务时，债权人应返还押金；在债务人不履行债务时，债权人得以债务人的押金返还债权抵偿自己的债权。

（接上页）管理的事实状态。案涉保证金账户开立在农发行安徽分行，长江担保公司作为担保保证金专户内资金的所有权人，本应享有自由支取的权利，但《贷款担保业务合作协议》约定未经农发行安徽分行同意，长江担保公司不得动用担保保证金专户内的资金。同时，《贷款担保业务使用协议》约定在担保的贷款到期未获清偿时，农发行安徽分行有权直接扣划担保保证金专户内的资金，农发行安徽分行作为债权人取得了案涉保证金账户的控制权，实际控制和管理该账户，此种控制权移交符合出质金钱移交债权人占有的要求。据此，应当认定当事人已就案涉保证金账户内的资金设立质权。

关于账户资金浮动是否影响金钱特定化的问题。保证金以专门账户形式特定化并不等于固定化。案涉账户在使用过程中，随着担保业务的开展，保证金账户的资金余额是浮动的。担保公司开展新的贷款业务时，需要按照约定存入一定比例的保证金，必然导致账户资金的增加；在担保公司担保的贷款到期未获清偿时，扣划保证金账户内的资金，必然导致账户资金的减少。虽然账户内资金根据业务发生情况处于浮动状态，但均与保证金业务相对应，除缴存的保证金外，支出的款项均用于保证金的退还和扣划，未用于非保证金业务的日常结算。即农发行安徽分行可以控制该账户，长江担保公司对该账户内的资金使用受到限制，故该账户资金浮动仍符合金钱作为质权的特定化和移交占有的要求，不影响该金钱质权的设立。

四、动产质权的设立方式

第四百二十七条 设立质权,当事人应当采取书面形式订立质押合同。

质押合同一般包括下列条款:

(一)被担保债权的种类和数额;

(二)债务人履行债务的期限;

(三)质押财产的名称、数量等情况;

(四)担保的范围;

(五)质押财产交付的时间、方式。

本条规定了动产质权的设立方式。

动产质权由当事人双方订立质押合同设立。

动产质权的当事人也就是质押合同的当事人,包括出质人和质权人。

出质人是质押合同中提供动产质押的人。出质人可以是债务人,也可以是第三人。出质人为第三人的,其即属于物上保证人。由于出质人是以自己的动产供为债权担保的,于质权实现时质押财产将被处分,因此,出质人应为质押财产的所有权人或者对质押财产有处分权的人。但出质人以自己不享有处分权的动产设定质权的,质权人也可以依照善意取得规则取得动产质权。

动产质权的权利人须为主债权人。不享有主债权的,不能成为质权人。由于质押合同是为质权人设定担保利益的,因此原则上质权人不以有完全民事行为能力为必要;但由于质权人须占有质押财产,对质押财产负有保管义务,因此质权人须有相应的认识能力。

质押合同应采用书面形式。但对于书面形式是否为质押合同成立的必要条件，有两种不同的观点。一种观点认为，书面形式属于质押合同成立的形式要件，如当事人未采用书面形式，则质押合同不成立。另一种观点认为，质押合同的书面形式仅具有证据效力，因此当事人未采取书面形式订立质押合同的，只要有其他证据能够证明质押合同存在的，质押合同仍然有效。例如，有证据证明出质人将质押财产交付给质权人，就可认定质押合同成立。

质押合同一般包括以下内容：

1. 被担保债权的种类和数额

被担保的主债权一般为金钱债权，但不限于金钱债权。非以金钱为给付标的的债权也可以受质权担保。这一方面是因为非金钱债权在债务人不履行债务时，可以变换为以金钱为给付标的的损害赔偿债权，债权人仍可就质押财产的变价优先受偿；另一方面是因为质权有留置的效力，债权人于质权存续期间留置质押财产，可给债务人以心理上的压力，促使债务人履行债务。

在质押合同中当事人不仅应明确被担保的债权种类，而且还应明确债权发生的原因。例如，被担保债权为金钱债权的，应该明确该债权是因商品交易发生的，还是因借贷或者其他关系发生的。在质押合同中，应当注明被担保的主债权数额。但应当注意，被担保的主债权数额不等于债权人的债权数额，当事人可以约定担保债权的全部，也可以约定担保债权的部分。

被担保的主债权一般应为现存的债权，既可以是已生效的债权，也可以是附停止条件或延缓期限的债权。当事人也可设定最高额质权，担保将来发生的债权。为将来债权担保而订立质押合同的，虽于订立合同时，主债权不必发生，但于质权实现时，必须有主债权存在。

被担保的债权因无效或者被撤销等原因而不存在的，除法律另有规定外，质押合同也无效。

2.债务人履行债务的期限

债务人履行债务的期限，是确定债务人是否违约和债权人可否实现质权的时间标准。债务履行期未开始的，债务人无履行责任。债务履行期限届满而债务人未履行债务的，构成迟延履行，债权人得实现质权。可见，债务人的履行期限对于出质人和质权人双方都有直接的利害关系，须在合同中明确。质押合同中未明确债务人履行债务期限的，债务履行期限应依据主合同的内容确定。

3.质押财产的名称、数量等情况

质押财产是出质人用于质押的动产。由于质押财产须交付债权人占有，于债务人履行债务后，质权人须将质押财产返还；于债务人不履行债务时，质权人须实行质押财产的变价，以实现质权。因此，为避免于返还质押财产或者实现质权时就质押财产的状况发生争议，当事人应在质押合同中明确质押财产的状况，具体说明决定质押财产价值的有关情况。出质人交付质权人占有的质押财产与质押合同约定不符的，可构成质押合同义务的违反，质权的标的以交付占有的财产为准。

4.担保的范围

质权担保的范围，也就是质权人得以优先受偿的债权范围。质押合同中不仅应记明担保的主债权数额，还应记明是否担保利息、违约金、损害赔偿金等。质押合同对质押担保的范围约定不明的,质押担保的范围为全部债权。

5.质押财产交付的时间、方式

质押财产交付的时间,也就是出质人将质押财产移交给债权人占有的时间。因动产质权以质权人占有质押财产为成立要件,只有出质人将质押财产交付债权人占有,动产质权才能成立。因此,质押财产占有移交的时间决定着质权成立的时间,当事人应于合同中明确,并应明确交付的方式。

除上述内容外,当事人认为需要约定的其他事项,也应在质押合同中明确。例如,当事人认为需要明确质权实现方式的,应在合同中约定质权的实现方式;当事人认为有必要约定实现质权的事由的,应在合同中约定可以实现质权的情形。

质押合同中不完全具有上述合同内容的,并不因此而影响合同的效力,当事人可以予以补充、修正。

五、流质条款的效力

第四百二十八条 质权人在债务履行期届满前,与出质人约定债务人不履行到期债务时质押财产归债权人所有的,只能依法就质押财产优先受偿。

本条规定了订立流质条款的效力。

流质条款,是指质权人与出质人在债务履行期届满前约定债务人不履行到期债务质押财产归债权人所有的条款。如同流押条款一样,各国法上普遍禁止流质条款。禁止流质条款的理由主要还是为了保护债务人的利益,也为了防止债务人与债权人串通损害出质人利益。出质人与质权人在质权合同中或者在订立质权合同后在质权实现前约定在债权人于其受偿期届满未受偿时,质押财产所有权即移转于质权人的,该约定为无效。所谓无效,是指质权人不能依与出质人的约定或者约定的价格取得质押财产所有权或者请求取得质押财产所有权。于质权实现时,如当事人愿意以质押财产的折价受偿债权,也须双方重新约定。当然,如果当事人在质权合同中或者在实现质权前有折价的约定,于质权实现时,双方又没有争议,第三人也不反对,也可以就以双方约定的价格折价。但这不能看作是当事人订立的"流质条款"有效,而应视为当事人达成了与原来的约定内容一致的质押财产折价协议。

我国《物权法》规定当事人不得订立流质条款,《民法典》未作禁止性规定。而明确订立流质条款的也只能依法就质押财产优先受偿,而不能执行流质条款。

需要说明,动产质权中的营业质权有一定的特殊性。营业质权是适用当铺规则的质权,是指债务人以一定的财物交付于当铺作担保,向当铺借贷一定金额的金钱,于一定期限(即回赎期限)内,债务人清偿债务后得取回担保物,回赎期限届满后,债务人不能清偿债务时,担保物即归债权人所有或者由债权人以担保物的价值优先受偿。我国《典当管理办法》第43条规定,绝当物估价金额不足3万元的,典当行可以自行处理或者折价处理,损溢自负。损溢自负,也就是以绝当物抵债。

六、动产质权的成立

第四百二十九条 质权自出质人交付质押财产时设立。

本条规定了动产质权的成立。

动产质权由质权合同设立，但是质押合同的成立生效并不等于动产质权的设立。由于动产质权须由债权人占有质押财产，因此，只有出质人将质押财产交付债权人占有时，动产质权才能设立。也就是说，动产质权的设定以出质人交付质押财产给债权人占有为要件。

质押财产的交付是动产质权的设立要件，并非质押合同的生效条件。质押合同依法自成立时起生效，而质权自出质人将质押财产移交债权人占有时成立。这样，如果于质押合同订立后，出质人不移交质押财产占有的，质权人得请求出质人移交质押财产的占有。债务人或者第三人未按质押合同约定的时间移交质物的，因此给质权人造成损失的，出质人应当承担违约责任，其赔偿范围应为因未移交质押财产的占有导致质权不成立而使债权人不能受偿的债权额。当事人在质押合同中对出质财产的数量有明确约定，而出质人实际移交的财产少于约定的出质财产数量的，经质权人请求而出质人不补充移交的，出质人也应负违约责任。

出质人将质押财产移交债权人占有，也就是交付质押财产。交付有多种形式，例如，现实交付、简易交付等。出质人直接占有质押财产的，应当将质押财产现实交付质权人，质权自交付之时起成立。质押财产已由债权人占有的，则无须再现实交付，自质押合同成立之日起，质权就成立。出质人对质押财产仅有间接占有而不直接占有的，出质人也得以返还请求权的让与以代交付。例如，出质人以其已出租的动产设定质权时，质押财产为承租人直接占有，出质人仅为间接占有，于此情形下，出质人将已就租赁物设定质权的情况通知承租人,将对承租人的返还请求权让与给质权人,质权人的质权即成立。如果质押财产处于出质人与债权人的共同保管之下,以共同占有的让与即可代替质押财产的交付。质权的成立不以质押财产占有的完全移交质权人为必要,质权人与出质人共同占有质押财产的,也不妨碍质权的成立。

出质人虽可采多种方式移交质押财产的占有,以使质权成立。但是质权人不能让出质人代自己占有质押财产。因此,出质人不能以占有改定的方式代替交付。因为在以占有改定的方式代交付时,出质人仍直接占有质押财产,而质权人对质押财产仅为间接占有。这样,一方面无法公示质权的存在,会有害于交易的安全;另一方面更重要的是由于出质人直接占有质押财产,质权人无法行使对质押财产留置的权利,会使质权实际上丧失留置的效力。

依《担保的解释》第55条规定,债权人、出质人与监管人订立三方协议,出质人以通过一定数量、品种等概括描述能够确定范围的货物为债务的履行提供担保,当事人有证据证明监管人受债权人的委托监管并控制该货物的,人民法院应当认定质权于监管人实际控制货物之日起设立。监管人违反约定向出质人放贷,因保管不善导致货物毁损灭失的,债权人请求监管人承担违约责任的,人民法院依法予以支持。在前款规定情形下,当事人有证据证明监管人系出质人委托监管该货物,或者受债权人委托但是未实际履行监管职责,导致货物仍由出质人实际控制的,人民法院应认定质权未设立。债权人可以基于质押合同的约定请求出质人承担违约责任,但是不得超过质权有效设立时出质人应当承担的责任范围。监管人未履行监管职责，债权人请求监管人承担责任的，人民法院依法予以支持。

七、动产质权对质权人的效力

动产质权对于质权人的效力表现为因质权成立而发生的质权人的权利义务。主要有以下几项：

（一）质权人有收取孳息的权利

第四百三十条　质权人有权收取质押财产的孳息，但是合同另有约定的除外。

前款规定的孳息应当先充抵收取孳息的费用。

本条规定了动产质权人收取质押财产孳息的权利。

关于质权效力及于孳息的范围，各国法上规定并不完全一致。有的规定，质权的效力及于质押财产的天然孳息；有的规定，除另有约定外，质权人应将质押财产的自然果实交付所有权人，但果实为质押财产的组成部分的，按质押财产处理。我国物权法规定，除质押合同另有约定外，质权的效力及于质押财产的孳息，动产质权人有权收取质押财产的孳息。这里的孳息既包括天然孳息，也包括法定孳息。例如，经出质人同意，将质押财产出租时，该租金即为质押财产的法定孳息，质权人有权收取之。若当事人无另外约定，因质权人有权收取孳息，该孳息充抵收取费用后的剩余部分充抵担保的债权，此种质权应为收益质权，但不能认定质权人可以对质押财产为任意的利用，更不能认定质权人有对质押财产为利用的义务。

(二) 质权人不得利用质押财产和保管质押财产的义务

第四百三十一条 质权人在质权存续期间,未经出质人同意,擅自使用、处分质押财产,造成出质人损害的,应当承担赔偿责任。

第四百三十二条 质权人负有妥善保管质押财产的义务;因保管不善致使质押财产毁损、灭失的,应当承担赔偿责任。

质权人的行为可能使质押财产毁损、灭失的,出质人可以请求质权人将质押财产提存,或者请求提前清偿债务并返还质押财产。

上两条规定了质权人对质押财产负担的不得利用和保管义务。

质押期间,动产质权人有权占有质押财产,但是除当事人另有约定外,质权人对质押财产无使用权和处分权。在质权存续期间,除经出质人同意外,质权人不得使用和处分质押财产。质权人擅自使用、处分质押财产,给出质人造成损害的,应当承担赔偿责任。

质权人在有权占有质押财产的同时,也负有妥善保管质押财产的义务。在质押财产占有期间,因质权人保管不善致使质押财产毁损、灭失的,质权人应承担民事赔偿责任。

关于质权人违反质物的保管义务时应负过错责任还是无过错责任,各国立法规定不一。例如,依瑞士民法的规定,质权人对质物落价或者消灭而造成的损失,质权人负过错推定责任,即质权人如不能证明损失非因其过失造成的,就应对此损失负赔偿责任;质权人对因其擅自让与或转质质押财产而造成的损失,则负完全的赔偿责任,即不论质权人有无过错,均应负责赔偿。① 依我国法的规定，质权人违反妥善保管义务的责任应为过错推定责任。只要质押财产在质权人占有期间发生灭失或者毁损，出质人就得要求质权人承担赔偿责任，质权人得以自己已为妥善保管并无过错予以抗辩。也就是说，质权人的保管是否妥善应由质权人负举证责任。当然，在责任转质时，质权人对质押财产的损失应负完全的无过错赔偿责任。

质权人因保管不善而对出质人应负的赔偿责任不得与质权所担保的债权抵销。因为，一方面出质人与债务人并非全为同一人；另一方面更重要的是，如果许可质权人以其债权与出质人的损害赔偿债权相互抵销，则等于质权人未承担责任。

质权人在占有质押财产期间有侵害质押财产的作为或不作为的行为时，出质人得请求质权人除去侵害。在质权人的行为有致使质押财产毁损、灭失的可能时，出质人得请求质权人将质押财产提存，以排除其对质押财产的侵害；或者请求提前清偿债务并要求返还质押财产。在将质押财产提存时，提存的费用应由质权人负担。因为该费用是因质权人违反妥善保管质押财产的义务而发生的。出质人提前清偿债权的，应当扣除未到期部分的利息。

（三）质权人的质押财产变价权

第四百三十三条 因不可归责于质权人的事由可能使质押财产

---

① 《瑞士民法典》第 890 条：1. 质权人，对因质物价值减少或消灭而发生的损害，负其责任，但能够证明自己对损害并无过错者，不在此限。2. 质权人擅自将质物转让或转质者，对因此而发生的一切损害，负其责任。见戴永盛译：《瑞士民法典》，中国政法大学出版社 2016 年版，第 306 页。以下凡《瑞士民法典》条文均引自该版本。

毁损或者价值明显减少，足以危害质权人权利的，质权人有权请求出质人提供相应的担保；出质人不提供的，质权人可以拍卖、变卖质押财产，并与出质人协议将拍卖、变卖所得的价款提前清偿债务或者提存。

本条规定了质权人的质押财产变价权。

质押财产的变价权，有学者称为物上代位权，也有学者称为预行拍卖质押财产权，指的是在质押财产有毁损之虞或者其价值显有减少，足以危害质权人的权利时，质权人得公开拍卖或者变卖质押财产，以其卖得价金代充质押财产的权利。

质权人行使质押财产的变价权的，须具备以下三个条件：

第一，须质押财产有毁损或者价值明显减少的可能，足以危害质权人的权利。质押财产无损毁或者价值明显减少可能的，质权人自不能将质押财产变价。质押财产虽可能毁损或者价值明显减少，但不足以危害质权人权利的，质权人也不能行使变价权。例如，质押财产为数物的，其中一物有损坏或者价值明显减少的可能，但其他物的价值足以担保质权人的债权时，由于质押财产的毁损或者价值减少并不能危害质权人的质权，质权人就不得行使质押财产的变价权。

第二，须因不可归责于质权人的事由可能使质押财产毁损或者价值减少。因为质押期间，质押财产由质权人占有和保管，若因可归责于质权人的事由致使质押财产损毁的，质权人应承担赔偿责任，自不能行使变价权。

第三，须出质人应质权人的请求拒不提供相应的担保。依德国民法的规定，质权人为质物的预行拍卖时应于拍卖前通知出质人，但如质物正在败坏，而迟延拍卖会引起危险时，可以不预先通知；在价值减少的情形，除预告外，质权人对于出质人应就其他担保的提出，规定相当期限，且须在此期限届至后，始得拍卖质物；质权人应将拍卖情况立即通知出质人，怠于通知者，质权人应负损害赔偿的义务。上述拍卖的预先通知、规定期限、拍卖后的通知，均以能之者为限，在事实为不可能时得免除。依我国物权法的规定，质权人不能在预先通知出质人后就拍卖质押财产，而应在拍卖或者变卖前先向出质人提出要求出质人提供相应担保的请求，出质人接受质权人的请求，提供了相应担保的，质权人无行使变价权的必要，自不得拍卖或变卖质押财产；只有在出质人不提供相应担保后，质权人方可以行使质押财产的变价权。质权人向出质人要求提供相应担保时，应规定适当的期限，在出质人明确拒绝提供相应担保或者于该适当期限届满后出质人仍不提供相应担保时，质权人即得行使质押财产变价权。出质人提供的相应担保，可否为保证？物权法未规定。《德国民法典》第1218条中规定，质物有败坏或其价值显有减少之虞者，出质人得提供其他担保而请求质物之返还；不得有保证人提供担保。

质权人行使质押财产变价权，将质押财产拍卖或者变卖的，并非为质权的实现，而为质权的保全。因此，对于质权人预先拍卖、变卖质押财产所得的价款，质权人不能直接从中受偿，而只能以之代充质押财产。对该质押财产的代位物，质权人得与出质人协商处置。出质人同意提前用于清偿的，质权人得以之用于提前清偿质权所担保的债权；出质人不同意提前清偿的，则将其向与出质人约定的第三人提存。在质权人不能与出质人达成提存协议时，质权人得向法院提起诉讼，请求法院裁决应向何人提存或者向法律、行政法规规定的提存机关提存。提存的费用仍应由出质人负担,因为所提存的质押财产的变价款仍属于出质人的财产。

(四) 质权人的转质权

第四百三十四条　质权人在质权存续期间,未经出质人同意转质,造成质押财产毁损、灭失的,应当承担赔偿责任。

本条规定了动产质权人的转质权。

所谓转质,是指质权人为提供自己债务的担保,将质押财产移交给自己的债权人而设定新质权。关于转质,各国立法不一。如德国、法国等对转质未作规定,瑞士、日本等国则规定了转质。从各国的立法与实务看,转质可分为承诺转质与责任转质两种。

1. 承诺转质。承诺转质,是指质权人在质权存续期间,为担保债务的履行,经出质人同意,于其所占有的质押财产上为第三人再设定新质权。《瑞士民法典》第887条对承诺转质设有明文规定:"质权人,非经出质人同意,不得将质物转质。"由于承诺转质成立的根本条件,是必须征得出质人的同意,因此,承诺转质实际上是质物所有权人同意以自己的财产为原质权人提供担保,从而同意在质物上设定一个新质权。出质人同意质权人转质,也就是出质人将对质押财产的质押处分权授与了质权人。所以,只要法律上未明文禁止承诺转质,在解释和实务上就应当承认承诺转质的效力。我国原《担保法》虽未规定承诺转质,但《担保法解释》第94条第1款补充规定了承诺转质。

由于承诺转质所设定的转质权与原质权是相互独立的,因此，不仅转质权不应受原质权的影响，而且转质权的效力优先于原质权人的质权。转质权人对于转质人（原质权人）的债权若已届满清偿期，则不论转质人的债权是否已届满清偿期，均得直接实现质权。转质人的债务人向其履行债务时，原质权虽然消灭，但是转质权不受此影响而仍然存在。质押财产所有权人要取回质押财产的，只有以第三人的地位向转质权人清偿转质权所担保的债务，以使转质权消灭，否则不能取回质押财产。质押财产在转质期间遭受不可抗力造成损失的，质权人（转质人）也不承担责任。

2. 责任转质。责任转质，是指质权人于质权存续期间，不经出质人的同意，以自己的责任将质押财产转质于第三人，设定新质权。《日本民法典》第348条规定的转质即为责任转质："质权人在其权利存续期间内，可以以自己的责任将质物转质。对于因此种转质而发生的损失，即使其源于不可抗力亦负其责任。"责任转质与承诺转质不同，其设定无须经出质人同意。也正因为如此，质权人是以自己的责任转质的，对于质押财产在转质期间所受不可抗力的损失也应负责；责任转质所担保的债权额不能超过原质权担保的数额；责任转质是以原质权的存在为前提的，原质权消灭，转质权也不能存在。

在法律应否承认责任转质上，我国学者有不同的看法。持肯定说者认为，虽然质权人对于质押财产的处分应限于以清偿其债权为目的，而不许为其他目的处分质押财产，质权人非为质押财产的所有权人，原则上不得以质押财产为标的再设定质权，但是为促使社会资金的流通，便利社会交易，兼顾出质人和质权人双方的利益，也可以设此例外，承认责任转质。持否定说者认为，不应当设责任转质的规定，其主要理由是：第一，动产质权为担保物权，质权人仅得为清偿的目的处分质物。允许质权人得将质物转质，无异于允许其利用质物；第二，质权人得不经出质人承诺而将质物转质，显然也违反当事人的意思；第三，依转质的结果，转质权人亦得转质，如此递相转质，不免使法律关系趋于复杂。

物权法未明确规定责任转质，仅规定了质权人未经出质人同意转质的责任。这实际上也就承认了责任转质。正如有学者指出的，责任转质对于质权人充分利用质押财产的交换价值有着重要的意义，对出质人的利益并无明显不利影响。[①]承认责任转质，有利于发挥质押财产的价值。

关于责任转质的性质，大体有以下四种学说：其一为质物质入说，即新质权设定说。该说认为，转质与转租、转典的性质相同，既不是权利质，也不是债权或质权的让与，而是质权人根据法律所特别赋予的处分权能，将质物出质，从而再设定新质权。其二为质权质入说，又称质权自体质入说。该说认为，转质并非质物的质入，而是一种权利质。也就是说，转质是转质人将其质权与其债权相分离而将其单独出质。转质权的标的物并非质物本身，而是转质人即原质权人的质权本身。其三为附质权的债权质入说，又称共同质入说。该说认为，转质是将质权与其所担保的债权共同质入。转质权人要实现其质权，不仅须自己的请求权已届实行期，并且须转质人的请求权也已届实行期。其理由是，质权人处分质物，应仅以清偿其债权的目

---

① 高圣平：《担保法论》，法律出版社2009年版，第484页。

的为限，质权人断无纯为自己的目的而利用质物的权能；如果以转质视为质物的质入，则转质人于转质后自己仍得受领债务人的清偿，未免会损害转质权人的利益。其四为附条件的质权让与说。该说认为，转质系质权人以其质权让与转质权人，但附有"如转质权人的债权因清偿或其他原因而消灭，则质权应回归于转质人"的解除条件。以上诸说，前二说较通行，以质物质入说为最有影响。但从责任转质的效力上说，附质权的债权质入说更合理。

责任转质的成立须具备以下四个条件：

（1）须在质权存续期间。质权人的转质，是基于其质权而发生的一项权能，因此转质只能在质权存续期间为之。质权人在转质时须表明自己为质权人，系基于自己的质权再设定质权的。若质权人的质权消灭，其当然不能转质。若质权人未表明自己为质权人，仅以质押财产占有人的身份或者直接以质押财产所有权人的名义为担保他人债务的履行而设定质权的，则不成立责任转质，取得质押财产的债权人可依善意取得规则而取得质权。

（2）须转质人即质权人以自己的责任为之。因为许可质权人转质，是不许质权人于为清偿其债权以外的目的而处分质押财产的一种例外，因此必须考虑出质人的利益，由转质人承担全部责任。转质人不仅对于质押财产因转质而发生的损害负赔偿责任，而且对于质押财产因转质所遭受的不可抗力的损失，也须负赔偿责任。也就是说，转质人要承担质押财产转质的风险。当然，对于质押财产不转质也不免受到的不可抗力的损失，转质人可不负赔偿责任。

（3）转质权所担保的债权范围须不超过原质权所担保的债

权额。关于转质权可担保的债权范围，学者有不同的观点。一种观点认为，转质所成立的新质权与原质权及其所担保的范围不相干，新质权所担保的范围不受原质权担保范围的限制。另一种观点认为，转质权以原质权为标准，转质设立的新质权所担保的债权额不得超过原质权所担保的债权额，转质权人仅得于原质权人对于第一债务人的债权额内实现其质权。

（4）须质权人将质押财产的占有移交于转质权人。转质既为设定新质权，也就应当以质押财产占有的移交为成立要件。若质权人未将质押财产的占有移交给受转质的债权人，则转质不成立。

（五）质权人的质权处分权

第四百三十五条　质权人可以放弃质权。债务人以自己的财产出质，质权人放弃该质权的，其他担保人在质权人丧失优先受偿权益的范围内免除担保责任，但是其他担保人承诺仍然提供担保的除外。

本条规定了质权人放弃质权的权利。

质权人放弃质权是行使质权处分权。质权的处分权是质权人处分其质权的权利，包括质权的抛弃、质权的让与或者供其他债权的担保。

质权既为质权人的一项财产权，质权人自得放弃。但质权人任意抛弃其质权的，不得因此而有害于第三人的权利。如果质权人抛弃质权有害于第三人的权利，则质权人不得抛弃其质权。例如，在责任转质时，质权人就不得抛弃其质权。在出质人为债务人，质权人又有其他担保权的情形下，质权人抛弃以债务人财产设立的质权的,就会导致完全由其他担保人为债务人清偿债务,因此,质权人放弃以债务人的财产设立的质权的,除其他担保人承诺仍然提供担保外,其他担保人的担保责任在质权人因抛弃质权而丧失的优先受偿权益的范围内免除。

质权为从权利,一般不得与其所担保的债权相分离而单独让与第三人或者供为其他债权担保,但质权可以与债权一并让与或者供作其他债权担保。债权让与时,质权应随同主债权一并让与,但当事人约定质权不随同主债权让与的,质权应消灭。在质权附随主债权一并为他债权担保时,担保协议生效后,即发生质权的移转,而无须为质押财产的交付。新质权人得向原质权人请求质押财产的交付。质权受让人在取得质押财产占有时,取代原质权人而负担质物上对于出质人的义务。

质权受让人不受善意取得的保护。因此,如果质权是为无效债权设定的,那么,在债权转让时,受让人既不能取得债权,也不能取得质权;质权虽是为有效债权设定但其无效时,在债权转让时,尽管受让人可以取得受让的债权,却不能取得质权,不论其是否相信质权为有效的。

(六)质权人对质押财产留置的权利和返还的义务

第四百三十六条　第一款　债务人履行债务或者出质人提前清偿所担保的债权的,质权人应当返还质押财产。

本条款规定了动产质权人返还质押财产的义务和条件。

由于质权人占有质押财产,既是质权的成立要件,也是质权存续的条件,因此,质权人于其债权受偿前对其占有的质押财产有留置的权利。只要其债权未受清偿,质权人即得拒绝一切人关于返还质押财产的请求。即使出质人将质押财产转让给第三人，也不影响质权人的留置权利，质权人同样可以拒绝受让质押财产的第三取得人的返还请求权。只要债权未受偿，质权人就得留置质押财产。质权人对质押财产的留置权利与留置权人对留置财产的留置权是不同的。二者的根本区别在于，质权人留置质押财产并非质权的主要效力，其不过是维持质权的存续的必要措施而已，也正因为如此，有的学者不认为留置质押财产为质权人的权利；而留置权人对留置财产留置的权利却是留置权的基本效力。

在债务人履行债务或者提前清偿所担保的债权时，质权人负有返还质押财产的义务。因为质权所担保的债权因受清偿而消灭时，质权也随之消灭，质权消灭，质权人也就没有占有质押财产的权利根据，因此，债权受清偿的质权人自然应当返还质押财产。

因为质权人返还质押财产的义务是质权消灭的结果，所以，质权人原则上应以出质人为返还相对人。但若出质人于质权设定后将质押财产转让给第三人时，质押财产的所有权人也得基于其所有权请求质权人返还。在发生出质人的返还请求权与质押财产所有权人返还请求权竞合时，质权人仅对其中一人负返还义务；质权人向其中任何一人返还质押财产的，另一人的请求权即消灭。

八、动产质权的实现

（一）动产质权实现的条件和方法

第四百三十六条　第二、三款　债务人不履行到期债务或者发

生当事人约定的实现质权的情形，质权人可以与出质人协议以质押财产折价，也可以就拍卖、变卖质押财产所得的价款优先受偿。

质押财产折价或者变卖的，应当参照市场价格。

上两款规定了动产质权的实现条件和方法。

动产质权的实现，又称动产质权的实行，指的是质权人于其债权清偿期届满而未受偿或者发生当事人约定的实现质权的情形时，处分质押财产，以质押财产的变价优先受偿其受担保的债权。

动产质权实现须具备以下两个条件：

第一，须债务履行期限届满债务人未履行债务或者发生当事人约定的实现质权的情形。债务人未履行到期债务，既包括其完全未履行，也包括其部分未履行。至于债务人未履行债务是否有过错，则在所不问，但须债权人非因自己的原因未受清偿。若债务人未履行债务，而债权人因其他原因已受清偿的，质权消灭，质权人自不能实现质权；若债权人虽未受清偿，但是因其自己的原因未受偿的，质权人也不能实现质权。

虽非属于债务人未履行到期债务，但发生当事人约定的实现质权的情形，质权人也可实现质权。

第二，须质权人占有质押财产。质权人不占有质押财产的，由于质权以占有质押财产为存续要件，质权人当无质权可实现。在质权人与他人共同占有质押财产时，于实现质权时，应向他占有人请求单独占有。

关于质权的实现方式，各国法上规定不完全相同。例如，依德国民法，实现质权的主要方式是将质物出卖，并从所得价款中受偿。出卖质物的条件是:(1)必须进行预告;(2)必须公开拍卖。[①]依日本民法,对质物的处分以依《拍卖法》拍卖为原则;质权人于有正当理由时得向法院请求依鉴定人的估价,直接以质物充清偿,于未请求前,应通知债务人,出质人非债务人的,并应通知出质人;于债务人清偿期限届满后,质权人得依契约,取得质物所有权或依法律所定以外方法处分质物。我国物权法规定,质权的实现方式有以质押财产折价和拍卖、变卖质押财产两种。

1. 质押财产的折价。质押财产的折价,是指由质权人依质押财产的价格取得质押财产所有权,其从所折价的价款中优先受偿其债权。质押财产的折价,与质押财产所有权的取得,并不完全相同。由质权人取得所有权,一般是指依当事人的约定,由质权人取得质押财产所有权以代受清偿。这属于纯粹的物的责任。而以质押财产折价,虽也由质权人取得所有权,但并非以其取得所有权代受偿。质押财产折价价格高于质权所担保的债权额的,质权人须将余额返还质押财产所有人;折价价格低于质权所担保的债权额的,其差额为无担保债权,质权人仍得就此差额请求债务人以其一般财产清偿。

质押财产折价,如同抵押财产折价一样,须由质权人与出质人于质权实现时订立协议,且不得损害他债权人。如果当事人于质权实现时仅达成以质押财产折价受偿债权的协议,但对折价价格意见不一致,可以由有关机构对质物价格估定,以评估的价格折价。但如双方不能就质押财产折价达成协议,则质

[①] 参见孙宪忠:《德国当代物权法》,法律出版社1997年版,第326页。

权人不能以质押财产折价的方式实现质权。当事人以折价方式实现质权的,不能损害第三人的利益。质押财产折价或者变卖的,应当参照市场价格。如当事人约定的折价价格过低,损害了他债权人的利益,第三人应得请求撤销该折价行为。但质押财产折价与抵押财产折价也不同。由于在质权实现时质权人占有质押财产,因此以质押财产折价实现质权时,无须交付质押财产,自双方协议生效时起,质押财产所有权即归质权人取得。

2. 质押财产的拍卖、变卖。质押财产的拍卖、变卖都属于将质押财产出卖,不过拍卖是以公开的竞买方式出卖,而变卖是以其他方式出卖而已。为公平起见,出卖质押财产原则上应以拍卖的方法为之,变卖质押财产的也应当参照市场价格。与抵押财产的拍卖、变卖不同的是,由于质押财产由质权人占有,质权人得自行将质押财产拍卖、变卖,而无须请求法院拍卖、变卖。

质权人于出卖质押财产前应当通知质押财产所有权人,以使质押财产所有权人有所准备。此通知以能够为之为限。质权人出卖质押财产时,不是作为出质人或者质押财产所有权人的代理人,而是以自己的名义进行的。因此,质押财产出卖上的权利义务均应属于质权人,而不属于出质人或者质押财产所有权人。除法律另有规定或者当事人另有约定外,自质权人交付质押财产于买受人时起,该质押财产的所有权转移归买受人。

(二) 质权人不及时行使质权的责任

第四百三十七条 出质人可以请求质权人在债务履行期届满后及时行使质权;质权人不及时行使的,出质人可以请求人民法院拍卖、变卖质押财产。

出质人请求质权人及时行使质权,因质权人怠于行使权利造成出质人损害的,由质权人承担赔偿责任。

本条规定了质权人不及时行使质权的责任。

由于质权以质权人占有质押财产为要件,于可实现质权时,如果质权人不及时行使权利实现质权,质权人就会继续占有质押财产,这样会损害出质人和债务人的利益。因此,虽然实现质权为质权人的权利,质权人也应当及时行使。质权人未及时行使权利时应如何处置?对此,学者中有不同的观点。一种观点认为,拍卖本为质权人的权利,并非义务,因此质权人于清偿期届满,未即行拍卖,致嗣后价格低落时,并不负任何责任。一种观点认为,依民法诚实信用原则,质权人可得实现质权而又未及时行使时,出质人或债务人得请求质权人及时行使权利,如经对方请求质权人仍怠于行使权利而致其后质物价格低落的,质权人应负赔偿责任。后一种观点得到司法实务界的认可。实务中认为,债务履行期届满,出质人请求质权人及时行使权利,而质权人怠于行使权利致使质物价格下跌的,由此造成的损失,质权人应当承担赔偿责任。物权法接受了司法实务的做法。依物权法规定,在质权人可实现质权而不行使权利时,出质人可以请求质权人行使,质权人不及时行使的,出质人可以请求法院拍卖、变卖质押财产。经出质人请求,质权人仍不及时将质押财产拍卖、变卖的,其后质押财产价格降低或者损坏的,由此发生的损害,由质权人承担赔偿责任。

(三) 质押财产变价所得的处置

第四百三十八条 质押财产折价或者拍卖、变卖后,其价款超过债权数额的部分归出质人所有，不足部分由债务人清偿。

本条规定了质押财产变价所得的处置。

质押财产的变价所得，是指质权人实现质权将质押财产变价所得到的价款。质权人行使质权以所取得质押财产的价款优先受偿其债权。因质押财产为出质人所有，所以质权人受偿质权所担保的债权数额后，质押财产价款的剩余部分即超过债权数额的部分应归还给出质人，因为质押财产为出质人的财产，这部分价款归出质人所有。因为质权所担保的是债务人债务的履行，因此在质押财产的价款不足以清偿质权人的全部债权时，不足部分仍由债务人清偿，债权人得要求债务人清偿其未受偿的债权。

九、最高额质权

第四百三十九条　出质人与质权人可以协议设立最高额质权。

最高额质权除适用本节有关规定外，参照适用本编第十七章第二节的有关规定。

本条规定了最高额质权。

最高额质权是指对于债权人在一定范围内连续发生的不特定债权设定一个最高限额，并由出质人提供质押财产予以担保而设立的特殊质权。最高额质权与一般质权的区别主要有以下三点：

其一，最高额质权所担保的债权具有不确定性。最高额质权所担保的债权多为将来发生的债权，在质权设立时该债权并不存在，而只是预定了一个债权最高数额，直至决算期届至，实际发生的债权额才能确定，此时最高额质权也就转化为一般质权。

其二，最高额质权所担保的债权具有最高数额限制。在最高额质权确定前，被担保的债权额处于不断变化中。到最高额质权确定时，存在的债权数额小于最高限额的，以实际存在的债权额为质权实际担保的债权额；存在的债权额超过最高限额的，超过部分不在质权担保范围内。

其三，最高额质权具有相对独立性。最高额质权设立时不以主债权的存在为前提，最高额质权也不随质权存续期间的某一债权的消灭而消灭。

最高额质权当然也具有质权的一般属性，因此，对于最高额质权除因其特殊性不能适用关于质权的一般规定外，应适用法律关于质权的规定。最高额质权的特殊性与最高额抵押权相似，因此，对于最高额质权可以参照适用法律关于最高额抵押的特别规定。

第二节　权利质权

一、权利质权的含义

关于权利质权的概念，各国法律都没有明确规定。从其字面意义上说，权利质权当然是指以权利而非以实体物为标的之质权。但以权利为标的的担保权利并非都为权利质权。从各国的法律规定看,以不动产上的权利,如土地使用权、采矿权、海域使用权等用益物权为标的的担保物权,一般称为抵押权,而以债权等其他财产权利为标的的担保权才称为质权。因此,所谓权利质权,是指非以实体物而以所有权、用益物权以外的可让与的财产权利为标的的质权。

权利质权有以下两方面的含义:

1. 权利质权为质权

权利质权与动产质权一样同属于质权。质权是以担保债务履行、债权实现为目的的,是价值权。因而权利质权也是以担保债权实现为目的的担保权利,也是一种价值权。权利质权既为质权,为担保权,也就具有质权的一般特征。正因为其为价值权,权利质权的标的必须具有价值性。

2. 权利质权为以所有权及用益物权以外的具有可让与性的财产权利为标的的质权

权利质权与动产质权的基本区别在于其以财产权利为标的。然而,在权利上设定的担保权并非都为权利质权。从法制史上看,最初的债权担保,质权为唯一的物的担保方式。不仅在不动产上设定的担保权为质权,在不动产权利上设定的担保权也为质权。但自抵押权产生并逐渐发达和完善以来,特别是不动产质权的逐渐消亡,在不动产用益物权上设定的担保权也列为抵押权,而不再属于质权。现今,一般只有在债权等其他财产权利上设定的担保权才归入质权。由于不动产物权以外的其他财产权,种类多样,性质不一,因而以这些权利为标的之各种权利质权也就有不同的特点。例如,知识产权质权不论在成立方式上还是权利实现方式上,都与抵押权相似。也正因为如此,有的国家将以知识产权为标的的担保权列为抵押权。

二、权利质权的性质

由于权利质权是以财产权利为标的，而不是以动产为标的的，因而在权利质权的性质上有不同的学说。大体可分为权利让与说和权利出质说。

权利让与说认为，质权的标的，应以有体物为限。普通所谓质权，是指物上质权而言的，不得于权利之上再发生一种质权的权利。故所谓权利质权，实质就是以担保为目的，而为权利的让与。一般权利质权的设定，其所以必须依权利让与的规定为之，也只是释明其为权利让与。尤其在债权质，质权人竟能有得直接收取质权标的之债权的权能，若不将债权的出质作为债权的让与，则将无法说明其理由。

权利出质说认为，权利质权与物上质权在本质上并无何差异，所不同的仅其标的不同而已。亦即，物上质权系以物为其标的，而权利质权系以权利为其标的。此说又称为权利标的说。此说的理由是，权利之上不许权利存在的观念，虽不妨用诸罗马法的解释，但毕竟无任何的根据，故法律为适应经济上需要起见，于以物（或有体物）为物权标的外，再认以权利为物权标的者，当亦无不可。例如，抵押权得以地上权等物权为其标的。因此，在今日的法制情形下，实在无认权利质权为权利让与的必要。纵令贯彻物权须行使于物上的原则，也可以以权利质权为例外。至于设定一般权利质权须依权利让与的规定，以及在债权质权其质权人得直接收取债权标的，则均只不过是为了方便而已，不可直接视之为权利让与。因为,在前者,其目的原在设定权利质权而不在让与权利,仅是以依权利让与的规定为设定权利质权的手段;而在后者,法律虽赋予质权人收取他人债权的权能,但债权却仍应认为存在于出质人而不是存在于质权人。

现代社会,随着"物权债权化"、"商品证券化",在权利上设定质权极为方便,权利质权有特别重要的社会作用,适用极为普遍,因此,现今各国立法普遍承认权利质权。对于权利质权的性质,学说上也以权利出质说为通说,而不再有借助权利让与来说明权利质权的必要。可以说,在知识经济、信息经济时代,尤其证券质押、知识产权质押,较之动产质押,更具有重要意义,已经日益成为重要的担保方式,权利质权已成为质权的重要形式,而不再是一种例外。

因为权利质权是以权利为标的的,而动产质权是以动产为标的,所以权利质权不同于动产质权。权利质权与动产质权的区别主要在以下几点:

1. 二者的成立和公示的方式不同。权利质权以登记、权利凭证的交付或者通知第三义务人等为成立生效要件,以登记、证书的占有等为公示方式,有的权利质权更是采取类似于抵押权的公示方式。而动产质权以作为质押财产的动产的占有的移交为成立生效要件,以占有出质动产为公示方式。

2. 二者的效力范围不同。权利质权的出质人处分和行使出质权利的权利受到限制,未经质权人同意不得行使。而动产质权的出质人原则上可为质押财产权利的处分,但质押的动产由质权人占有并实际控制。

3. 二者的实现方式不同。权利质权的质权人实现质权,可以直接从出质权利的价值而受清偿,或者代出质人之位行使出质的权利。而动产质权的质权人须就质押动产的变价优先受偿。

正由于权利质权与动产质权有所不同,所以法律上对权利质权予以专节规定。

三、权利质权的当事人

权利质权的当事人为出质人和质权人。由于权利质权的设定须有当事人的意思表示一致,为双方的民事法律行为,设定权利质权的民事法律行为也就是权利质押合同,因此权利质权的当事人一般为权利质押合同的当事人。当然在非因设定而取得质权时,权利质权的当事人与质押合同的当事人并不一致。

权利质权的出质人可以为债务人,也可以是债务人以外的第三人,但须为对出质权利有处分权的真正权利人。以自己没有处分权的权利出质的出质人,对真正权利人因此而受到的损失应负赔偿责任。

权利质权的质权人,须为受质权担保的主债权的债权人,不享有主债权的人不能为权利质权的质权人。

与动产质权所不同的是,在权利质权会有第三利害关系人的产生。因为权利质权是以权利为标的的,而权利应有义务人,该义务人虽非质权的当事人,但属于一种有利害关系的第三人。权利质权上的这种利害关系人又称为第三债务人。例如,甲以其对丙享有的债权出质为乙设定权利质权时,甲为出质人,乙为质权人,丙即属于有利害关系的第三债务人。

四、权利质权的标的范围

第四百四十条 债务人或者第三人有权处分的下列权利可以出质:
（一）汇票、支票、本票；
（二）债券、存款单；
（三）仓单、提单；
（四）可以转让的基金份额、股权；
（五）可以转让的注册商标专用权、专利权、著作权等知识产权中的财产权；
（六）现有的以及将有的应收账款；
（七）法律、行政法规规定可以出质的其他财产权利。

本条规定了权利质权的标的范围。

权利质权的标的是出质人供作债权担保的权利。由于权利质权为一种担保物权，质权人得于质权标的之价值优先受偿，因此作为权利质权标的的权利，须具备以下特性：

1.须为财产权。财产权是以财产利益为内容的、得以金钱估价的权利，由于其具有价值，因而可为质权标的。人身权，无论是人格权，还是身份权，由于其不具有财产内容，不具有经济价值，也就无法从其价值中受偿，因而不得用于出质，不能为质权的标的。

2.须有可让与性。质权为价值权、变价权，并且，权利质权的设定原则应按照关于权利转让的方式为之，在债务人不履行到期债务时质权人可以从出质权利的价值中优先受偿，并常以代出质人的地位直接行使出质权利的方式来实现质权，因而权利质权的标的不仅须为具有经济价值的财产权，而且须具有可让与性。不具有让与性的财产权利,也不能成为质权的标的。例如,继承权虽也是以财产利益为内容的财产权,但由于继承权不能让与,无变价的可能,因而不能成为权利质权的标的。其他一些与特定权利主体密不可分的财产性权利,如亲属间的扶养权、抚恤金领取请求权等,也因其无让与性,不能成为权利质权的标的。某些于质权设定时让与性受限制,但于质权实现时其让与性不再受限制的权利,因其并非完全不具备让与性,也应可以作为质权的标的。

3. 须为适于设定质权的权利。虽为有让与性的财产权,但不适于设定质权的权利,也不能成为权利质权的标的。关于何种权利适于设质,何种权利不适于设质,在各国法上规定是不同的。一般说来,立法上有不动产质权规定的国家,承认不动产物权也可为权利质权的标的;而立法上不规定不动产质权的国家,则不承认不动产物权可为权利质权的标的。依我国法的规定,在不动产物权上设定的担保权为抵押权,不为质权,因此,不动产物权不能成为质权的标的。不动产上设定的抵押权虽可用于设定质权,但其是随所担保的债权一同出质的,其单独也不能成为权利质权的标的。

各国法一般仅规定不适于设定质权的权利,而不规定可以设定质权的权利,这也表明除法律规定不可用于设定质权的权利外,其他权利都可用于设定质权。

依我国物权法规定,债务人或者第三人有权处分的下列权利可以出质:(1)汇票、支票、本票;(2)债券、存款单;(3)仓单、提单;(4)可以转让的基金份额、股权;(5)可以转让的注册商标专用权、专利权、著作权等知识产权中的财产权;(6)现有的以及将有的应收账款;(7)法律、行政法规规定可以出质的其他财产权利。

根据用于设定质权的标的,可将权利质权分为证券债权质权(包括票据质权、债券质权、存款单质权以及仓单质权、提单质权)、基金份额和股权质权、知识产权质权、应收账款质权等类型。

五、证券债权质权

(一) 证券债权质权的含义

证券债权质权,指的是以证券债权为质权标的的权利质权。

所谓证券债权,是指以有价证券表彰的债权。证券债权与一般债权不同,其权利与有价证券是不可分离的,持有证券才能享有权利、才能主张权利,不持有证券就不能向证券义务人主张权利。有价证券以其所代表权利的内容可以分为金钱证券(以请求给付一定金钱为内容的有价证券,如债券、汇票、本票、支票)、物品证券(以请求给付一定物品为内容的有价证券,如仓单、提单)、服务证券(以请求提供一定服务为内容的有价证券,如车船票、机票)、有价证券证券(以请求给付有价证券为内容的有价证券)。服务证券有一定的特定性,有的禁止转让(如飞机票、实名车船票),不适于设质,不能为权利质权的标的。其他证券债权原则上都可以设质,得为质权的标的。若在证券上记载有"不得转让"字样,则该证券也不能质押以设定证券质权。由于证券债权与证券是不可分的,转让证券上的权利必须转让证券,因此,以证券债权设定质权,也就表现为在证券上设质。由于以证券债权设立质权也就是在证券上设质，因此，证券债权质权有与一般债权质权不同的特点。

（二）证券债权质权的成立

第四百四十一条 以汇票、本票、支票、债券、存款单、仓单、提单出质的，质权自权利凭证交付质权人时设立；没有权利凭证的，质权自办理出质登记时设立。法律另有规定的，依照其规定。

本条规定了证券债权质权的设立。

证券债权质权的设立，也需由质权人与出质人双方订立书面质押合同，合同中并应约定权利凭证的交付时间。在质押合同订立后，出质人应在合同约定的时间将权利凭证交付质权人，权利质权自权利凭证交付质权人占有之时起成立。证券质权之所以自权利凭证交付时设立，是因为证券与证券代表的权利是不可分的。权利凭证的交付是指以设定质权担保为目的，将证券交付质权人占有。所以，在一般情况下，出质人应将证券交付于质权人。当事人也可以协商将证券交付第三人占有，但当事人不得依占有改定的方式，仍由出质人代质权人占有证券。出质人仍占有证券的，质权无效。依《凭证式国债质押贷款办法》（银发〔1999〕231号）第6条规定，以凭证式国债设定质权的，作为质押品的凭证式国债交贷款机构保管，由贷款机构出具保管收据。保管收据是借款人办理凭证式国债质押贷款的凭据，不准转让、出借和再抵押。

随着证券无纸化出现，有的证券债权并不以纸质证券记载权利，而是以登记方式记载权利，权利凭证不再是纸质的证券，而是在有关部门的簿册上的登记，以这种登记的证券债权出质的，当然也就不能以证券的占有为质权公示方法，质权也不能自证券的交付为设立时点。这种证券权利质权只能以登记为公示方法，因此，以这种"没有权利凭证"的证券权利设定质权的，质权自办理出质登记时设立。

设立证券债权质权，仅有当事人之间的质押合同，没有权利凭证交付，也没有办理出质登记的，证券债权质权不能成立。

证券债权质权的出质权利不同，在质权设立上也有不同的要求。

1.票据质押。以汇票、支票、本票出质的，出质人应在票据上背书记载"质押"字样并签章，质权自票据交付质权人时设立。依最高人民法院《担保的解释》第58条规定，以汇票出质，当事人以背书记载"质押"字并在汇票上签章的，汇票已经交付质权人的，人民法院应当认定质权自汇票交付质权人时设立。票据质押在背书中应记载有关"质押"的字样，但是这种记载并不是质权成立的条件，而应为质权的对抗要件。也就是说，如果背书中有"质押"字样记载的，则质权人不能实施质权目的以外的行为，即使其转让票据也不能发生转让的效力；如果背书中未有关于"质押"字样记载的，则质权成立，但质权人为质权目的以外的行为时，该行为对于善意第三人可发生效力。例如，于此情形下，质权人背书转让票据时，善意受让人得取得票据上的权利；质权人以票据持有人向票据债务人主张权利时，票据债务人不得以持有人仅享有质权而为抗辩，并得因其向票据合法持有人履行义务而免责。但因实际上票据持有人仅享有质权，所以出质人得向质权人请求赔偿其因此所受的损失。如果票据上记载有"不得转让"字样，则该票据不具有让与性，不能出质，以此种票据出质的，质权不能设立。依最高人民法院《关于审理票据纠纷案件若干问题的规定》第52条、第53条的规定，出票人在票据上记载"不得转让"字样，其后手以此票据进行贴现、质押的，通过贴现、质押取得票据的持票人主张票据权利的，人民法院不予支持；背书人在票据上记载"不得转让"字样，其后手以此票据进行贴现、质押的，原背书人对后手的被背书人不承担票据责任。依该规定第54条规定，以汇票设定质押时，出质人在汇票上只记载了"质押"字样并未在票上签章的，或者出质人未在汇票、粘单上记载"质押"字样而另行签订质押合同、质押条款的，不构成票据质押。

2. 债券质押。债券是依法定程序发行的，约定到期还本付息的有价证券，包括国库券、企业债券和金融债券。债券有无记名债券与记名债券之分。无记名债券是不记载其权利人姓名的债券。无记名债券因其并未记载权利人的姓名，得仅以交付的方式转让权利。例如，《中华人民共和国公司法》（以下简称《公司法》）第160条第2款就规定，无记名公司债券的转让，由债券持有人将该债券交付给受让人后即发生转让的效力。因此，以无记名债券设定质权的，只要有当事人双方设立质权的合意，并交付债券给质权人，质权即设立生效。以无记名债券出质的，应于债券背书"质押"字样；未记载"质押"字样，债券质权不具有对抗善意第三人的效力。在无记名债券当事人依照设立质权的合意、按照设立质权的目的交付债券时，受交付的人只为质权人，只能取得质权，而不能取得所有权；如果质权人将其占有的债券再转让给他人，则构成侵占行为。但是，由于无记名债券得依单纯交付证券的方式转让权利，在债券持有人为享有质权还是享有所有权上不明时，持有人得向债券债务人主张权利。在质权人将其占有的债券转让给第三人，该第三人向债券债务人主张权利时，债务人不得以持有人仅享有质权为抗辩。记名债券是指在债券上记载有权利人姓名的债券。记名债券的转让应依背书或者一般债权转让的方式为之。《公司法》第160条第1款规定，记名公司债券，由债券持有人以背书方式或者法律、行政法规规定的其他方式转让；转让后由公司将受让人的姓名或者名称及住所记载于公司债券存根簿。由于债权质权的设定应以权利转让的方式为之，因此，依照关于记名债券权利转让的规定，以记名债券出质的，于出质人交付证券时，质权才设立生效；同时，当事人还应当将设立质权的情事记载于债券上（背书）；依有关规定须记载于债券存根簿的，还须记载于债券存根簿，否则质权不能对抗第三人（包括证券债务人）。

3. 存款单质押。以存款单出质的，质权自出质人将存款单交付质权人时设立。但以存款单出质的，出质人与质权人应当将存款单质押的事实通知签发该存款单的银行，由银行在该存款单上加附质押的批注，否则所设定的质权不能对抗第三人。最高人民法院《关于审理存单纠纷案件的若干规定》第8条第3款规定："以金融机构核押的存单出质的，即便存单系伪造、变造、虚开，质押合同均为有效，金融机构应当依法向质权人兑付存单所记载的款项。"所谓核押，就是指存款单的签发银行在核实存款单后在存款单上加附质押的批注。

4. 仓单、提单质押。以仓单、提单出质的，质权自出质人将出质的标的（仓单、提单）交付质权人时设立。但是，由于仓单、提单代表着提取一定货物的权利，若仓储人、承运人不知道质押的事实，善意取得仓单、提单的第三人要求提取货物时，仓储人、承运人应当交付货物。因此，以仓单、提单出质的，出质人与质权人应当将质押的事实通知仓储人、承运人，否则不得以仓单、提单的出质对抗善意第三人。以仓单、提单出质的，可否再以仓单、提单所代表的物品设定动产质权或者抵押权呢？对此有肯定说与否定说两种不同观点。一般认为，因为仓单、提单所表彰的物品只有持仓单、提单才能行使权利，因此多持否定说。但是，若仓储人、承运人以其占有的物品设立动产质权的，则善意第三人可以取得动产质权。《担保的解释》第59条中规定，存货人或者仓单持有人在仓单上背书记载"质押"字样，并经保管人签章，仓单已经交付质权人的，人民法院应当认定质权自仓单交付质权人时设立。没有权利凭证的仓单，依法可以办理出质登记的，仓单质权自办理出质登记时设立。出质人以仓单出质，又以仓储物设立担保，按照公示的先后确定清偿顺序；难以确定先后的，按照债权比例清偿。保管人为同一货物签发多份仓单，出质人在多份仓单上设立多个质权，按照公示的先后确定清偿顺序；难以确定先后的，按照债权比例受偿。

（三）证券债权质权的实现

第四百四十二条 汇票、本票、支票、债券、存款单、仓单、提单的兑现日期或者提货日期先于主债权到期的，质权人可以兑现或者提货，并与出质人协议将兑现的价款或者提取的货物提前清偿债务或者提存。

本条规定了证券债权质权的实现。

证券债权质权的质权人于其实现质权上有独立的及排他的收取权,不论证券债权质权所担保的债权是否届清偿期时,也不论证券所载明的兑现或者提货日期先于还是后于债务履行期,质权人都享有收取权。只要证券上载明的权利的清偿期届至,证券债权质权人不论其被质权担保的债权额为多少,就可以收取证券上应受给付的全部权利。

出质的汇票、支票、本票、债券、存款单、仓单、提单上载明的兑现日期或者提货日期,也就是出质的证券债权的清偿日期。出质的证券权利的清偿期先于证券债权质权担保的主债权清偿期的,证券债权质权人得直接收取该债权,即兑现或者提货,并与出质人协议将兑现的价款或提取的货物提前清偿债务或者提存。出质的证券权利的清偿期后于质权所担保的债权的清偿期的,在证券债权质权所担保的债权清偿期届满时,因出质的证券权利的清偿期未届至,质权人不能直接向第三债务人请求清偿,于出质的证券权利的清偿期届至,质权人得要求第三债务人向其给付。由于证券债权质权人有排他的收取权,证券债务人只能向证券债权质权人给付,而不能向他人给付。在质权人行使收取权利后,质权存在于质权人所收取的给付物上(兑现的价款或者提取的货物)。

六、基金份额、股权质权

第四百四十三条 以基金份额、股权出质的,质权自办理出质登记时设立。

基金份额、股权出质后，不得转让，但是经出质人与质权人协商同意的除外。出质人转让基金份额、股权所得的价款，应当向质权人提前清偿债务或者提存。

本条规定了基金份额、股权质权。

（一）基金份额、股权质权的设立

基金份额、股权质权是以基金份额、股权为权利标的的质权。基金份额是基金的最小单位，以一定的金额表示。股权，是股东因出资而对公司财产所享有的权利。基金份额、股权具有财产价值，也可以让与，所以，只要是可让与的基金份额、股权都可以设质，可为权利质权的标的。但是，不可转让的基金份额、股权不能为质权的标的，不得用于质押。

凡是依《公司法》或者公司章程规定其转让受限制的股份，在限制转让期间，不得用于质押。有学者指出，只要质权人是在公司法规定的限制转让的期限后行使质权的，限制转让的股份也可以质押。[①]依《公司法》第139条规定，记名股票于股东大会召开前20日内或者公司决定分配股利的基准日前5日内，不得进行股东名义的变更登记。但是法律对上市公司股东名册变更登记另有规定的，从其规定。在《公司法》所规定的不得进行股东名义变更登记的期间内，股东也不能以股权出质，否则，将因不能办理质权登记而致使质权不设立。依《公司法》第142条规定，公司不得接受本公司的股票作为质押权的标的。

---

① 参见谭斌：《股份质押的若干问题》，载《法制日报》1997年10月25日，第7版。

因此股东不能以本公司股权设定本公司的质权,亦即公司不能享有以自己公司股东的股权为标的的质权。

在有限责任公司的股东可否以其股权设定质权上,有不同的观点。否定说认为,有限责任公司的股东不得以其出资设定质权。肯定说则主张,有限责任公司的股东对自己的出资享有处分的权利,当然也就可以以其出资设定质权。物权法对于有限责任公司的股权出质,未作限制性规定。

以基金份额、股权出质的,质权的设立条件有二:一是当事人订立书面的质押合同;二是办理出质登记。质权自办理出质登记时设立。因为上市公司的股票须在证券交易所上市交易,基金份额的交易也须在证券交易所进行,基金份额、上市公司的股权须在证券登记机构结算,所以,以基金份额、上市公司的股权出质的,应在证券登记结算机构办理出质登记;未经登记,质权不成立。有限责任公司的股东以其股份出质的,除须由当事人订立质权合同外,还须记载于股东名册,质权自股份出质记载于股东名册起成立。股东名册的登记机构是工商行政管理部门,所以,以非上市公司的股权出质的,质权自工商行政管理部门办理出质登记时设立。

(二) 基金份额、股权质权的效力

基金份额、股权出质后,质权人有权禁止出质人转让股权、基金份额;出质人对股权、基金份额的处分权受到限制,非经质权人同意不得转让。

经质权人同意,出质人转让股权、基金份额的,质权存在于转让所得的价款上,出质人应以所得价款提前清偿质权所担

保履行的债务；出质人不愿意以所得价款提前清偿债务的，则应将所得价款提存。此项提存，是为出质人利益进行的，提存费用自应由出质人负担。

出质人未经质权人同意而转让出质股权、基金份额的，转让行为应无效，因此而给质权人或者第三人造成损失的，出质人应当承担赔偿责任。

七、知识产权质权

第四百四十四条 以注册商标专用权、专利权、著作权等知识产权中的财产权出质的，质权自办理出质登记时设立。

知识产权中的财产权出质后，出质人不得转让或者许可他人使用，但是出质人与质权人协商同意的除外。出质人转让或者许可他人使用出质的知识产权中的财产权所得的价款，应当向质权人提前清偿债务或者提存。

本条规定了知识产权质权。

（一）知识产权质权的设立

知识产权质权，是指以知识产权为标的的质权。知识产权包括著作权和工业产权。其主要有著作权、专利权、商标权以及字号权等。知识产权并非全可作为质权的标的。

著作权包括著作人身权和著作财产权两个方面的内容。著作人身权是只能由著作人享有的权利，不具有财产价值，不能让与，因而也不能成为质权标的。著作财产权是具有财产价值的，可以转让，因而可以为质权的标的。所以，在各国法上普遍承认得以著作权中的财产权质押。

专利权主要为财产性权利，其财产权内容可以转让，因此，各国法上一般规定，专利权可以为担保权的标的。但在专利申请权可否为担保权的标的上，则有不同的规定。我国物权法上未作明确规定，学者中有不同的意见。有的认为，专利申请权为可让与的财产性权利，可为权利质权标的。也有学者认为，专利申请权不能用于设立权利质权。①

对于商标权可否为质权的标的，有不同看法。在日本有肯定与否定两种学说。否定说认为，商标专用权唯得与其营业一同让与，故仅商标权不得让与，也就不得设质。然，商标专用权是否得与营业一同设质？因营业不是特定的权利，若许营业设质，则反于质权特定主义的大原则，所以商标专用权与营业一同设质，也不可能。肯定说认为，商标专用权为有移转性权利，因而得独立为质权的标的。在我国，对于商标专用权可否为质权标的，也曾有不同的观点。依我国《商标法》的规定，注册商标专用权可以独立转让。既然注册商标专用权可以转让，也就无不许以注册商标专用权为质权标的设立权利质权的道理。因此，注册商标专用权可以为权利质权的标的。

由于知识产权为一种无形财产权，不能以占有的方式公示权利，所以知识产权质权只能以登记的方式公示权利。依物权法规定，知识产权质权的设定，不仅须有当事人双方设定质权的合意，即订立书面质押合同，而且还须办理出质登记。知识产权质权自有关主管部门办理出质登记时设立，也就是说，出质登记为

---

① 参见高圣平：《担保法论》，法律出版社2009年版，第534—535页。

知识产权质权的成立要件，未经出质登记，知识产权质权不设立。依我国现行法规定，注册商标专用权质押登记机关是国家工商行政管理局，国家工商行政管理局商标局具体办理商标专用权质押登记。专利权中的财产权出质的，须由国务院专利行政部门办理出质登记。中国单位或个人以专利权向外国人出质专利权的，应依规定办理手续；否则，不予办理出质登记。以著作权中财产权质押的出质登记，登记的管理机关为国家版权局。

（二）知识产权质权的效力

知识产权质权人对已出质的权利的转让和许可使用有同意权。出质人未经质权人同意的，仅可以自己利用出质的知识产权，而不得转让或者许可他人使用该出质的知识产权。

出质人未经质权人同意而转让或者许可他人使用已出质的权利的，应当认定无效。因此给质权人或者第三人造成损失的，由出质人承担民事责任。经质权人同意，出质人转让或者许可他人使用知识产权质权标的的，质权存在于转让费、许可使用费上，转让费、许可使用费应当用于提前清偿质权所担保履行的债务；出质人不同意提前清偿债务的，应当将转让费、许可使用费提存，此提存应由出质人承担费用。

八、应收账款质权

第四百四十五条 以应收账款出质的，质权自办理出质登记时设立。

应收账款出质后，不得转让，但是经出质人与质权人协商同

意的除外。出质人转让应收账款所得的价款，应当向质权人提前清偿债务或者提存。

本条规定了应收账款质权。

应收账款质权，是指以应收账款为标的的质权。

（一）应收账款的含义与范围

应收账款，从法律上说，是指在生产经营活动中权利人因提供一定的商品、服务或者设施而获得的要求义务人付款的权利。对于应收账款是否可以列入可以出质的权利，在《物权法》制定中曾有不同的观点。反对观点认为，主张规定"应收账款"作为"权利质权"的标的之目的，无非是为适应银行界关于开展"应收账款融资"和"保理"业务之要求，但作为一般债权的"应收账款"并不符合设立"权利质权"的条件。根据1988年《国际保理公约》和2001年《国际应收账款转让公约》之规定，国际上"应收账款融资"和"保理"普遍采用"债权转让"方式。肯定说则认为，现在70%至80%的企业都有应收账款，允许应收账款质押可以解决那些不动产或者动产少而应收账款多的高科技、中小企业融资之困难；同时，通过应收账款设定担保，可以扩大银企合作范围，丰富银行金融衍生业务产品，符合国际主流趋势，具有重要的经济意义。[①]《物权法》最终采纳了肯定说，规定应收账款可以出质。

依《应收账款质押登记办法》第4条规定，应收账款所包

[①] 王闯：《规则冲突与制度创新》（下），载《人民法院报》2007年7月4日，第6版。

括的权利可分为非证券化的金钱债权与不动产收费权。

1. 非证券化的金钱债权

非证券化的金钱债权，是指不以证券表示的权利人要求义务人付款的权利。这里的金钱债权是因销售、出租以及提供货物服务或信用而产生的。若不是以债权出质，而是以物或其他财产权利设立担保物权则不发生应收账款质权。例如，以不动产设立担保的，成立不动产抵押权；以动产设立担保的，成立动产质权或动产抵押权；以知识产权设立担保的，成立知识产权质权。只有以销售动产、不动产，出租动产、不动产，许可使用知识产权而发生的金钱债权设立担保的，才成立应收账款质权。作为应收账款的债权既包括现有的债权，也包括未来的债权。但并非所有的应收账款都宜于设立质权。

现有的债权是指债权人已经获得的有效债权。现有债权有到期债权和未到期债权之分。到期债权是指债权已届清偿期，债务人应清偿而债权人未获得清偿的债权。到期债权可否质押呢？从理论上说，法律并未限制到期债权的质押，因此，在债权到期以后，债务人未清偿债权的情形下，债权人也可以将该债权质押。但是，从实务上看，已到期债权不宜于设定质权。因为到期债权，债务人本应清偿而未清偿，这表明债务人的信用可能有问题。这种应收账款极有可能是呆坏账，接受这种应收账款的质押，质权人面临着担保失效的直接风险。因为已到期债权，债权人本可以直接收取，又何必以此作担保去融资呢？债权人之所以要以已到期债权担保融资，一般正是因为不能收取该债权或者收取该债权的成本太高或无精力去催收该债权。如果以此种债权出质，则这些收取债权的困难也就转嫁给质权人。债权已到期而债务人未清偿，债权人不能或难以收取该债权的，说明这些应收账款已成为不良资产。于此情形下，权利人可依不良资产的处理办法将该债权转让，以获得变现，一般是不能通过设立应收账款质权进行融资的。

现有的未到期债权是指债权人已经获得的但清偿期未到的债权。债权未到期，债务人无清偿责任，债权人不能要求债务人清偿，债权人的债权之所以未受清偿，是因为未到清偿期，而不是因为债务人到期不清偿。对于这种应收账款，由于债权未到期，债权人无法收取债权以获得所需资金，债权人在急需资金而又不能通过其他方式融资的情形下，极有必要以其设定担保来融资；而对于提供资金的银行等金融机构来说，出质债权之所以未受清偿，不是因为债务人不清偿而是因为未到清偿期，因此接受以此应收账款的质押贷款，风险会较少，而且由于债务人已经确定，对于债务人的信用可以做出比较准确的判断。因此，现有的未到期债权是最宜于出质的，只要债务人信用可靠，向出质人提供资金的金融机构就不会有风险。

未来的债权是指债权人尚未取得而于将来可以获得的债权。未来的债权可以分两种情形：一种是债权已经发生但尚未生效，如附停止条件的债权。附停止条件的债权，尽管债权已经发生，数额也确定，但债权尚未发生效力，只有待条件成就后，债权人才能取得债权；若条件不成就，则债权人不能取得债权。例如，出租人与承租人已经订立了租赁合同，租金等事项也已确定，但当事人在合同中约定有合同生效的条件，于此情形下，出租人只有在合同所附的生效条件成就时才能获得租金债权。附生效条件的债权，债权人有合理的期待权，对于条件成就的可能性以及债务人的信用也是可以做出较准确的评价的，因此，附生效条件的债权也适于质押。另一种是债权尚未发生将来会发生的债权。这种债权的情形比较复杂，有的双方当事人已经确立了长期的合同关系，将来必会发生债权仅是尚未具体发生。如，供需双方签订由供方向需方供应水、电、气、暖，并收取费用的合同，供应方所取得因供应水、电、气、暖而发生的水费、电费、气费、取暖费债权就属于这种债权。这种债权是比较确定的未来收益，有较高的可靠性，因此，这种债权也宜于出质。有的是将来会发生但并非必定发生具体的债权。这种债权将来能否发生有较大的不确定性。以这种债权出质，存有债权不能发生的可能，有使担保落空的风险。但是，这种债权又不是不会发生的，一经发生还是较有保证的，可靠性较强。

2. 不动产收费权

收费权是一个广义的概念，凡有权向他人收取一定费用的权利，都可称为收费权。如收取水费、电费等的权利，收取有线电视费的权利等也可称为收费权，这些收费权属于上述的金钱债权。这里所说的收费权仅指公路、桥梁、隧道、渡口等不动产收费权。在实务中，早就存在以公路桥梁、公路隧道或者公路渡口等不动产收益权为标的设定担保权的情形，但对于以公路桥梁、公路隧道、公路渡口等不动产收益权设定的担保权的性质，有不同的观点。一种观点认为，公路桥梁、公路隧道、公路渡口的收益权为不动产上的用益物权，因此，以此种权利为标的设定的担保权为抵押权，而不属于质权。另一种观点认为，不动产收益权不属于用益物权，而属于债权。公路桥梁等不动产的收益权并不是以不动产使用、收益为内容的权利，而是对利用该不动产的人收取利用费的权利,即收费权。该项权利尽管具有一定的物权性,但其具有债权的性质,以此类权利为标的设立的担保权也就属于权利质权。在《物权法》制定中物权法草案六次审议稿第240条中曾规定"公路、桥梁等收费权"和"应收账款"可以质押。在审议中,有的常委委员提出,公路、桥梁等收费权可以纳入应收账款,而且目前收费情况比较混乱,哪些可以质押?哪些不能质押?还需要进一步清理,因此,在这一条中规定"应收账款"即可,不必明确列出"公路、桥梁等收费权"。这种意见最终被采纳,《物权法》中没有将不动产收费权单列为可以出质的权利。《应收账款质押办法》明确规定,应收账款包括这些不动产收费权。由于这类不动产收费权实质上也是一种未来的应收账款,因此,不动产收费权仍为权利质权的标的。

与其他应收账款相比,不动产收费权具有以下主要特点:(1)它是由政府有关主管部门批准和许可才能享有的权利。任何人未经有关主管部门批准和许可,都不能取得收费权。而且收费的标准、期限也是由行政主管部门批准和许可的。因为公路、桥梁等属于公益性设施,收费的目的仅为偿还投资贷款,因此,收费权不能是永久性的,收费的标准也不能不受限制;(2)它是公路、桥梁、隧道、渡口等不动产的用益物权人享有的权利。收费权不是用益权,而是用益物权人取得收益的一种方式。公路、桥梁、隧道、渡口等基础设施的用益物权人(当然也可以是所有人,但在我国这些设施一般属于国家所有,投资者取得的一般只是用益物权)有权使用该基础设施并取得收益,而其收益的取得就是通过收费权实现的;(3)它是向不特定的临时通行人收取费用的权利。只要收费权人行使权利即可实现其权利;(4)收费权具有一定的物权性，但其性质上仍属于债权的范围。可以说，收费权具有一定垄断性，一方面会取得稳定的有效的收益，宜作为担保的标的，但在质权实现上会有一定特殊性；另一方面又有被取消的可能，以其设定质权又有担保落空的风险。

除上述不动产收费权外，其他的诸如特许经营的收费权，也是可以质押的应收账款，有一定特殊性。最高人民法院2015年11月19日发布的指导性案例53号《福建海峡银行股份有限公司福州五一支行诉长乐亚新污水处理有限公司、福州市政工程有限公司金融借款合同纠纷案》一案的裁判要点指出：1.特许经营权的收费权的收益权可以质押，并可作为应收账款进行出质登记。2.特许经营权的收费权依其性质不宜折价、拍卖或变卖，质权人主张优先受偿权的，人民法院可以判令出质债权的债权人将收费权的应收账款优先支付质权人。①

---

① **基本案情** 原告福建海峡银行股份有限公司福州五一支行（以下简称海峡银行五一支行）诉称：原告与被告长乐亚新污水处理有限公司（以下简称长乐亚新公司）签订单位借款合同后向被告贷款3000万元。被告福州市政工程有限公司（以下简称福州市政公司）为上述借款提供连带责任保证。原告海峡银行五一支行，被告长乐亚新公司、福州市政公司，案外人长乐市建设局四方签订了《特许经营权质押担保协议》，福州市政公司以长乐市污水处理项目特许经营权提供质押担保。因长乐亚新公司未按期偿还贷款本金和利息，故诉请法院判令：长乐亚新公司偿还借款本金和利息；确认《特许经营权质押担保协议》合法有效，拍卖、变卖该协议项下的质物，原告有优先受偿权；将长乐市建设局支付给两被告的污水处理费优先用于偿还原告的所有款项；福州市政公司承担连带清偿责任。被告长乐亚新公司和福州市政公司辩称：长乐市城区污水处理厂特许经营权，并非法定的可以质押的权利，且该特许经营权并未办理质押登记，故原告请拍卖、变卖长乐市城区污水处理厂特许经营权，于法无据。法院经审理查明：2003年，长乐市建设局为让与方、福州市政公司为受让方、长乐市财政局为见证方，三方签订《长乐市城区污水处理厂特许建设经营合同》，约定：长乐市建设局授予福州市政公司负责投资、建设、运营和维护长乐市城区污水处理厂项目及其附属设施的特许权，并就合同双方权利义务进行了详细约定。2004年10月22日，长乐亚新公司成立。该公司系福州市政公司为履行

(接上页)《长乐市城区污水处理厂特许建设经营合同》而设立的项目公司。2005年3月24日,福州市商业银行五一支行与长乐亚新公司签订《单位借款合同》,约定:长乐亚新公司向商业银行五一支行借款3000万元;借款用途为长乐市城区污水处理厂BOT项目;贷款期限为13年,自2005年3月25日至2018年3月25日;还就利息及逾期罚息的计算方式作了明确约定。福州市政公司为长乐亚新公司的上述借款承担连带责任保证。同日,福州市商业银行五一支行与长乐亚新公司、福州市政公司、长乐市建设局共同签订《特许经营权质押担保协议》,约定:福州市政公司以《长乐市城区污水处理厂特许建设经营合同》授予的特许经营权为长乐亚新公司向福州市商业银行五一支行的借款提供质押担保,长乐市建设局同意该担保;福州市政公司同意将特许经营权收益优先用于清偿借款合同项下的长乐亚新公司的债务,长乐市建设局和福州市政公司同意将污水处理费优先用于清偿借款合同项下的长乐亚新公司的债务;福州市商业银行五一支行未受清偿的,有权依法通过拍卖等方式实现质押权利等。上述合同签订后,福州市商业银行五一支行依约向长乐亚新公司发放贷款3000万元。长乐亚新公司于2007年10月21日起未依约按期足额还本付息。另查明,福州市商业银行五一支行于2007年4月28日名称变更为福州市商业银行股份有限公司五一支行;2009年12月1日其名称再次变更为福建海峡银行股份有限公司五一支行。

裁判结果 福建省福州市中级人民法院于2013年5月16日作出(2013)榕民初字第661号民事判决:一、长乐亚新污水处理有限公司应于本判决生效之日起十日内向福建海峡银行股份有限公司福州五一支行偿还借款本金28714764.43元及利息(暂计至2012年8月21日为2142597.6元,此后利息按《单位借款合同》的约定计至借款本息还清之日止);二、长乐亚新污水处理有限公司应于本判决生效之日起十日内向福建海峡银行股份有限公司福州五一支行支付律师代理费123640元;三、福建海峡银行股份有限公司福州五一支行于本判决生效之日起有权直接向长乐市建设局收取应由长乐市建设局支付给长乐亚新污水处理有限公司、福州市政工程有限公司的污水处理服务费,并对该污水处理费就本判决第一、二项所确定的债务行使优先受偿权;四、福州市政工程有限公司对本判决第一、二项确定的债务承担连带清偿责任。五、驳回福建海峡银行股份有限公司福州五一支行的其他诉讼请求。宣判后,两被告均提起上诉。福建省高级人民法院于2013年9月17日作出福建省高级人民法院(2013)闽民终字第870号民事判决,驳回上诉,维持原判。

裁判理由 法院生效裁判认为:被告长乐亚新公司未依约偿还原告借款本金及利息,已构成违约,应向原告偿还借款本金,并支付利息及实现债权的费用。福州市政公司作为连带责任保证人,应对讼争债务承担连带清偿责任。本案争议焦点主要涉及污水处理项目特许经营权质押是否有效以及该质权如何实现问题。

一、关于污水处理项目特许经营权能否出质问题

污水处理项目特许经营权是对污水处理厂进行运营和维护,并获得相应收益的权利。污水处理厂的运营和维护,属于经营者的义务,而其收益权,则属于经营者的权利。由于对污水处理厂的运营和维护,并不属于可转让的财产权利,故讼争的污水处理项目特许经营权质押,实质上系污水处理项目收益权的质押。关于污水处理项目特许经营权的收益权能否出质问题,应当考虑以下方面:其一,本案讼争污水

(接上页)处理项目《特许经营权质押担保协议》签订于 2005 年,尽管当时法律、行政法规及相关司法解释并未规定污水处理项目收益权可质押,但污水处理项目收益权与公路收益权性质上相类似。最高人民法院《关于适用〈中华人民共和国担保法〉若干问题的解释》第 97 条规定,"以公路桥梁、公路隧道或者公路渡口等不动产收益权出质的,按照《担保法》第 75 条第(四)项处理",明确公路收益权属于依法可质押的其他权利,与其类似的污水处理收益权亦应允许出质。其二,国务院办公厅 2001 年 9 月 29 日转发的《国务院西部开发若干政策措施的实施意见》(国办发【2001】73 号)中提出,"对具有一定还贷能力的水利开发项目和城市环保项目(如城市污水处理和垃圾处理等),探索逐步开办以项目收益权或收费权为质押发放贷款的业务",首次明确可试行将污水处理项目的收益权进行质押。其三,污水处理项目收益权虽将来金钱债权,但其行使期间及收益金额均可确定,属于确定的财产权利。其四,在《中华人民共和国物权法》(以下简称《物权法》)颁布实施后,因污水处理项目收益权系基于提供污水处理服务而产生的将来金钱债权,依其性质亦可纳入依法可出质的"应收账款"的范畴。因此,讼争污水处理项目收益权作为特定化的财产权利,可以允许其出质。

二、关于污水处理项目收益权质权的公示问题

对于污水处理项目收益权的质权公示问题,在《物权法》自 2007 年 10 月 1 日起施行后,因收益权已纳入该法第 223 条第 6 项的"应收账款"范围,故应当在中国人民银行征信中心的应收账款质押登记公示系统进行出质登记,质权才能依法成立。由于本案的质押担保协议签订于 2005 年,在《物权法》施行之前,故不适用《物权法》关于应收账款的统一登记制度。因当时并未有统一的登记公示的规定,故参照当时公路收费权质押登记的规定,由其主管部门进行备案登记,有关利害关系人可通过其主管部门了解该收益权是否存在质押之情况,该权利即具备物权公示的效果。本案中,长乐市建设局在《特许经营权质押协议》上盖章,且协议第 7 条明确约定,"长乐市建设局同意为原告和福州市政公司办理质押登记出质登记手续",故可认定讼争污水处理项目的主管部门已知晓并认可该权利质押情况,有关利害关系人亦可通过长乐市建设局查询了解讼争污水处理厂的有关权利质押的情况。因此,本案讼争的权利质押已具备公示之要件,质权已设立。

三、关于污水处理项目收益权的质权实现方式问题

我国担保法和物权法均未具体规定权利质权的具体实现方式,仅就质权的实现作出一般性的规定,即质权人在行使质权时,可与出质人协议以质押财产折价,或就拍卖、变卖质押财产所得的价款优先受偿。但污水处理项目收益权属于将来金钱债权,质权人可请求法院判令其直接向出质人的债务人收取金钱并对该金钱行使优先受偿权,故无需采取折价或拍卖、变卖之方式。况且收益权均附有一定之负担,且其经营主体具有特定性,故依其性质亦不宜拍卖、变卖。因此,原告请求将《特许经营权质押担保协议》项下的质物予以拍卖、变卖并行使优先受偿权,不予支持。根据协议约定,原告海峡银行五一支行有权直接向长乐市建设局收取污水处理服务费,并对其所收取的污水处理服务费行使优先受偿权。由于被告仍应依约对污水处理厂进行正常运营和维护,若无正常运营,则将影响到长乐市城区污水的处理,亦将影响到原告对污水处理费的收取,故原告在向长乐市建设局收取污水处理服务费时,应当合理行使权利,为被告预留经营污水处理厂的必要合理费用。

(二) 应收账款质权的设立

关于应收账款质权的设立方式，各国立法规定不一。应收账款质权属于其他国家和地区立法上的债权质权。在债权出质上，有的规定债权质权以证书的交付为设立要件。依我国法规定以应收账款出质的，当事人应当订立书面质押合同。当事人以应收账款出质而又未订立书面合同的，该应收账款质押合同是否成立有效呢？对此有不同的观点。有的认为，以应收账款出质的，当事人只能订立书面合同，否则不能设立应收账款质权。有的认为，应收账款质押合同并非必须采用书面形式，以其他形式订立的应收账款质权合同也可以有效。

应收账款质权作为一项担保物权，自应有一定的公示方式。从各国法上的规定看，对于债权质权的公示方式，主要有三种立法例：一是规定书面合同加债权证书的交付；二是规定书面合同加通知应收账款债务人，或者书面合同加通知加债权证书的交付；三是书面合同加登记。[1] 我国物权法对应收账款质权的公示采取第三种立法例。依物权法规定，以应收账款出质的，"质权自办理出质登记时设立。"可见，应收账款的出质登记，不仅是应收账款质权的公示方法，而且是应收账款质权的成立要件。也就是说，只有经办理出质登记，应收账款质权才设立，自登记之日起质权人方取得以出质的应收账款为标的权利质权。当事人仅订立以应收账款出质的书面质押合同而未办理出质登记的，质权并未成立，当事人仅存在合同权利义务，并不能依

---

[1] 高圣平：《担保法论》，法律出版社2009年版，第546页。

合同而享有作为担保物权的应收账款权利质权。

应收账款质权,只有办理出质登记才成立,也同时具有对抗第三人的效力。《应收账款质押登记办法》第 5 条规定,在同一应收账款上设立多个质权的,质权人按照登记的先后顺序行使质权。这也就是说先登记的质权优先于后登记的质权。应收账款质权的登记机构为信贷征信机构。这是因为我国信贷征信机构已经在全国建立了信贷征信系统,该系统是目前国内全国联网最大的电子信息系统,覆盖面很广,信息量大,也方便当事人查询。①

(三) 应收账款质权的效力

应收账款质权设立后,如果出质的应收账款不是收费权而是有特定的第三债务人的债权,第三债务人不得向出质人清偿。

应收账款质权设立后,出质人不得为免除或者缩减、抵销其权利的行为,出质人未经质权人同意为免除或者缩减、抵销其权利的行为的,该行为无效,第三债务人仍应按照其原负担的债务清偿。

在应收账款质权存续期间,第三债务人不得向出质人清偿。也就是说,第三债务人向出质人清偿的,不能发生债权债务消灭的效力。但是,若出质人未将设立质权的情事通知第三债务人,第三债务人不受质权的约束,其向出质人的清偿可有效。出质人的通知义务以有通知的必要为前提。如果第三债务人知

---

① 参见胡康生主编:《中华人民共和国物权法释义》,法律出版社 2007 年版,第 490 页。

道应收账款出质的情事，则无通知的必要；质权人已通知第三债务人设立应收账款质权的，发生与出质人通知同样的效力，出质人可不必再通知。《担保的解释》第61条第3款规定，以现有的应收赔款出质，应收账款债务人已经向应收账款债权人履行了债务，质权人请求应收账款债务人履行债务的，人民法院不予支持，但是应收账款债务人接到质权人要求向其履行的通知后，仍然向应收账款债权人履行的除外。

应收账款出质后，出质人不得转让应收账款，经出质人与质权人协商同意出质人转让应收账款的，出质人转让所得的价款，应向债权人提前清偿债务或者提存。

依《担保的解释》第61条第4款规定，以基础设施和公用事业项目收益权，提供服务或者劳务产生的债权以及其他将有的应收账款出质，当事人为应收账款设立特定账户，发生法定或者约定的质权实现事由时，质权人请求就该特定账户内的款项优先受偿的，人民法院应予支持；特定账户内的款项不足以清偿债务或者未设立特定账户，质权人请求折价或者拍卖、变卖项目收益权等将有的应收账款，并以所得的价款优先受偿的，人民法院依法予以支持。

九、权利质权的法律适用

第四百四十六条 权利质权除适用本节规定外，适用本章第一节的有关规定。

本条规定了权利质权的法律适用。

由于权利质权以权利为标的，而动产质权以动产为标的，这决定了权利质权有与动产质权不同的特点，所以法律对于权利质权以专节作了规定。但是权利质权与动产质权毕竟都为质权，当然也就有共同之处。因此，法律在动产质权作了规定而又适用于权利质权的事项，在权利质权中就不会再重复做出规定。所以，权利质权除适用法律关于权利质权的专门规定外，适用法律关于动产质权的有关规定。

第十九章　留置权

一、留置权的含义

第四百四十七条　债务人不履行到期债务，债权人可以留置已经合法占有的债务人的动产，并有权就该动产优先受偿。

前款规定的债权人为留置权人，占有的动产为留置财产。

本条规定了留置权的概念。

由于各国关于留置权的立法不同，留置权的概念也不相同。从各国的立法看，最广义的留置权，是指当事人基于同一的法律关系互有债权债务，当相对方的债务已到清偿期，在相对方未履行其债务前，自己得拒绝给付的权利。较狭义的留置权，一般是指债权人合法占有他人之物，且享有就该物所产生的债权已届清偿期时，得于其债权未受清偿前，留置该物，以作为担保的物权。各国法上的留置权基本是这一含义。我国《担保法》第82条规定的留置权为最狭义的留置权[①]，其含义过于狭窄。《物权法》对这一规定作了修正，《民法典》沿用了《物权法》的规定。就各国法上规定的留置权的一般含义说，留置权有以

---

① 依《担保法》第82条规定，留置权是指债权人因保管合同、运输合同、加工承揽合同约定占有债务人的动产，在债务人不履行合同债务时得留置该动产，并依照法律的规定以该动产的价值优先受偿的权利。

下四方面的意思。

（一）留置权是债权人在其已占有的债务人财产上享有的物权

留置权与质权一样，是以占有相对方的财产为成立和存续条件的。但留置权与质权又不同：在质权，是出质人为设定质权而将出质的财产移交债权人占有的；而在留置权，是在债权人先占有债务人的财产以后才发生留置权的，留置权不能通过财产占有的移转来设定。同时，在质权上，债权人作为质权人占有的财产为出质人的财产，而出质人可以是债务人，也可以是第三人；而在留置权，债权人占有的财产只能是债务人已移交债权人的财产，而不能是其他的财产。

（二）留置权为债权人在债权未受偿前得留置标的物的物权

留置权作为一种物权，其主要内容是留置标的物。因为占有债务人财物的债权人在其享有的与该物有关联的债权未受清偿前，若将该物返还给债务人，则其债权就可能得不到清偿。所以，法律为保证债权人的利益，赋予债权人在其债权未受清偿前，得拒绝返还该财产的权利。债权人留置债务人的财物，就可以迫使债务人履行债务以取回该物，从心理上给债务人以压力，促使债务人履行债务，保证债权的实现。从这个意义上说，留置权是债权的一种担保手段，为留置性担保权。

(三)留置权是债权人于一定条件下以留置财产的价值优先受偿的担保物权

留置权虽为债权人占有和留置债务人财物的权利,但债权人并不能直接支配留置财产的实体而加以利用。留置权人不仅得留置标的物,而且得于一定条件下于留置财产的价值直接优先取偿。因而,留置权是支配标的物价值的担保物权,而不是支配标的物实体的用益物权。

(四)留置权是具有二次效力的法定担保物权

留置权虽为担保物权,但其与一般担保物权不同,它不能由当事人自行约定,而只能依法律规定的条件直接发生。尽管有的国家允许当事人以合意设立留置权,但在我国和其他多数国家,留置权不能依当事人的合意成立。从这一点上说,留置权为一种法定担保物权,而不属于意定担保物权。关于留置权的法定性,有的学者认为,法定性是体现在适用范围由法律规定,只能适用于法律明文规定的可以适用留置的合同关系。也有的学者认为,留置权的法定性体现在只有在法律规定的情况下才能成立留置权。留置权的法定性是与其他担保物权的约定性(或者说意定性)相对应的,仅是指其依法律规定的条件直接成立,而不能约定设立。

留置权不同于其他担保物权之处,不仅在于其法定性,还在于其发生二次效力。留置权人于其债权受偿前得留置债务人的财产,对于债务人等基于债权或者物权的返还请求权,均得排除之,以促使债务人履行债务,因为债务人除履行债务以取回被留置的财物外，别无他法。此为留置权的第一次效力。债务人于履行期满超过一定期限后仍不履行债务时，留置权人得依法处分留置财产，以其变价优先受偿。此为留置权的第二次效力。由于在留置权发生二次效力时，留置权人有优先受偿的权利，因此留置权也具有物上代位性。而在其他担保物权并无二次效力，在债务人于债务履行期满而未履行债务时，债权人即得实现担保权，以担保物的变价优先受偿。即使在质权人须占有质押财产的质权，留置也不是质权的基本效力，而仅是维持质权的手段。

二、留置权的成立

第四百四十八条　债权人留置的动产，应当与债权属于同一法律关系，但是企业之间留置的除外。

本条规定了留置权成立的条件。

留置权的成立条件，有的称为留置权的取得要件，有的称为留置权的发生要件。一般说来，留置权的成立须具备以下四个条件。

（一）须债权人占有一定的财产

留置权为担保债权的从权利，留置权的主体当然须为债权人，但并非任何债权人都可为留置权主体。债权人只有占有一定的财产，才可能在该财产上成立留置权。

所谓占有，是指依其自己的意思控制某物。因而占有不同于持有。仅持有某物的，不为占有，不能成立留置权。例如，受雇的保姆对雇用人的财物并不为占有，而为持有，其不能于雇用人的财产上成立留置权。但占有不以自己直接占有为限。例如，债权人将其占有的债务人财产交给第三人保管的，债权人虽不直接占有该财产但以第三人为占有媒介，债权人就该财产仍可成立留置权。但是，在第三人为债权人及债务人对物为占有时，因第三人对债务人负有返还义务，债权人不能就该物成立留置权。

债权人占有财产是否以有正当权源为限？对此有不同的解释。依瑞士民法的规定，债权人占有的财产须经债务人同意由债权人占有的，才能成立留置权，因此不仅因侵权行为取得占有的财产上不能成立留置权，因误入债权人之手由其取得占有的财产上也不能成立留置权。①我国台湾地区"民法"强调占有的财产须非因侵权行为占有，在解释上有的学者主张，占有虽非基于正当权源，但只要其占有不是出于恶意或者重大过失，就其物不妨认有留置权的成立。但 2007 年 9 月 28 日施行之"民法"第 928 条增订第 2 项，规定债权人因侵权行为或其他不法原因占有动产者，不得就该动产主张留置权。所谓其他不法原因，当系指无法律上权源所为之占有，亦即无权占有而言。②依我国物权法规定，债权人已经合法地占有对方的财产，才能成立留置权；不是合法占有他人财产的，不能就该财产上成立留置权。

---

① 《瑞士民法典》第 895 条规定：1.债权人，依债务人的意思，占有动产或有价证券，而其债权依其性质，与该动产或有价证券有牵连关系者，如债权清偿期届至时仍未受清偿，得留置该动产或有价证券。2.商人间因营业关系而占有的动产，与其营业关系而产生的债权，具有前款所规定的牵连关系。3.债权人因善意受领而占有不属于债务人的动产时，对该物有留置权，但第三人因更早的占有而享有权利者，不在此限。

② 参见郑冠宇：《民法物权》，新学林出版股份有限公司 2011 年版，第 658—659 页。

（二）债权人占有的财产须为债务人的动产

债权人得留置的财产是否仅限于债务人的财产，各国法规定不一，学者中也有不同的观点。依日本民法的规定，债权人得留置的财产只须为他人之物。但日本商法规定，商事留置的标的物须为债务人的财产。依瑞士民法的规定，债权人对其善意取得的不属于债务人所有的物，有留置权，但第三人因更早的占有而享有权利的，不在此限。在解释上认为，留置权的成立并不以债权人占有的财产为债务人所有的财产为必要，对于第三人所有之物也可善意取得留置权。我国学者中有三种不同的观点。一种观点认为，债权人占有的财产，仅以属于债务人所有为限才能成立留置权。其理由是，留置权的认许，原系基于公平观念，若对于非所有人所有之物得行使留置权，则有违立法的本旨，也与无合理理由不得限制所有权行使的原则不符。另一种观点认为，债权人占有第三人之物也得成立留置权。其理由是为了维护交易的安全，占有的公信力不能不予维持。第三种观点认为，债权人得留置的占有物须为债务人之物或债权人信为属于债务人之物。司法实务中持第三种观点。各国立法上对债权人占有的债务人的财产是否仅以动产为限，也有不同的规定。在德国法上由于留置权仅有债权效力，留置权的标的不限于物，也包括权利；日本民法的留置权的标的以物为限；而瑞士法则明定留置权的标的以动产和有价证券为限。我国学者中曾有两种不同意见，有的主张不动产也可为留置权的标的。物权法明确规定债权人占有的财产须为债务人的动产，债权人占有的债务人的财产非为动产的，不能成立留置权。债权人占有的财产是否须具有让与性，才可成立留置权？对此，也有不同的观点。《瑞士民法典》在第896条中明确规定："对性质上属于不得变价的物，不得行使留置权。"我国学者中有两种观点。一种观点认为，对于非融通物不能成立留置权，因为留置权人享有变卖留置财产并从所得价款中优先受偿的权利，对于非融通物，留置权人无法变卖。另一种观点认为，既然法无明文规定可留置之物是否须有让与性，对无让与性的财产也就可以成立留置权。不过于此情形下，留置权仅能发挥留置的功能而已，并且只要法律无另外的规定，也可以采取折价的方式实行留置权。

（三）债权人的债权与留置的动产属于同一法律关系

在各国的立法上一般都以债权人的债权与债务人的债务有关联（或称牵连）关系为留置权成立的一个条件。但在何为有关联关系上，立法与学说上观点不一致。大体可分为以下两种主张：一是债权与债权须有关联。该说主张，留置权人对于相对人的债权，与相对人对于留置权人以物的交付为标的的债权，发生于同一的法律关系的，为有关联关系。例如买卖合同，双方当事人的债权，均产生于同一的买卖关系，双方的债权即为有关联关系。这种学说是罗马法上诈欺抗辩的原则所采用的，现德国法上采用。因为在德国民法上以留置权为一种拒绝给付权，两个对立的债权，须由同一的法律关系而发生，才能成立留置权。然而在何为同一的法律关系上又有不同的理解。通说将同一的法律关系解释为生活关系的同一。例如，基于无效合同所发生的双方所为的给付的返还请求权，因两人误取对方之物而发生的相互间的返还请求权,均为有关联关系。二是债权与物之间须有关联。该说主张,债权人的债权与其占有的物之间有关联时,才可成立留置权。此说为多数国家的立法采用。①

依物权法规定,除企业之间的留置外,在物与债权的关联上,我国法是限定在"同一法律关系"上。例如,甲为乙修理汽车,乙未支付修理费,乙将车提走;后乙又让甲修车,甲对前一次修车发生的债权不得留置该车。因为甲占有汽车与其债权不属于同一法律关系。但在如何理解同一法律关系上有不同的观点。通说认为,凡有下列三种情形之一者,即可谓债权的

---

① 但在何为债权与物有关联上又有二元说与一元说两种观点。

二元说认为,债权与物的关联包含直接关联和间接关联。所谓直接关联,指债权为就物本身所生的。例如,由物的瑕疵所生的损害赔偿请求权、为物所支出费用的偿还请求权,与物之间都为有直接关联关系。而在何为间接关联上,见解不一,主要有以下几种主张:(1)主张须债权因物入于占有人支配的同一关系而发生。所谓同一关系无须以占有取得债权基于同一法律关系而成立,只要两个关系相互以同一目的而结合或者立于一个自然的关联即可。例如,行纪人为委托人处理数个委托事务,如每个委托组成一个统一的投机,就前一次购买所受的损害得以后一次购买弥补时,则依前一委托所发生的债权,行纪人得留置因后一委托所占有的物;又如甲对乙的某物本可成立留置权,但甲将该物返还给乙,后甲又合法占有该物,可认为该物与以前的债权有关联。(2)主张债权与物的交付请求权之间须有关联。(3)主张债权与物的返还请求权须基于同一法律关系或者同一生活关系而发生。(4)主张债权与以物为标的的债权之间须有关联。

一元说认为,在债权与物有关联上并无直接关联与间接关联的区分必要。占有物为债权发生原因的,即认物与债权间有关联关系。但在何为发生原因上又有直接原因说、间接原因说及社会标准说三种学说。直接原因说主张,标的物须构成债权发生的唯一原因,或者至少为其发生直接原因之一,亦即物与债权之间须有因果关系,才可认其有关联;也有学者认为,标的物为构成债权关系发生的法律关系要件之一的法律事实时,物与债权间为有关联。可见该说所指的关联也就是二元说中的直接关联。间接原因说认为,只要物为债权的发生原因,不论其为直接原因还是间接原因,都为物与债权有关联。该说承认即使物为债权发生的间接原因时,也可认二者间有关联,与二元说无实质区别。社会标准说认为,只要债权与物基于某种经济关系发生,债权人自己不履行其债务,其仅请求物的返还行为,在社会观念上认为不当的,即属于物与债权间有关联。

发生与物有关联关系:(1)债权系由该动产本身而生;(2)债权与该动产的返还义务系基于同一法律关系而发生;(3)债权与该动产的返还义务系基于同一事实关系而生。① 也就是说,于上述情形下都可谓债权人占有的动产与债权属于"同一法律关系"。只要债权人债权的发生与债权人对动产的占有之间有关联,就可成立留置权。

依物权法规定,在物与债权属于同一法律关系的关联上,"企业之间留置的除外"。这一除外规定,是指企业之间留置不受债权人留置的动产与债权"属于同一法律关系"的限制,将企业之间的留置作为商事留置予以特别对待。在各国法上,商事留置权的范围一般较民事留置权广。一般说来,商人之间因营业而发生的债权,与其因营业关系所占有的债务人的财产,其债权与占有虽不是基于同一法律关系发生的,相互间无任何的因果关系,也视为有关联,得成立留置权。如依《瑞士民法典》第895条规定,商人之间留置权的成立,以债权与占有的动产于营业关系中产生为条件。若债权人的债权是第三人为了债务人转让给债权人的,则债权人不能对债务人的财产行使留置权;债权人不是通过债务人的意愿,不是基于一定商行为而取得对标的物占有的,当然也不能成立留置权。依我国物权法的规定,企业之间只要债权人因营业合法占有债务人的动产,即使该动产与债权人的债权不属于同一法律关系,债权人也得留置该动产。例如,甲运输公司到乙修理厂修车,甲未支付修理费,将修好的车提走。其后,甲又到乙厂修车,并支付了此

---

① 参见梁慧星、陈华彬:《物权法》(第五版),法律出版社2010年版,第374页。

次的修理费。于此情形下,尽管乙因以前修车发生的债权与此时占有的甲的汽车不属于"同一法律关系",乙也可以留置其合法占有的甲的汽车。但是,企业之间留置的也只能是基于经营发生占有的物。《担保的解释》第 62 条第 2、3 款规定,企业之间留置的动产与债权并非同一法律关系,债务人以该债权不属于企业持续经营中发生的债权为由请求债权人返还留置财产的,人民法院应予支持。企业之间留置的动产与债权并非同一法律关系,债权人留置第三人的财产,第三人请求债权人返还留置财产的,人民法院应予支持。

(四)须债务人不履行到期债务

债务人不履行到期债务的,表明债权人的债权已到清偿期而未能受清偿,此时才有发生留置权的必要。如果债务人的履行义务尚未到期,而债权人交付其占有的标的物的义务已经到期,则不成立债权人的留置权。因为债务人义务未到期,则不发生债务人不履行义务的问题。而债权人只能在债务人不履行义务的情况下,才可以留置与此有关的标的物,以确保自己的债权。既然对方未发生义务的不履行,占有标的物的一方也就无留置标的物的道理,而应当履行其返还标的物的义务。若债权人的债权未届清偿期,而许可其留置占有的标的物,则等于允许债权人得迟延履行返还标的物的义务,并对于债务人的债务得于期前强制其履行,这是违反公平原则的。

但是,作为例外,有的国家的立法明确规定,债务人如无支付能力,债权人的债权即使未届清偿期,也得成立其留置权。例如,《瑞士民法典》第 897 条规定:"债务人无支付能力者,债权人清偿期虽未届至,债权人亦有留置权。""债务人在物交付后成为无支付能力,或其无支付能力在交付后始为债权人所知者,留置权的行使,虽与债权人此前所负担的义务或债务人所作出的特别指示相抵触,仍得为之。"学者称此情形下的留置权为紧急留置权。我国法对此未作规定。一些学者提出,我国法也应作此解释。因为在债务人无支付能力时,若否认债权人对已占有的债务人的财产可成立留置权,则有失公平,不足以保护债权人的利益。[①]司法实务中接受这种观点。在债务人以同时履行抗辩权对抗债权人时留置权可否成立上,学者中也有肯定说与否定说两种不同的观点。否定说的理由主要是,如果合同约定双方应同时履行义务,债权人未履行义务,债务人也不履行其义务时,不能认为债务人不履行到期债务,当然不能成立留置权。

三、留置权不能成立的例外情形

第四百四十九条　法律规定或者当事人约定不得留置的动产,不得留置。

本条规定了留置权不能成立的例外情形。

留置权不能成立的例外情形,是指虽具备留置权的成立条件,但却不能成立留置权的情形。有的称之为留置权成立的消极条件。虽具备留置权的成立条件,但有如下情形时,留置权也不能成立:

[①] 参见郭明瑞、杨立新:《担保法新论》,吉林人民出版社1996年版,第268页。

1. 当事人有不得留置的事先约定。因为留置权虽为法定留置权，不能依当事人的约定而发生，但是法律关于留置权的规定为任意性的，而非强行性的，所以当事人可以约定不得留置。如《民法典》第 783 条规定，"定作人未向承揽人支付报酬或者材料费等价款的，承揽人对完成的工作成果享有留置权或者有权拒绝交付，但是当事人另有约定的除外。"第 836 条规定，"托运人或者收货人不支付运费、保管费或者其他运输费用的，承运人对相应的运输货物享有留置权，但是当事人另有约定的除外。"第 903 条规定，"寄存人未按照约定支付保管费或者其他费用的，保管人对保管物享有留置权，但是当事人另有约定的除外。"况且，留置权是专为债权人利益而设的制度并不关系社会利益，法律自当许可当事人排除关于留置权的适用。因此，在当事人有不得留置的约定时，当事人则应遵守双方的约定，债权人不得留置所约定的不得留置的物；否则，债权人的行为则构成债的不履行。在司法实务中，当事人在合同中约定排除留置权，债务履行期届满，债权人行使留置权的，人民法院不予支持。当然，债权人占有的物为数物，当事人仅明确约定不得留置其中某物的，则仅就该物不能成立留置权，对他物仍得成立留置权。

2. 法律规定不得留置。若留置债务人的动产违反公共秩序和善良风俗，则不得留置，不能成立留置权。例如，对于债务人生活上的必需品，对于债务人定做的身份证、毕业证等，债权人如留置，因或会使债务人的生活难以维持，或会使债务人无法工作，则违反社会公共秩序和善良风俗。因此，在这种情形下，不能成立留置权。

3. 留置财产与债权人所承担的义务相抵触。在司法实务中，债权人行使留置权与其承担的义务或者合同的特别约定相抵触的，人民法院不予支持。关于与债权人所承担的义务相抵触，学者中有不同的解释。有解释为债权人违背他种义务的，即为相抵触；有解释为债权人违背本来交付的义务，始为相抵触。这里的所谓债权人的义务，是指债权人依合同约定或者法律的规定应承担的他种义务，而不包括其给付标的物的义务。因为若是指债权人的给付义务，则与留置权制度的本旨不符。由于债权人若留置财产与其承担的义务相抵触，而仍许可债权人留置财产，则无异于许可债权人不履行其承担的义务，也就违反诚实信用原则。因此，在留置财产与债权人承担的义务相抵触时，不成立留置权。例如，承运人负有将承运的物品运送到约定地点的义务，其不得以债务人未支付运费而留置货物不予运送，因为这与其承担的运送义务相抵触。但承运人将货物运送到目的地后，尽管其负有应给付货物的义务，却得为运费等债权的受偿而留置该货物。

4. 留置财产与债务人交付财产前或者交付财产时的指示相抵触。虽然当事人未在合同中明确约定不得留置的财产，但在债务人交付财产前或者交付财产时，明确指示债权人于履行义务后应将标的物返还而不得留置的，则债权人不得留置该物。因为债务人有明确指示时，则其期待债权人不留置其交付的财物，而债权人受此指示而又未为反对的，也为一种默示的承诺。于此情形，相当于双方有不得留置的约定，债权人自不能留置。例如，运送合同中虽未规定承运人不得留置的货物，但在托运人交付货物时明确指示在货物运达后必须交付给收货人而不得留置时，则承运人不得以未交付运费等而留置运送到目的地的货物。

四、留置权效力所及的标的物的范围

第四百五十条　留置财产为可分物的，留置财产的价值应当相当于债务的金额。

本条规定了留置权效力所及的标的物范围。

留置权的效力仅及于债权人应留置的财产，而不是及于债权人占有的全部财产。债权人占用的债务人的动产有可分物与不可分物之分。债权人占有的动产为不可分物的，因为该动产为不可分物，债权人可以也只能留置该动产，留置权人可以就留置财产的全部行使留置权。但债权人占有的动产为可分物的，则债权人留置的财产应当相当于债务的金额，而不能留置全部财产。因为，债权人留置与债务金额相当的财产，就足以担保其债权的实现。若债权人留置全部财产，则构成对债务人财产自由的过分限制，不符合公平原则。债权人对超过债务金额部分的财产应当返还给债务人，而不享有留置占有权。若留置权人拒不返还其价值超过债务金额的财产部分的，则构成返还义务的违反，而不为留置权的正当行使。

五、留置权人留置期间的权利义务

留置权人在留置期间的权利、义务，亦即留置权对留置权人的效力，是留置权的主要效力。留置权人的权利义务主要有以下几项：

（一）留置财产的占有权

留置权人对留置财产有占有的权利，在其债权未受偿前，得扣留留置财产，拒绝一切返还请求。这是留置权的基本效力。因为留置权是以占有为成立条件的，因此，在留置权成立前，留置权人就已经占有留置财产。但在留置权成立前，债权人对留置财产的占有为基于债权关系的占有，而于留置权成立后，留置权人对留置财产的占有是行使留置权的占有。两者虽有联系，其性质和基础却不完全相同。所以，尽管留置权人的占有与质权人的占有有所不同，留置权的占有是一种持续占有的权利，但是留置权也仍有占有的效力。也正因为留置权人对留置财产的占有不同于债权人的占有，留置权人占有留置财产既然为其权利的行使，对债务人也就不能构成返还义务的履行迟延。留置权人的留置财产占有权不仅得对抗债务人，而且得对抗留置财产的所有权人。

在留置财产的所有权人向法院提出要求返还所有物时，法院应如何判决呢？对此主要有三种不同的观点。第一种观点为驳回原告请求说。该说主张，留置权为担保物权，与质权相同，债权人于其债权未受偿前得留置标的物，因此留置权人以此为抗辩时，法院应为驳回原告诉讼请求的判决。第二种观点为交换履行说。该说主张，留置财产所有权人提起返还之诉，留置权人提出返还拒绝的抗辩时，法院不应为原告败诉的判决，而应为交换履行的附条件的原告胜诉的判决。第三种观点为驳回原告请求和交换履行的折衷说。该说认为，若原告只提出返还请求而未为给付的提出，留置权人主张留置权时，法院应为驳回原告请求的判决；如原告已为给付的提出而请求返还留置财产时，则法院应令其交换履行。因为在留置财产所有人提出给付而请求与留置财产的返还交换履行时，留置权人的利益已经可得到保障，留置权人无理由不予同意。这样处理既可确保债权人的利益，又可使债务人的合法请求得到满足，符合民法的公平原则。

留置权人对留置财产的占有权受法律的保护。任何人不得侵害留置权人的占有权。在留置财产受到不法侵害时，不论侵害人为何人，留置权人享有物上请求权，得请求法院保护。在留置财产被非法侵夺时，留置权人得请求返还被非法侵占的留置财产，以回复其占有。如占有因此而回复，留置权人的占有未丧失，留置权不消灭。在留置财产被第三人申请扣押时，留置权人得对执行人员拒绝交付留置财产；留置财产被第三人申请执行时，留置权人得提起执行异议。在因留置权人将留置财产交付执行人员被执行时，留置权人仍得优先受偿。

（二）留置财产的保管义务

第四百五十一条　留置权人负有妥善保管留置财产的义务；因保管不善致使留置财产毁损、灭失的，应当承担赔偿责任。

本条规定了留置权人保管留置财产的义务。

留置权人的保管义务源于债权人占有标的物期间的保管义务，但两者的性质不同。债权人的保管义务是其附随义务，是基于债权债务关系发生的；而留置权人的保管义务是留置权人的主要义务，是基于留置权产生的。由于保管义务是基于留置权产生的，因此一旦留置权消灭，留置权人的保管义务也即应消灭。但是由于这一义务又是以占有为根据的，所以虽留置权消灭，在标的物交还之前，留置权人仍有保管标的物的义务。这可说是留置权人保管义务的延伸。

留置权人应当妥善保管留置财产，但在何为妥善保管上，由于对留置权人应负的注意义务认识不同而有不同的观点。一种观点认为，留置权人应以善良管理人之注意，保管留置财产。留置权人对保管留置财产未予以善良管理人之注意的，即为保管不善，因此而致留置财产毁损、灭失的，应承担赔偿责任。另一种观点认为，除因不可抗力造成留置财产毁损、灭失外，留置权人对留置财产的毁损、灭失，均应负保管不善的赔偿责任。后一种观点实际上让留置权人承担无过错责任。前一种观点为通说。留置权人于保管留置财产期间，如因其怠于为善良管理人的必要注意而造成留置财产损失的，自应负赔偿责任。留置权人于占有留置财产期间是否尽了必要的注意义务，其采取的措施是否得当，对留置财产的毁损、灭失是否有过错，应由留置权人负举证责任。也就是说，在债务人提起留置财产损害赔偿之诉时，应实行过错推定，举证责任倒置。

留置权人在保管留置财产时需债务人予以协助的，其得请求债务人协助。如债务人应留置权人的请求却不予以协助，则对由此而造成的留置财产的毁损、灭失，债务人不得向留置权人请求损害赔偿。

留置权人在保管留置财产期间，除为保管上的必要而为使用外，留置权人未经留置财产所有权人同意的，不仅不得自己使用留置财产，也不得将留置财产出租或者提供担保。

(三) 留置财产孳息的收取权

第四百五十二条　留置权人有权收取留置财产的孳息。
前款规定的孳息应当先充抵收取孳息的费用。

本条规定了留置权人的留置财产孳息收取权。

留置权人于其占有留置财产期间，对于留置财产的孳息有收取的权利。通说认为，留置权人收取留置财产孳息的权利是基于留置权的效力而不是基于占有的效力。因此，留置权人收取留置财产的孳息并不能直接取得孳息的所有权，而只能以收取的孳息优先受清偿。留置权人收取的留置财产孳息应先充抵收取费用，次应充抵利息，最后充偿原本债权。

留置财产的孳息不论是天然孳息还是法定孳息，如其为金钱，则可直接抵偿债权；如其为其他财产，则应依留置权的实现方式以其价金优先受偿。

六、留置权的实现

(一) 留置权实现的含义

留置权的实现，又称留置权的实行，是指留置权的第二次效力的实现。

如前所述，留置权为具有二次效力的担保物权。留置权的第一次效力发生于债务人于履行期限届满而未履行义务之时。此时也即为留置权的成立，留置权人得留置其已经合法占有的债务人的动产。留置权的这一效力是因其成立而当然发生的，不为留置权的实现。① 留置权的第一次效力仅在于对留置标的物的扣留，以促使债务人履行债务，留置权人并不能以留置财产受偿其债权。

留置权的第二次效力，是在留置权人留置财产后一定期限内，债务人仍不履行债务时才发生的。此时留置权人得以留置财产的变价优先受偿其债权。可见，留置权的第二次效力为留置权的根本效力、最终效力，其作用在于确保债权人的债权受偿。留置权的第二次效力一经实现，留置权因其最终目的达到也就消灭。

（二）留置权实现的条件和方式

第四百五十三条 留置权人与债务人应当约定留置财产后的债务履行期限；没有约定或者约定不明确的，留置权人应当给债务人六十日以上履行债务的期限，但是鲜活易腐等不易保管的动产除外。债务人逾期未履行的，留置权人可以与债务人协议以留置财产折价，也可以就拍卖、变卖留置财产所得的价款优先受偿。

留置财产折价或者变卖的，应当参照市场价格。

本条规定了留置权实现的条件和方式。

留置权人实现留置权一般应当具备以下三个条件：

1. 须确定留置财产后债务人履行债务的宽限期

与抵押权、质权不同，留置权人并不能在债务人于履行期限届满未履行债务时即可实现留置权。留置权人在留置财产后须再经过一定期间后，才可实现留置权。这里的一定期间是留置财产后的债务履行期间，实际上也就是给予债务人的履行债务的宽限期。债务人履行债务的宽限期，由留置权人与债务人

---

① 有学者将此看作是留置权实现的一个步骤。参见赵许明、杜文聪主编：《担保法通论》，中国检察出版社 1996 年版，第 199 页。

双方约定；如果留置权人与债务人没有约定或者约定不明确，则由留置权人于留置财产后自行确定。但除留置财产为鲜活易腐等不易保管的动产外，留置权人确定的给予债务人的债务宽限期最短不得少于60日，如少于60日，也应延长为60日。

2.通知债务人于确定的期限内履行其债务

留置权人于留置财产后，是否均须通知债务人，有不同的看法。一般说来，债权人对债务人的通知具有催告的性质，其内容有二：一为告知债务人其所给予的宽限期；二为催告债务人应于宽限期内履行义务。因此，如果债权人与债务人事先已明确约定了债务履行的宽限期，则债权人得不予以通知。如果债权人对债务人无法为通知时，债权人也得不予通知，但须于债务人在留置财产后60日仍未履行债务时，才可实现留置权。在债权人能够通知而又有必要通知债务人时，债权人若未经事前通知债务人于确定的宽限期内履行债务，则不得实现留置权。债权人未按规定的期限通知债务人履行义务，直接变价处分留置财产的，应当对此造成的损失承担赔偿责任；债权人与债务人按照规定明确约定宽限期的，债权人可以不经通知，直接行使留置权。

3.须债务人于宽限期限内仍未履行债务，且也无另外提供担保

若债务人于宽限期限内履行了债务或者另行提供了担保，留置权即消灭，债权人当然不能实现留置权。只有在债务人于宽限期限届满仍未履行债务又不提供另外担保的情形下，留置权人才得实现留置权。

留置权的实现方式有折价与出卖两种。折价，是指由留置权人以商定的留置财产的价格抵销留置权所担保的债权而取得

留置财产的所有权。这种方法虽较为简便，但只有在双方协商一致同意时，才可为之。如果双方未就留置财产的折价达成协议，则不能采用折价的方法处分留置财产。出卖，是指将留置财产的所有权有偿出让给第三人，包括拍卖和变卖（即一般买卖）。如果当事人双方就出卖方法达成协议，则应依商定的方法出卖；如果当事人协商不成，留置权人得自行拍卖、变卖。留置财产折价或者变卖的，应当参照市场价格。

（三）留置权人怠于实现留置权时债务人的救济措施

第四百五十四条　债务人可以请求留置权人在债务履行期限届满后行使留置权；留置权人不行使的，债务人可以请求人民法院拍卖、变卖留置财产。

本条规定了债务人于留置权人怠于实现留置权时的救济措施。

实现留置权是留置权人的权利，但若留置权人怠于行使留置权，也可能会损害债务人的利益，不利于债务人。因为留置权人会一直占有留置财产，债务人无法恢复对该财产的占有使用权，且随时间的推移，留置财产的价值也有可能下降。因此，为使债务人能够及时从留置权的约束中解脱，法律赋予债务人相应的救济措施。在债务履行期限届满后，债务人可以请求留置权人行使留置权；经债务人请求留置权人仍不行使留置权的，债务人可以请求人民法院拍卖、变卖留置财产。

（四）留置财产变价所得价款的处置

第四百五十五条　留置财产折价或者拍卖、变卖后，其价款超过债权数额的部分归债务人所有，不足部分由债务人清偿。

本条规定了留置财产变价所得价款的处置。

由于留置权人实现留置权是以留置财产的变价优先受偿其债权，因此，在留置财产折价或者出卖，债权人以其所得价款受偿留置权所担保的债权后，应当将余额返还给债务人，如无法返还则应当予以提存，提存费用由债务人负担。债权人实现留置权的所得不足以使受担保的债权完全受清偿的，得就未能受偿的债权部分向债务人要求清偿。但这部分债权已为普通债权，并不能优先受偿。

七、留置权与其他担保物权的竞合

第四百五十六条　同一动产上已经设立抵押权或者质权，该动产又被留置的，留置权人优先受偿。

本条规定了留置权与其他担保物权竞合时的处理规则。

担保物权竞合，是指在同一物上，同时存在不同种类的担保物权。如，同一物上既有留置权又有抵押权或质权，或者一物之上既有抵押权又有质权。若同一财产上存在同种类的担保物权，则属于担保物权的并存，如同一物上有两个抵押权。在发生担保物权并存时，各担保物权人依担保物权的顺序行使担保权。而在同一物上存在不同种类的担保物权时，因各个担保物权之间并无顺序规则，担保权人不能按照其顺序行使权利，而应依法律规定的行使规则行使权利。

由于留置权的成立以占有为要件，而抵押权的设立并不移转抵押物的占有，因此，在同一动产上容易发生留置权与抵押权的竞合。这有两种情形：一是先设立抵押权后又成立留置权，即先押后置；二是先成立留置权后又设立抵押权，即先置后押。

留置权也可与质权发生竞合。如质权人将质押财产交第三人代为保管，第三人基于保管而取得留置权。留置权与质权的竞合也可因先成立留置权后设立质权而发生。例如，留置权人以其占有的留置财产为第三人设立质权，善意第三人可以依善意取得规则取得质权。

同一动产上先设立抵押权或者质权，后又成立留置权的，留置权的效力优先，留置权人优先于抵押权人或者质权人受偿。留置权效力优先的主要理由有四：一是留置权为法定担保物权，而抵押权或质权为意定担保物权，法定担保物权应优于意定担保物权；二是留置权人实际占有留置财产，占有为动产物权的公示方式，其效力可以对抗第三人；三是留置权人占有担保物，先行使抵押权或质权，留置权人可拒绝交还留置物；四是留置权所担保的债权往往与留置财产有直接关联，留置债权的发生多使担保物增加新的价值。

但是先成立留置权后设立抵押权或者质权的，除留置财产所有权人将留置财产抵押的情形外，后设立的抵押权或者质权的效力优先于在先成立的留置权。

八、留置权消灭的特别原因

第四百五十七条　留置权人对留置财产丧失占有或者留置权人接受债务人另行提供担保的，留置权消灭。

本条规定了留置权消灭的特别原因。

留置权的消灭，是指于留置权成立后因一定的法律事实而使其不再存在。

由于留置权为一种法定担保物权，因此留置权可以因物权消灭的共同原因而消灭，也可因担保物权消灭的共同原因而消灭。除此以外，留置权可因留置权特有的消灭原因而消灭。留置权消灭的特殊原因主要有担保的另行提出、留置财产占有的丧失。债权清偿期延缓也可导致留置权消灭。

（一）担保的另行提出

由于留置权成立后，留置权人留置标的物，债务人无法使用留置财产，留置权人除可为必要的使用外也不能使用留置财产，这不利于发挥物的效益，不利于发挥物的使用价值。并且，在现实中，有时候债权人有可能为少额债权而留置价值较大之动产，这对标的物的所有权人更为不利。此外，因留置权人留置财产的目的是给债务人以心理上压力，敦促其履行债务，只要能够确保债权的实现，债权人则无留置的必要。因此，在留置期间如果债务人为其债务的清偿提出另外的担保时，留置权应消灭。因担保的另行提出而消灭留置权的，须具备以下两个条件：

第一，须另行提供担保。担保有人的担保与物的担保之分，在债务人另行提供的担保是否有限制上，有不同的观点。一种观点认为，债务人另行提供的担保只能以物的担保为限，而不得以保证作担保。德国法即采此观点。一种观点认为，债务人另行提供的担保，可为物的担保，也可为人的担保。日本通说认为应包括人的担保。我国现行法没有规定债务人另行提供的担保应为何种形式，在解释上，通说认为，债务人另行提供的担保，包括物的担保和人的担保。

第二，须另行提供的担保为留置权人接受。债务人另行提供的担保虽无人的担保或物的担保上的限制，但只有为留置权人接受时，才能使留置权消灭。债务人所另行提供的担保必须相当，才能为留置权人接受。在何为相当的标准上有两种主张：其一是主张另行提供的担保与留置财产的价值相当；其二是主张另行提供的担保与留置权担保的债权额相当。从留置权担保的目的上说，以采第二种主张为宜，但从另行提供的担保为留置财产的代位物上说，以采第一种主张为是。一般说来，因另行提供的担保为留置财产的代替，应当与留置财产的价值相当。但若留置财产的价值高于所担保的债权额时，所提供的担保只要与受担保的债权额相当即可。债务人另行提供的担保是否为相当，应由留置权人主观上决定之。不论债务人另行提供的担保是否与留置财产的价值或者与担保的债权额相当，只要留置权人接受，就为相当，留置权即消灭。如果留置权人认为债务人另行提供的担保不相当而不接受时，应如何处理呢？一般认为，是否接受债务人另行提供的担保而使留置权消灭，是留置权人的权利，但权利也不能滥用。于此情形下，债务人应可以提请法院裁决。法院应以客观标准决定债务人另行提供的担保是否相当。如果债务人另行提供的担保从客观的社会观念上认为已为相当，留置权人接受而无损于其利益却拒不接受的，则构成留置权人权利的滥用，法院应判决由留置权人接受债务人另行提供的担保，留置权消灭。

（二）留置财产占有的丧失

由于留置权是以留置财产的占有为成立条件和存续条件的，

因此，留置权人对留置财产丧失占有的，留置权消灭。

所谓留置财产占有的丧失，是指留置权人不再占有留置财产，并非仅指其直接占有的丧失。也就是说，只有不仅丧失对留置财产的直接占有，而且也不存在对留置财产间接占有的，才为留置财产占有的丧失。如果留置权人就留置财产为自己占有，而改为依占有媒介人为直接占有，自己为间接占有留置财产的，则留置权人的占有为继续而不为丧失，留置权并不因此而消灭。如《日本民法》第 302 条就规定，留置权因丧失对留置物的占有而消灭。但依法律规定已经将留置物出租或已作为质押标的时，不在此限。

留置财产占有的丧失，既包括基于留置权人自己意愿的丧失，也包括非基于留置权人自己意愿的丧失。前者如留置权人自愿放弃对留置财产的占有，后者如留置财产的占有被侵夺。

在留置财产占有因被侵夺而丧失时，留置权是否归于消灭上，有两种不同的观点。一种观点认为，留置权不同于质权，质权有追及效力，质权人在其质押财产的占有被侵夺时，得基于质权请求返还质押财产，因而质权并不随质押财产占有的丧失而即归消灭，只有在质权人不能请求返还质押财产时，其质权才归于消灭；而留置权并无追及效力，留置权随留置财产占有的丧失即归消灭，因而留置权人对留置财产的占有被侵夺时，留置权即归于消灭，留置权人不能基于留置权而请求不法侵占人返还标的物，而只能依关于保护占有的规定请求返还标的物，在其请求得到满足而回复占有时，留置权于标的物返还之时再生，但这不是留置权的存续。另一种观点认为，在留置财产占有被侵夺时，留置权于留置权人得请求返还留置财产前不消灭，仅在留置权人不能依占有保护的规定请求返还占有时，留置权始归于消灭。

留置权人自己放弃留置财产的占有而致留置权消灭，其后留置权人再取得对该财产的占有的，是否重新取得留置权呢？对此有两种不同的学说。一种观点认为得重新取得留置权；另一种观点则认为不能重新取得留置权。台湾学者史尚宽先生认为在此情形应分别为观察，即留置权人知有留置权的存在而返还其物的，此时可解释为留置权的抛弃，从而留置权终局地消灭。但留置权人于返还之际，留置权人有未为留置权的抛弃异议时，就其物不妨再生留置权。留置权人不知有留置权的存在，而返还其物时，例如不知占有物与债权有关联或虽知之而不知法律上可成立留置权而返还其物，则因明显无抛弃留置权的意思，就其物有留置权再生的可能。他认为，留置权的重新发生，须具备留置权成立的其他要件，从而，第一，留置物所有权人受其物的返还前非为债务人（例如依善意取得而取得的留置权），或债务人受留置物的返还后以之让与第三人时，则其后债权人虽再取得其物的占有，也不得就其物再生留置权；第二，商人间因营业关系而认有关联关系所成立的留置权，债权人再取得返还物的占有之际，须仍有商人的资格，而且其占有须因营业关系而取得。[1]依物权法规定，留置权是以债权人已经合法占有对方的动产为条件的，所以，原则上应取前一种观点。如果留置权人不是以抛弃留置权而放弃留置财产占有的，其后又合法占有该动产的，符合留置权成立条件的，债权人可以重新取得留置权。

---

[1] 参见史尚宽：《物权法论》，台北荣泰印书馆股份有限公司1979年版，第471页。

(三) 债权清偿期的延缓

由于在留置权成立的同时留置权人就有行使留置债务人财产的权利，以促使债务人履行其义务，而留置权的成立又以债务人不履行到期债务为要件的，若留置权人同意延缓债权的清偿期，则留置权人不能请求债务人履行债务，不能认为债务人超过约定的期限不履行义务，从而也就欠缺留置权成立的要件。因此，在债权清偿期延缓时，留置权消灭。

留置权因债权清偿期延缓而消灭的，其后债务人于延缓的债权清偿期届满时仍未履行其义务时，若具备留置权成立的条件，可再成立留置权。但新成立的留置权与前一留置权的消灭无关，其并非前已消灭的留置权的再生或回复，而属于另一个留置权。

第五分编　占有

第二十章 占有

一、占有的含义

关于占有的概念和本质,各国立法规定不一。在古罗马法上,占有只是一种事实状态而非权利。而在日耳曼法上占有是一种权利而非单纯的事实状态。依我国物权法规定,占有是指占有人对于物予以管领和控制的事实状态。占有,反映的是人对物的管领关系。在占有关系中,对物予以事实上的管领和控制的人是占有人,即占有的主体;占有的客体是物,即占有物。

占有具有以下含义:

(一)占有是占有人对于物的支配状态

占有是一种事实状态,反映的是占有人对物的支配状态。因此,占有的客体为有体财产的动产或者不动产,而不能是无形财产。占有不为权利,占有的客体也就不以独立物为限。物的构成部分虽不能成为物权的客体,但却可以成为占有的客体。例如,占有他人房屋的墙壁用于做广告,此时墙壁即成为占有的客体,而墙壁作为房屋的构成部分是不能成为物权客体的。

(二)占有是占有人对物有事实上管领力的事实状态

只有占有人对物有事实上的管领力才可以成立占有。所谓事实管领力就是指事实上对物予以控制和支配。占有须占有人主观上有占有的意思,如果占有人虽控制某物,但并无占有的意思或者仅有为他人占有该物的意思,则不能构成占有。占有还须占有人客观上对物予以控制和支配。控制是指物处于占有人的管理或者影响之下;支配是指占有人对物加以一定的利用。通常对动产的占有表现为控制,对不动产的占有表现为支配。占有人是否控制和支配某物,应依社会一般观念并结合空间、时间等关系以及法律关系予以确定。在空间上,要求占有人与物之间有一定的空间上的结合关系,如某人与随身所带之物,与其在房屋内摆放的物品,即为有空间上的结合关系。某人与某物并无空间上的结合关系,不会构成占有。在时间上,要求占有人与物之间有相当时间的结合,能够使他人足以认定占有人对物为事实上的控制和支配。如果占有人仅仅短时间地控制某物,则不能构成占有。从法律关系上,占有人与占有物有某种法律关系的存在,即使占有人与占有物之间没有空间上的结合关系和时间上的持续关系,也可以成立占有。例如,甲将车辆交给司机乙驾驶,甲与该车辆之间虽无空间和时间上的结合关系,但甲仍为该车辆的间接占有人,甲与该车辆间成立间接占有。

(三)占有是一种受法律保护的事实状态

占有虽为一种事实状态而非权利。但是占有是受法律保护的。物权法以独立一编规定占有,从而从法律上确立了占有制度,从法律上对物的事实状态的占有予以保护。将占有确认为事实而非权利加以保护,也有助于对占有人的保护。因为占有仅为事实状态,占有人仅仅基于占有的事实,就可以请求法律保护,而不必举证证明自己享有占有权利。保护占有,也有利于维护社会秩序。因为如果法律不保护占有,则任何人都可以他人所占有的财产为自己的财产为由而任意取走,而占有人为保护自己的占有还必须证明自己有占有的正当权源,如此以来,正常的秩序极易被打乱,反而不利于法律对权利的保护。

二、占有的类别

占有的形态多样,依不同标准可作不同的分类。常见的占有分类主要有以下几种:

(一) 有权占有与无权占有

根据占有人对占有物的占有是否具有正当的权源,占有可分为有权占有与无权占有。

有权占有又称有因占有,是指具有法律上的根据或者原因的占有。所谓法律上的根据或者原因是指占有人的占有是其权利行使的结果。有权占有的权利基础称为本权。本权既可以是物权,也可以是债权,还可以是身份权。例如,用益物权人对用益物的占有,承租人对租赁物的占有,监护人对被监护人财产的占有等,都为有权占有。

无权占有又称无因占有,是指没有法律上的根据或者原因的占有。例如,误认他人之物为己物的占有,对盗赃物的占有,都为无权占有。

区分有权占有与无权占有的法律意义主要在于二者的对抗效力不同：有权占有人可以依照本权对抗他人相应的请求，而无权占有人不享有相应的权利。例如，有权占有人可以基于占有的基础权利即本权而拒绝包括所有权人的返还请求，而无权占有人对合法权利人有返还义务，不能对抗合法占有人的返还请求。

（二）善意占有与恶意占有

根据无权占有人的主观状态，无权占有可分为善意占有与恶意占有。

善意占有，是指占有人不知道或者不应当知道自己无占有的权利而误认为有权利所为的占有。善意占有依占有人在不知上是否有过失为标准，又分为有过失善意占有和无过失善意占有。无过失善意占有是指善意占有人在不知道或者不应当知道其无权占有上没有过失。反之，若占有人在不知道或不应当知道其无权占有上有过失，则属于有过失善意占有。

恶意占有是指占有人知道或者应当知道自己无占有的权利而为的占有。

区分善意占有与恶意占有的法律意义主要在于：（1）无处分权人处分占有物时，受让人为善意占有的，可以取得受让之物的权利；而恶意占有人不能取得受让的财产。（2）在返还财产上，善意占有人仅就其现存的占有物及孳息负返还义务，善意占有人并可向权利人主张占有物的必要保管费用；而恶意占有人对财产的返还不限于请求返还之时存在的利益；（3）在赔偿责任上，善意占有人对在其占有期间使占有物及孳息毁损、灭失的，不负赔偿责任；而恶意占有人对因可归责于其原因导致占有物及孳息的毁损、灭失，应负赔偿责任。

（三）自主占有与他主占有

根据占有人是否以所有的意思进行占有，占有可分为自主占有与他主占有。

自主占有是指占有人以所有的意思而为的占有。只要占有人有将占有的物作为自己的物占有的意思，就属于自主占有。至于该物是否属于占有人所有，则在所不问。

他主占有是指占有人不是以所有的意思而为的占有。他主占有人确知自己占有的物并非是自己的物。

区分自主占有与他主占有的意义主要在于：（1）在所有权变动中，只有以自主占有的意思取得标的物的，才能取得所有权；而他主占有人不能取得所有权。（2）在先占取得中，只有以自主占有的意思占有无主物的，才能依先占规则取得所有权；而他主占有人不能依先占规则取得所有权。

（四）直接占有与间接占有

根据占有人是否直接占有标的物，占有可分为直接占有与间接占有。

直接占有是指占有人对物直接为事实上的管领。直接占有不仅须占有人有占有的意思，并且占有人与物之间必须有空间上、时间上的直接结合。

间接占有，是指占有人对标的物不直接为事实上的管领，而是基于一定的法律关系对物的直接占有人享有返还请求权。间接占有与直接占有相对应，无直接占有也就无间接占有，因此间接占有的成立须有直接占有的存在，也须有占有人有占有的意思，直接占有人与间接占有人之间存在一定的占有的媒介关系，间接占有人借助特定的法律关系享有要求直接占有人返还占有物的权利。如承租人对租赁物的占有为直接占有，出租人对租赁物的占有为间接占有。

区分直接占有与间接占有的意义主要在于：（1）二者的发生原因不同。直接占有可依法律规定原始取得财产而发生，如因先占取得；也可依转让行为转移取得财产而发生。而间接占有只能因占有媒介而发生。（2）二者的效力不同。占有的效力是指直接占有的效力，而不是指间接占有的效力。区分直接占有与间接占有的目的是为了让间接占有同样受法律保护。因为间接占有人原本为直接占有人，其虽然将直接占有让与直接占有人，但是其对物的利益仍存在，法律须予以维护。

（五）单独占有与共同占有

根据占有人是否为一人，占有可分为单独占有与共同占有。

单独占有是指占有人仅为一人的占有。共同占有是指占有人为数人的占有。共同占有包括分别共同占有和统一共同占有。分别共同占有又称为重复共同占有，是指占有人为数人，各共同占有人在不妨碍他人占有的情形下可以单独管领占有物。例如，甲、乙共用一间厕所，甲、乙对该厕所的占有即为分别共同占有，虽该厕所的占有人为甲、乙二人，但甲、乙各自可以单独管领该厕所，只是不得妨碍他人的占有。统一共同占有，是指占有人为数人,各个占有人都不能单独管领占有物而须各共有人统一管领占有物。

区分单独占有与共同占有的意义主要在于:单独占有不发生占有人之间的关系,而共同占有发生各占有人之间的关系。共同占有人就其占有物范围,不得相互请求占有的保护;在占有受他人侵害时,共同占有人主张保护的权利会受到其他占有人意思的制约。

(六)自己占有与辅助占有

根据占有人是否亲自对标的物为占有,占有可分为自己占有与辅助占有。

自己占有是指占有人亲自对物为占有。辅助占有是指占有人基于特定的法律关系,受他人指示对物为直接占有。辅助占有人并没有为自己占有标的物的意思,其是为他人利益受他人的指示而对标的物为事实上的管领的,所以辅助占有人又为占有辅助人。严格地说,占有辅助人的占有并非占有而属于"持有"。占有辅助人与占有人之间存在特定的从属关系。判断是否为占有辅助人的标准主要有二:一是占有辅助人是依照他人的指示而为占有的;二是占有辅助人是为他人的利益占有物的,自己对占有物并无直接利益。

区分自己占有与辅助占有的意义主要在于:(1)占有辅助人是相对于占有人而言的,辅助占有不能独立存在;而自己占有可独立存在。(2)占有辅助人不享有占有的利益,占有利益只能完全由占有人享有。(3)占有辅助人可基于占有人的利益对侵害其占有的第三人行使自力救济。

三、占有的推定效力

占有的推定效力是占有的主要法律效力,包括占有的事实推定与占有的权利推定。

(一) 占有的事实推定

占有的事实推定效力是指对占有状态的推定。占有的状态多样,除自主占有与他主占有、恶意占有与善意占有之分外,还有和平占有与强暴占有、公开占有与隐秘占有、继续占有与不继续占有之别。占有状态的推定是指在没有相反证据的情形下,推定占有人的占有为自主占有、善意占有、和平占有、公开占有、继续占有。也就是说,直接推定占有人的占有是无瑕疵的占有,除非有相反的证据证明。因此,主张占有人的占有不是自主、善意、和平、公开和不继续占有的,应负举证责任,证明占有人的占有不是自主、善意、和平、公开或者继续占有。

(二) 占有的权利推定效力

占有的权利推定效力,指的是占有人于占有物上行使权利,推定为占有人有行使该权利的合法权利。占有的权利推定是占有的最主要效力。占有之所以有权利推定的效力,是因为占有为物权的公示方式,为权利的存在外观,一般情形下占有是有真实权利基础的。如果在非占有人主张占有人占有的物为其物,须由占有人证明自己有权利占有,就会增加占有人的举证负担,况且在许多情形下,占有人也难以举证,这往往会造成使真正权利人处于不利的地位。如此一来,势必会导致争讼不休,影响社会秩序的稳定。另外,如果不推定占有人有权利,在占有人与他人进行交易时,交易相对人为避免第三人对其所取得的交易物主张权利,就必须调查占有人有无权利,是否为真正的权利人,这样不仅会影响交易的效率,还会影响交易的安全。正是基于占有的背后真实权利存在的盖然性,为保护占有人的权利,实现占有制度的立法宗旨,推定占有人基于占有而产生的各种权利外观具有真实的权利基础。

依占有的权利推定效力,占有人在占有物上行使权利时,推定其有此权利。对于这里所指的占有人在占有物上行使权利的类别,有不同的观点。一种观点认为,占有人所行使的权利应为占有所表现出的物权。另一种观点认为,占有人所行使的权利可以为依占有所表现出的一切权利,不限于物权。通说认为,推定占有人享有的权利包括以下:(1)所有权。占有人于占有的动产上行使所有权时,因为动产以占有为公示方式,动产的占有具有公示公信效力,所以推定动产占有人享有所有权。占有人于占有的不动产上行使所有权时,因为除法律另有规定外,登记为不动产物权的公示方式,若该不动产为依法登记的不动产,仅占有该不动产,不能推定占有人享有该不动产所有权;若该不动产没有登记,则占有该不动产的,可推定为占有人享有所有权。(2)用益物权。用益物权是以占有为要件的,但法律规定登记为用益物权变动生效要件的用益物权,不能因占有人行使用益物权,就推定占有人享有用益物权。法律规定登记不为其变动生效要件而仅为对抗要件的用益物权,占有未登记的不动产行使用益物权的,推定占有人享有该用益物权。

（3）担保物权。担保物权中的抵押权因仍由抵押人占有抵押财产，因此不会发生抵押权的占有权利推定。动产质权因以移交质押财产为动产质权设立的要件，因此对于质权可发生占有的权利推定。如果动产的占有人于占有物上行使质权，则推定该占有人享有质权。留置权虽也以债权人占有债务人的动产为要件，但因仅占有债务人财产，而不具备其他法定条件的，不能成立留置权。因此，占用的权利推定中的权利不包括留置权。

（4）债权。占有人可以基于债权对标的物为占有、使用以及收益的权利。因此，占有人于占有物上行使租赁权或者借用权时，推定占有人享有该权利，至于占有人所占有的为动产还是不动产，则在所不问。

实行占有的权利推定，占有人不承担有权占有的举证责任，但当他人提出反证证明占有人无占有的权利时，占有人负有推翻该反证的举证责任。

对于占有的权利推定效力，不仅占有人可以主张，第三人也可以主张。例如，甲将其占有的财产出租给乙，乙可以主张基于甲对租赁物的占有推定该租赁物为甲所有。占有的权利推定，既可以是为占有人的利益的，也可以是为占有人的不利益的。例如，推定某物的占有人为所有权人，该占有人就应承受该物上的负担，包括因该物致他人损害的赔偿责任。

占有的权利推定仅具有消极的效力，而不能具有积极的效力。因此，占有人不得用占有的权利推定作为自己享有和行使权利的证明。例如，汽车的占有人不能以占有的权利推定去申请权利登记。

四、占有人的权利义务

占有人的权利义务是占有效力的又一重要表现。

(一) 占有人权利义务确定的根据

第四百五十八条 基于合同关系等产生的占有,有关不动产或者动产的使用、收益、违约责任等,按照合同约定;合同没有约定或者约定不明确的,依照有关法律规定。

本条规定了确定占有权利义务的根据。

占有人的权利义务既包括有权占有人的权利义务,也包括无权占有人的权利义务。有权占有人的权利义务有正当权源,占有人根据其占有的权源关系享受权利和负担义务。有权占有主要是基于合同关系产生的。基于合同关系产生的占有,占有人的权利当然根据合同确定,按照合同约定确定不动产或者动产的使用、收益、违约责任等。合同中对占有人的权利义务没有约定或者约定不明确的,则依照合同法的规定确定。无权占有人无正当的权源,不能根据当事人之间的约定或者合同法的规定确定占有人的权利义务,而只能根据物权法规定确定占有人的权利义务。

(二) 占有人因使用占有物致物损害的赔偿责任

第四百五十九条 占有人因使用占有的不动产或者动产,致使该不动产或者动产受到损害的,恶意占有人应当承担赔偿责任。

本条规定了占有人因使用占有物致占有物损害的赔偿责任。

依占有的权利推定效力,占有人被推定享有某项权利时,善意占有人依其被推定享有的权利可以对占有物进行使用、收益，并且也只能在推定的权利范围内为使用、收益。例如，善意占有人被推定其享有所有权的，占有人有权对占有物进行占有、使用和收益；善意占有人被推定其享有质权的，占有人则不享有对占有物使用收益的权利。占有人依权利推定效力对占有物为使用的，因推定其有使用的权利，因此，因使用占有物而对占有物造成损害的，占有人不承担责任。但是，恶意占有人不享有依占有的权利推定而应享有的权利。恶意占有人对占有的他人的不动产或者动产的使用为无权使用，构成对他人之物的侵害。恶意占有人使用其占有的不动产或者动产致使该物受到损害的，恶意占有人应当向该不动产或者动产的真正权利人负赔偿责任。

（三）占有人返还占有物的义务及费用求偿的权利

第四百六十条　不动产或者动产被占有人占有的，权利人可以请求返还原物及其孳息；但是应当支付善意占有人因维护该不动产或者动产支出的必要费用。

本条规定了占有人的返还义务和请求偿还必要费用的权利。

占有是一种事实，占有人可能有权占有，也可能无权占有。无权占有人占有他人之物的，该物之真正权利人有权要求占有人返还其占有物，至于占有人是善意占有还是恶意占有，并不影响真正权利人行使返还请求权。因此，真正权利人要求占有人返还其占有的不动产或者动产的，占有人应当返还。

在占有人占有期间，占有物发生孳息的，权利人要求返还该孳息的，占有人是否有返还义务呢？对此，有不同的立法例。

他国的立法上，多区分善意占有与恶意占有。善意占有人对占有物有使用和收益的权利，因此也就有权取得孳息，对于权利人无返还孳息的义务；而恶意占有人无对占有物的使用权，当然无权取得占有物的孳息，对于权利人负有返还孳息的义务。我国物权法没有区分善意占有与恶意占有，只要权利人请求返还原物及其孳息，占有人就应当返还原物及其孳息。

占有人在占有期间，为维护其占有的不动产或者动产会支出一些费用。占有物的真正权利人要求返还原物及其孳息的，应当支付善意占有人因维护该不动产或者动产支出的必要费用。这也就是说，善意占有人在真正权利人要求返还其占有物时享有必要费用求偿权。占有人为维护占有的不动产或者动产发生的费用一般分为必要费用和有益费用。必要费用是指为保持占有物的效用和价值，避免占有物的毁损、灭失而支出的费用，如房屋维修费，动物饲养费。有益费用是指能使占有物增值的费用，如对占有物的加工费、对占有的房屋的改建费。善意占有人对于必要费用有要求权利人偿还的权利。善意占有人可否要求权利人偿还有益费用呢？通说认为，善意占有人也有权要求权利人偿还有益费用。因我国物权法中未规定有益费用的偿还，可将必要费用解释为包括有益费用。但善意占有人要求偿还的有益费用只能以原物返还时仍然存在的原物的增加价值为限，如原物增加的价值于返还占有物时已不存在，则权利人不负返还义务。

物权法仅规定了权利人应当支付善意占有人支出的必要费用，因此从反面解释，恶意占有人是不享有必要费用偿还请求权的。对于恶意占有人是否有必要费用返还请求权，有不同的观点和立法例。有的认为，恶意占有人对于因保存占有物所支出的必要费用，可以依无因管理的规定，请求权利人偿还，但其要求返还的范围仅以真正权利人所受利益为限。

（四）占有物毁损灭失的赔偿义务

第四百六十一条　占有的不动产或者动产毁损、灭失，该不动产或者动产的权利人请求赔偿的，占有人应当将因毁损、灭失取得的保险金、赔偿金或者补偿金等返还给权利人；权利人的损害未得到足够弥补的，恶意占有人还应当赔偿损失。

本条规定了占有物毁损、灭失时占有人的赔偿义务。

真正权利人请求占有人返还原物及其孳息的，占有人应当返还。但是，占有人的返还义务的履行以原物存在为前提。若占有人占有的不动产或者动产因毁损、灭失已不存在，则占有人无法返还，权利人可以也只能要求占有人赔偿。

占有人占有的不动产或者动产的毁损、灭失，可能是因自然原因发生的，也可能是因第三人的侵害发生的，还可能是因征收发生的。不论因何原因造成占有物的毁损、灭失，占有人的赔偿范围，依占有为善意占有还是恶意占有而有所不同。善意占有人的赔偿范围以其因占有物毁损、灭失所得利益为限。因此，善意占有人因其占有的不动产或者动产毁损、灭失而取得保险金、赔偿金或者补偿金等的，只需将其取得的保险金、赔偿金、补偿金等利益返还给权利人即可。恶意占有人的赔偿范围，则以权利人所受的损害为界。因此，恶意占有人在占有的不动产或者动产毁损、灭失时，除须将其因此所取得的保险金、赔偿金或者补偿金等返还给权利人外，还应当对不足以弥补权利人损害的部分赔偿损失。

五、占有的保护

第四百六十二条 占有的不动产或者动产被侵占的,占有人有权请求返还原物;对妨害占有的行为,占有人有权请求排除妨害或者消除危险;因侵占或者妨害造成损害的,占有人有权请求损害赔偿。

占有人返还原物的请求权,自侵占发生之日起一年内未行使的,该请求权消灭。

本条规定了占有保护请求权。

占有虽为一种事实,但它反映出一定的财产秩序,具有权利的外观,为维护社会财产秩序,定分止争,法律必须保护占有。法律对占有的保护体现为在占有受侵害时,占有人享有相应的救济权。占有的保护也包括私力保护与公力保护两种。

(一)占有的公力保护

占有的公力保护又称公力救济,是指在占有受侵害时,占有人可以向法院提起诉讼,行使占有保护请求权。

占有保护请求权又称为占有人的物上请求权,占有请求权的主体为占有人,相对人为侵害占有的侵害人。占有保护请求权包括占有物返还请求权、占有妨害排除请求权和占有妨害防止请求权。

1.占有返还请求权。占有返还请求权又称回复占有请求权,是指占有人因第三人侵夺占有物使其丧失对该物的占有而请求侵夺人返还占有物,以恢复其对该物的原占有的状态。占有返还请求权的行使应具备以下条件:(1)请求权人为占有人,包括直接占有人和间接占有人,但占有辅助人不能独立享有占有物返还请求权。(2)相对人为侵夺人。侵夺人是指以非法手段夺取占有人占有的不动产或者动产的人。占有人只能向侵夺人行使返还请求权,至于侵夺人是否对占有物有权利,则不影响占有人行使返还请求权。(3)须占有物存在。如果被侵夺的不动产或者动产已不存在,则占有人不能行使占有物返还请求权。(4)须在规定的期间内行使。占有人应在自侵占发生之日起1年内行使返还请求权。超过此1年期限的,占有人的占有返还请求权丧失,自不能再行使。

2.占有妨害排除请求权。占有妨害排除请求权又称占有妨害除去请求权,是指占有人在其占有受到他人妨害时,可以请求妨害人除去妨害的权利。占有妨害请求权的行使须具备以下条件:(1)请求权人为占有人。(2)相对人为对占有造成妨害的妨害人。妨害人既包括妨害人以其行为妨害占有之人,如妨害人阻碍占有人对物的正常使用;也包括因其意思容许妨害占有的状态存在之人,如占有人占有房屋,妨害人的树木断落在该房屋前,妨害人不予理睬。(3)须妨害存在。若妨害已不存在,则不能行使妨害排除请求权。

3.占有妨害防止请求权。占有妨害防止请求权又称占有妨害危险消除请求权,是指占有人在其占有存在受到妨害的危险时,可以请求除去该危险的权利。占有妨害防止请求权的行使须具备以下条件:(1)请求权人为占有人。(2)相对人为造成妨害占有的危险的人。(3)妨害占有的危险须现实存在。所谓存在妨害占有的危险是指确有妨害占有的现实可能性，这种危险一经成为现实，就必给占有造成妨害。妨害占有的危险是否存在，应依社会一般观念加以认定，而不能仅以占有人的主观认识为标准。依社会一般观念并不存在妨害占有的危险，占有人主观上认为存在妨害占用危险的，占有人不能行使占有妨害防止请求权。

占有人因他人侵占或者妨害造成损害的，有权请求损害赔偿。

（二）占有的私力保护

占有的私力保护又称为自力救济或私力救济，是指当占有受到侵害时，占有人为保护其占有可以自行采取的措施。占有的私力保护包括自力防御和自力取回。

1. 占有的自力防御

占有的自力防御，是指占有人对侵夺或者妨害其占有的行为，可以以自己的力量进行防卫。占有的自力防御的行使，应具备以下三个条件：（1）占有人为直接占有人或者辅助占有人。间接占有人对标的物无直接的事实上的管领力，也就不会发生对间接占有的侵夺或者妨害，间接占有人也就不享有自力防御的权利。（2）存在即时的侵夺或妨害行为。自力防御只能针对现存的侵夺或者妨害行使，对于已经过去的侵夺或者已经不存在的妨害不得行使；侵夺或者妨害并非现实存在仅是占有人臆想将来会发生的，占有人也不能行使自力防御。（3）其占有是因侵夺原占有人而取得占有的，该占有人对于原占有人对占有物的就地追索或者追踪取回，不能行使自力防御。

2. 自力取回

自力取回又称为占有物取回，是指占有人在其占有的物被侵夺后，可以立即以自力取回占有物而恢复其占有。自力取回的行使须具备以下三个条件：(1) 须直接占有人或者占用辅助人已丧失对物的直接占有。只有直接占有人或者占有辅助人才可以进行自力取回，也只有在占有人已经丧失对物的直接占有时，占有人才可以行使自力取回。如果他人侵夺占有人的占有物，但并未使占有人丧失对物的直接占有，则占有人可行使自力防御，而不能也无必要行使自力取回。(2) 占有人须针对侵夺行为进行自力取回。若对占有的侵害不是侵夺而是妨害，则不发生占有人的自力取回问题。(3) 占有人须即时自力取回。通常情况下，被侵夺的占有物为不动产的，占有人应在侵夺后即时也就是在最短的时间内排除他人的不法侵占；被侵夺的占有物为动产的，占有人可以就地取回或者追踪取回。所谓就地取回，是指在侵夺人取得对标的物的控制但尚未脱离占有人占有该动产的地点，占有人于此时取回该物。所谓追踪取回，是指侵夺人取得对标的物的事实上控制后暂时离开该物原所在地，占有人跟踪到侵夺人处取回该物。但在任何情形下，占有人都不得以法律禁止的暴力手段夺回被侵夺人占有的物。

附　录

中华人民共和国民法典
（节选）

（2020年5月28日第十三届全国人民代表大会第三次会议通过）

第二编　物权

第一分编　通则

第一章　一般规定

第二百零五条　本编调整因物的归属和利用产生的民事关系。

第二百零六条　国家坚持和完善公有制为主体、多种所有制经济共同发展，按劳分配为主体、多种分配方式并存，社会主义市场经济体制等社会主义基本经济制度。

国家巩固和发展公有制经济，鼓励、支持和引导非公有制经济的发展。

国家实行社会主义市场经济，保障一切市场主体的平等法律地位和发展权利。

第二百零七条 国家、集体、私人的物权和其他权利人的物权受法律平等保护，任何组织或者个人不得侵犯。

第二百零八条 不动产物权的设立、变更、转让和消灭，应当依照法律规定登记。动产物权的设立和转让，应当依照法律规定交付。

第二章 物权的设立、变更、转让和消灭

第一节 不动产登记

第二百零九条 不动产物权的设立、变更、转让和消灭，经依法登记，发生效力；未经登记，不发生效力，但是法律另有规定的除外。

依法属于国家所有的自然资源，所有权可以不登记。

第二百一十条 不动产登记，由不动产所在地的登记机构办理。

国家对不动产实行统一登记制度。统一登记的范围、登记机构和登记办法，由法律、行政法规规定。

第二百一十一条 当事人申请登记，应当根据不同登记事项提供权属证明和不动产界址、面积等必要材料。

第二百一十二条 登记机构应当履行下列职责：

（一）查验申请人提供的权属证明和其他必要材料；

（二）就有关登记事项询问申请人；

（三）如实、及时登记有关事项；

（四）法律、行政法规规定的其他职责。

申请登记的不动产的有关情况需要进一步证明的，登记机构可以要求申请人补充材料，必要时可以实地查看。

第二百一十三条 登记机构不得有下列行为：

（一）要求对不动产进行评估；

（二）以年检等名义进行重复登记；

（三）超出登记职责范围的其他行为。

第二百一十四条 不动产物权的设立、变更、转让和消灭，依照法律规定应当登记的，自记载于不动产登记簿时发生效力。

第二百一十五条 当事人之间订立有关设立、变更、转让和消灭不动产物权的合同，除法律另有规定或者当事人另有约定外，自合同成立时生效；未办理物权登记的，不影响合同效力。

第二百一十六条 不动产登记簿是物权归属和内容的根据。

不动产登记簿由登记机构管理。

第二百一十七条 不动产权属证书是权利人享有该不动产物权的证明。不动产权属证书记载的事项，应当与不动产登记簿一致；记载不一致的，除有证据证明不动产登记簿确有错误外，以不动产登记簿为准。

第二百一十八条 权利人、利害关系人可以申请查询、复制不动产登记资料，登记机构应当提供。

第二百一十九条 利害关系人不得公开、非法使用权利人的不动产登记资料。

第二百二十条 权利人、利害关系人认为不动产登记簿记载的事项错误的，可以申请更正登记。不动产登记簿记载的权利人书面同意更正或者有证据证明登记确有错误的，登记机构应当予以更正。

不动产登记簿记载的权利人不同意更正的，利害关系人可以申请异议登记。登记机构予以异议登记，申请人自异议登记之日起十五日内不提起诉讼的，异议登记失效。异议登记不当，造成权利人损害的，权利人可以向申请人请求损害赔偿。

第二百二十一条 当事人签订买卖房屋的协议或者签订其他不动产物权的协议，为保障将来实现物权，按照约定可以向登记机构申请预告登记。预告登记后，未经预告登记的权利人同意，处分该不动产的，不发生物权效力。

预告登记后，债权消灭或者自能够进行不动产登记之日起九十日内未申请登记的，预告登记失效。

第二百二十二条 当事人提供虚假材料申请登记，造成他人损害的，应当承担赔偿责任。

因登记错误，造成他人损害的，登记机构应当承担赔偿责任。登记机构赔偿后，可以向造成登记错误的人追偿。

第二百二十三条 不动产登记费按件收取，不得按照不动产的面积、体积或者价款的比例收取。

第二节 动产交付

第二百二十四条 动产物权的设立和转让，自交付时发生效力，但是法律另有规定的除外。

第二百二十五条 船舶、航空器和机动车等的物权的设立、变更、转让和消灭，未经登记，不得对抗善意第三人。

第二百二十六条 动产物权设立和转让前，权利人已经占有该动产的，物权自民事法律行为生效时发生效力。

第二百二十七条 动产物权设立和转让前，第三人占有该动产的，负有交付义务的人可以通过转让请求第三人返还原物的权利代替交付。

第二百二十八条 动产物权转让时，当事人又约定由出让人继续占有该动产的，物权自该约定生效时发生效力。

第三节 其他规定

第二百二十九条 因人民法院、仲裁机构的法律文书或者人民政府的征收决定等,导致物权设立、变更、转让或者消灭的,自法律文书或者征收决定等生效时发生效力。

第二百三十条 因继承取得物权的,自继承开始时发生效力。

第二百三十一条 因合法建造、拆除房屋等事实行为设立或者消灭物权的,自事实行为成就时发生效力。

第二百三十二条 处分依照本节规定享有的不动产物权,依照法律规定需要办理登记的,未经登记,不发生物权效力。

第三章 物权的保护

第二百三十三条 物权受到侵害的,权利人可以通过和解、调解、仲裁、诉讼等途径解决。

第二百三十四条 因物权的归属、内容发生争议的,利害关系人可以请求确认权利。

第二百三十五条 无权占有不动产或者动产的,权利人可以请求返还原物。

第二百三十六条 妨害物权或者可能妨害物权的,权利人可以请求排除妨害或者消除危险。

第二百三十七条 造成不动产或者动产毁损的,权利人可以依法请求修理、重作、更换或者恢复原状。

第二百三十八条 侵害物权,造成权利人损害的,权利人可以依法请求损害赔偿,也可以依法请求承担其他民事责任。

第二百三十九条 本章规定的物权保护方式,可以单独适用,也可以根据权利被侵害的情形合并适用。

第二分编　所有权

第四章　一般规定

第二百四十条　所有权人对自己的不动产或者动产，依法享有占有、使用、收益和处分的权利。

第二百四十一条　所有权人有权在自己的不动产或者动产上设立用益物权和担保物权。用益物权人、担保物权人行使权利，不得损害所有权人的权益。

第二百四十二条　法律规定专属于国家所有的不动产和动产，任何组织或者个人不能取得所有权。

第二百四十三条　为了公共利益的需要，依照法律规定的权限和程序可以征收集体所有的土地和组织、个人的房屋以及其他不动产。

征收集体所有的土地，应当依法及时足额支付土地补偿费、安置补助费以及农村村民住宅、其他地上附着物和青苗等的补偿费用，并安排被征地农民的社会保障费用，保障被征地农民的生活，维护被征地农民的合法权益。

征收组织、个人的房屋以及其他不动产，应当依法给予征收补偿，维护被征收人的合法权益；征收个人住宅的，还应当保障被征收人的居住条件。

任何组织或者个人不得贪污、挪用、私分、截留、拖欠征收补偿费等费用。

第二百四十四条　国家对耕地实行特殊保护，严格限制农用地转为建设用地，控制建设用地总量。不得违反法律规定的权限和程序征收集体所有的土地。

第二百四十五条 因抢险救灾、疫情防控等紧急需要，依照法律规定的权限和程序可以征用组织、个人的不动产或者动产。被征用的不动产或者动产使用后，应当返还被征用人。组织、个人的不动产或者动产被征用或者征用后毁损、灭失的，应当给予补偿。

第五章 国家所有权和集体所有权、私人所有权

第二百四十六条 法律规定属于国家所有的财产，属于国家所有即全民所有。

国有财产由国务院代表国家行使所有权。法律另有规定的，依照其规定。

第二百四十七条 矿藏、水流、海域属于国家所有。

第二百四十八条 无居民海岛属于国家所有，国务院代表国家行使无居民海岛所有权。

第二百四十九条 城市的土地，属于国家所有。法律规定属于国家所有的农村和城市郊区的土地，属于国家所有。

第二百五十条 森林、山岭、草原、荒地、滩涂等自然资源，属于国家所有，但是法律规定属于集体所有的除外。

第二百五十一条 法律规定属于国家所有的野生动植物资源，属于国家所有。

第二百五十二条 无线电频谱资源属于国家所有。

第二百五十三条 法律规定属于国家所有的文物，属于国家所有。

第二百五十四条 国防资产属于国家所有。

铁路、公路、电力设施、电信设施和油气管道等基础设施，依照法

律规定为国家所有的,属于国家所有。

第二百五十五条 国家机关对其直接支配的不动产和动产,享有占有、使用以及依照法律和国务院的有关规定处分的权利。

第二百五十六条 国家举办的事业单位对其直接支配的不动产和动产,享有占有、使用以及依照法律和国务院的有关规定收益、处分的权利。

第二百五十七条 国家出资的企业,由国务院、地方人民政府依照法律、行政法规规定分别代表国家履行出资人职责,享有出资人权益。

第二百五十八条 国家所有的财产受法律保护,禁止任何组织或者个人侵占、哄抢、私分、截留、破坏。

第二百五十九条 履行国有财产管理、监督职责的机构及其工作人员,应当依法加强对国有财产的管理、监督,促进国有财产保值增值,防止国有财产损失;滥用职权,玩忽职守,造成国有财产损失的,应当依法承担法律责任。

违反国有财产管理规定,在企业改制、合并分立、关联交易等过程中,低价转让、合谋私分、擅自担保或者以其他方式造成国有财产损失的,应当依法承担法律责任。

第二百六十条 集体所有的不动产和动产包括:

(一)法律规定属于集体所有的土地和森林、山岭、草原、荒地、滩涂;

(二)集体所有的建筑物、生产设施、农田水利设施;

(三)集体所有的教育、科学、文化、卫生、体育等设施;

(四)集体所有的其他不动产和动产。

第二百六十一条 农民集体所有的不动产和动产,属于本集体成员集体所有。

下列事项应当依照法定程序经本集体成员决定:

（一）土地承包方案以及将土地发包给本集体以外的组织或者个人承包；

（二）个别土地承包经营权人之间承包地的调整；

（三）土地补偿费等费用的使用、分配办法；

（四）集体出资的企业的所有权变动等事项；

（五）法律规定的其他事项。

第二百六十二条　对于集体所有的土地和森林、山岭、草原、荒地、滩涂等，依照下列规定行使所有权：

（一）属于村农民集体所有的，由村集体经济组织或者村民委员会依法代表集体行使所有权；

（二）分别属于村内两个以上农民集体所有的，由村内各该集体经济组织或者村民小组依法代表集体行使所有权；

（三）属于乡镇农民集体所有的，由乡镇集体经济组织代表集体行使所有权。

第二百六十三条　城镇集体所有的不动产和动产，依照法律、行政法规的规定由本集体享有占有、使用、收益和处分的权利。

第二百六十四条　农村集体经济组织或者村民委员会、村民小组应当依照法律、行政法规以及章程、村规民约向本集体成员公布集体财产的状况。集体成员有权查阅、复制相关资料。

第二百六十五条　集体所有的财产受法律保护，禁止任何组织或者个人侵占、哄抢、私分、破坏。

农村集体经济组织、村民委员会或者其负责人作出的决定侵害集体成员合法权益的，受侵害的集体成员可以请求人民法院予以撤销。

第二百六十六条　私人对其合法的收入、房屋、生活用品、生产工具、原材料等不动产和动产享有所有权。

第二百六十七条 私人的合法财产受法律保护,禁止任何组织或者个人侵占、哄抢、破坏。

第二百六十八条 国家、集体和私人依法可以出资设立有限责任公司、股份有限公司或者其他企业。国家、集体和私人所有的不动产或者动产投到企业的,由出资人按照约定或者出资比例享有资产收益、重大决策以及选择经营管理者等权利并履行义务。

第二百六十九条 营利法人对其不动产和动产依照法律、行政法规以及章程享有占有、使用、收益和处分的权利。

营利法人以外的法人,对其不动产和动产的权利,适用有关法律、行政法规以及章程的规定。

第二百七十条 社会团体法人、捐助法人依法所有的不动产和动产,受法律保护。

第六章 业主的建筑物区分所有权

第二百七十一条 业主对建筑物内的住宅、经营性用房等专有部分享有所有权,对专有部分以外的共有部分享有共有和共同管理的权利。

第二百七十二条 业主对其建筑物专有部分享有占有、使用、收益和处分的权利。业主行使权利不得危及建筑物的安全,不得损害其他业主的合法权益。

第二百七十三条 业主对建筑物专有部分以外的共有部分,享有权利,承担义务;不得以放弃权利为由不履行义务。

业主转让建筑物内的住宅、经营性用房,其对共有部分享有的共有和共同管理的权利一并转让。

第二百七十四条 建筑区划内的道路,属于业主共有,但是属于城镇公共道路的除外。建筑区划内的绿地，属于业主共有，但是属于城镇公共绿地或者明示属于个人的除外。建筑区划内的其他公共场所、公用设施和物业服务用房，属于业主共有。

第二百七十五条 建筑区划内，规划用于停放汽车的车位、车库的归属，由当事人通过出售、附赠或者出租等方式约定。

占用业主共有的道路或者其他场地用于停放汽车的车位，属于业主共有。

第二百七十六条 建筑区划内，规划用于停放汽车的车位、车库应当首先满足业主的需要。

第二百七十七条 业主可以设立业主大会，选举业主委员会。业主大会、业主委员会成立的具体条件和程序，依照法律、法规的规定。

地方人民政府有关部门、居民委员会应当对设立业主大会和选举业主委员会给予指导和协助。

第二百七十八条 下列事项由业主共同决定：

（一）制定和修改业主大会议事规则；

（二）制定和修改管理规约；

（三）选举业主委员会或者更换业主委员会成员；

（四）选聘和解聘物业服务企业或者其他管理人；

（五）使用建筑物及其附属设施的维修资金；

（六）筹集建筑物及其附属设施的维修资金；

（七）改建、重建建筑物及其附属设施；

（八）改变共有部分的用途或者利用共有部分从事经营活动；

（九）有关共有和共同管理权利的其他重大事项。

业主共同决定事项，应当由专有部分面积占比三分之二以上的业主且人数占比三分之二以上的业主参与表决。决定前款第六项至第八项规定的事项，应当经参与表决专有部分面积四分之三以上的业主且参与表决人数四分之三以上的业主同意。决定前款其他事项，应当经参与表决专有部分面积过半数的业主且参与表决人数过半数的业主同意。

第二百七十九条　业主不得违反法律、法规以及管理规约，将住宅改变为经营性用房。业主将住宅改变为经营性用房的，除遵守法律、法规以及管理规约外，应当经有利害关系的业主一致同意。

第二百八十条　业主大会或者业主委员会的决定，对业主具有法律约束力。业主大会或者业主委员会作出的决定侵害业主合法权益的，受侵害的业主可以请求人民法院予以撤销。

第二百八十一条　建筑物及其附属设施的维修资金，属于业主共有。经业主共同决定，可以用于电梯、屋顶、外墙、无障碍设施等共有部分的维修、更新和改造。建筑物及其附属设施的维修资金的筹集、使用情况应当定期公布。

紧急情况下需要维修建筑物及其附属设施的，业主大会或者业主委员会可以依法申请使用建筑物及其附属设施的维修资金。

第二百八十二条　建设单位、物业服务企业或者其他管理人等利用业主的共有部分产生的收入，在扣除合理成本之后，属于业主共有。

第二百八十三条　建筑物及其附属设施的费用分摊、收益分配等事项，有约定的，按照约定；没有约定或者约定不明确的，按照业主专有部分面积所占比例确定。

第二百八十四条　业主可以自行管理建筑物及其附属设施，也可以委托物业服务企业或者其他管理人管理。

对建设单位聘请的物业服务企业或者其他管理人，业主有权依法更换。

第二百八十五条　物业服务企业或者其他管理人根据业主的委托，依照本法第三编有关物业服务合同的规定管理建筑区划内的建筑物及其附属设施，接受业主的监督，并及时答复业主对物业服务情况提出的询问。

物业服务企业或者其他管理人应当执行政府依法实施的应急处置措施和其他管理措施，积极配合开展相关工作。

第二百八十六条　业主应当遵守法律、法规以及管理规约，相关行为应当符合节约资源、保护生态环境的要求。对于物业服务企业或者其他管理人执行政府依法实施的应急处置措施和其他管理措施，业主应当依法予以配合。

业主大会或者业委员会，对任意弃置垃圾、排放污染物或者噪声、违反规定饲养动物、违章搭建、侵占通道、拒付物业费等损害他人合法权益的行为，有权依照法律、法规以及管理规约，请求行为人停止侵害、排除妨碍、消除危险、恢复原状、赔偿损失。

业主或者其他行为人拒不履行相关义务的，有关当事人可以向有关行政主管部门报告或者投诉，有关行政主管部门应当依法处理。

第二百八十七条　业主对建设单位、物业服务企业或者其他管理人以及其他业主侵害自己合法权益的行为，有权请求其承担民事责任。

第七章　相邻关系

第二百八十八条　不动产的相邻权利人应当按照有利生产、方便生活、团结互助、公平合理的原则，正确处理相邻关系。

第二百八十九条　法律、法规对处理相邻关系有规定的，依照其规定；

法律、法规没有规定的，可以按照当地习惯。

第二百九十条 不动产权利人应当为相邻权利人用水、排水提供必要的便利。

对自然流水的利用，应当在不动产的相邻权利人之间合理分配。对自然流水的排放，应当尊重自然流向。

第二百九十一条 不动产权利人对相邻权利人因通行等必须利用其土地的，应当提供必要的便利。

第二百九十二条 不动产权利人因建造、修缮建筑物以及铺设电线、电缆、水管、暖气和燃气管线等必须利用相邻土地、建筑物的，该土地、建筑物的权利人应当提供必要的便利。

第二百九十三条 建造建筑物，不得违反国家有关工程建设标准，不得妨碍相邻建筑物的通风、采光和日照。

第二百九十四条 不动产权利人不得违反国家规定弃置固体废物，排放大气污染物、水污染物、土壤污染物、噪声、光辐射、电磁辐射等有害物质。

第二百九十五条 不动产权利人挖掘土地、建造建筑物、铺设管线以及安装设备等，不得危及相邻不动产的安全。

第二百九十六条 不动产权利人因用水、排水、通行、铺设管线等利用相邻不动产的，应当尽量避免对相邻的不动产权利人造成损害。

第八章 共有

第二百九十七条 不动产或者动产可以由两个以上组织、个人共有。共有包括按份共有和共同共有。

第二百九十八条 按份共有人对共有的不动产或者动产按照其份额享有

所有权。

第二百九十九条 共同共有人对共有的不动产或者动产共同享有所有权。

第三百条 共有人按照约定管理共有的不动产或者动产；没有约定或者约定不明确的，各共有人都有管理的权利和义务。

第三百零一条 处分共有的不动产或者动产以及对共有的不动产或者动产作重大修缮、变更性质或者用途的，应当经占份额三分之二以上的按份共有人或者全体共同共有人同意，但是共有人之间另有约定的除外。

第三百零二条 共有人对共有物的管理费用以及其他负担，有约定的，按照其约定；没有约定或者约定不明确的，按份共有人按照其份额负担，共同共有人共同负担。

第三百零三条 共有人约定不得分割共有的不动产或者动产，以维持共有关系的，应当按照约定，但是共有人有重大理由需要分割的，可以请求分割；没有约定或者约定不明确的，按份共有人可以随时请求分割，共同共有人在共有的基础丧失或者有重大理由需要分割时可以请求分割。因分割造成其他共有人损害的，应当给予赔偿。

第三百零四条 共有人可以协商确定分割方式。达不成协议，共有的不动产或者动产可以分割且不会因分割减损价值的，应当对实物予以分割；难以分割或者因分割会减损价值的，应当对折价或者拍卖、变卖取得的价款予以分割。

共有人分割所得的不动产或者动产有瑕疵的，其他共有人应当分担损失。

第三百零五条 按份共有人可以转让其享有的共有的不动产或者动产份额。其他共有人在同等条件下享有优先购买的权利。

第三百零六条 按份共有人转让其享有的共有的不动产或者动产份额的，应当将转让条件及时通知其他共有人。其他共有人应当在合理期限内行使优先购买权。

两个以上其他共有人主张行使优先购买权的，协商确定各自的购买比例；协商不成的，按照转让时各自的共有份额比例行使优先购买权。

第三百零七条 因共有的不动产或者动产产生的债权债务，在对外关系上，共有人享有连带债权、承担连带债务，但是法律另有规定或者第三人知道共有人不具有连带债权债务关系的除外；在共有人内部关系上，除共有人另有约定外，按份共有人按照份额享有债权、承担债务，共同共有人共同享有债权、承担债务。偿还债务超过自己应当承担份额的按份共有人，有权向其他共有人追偿。

第三百零八条 共有人对共有的不动产或者动产没有约定为按份共有或者共同共有，或者约定不明确的，除共有人具有家庭关系等外，视为按份共有。

第三百零九条 按份共有人对共有的不动产或者动产享有的份额，没有约定或者约定不明确的，按照出资额确定；不能确定出资额的，视为等额享有。

第三百一十条 两个以上组织、个人共同享有用益物权、担保物权的，参照适用本章的有关规定。

第九章 所有权取得的特别规定

第三百一十一条 无处分权人将不动产或者动产转让给受让人的，所有权人有权追回；除法律另有规定外，符合下列情形的，受让人取得该不动产或者动产的所有权：

（一）受让人受让该不动产或者动产时是善意；

（二）以合理的价格转让；

（三）转让的不动产或者动产依照法律规定应当登记的已经登记，不需要登记的已经交付给受让人。

受让人依据前款规定取得不动产或者动产的所有权的，原所有权人有权向无处分权人请求损害赔偿。

当事人善意取得其他物权的，参照适用前两款规定。

第三百一十二条　所有权人或者其他权利人有权追回遗失物。该遗失物通过转让被他人占有的，权利人有权向无处分权人请求损害赔偿，或者自知道或者应当知道受让人之日起二年内向受让人请求返还原物；但是，受让人通过拍卖或者向具有经营资格的经营者购得该遗失物的，权利人请求返还原物时应当支付受让人所付的费用。权利人向受让人支付所付费用后，有权向无处分权人追偿。

第三百一十三条　善意受让人取得动产后，该动产上的原有权利消灭。但是，善意受让人在受让时知道或者应当知道该权利的除外。

第三百一十四条　拾得遗失物，应当返还权利人。拾得人应当及时通知权利人领取，或者送交公安等有关部门。

第三百一十五条　有关部门收到遗失物，知道权利人的，应当及时通知其领取；不知道的，应当及时发布招领公告。

第三百一十六条　拾得人在遗失物送交有关部门前，有关部门在遗失物被领取前，应当妥善保管遗失物。因故意或者重大过失致使遗失物毁损、灭失的，应当承担民事责任。

第三百一十七条　权利人领取遗失物时，应当向拾得人或者有关部门支付保管遗失物等支出的必要费用。

权利人悬赏寻找遗失物的，领取遗失物时应当按照承诺履行义务。

拾得人侵占遗失物的，无权请求保管遗失物等支出的费用，也无权请求权利人按照承诺履行义务。

第三百一十八条 遗失物自发布招领公告之日起一年内无人认领的，归国家所有。

第三百一十九条 拾得漂流物、发现埋藏物或者隐藏物的，参照适用拾得遗失物的有关规定。法律另有规定的，依照其规定。

第三百二十条 主物转让的，从物随主物转让，但是当事人另有约定的除外。

第三百二十一条 天然孳息，由所有权人取得；既有所有权人又有用益物权人的，由用益物权人取得。当事人另有约定的，按照其约定。

法定孳息，当事人有约定的，按照约定取得；没有约定或者约定不明确的，按照交易习惯取得。

第三百二十二条 因加工、附合、混合而产生的物的归属，有约定的，按照约定；没有约定或者约定不明确的，依照法律规定；法律没有规定的，按照充分发挥物的效用以及保护无过错当事人的原则确定。因一方当事人的过错或者确定物的归属造成另一方当事人损害的，应当给予赔偿或者补偿。

第三分编　用益物权

第十章　一般规定

第三百二十三条 用益物权人对他人所有的不动产或者动产，依法享有占有、使用和收益的权利。

第三百二十四条 国家所有或者国家所有由集体使用以及法律规定属于集体所有的自然资源，组织、个人依法可以占有、使用和收益。

第三百二十五条 国家实行自然资源有偿使用制度，但是法律另有规定的除外。

第三百二十六条 用益物权人行使权利，应当遵守法律有关保护和合理开发利用资源、保护生态环境的规定。所有权人不得干涉用益物权人行使权利。

第三百二十七条 因不动产或者动产被征收、征用致使用益物权消灭或者影响用益物权行使的，用益物权人有权依据本法第二百四十三条、第二百四十五条的规定获得相应补偿。

第三百二十八条 依法取得的海域使用权受法律保护。

第三百二十九条 依法取得的探矿权、采矿权、取水权和使用水域、滩涂从事养殖、捕捞的权利受法律保护。

第十一章 土地承包经营权

第三百三十条 农村集体经济组织实行家庭承包经营为基础、统分结合的双层经营体制。

农民集体所有和国家所有由农民集体使用的耕地、林地、草地以及其他用于农业的土地，依法实行土地承包经营制度。

第三百三十一条 土地承包经营权人依法对其承包经营的耕地、林地、草地等享有占有、使用和收益的权利，有权从事种植业、林业、畜牧业等农业生产。

第三百三十二条 耕地的承包期为三十年。草地的承包期为三十年至五十年。林地的承包期为三十年至七十年。

前款规定的承包期限届满，由土地承包经营权人依照农村土地承包的法律规定继续承包。

第三百三十三条 土地承包经营权自土地承包经营权合同生效时设立。

登记机构应当向土地承包经营权人发放土地承包经营权证、林权证等证书，并登记造册，确认土地承包经营权。

第三百三十四条 土地承包经营权人依照法律规定，有权将土地承包经营权互换、转让。未经依法批准，不得将承包地用于非农建设。

第三百三十五条 土地承包经营权互换、转让的，当事人可以向登记机构申请登记；未经登记，不得对抗善意第三人。

第三百三十六条 承包期内发包人不得调整承包地。

因自然灾害严重毁损承包地等特殊情形，需要适当调整承包的耕地和草地的，应当依照农村土地承包的法律规定办理。

第三百三十七条 承包期内发包人不得收回承包地。法律另有规定的，依照其规定。

第三百三十八条 承包地被征收的，土地承包经营权人有权依据本法第二百四十三条的规定获得相应补偿。

第三百三十九条 土地承包经营权人可以自主决定依法采取出租、入股或者其他方式向他人流转土地经营权。

第三百四十条 土地经营权人有权在合同约定的期限内占有农村土地，自主开展农业生产经营并取得收益。

第三百四十一条 流转期限为五年以上的土地经营权，自流转合同生效时设立。当事人可以向登记机构申请土地经营权登记；未经登记，不得对抗善意第三人。

第三百四十二条 通过招标、拍卖、公开协商等方式承包农村土地，经依法登记取得权属证书的，可以依法采取出租、入股、抵押或者其他方式流转土地经营权。

第三百四十三条　国家所有的农用地实行承包经营的，参照适用本编的有关规定。

第十二章　建设用地使用权

第三百四十四条　建设用地使用权人依法对国家所有的土地享有占有、使用和收益的权利，有权利用该土地建造建筑物、构筑物及其附属设施。

第三百四十五条　建设用地使用权可以在土地的地表、地上或者地下分别设立。

第三百四十六条　设立建设用地使用权，应当符合节约资源、保护生态环境的要求，遵守法律、行政法规关于土地用途的规定，不得损害已经设立的用益物权。

第三百四十七条　设立建设用地使用权，可以采取出让或者划拨等方式。

工业、商业、旅游、娱乐和商品住宅等经营性用地以及同一土地有两个以上意向用地者的，应当采取招标、拍卖等公开竞价的方式出让。

严格限制以划拨方式设立建设用地使用权。

第三百四十八条　通过招标、拍卖、协议等出让方式设立建设用地使用权的，当事人应当采用书面形式订立建设用地使用权出让合同。

建设用地使用权出让合同一般包括下列条款：

（一）当事人的名称和住所；

（二）土地界址、面积等；

（三）建筑物、构筑物及其附属设施占用的空间；

（四）土地用途、规划条件；

（五）建设用地使用权期限；

（六）出让金等费用及其支付方式；

（七）解决争议的方法。

第三百四十九条　设立建设用地使用权的，应当向登记机构申请建设用地使用权登记。建设用地使用权自登记时设立。登记机构应当向建设用地使用权人发放权属证书。

第三百五十条　建设用地使用权人应当合理利用土地，不得改变土地用途；需要改变土地用途的，应当依法经有关行政主管部门批准。

第三百五十一条　建设用地使用权人应当依照法律规定以及合同约定支付出让金等费用。

第三百五十二条　建设用地使用权人建造的建筑物、构筑物及其附属设施的所有权属于建设用地使用权人，但是有相反证据证明的除外。

第三百五十三条　建设用地使用权人有权将建设用地使用权转让、互换、出资、赠与或者抵押，但是法律另有规定的除外。

第三百五十四条　建设用地使用权转让、互换、出资、赠与或者抵押的，当事人应当采用书面形式订立相应的合同。使用期限由当事人约定，但是不得超过建设用地使用权的剩余期限。

第三百五十五条　建设用地使用权转让、互换、出资或者赠与的，应当向登记机构申请变更登记。

第三百五十六条　建设用地使用权转让、互换、出资或者赠与的，附着于该土地上的建筑物、构筑物及其附属设施一并处分。

第三百五十七条　建筑物、构筑物及其附属设施转让、互换、出资或者赠与的，该建筑物、构筑物及其附属设施占用范围内的建设用地使用权一并处分。

第三百五十八条　建设用地使用权期限届满前，因公共利益需要提前收回该土地的，应当依据本法第二百四十三条的规定对该土地上的房屋以及其他不动产给予补偿，并退还相应的出让金。

第三百五十九条　住宅建设用地使用权期限届满的，自动续期。续期费用的缴纳或者减免，依照法律、行政法规的规定办理。

非住宅建设用地使用权期限届满后的续期，依照法律规定办理。该土地上的房屋以及其他不动产的归属，有约定的，按照约定；没有约定或者约定不明确的，依照法律、行政法规的规定办理。

第三百六十条　建设用地使用权消灭的，出让人应当及时办理注销登记。登记机构应当收回权属证书。

第三百六十一条　集体所有的土地作为建设用地的，应当依照土地管理的法律规定办理。

第十三章　宅基地使用权

第三百六十二条　宅基地使用权人依法对集体所有的土地享有占有和使用的权利，有权依法利用该土地建造住宅及其附属设施。

第三百六十三条　宅基地使用权的取得、行使和转让，适用土地管理的法律和国家有关规定。

第三百六十四条　宅基地因自然灾害等原因灭失的，宅基地使用权消灭。对失去宅基地的村民，应当依法重新分配宅基地。

第三百六十五条　已经登记的宅基地使用权转让或者消灭的，应当及时办理变更登记或者注销登记。

第十四章　居住权

第三百六十六条　居住权人有权按照合同约定，对他人的住宅享有占有、使用的用益物权，以满足生活居住的需要。

第三百六十七条　设立居住权，当事人应当采用书面形式订立居住权合同。

居住权合同一般包括下列条款：

（一）当事人的姓名或者名称和住所；

（二）住宅的位置；

（三）居住的条件和要求；

（四）居住权期限；

（五）解决争议的方法。

第三百六十八条　居住权无偿设立，但是当事人另有约定的除外。设立居住权的，应当向登记机构申请居住权登记。居住权自登记时设立。

第三百六十九条　居住权不得转让、继承。设立居住权的住宅不得出租，但是当事人另有约定的除外。

第三百七十条　居住权期限届满或者居住权人死亡的，居住权消灭。居住权消灭的，应当及时办理注销登记。

第三百七十一条　以遗嘱方式设立居住权的，参照适用本章的有关规定。

第十五章　地役权

第三百七十二条　地役权人有权按照合同约定，利用他人的不动产，以提高自己的不动产的效益。

前款所称他人的不动产为供役地，自己的不动产为需役地。

第三百七十三条　设立地役权，当事人应当采用书面形式订立地役权合同。

地役权合同一般包括下列条款：

（一）当事人的姓名或者名称和住所；

（二）供役地和需役地的位置；

（三）利用目的和方法；

（四）地役权期限；

（五）费用及其支付方式；

（六）解决争议的方法。

第三百七十四条 地役权自地役权合同生效时设立。当事人要求登记的，可以向登记机构申请地役权登记；未经登记，不得对抗善意第三人。

第三百七十五条 供役地权利人应当按照合同约定，允许地役权人利用其不动产，不得妨害地役权人行使权利。

第三百七十六条 地役权人应当按照合同约定的利用目的和方法利用供役地，尽量减少对供役地权利人物权的限制。

第三百七十七条 地役权期限由当事人约定；但是，不得超过土地承包经营权、建设用地使用权等用益物权的剩余期限。

第三百七十八条 土地所有权人享有地役权或者负担地役权的，设立土地承包经营权、宅基地使用权等用益物权时，该用益物权人继续享有或者负担已经设立的地役权。

第三百七十九条 土地上已经设立土地承包经营权、建设用地使用权、宅基地使用权等用益物权的，未经用益物权人同意，土地所有权人不得设立地役权。

第三百八十条 地役权不得单独转让。土地承包经营权、建设用地使用权等转让的，地役权一并转让，但是合同另有约定的除外。

第三百八十一条 地役权不得单独抵押。土地经营权、建设用地使用权等抵押的，在实现抵押权时，地役权一并转让。

第三百八十二条 需役地以及需役地上的土地承包经营权、建设用地使用权等部分转让时，转让部分涉及地役权的，受让人同时享有地役权。

第三百八十三条 供役地以及供役地上的土地承包经营权、建设用地使用权等部分转让时，转让部分涉及地役权的，地役权对受让人具有法律约束力。

第三百八十四条 地役权人有下列情形之一的，供役地权利人有权解除地役权合同，地役权消灭：

（一）违反法律规定或者合同约定，滥用地役权；

（二）有偿利用供役地，约定的付款期限届满后在合理期限内经两次催告未支付费用。

第三百八十五条 已经登记的地役权变更、转让或者消灭的，应当及时办理变更登记或者注销登记。

第四分编　担保物权

第十六章　一般规定

第三百八十六条 担保物权人在债务人不履行到期债务或者发生当事人约定的实现担保物权的情形，依法享有就担保财产优先受偿的权利，但是法律另有规定的除外。

第三百八十七条 债权人在借贷、买卖等民事活动中，为保障实现其债权，需要担保的，可以依照本法和其他法律的规定设立担保物权。

第三人为债务人向债权人提供担保的，可以要求债务人提供反担保。反担保适用本法和其他法律的规定。

第三百八十八条　设立担保物权,应当依照本法和其他法律的规定订立担保合同。担保合同包括抵押合同、质押合同和其他具有担保功能的合同。担保合同是主债权债务合同的从合同。主债权债务合同无效的,担保合同无效,但是法律另有规定的除外。

担保合同被确认无效后,债务人、担保人、债权人有过错的,应当根据其过错各自承担相应的民事责任。

第三百八十九条　担保物权的担保范围包括主债权及其利息、违约金、损害赔偿金、保管担保财产和实现担保物权的费用。当事人另有约定的,按照其约定。

第三百九十条　担保期间,担保财产毁损、灭失或者被征收等,担保物权人可以就获得的保险金、赔偿金或者补偿金等优先受偿。被担保债权的履行期限未届满的,也可以提存该保险金、赔偿金或者补偿金等。

第三百九十一条　第三人提供担保,未经其书面同意,债权人允许债务人转移全部或者部分债务的,担保人不再承担相应的担保责任。

第三百九十二条　被担保的债权既有物的担保又有人的担保的,债务人不履行到期债务或者发生当事人约定的实现担保物权的情形,债权人应当按照约定实现债权;没有约定或者约定不明确,债务人自己提供物的担保的,债权人应当先就该物的担保实现债权;第三人提供物的担保的,债权人可以就物的担保实现债权,也可以请求保证人承担保证责任。提供担保的第三人承担担保责任后,有权向债务人追偿。

第三百九十三条　有下列情形之一的,担保物权消灭:

(一)主债权消灭;

(二)担保物权实现;

（三）债权人放弃担保物权；

（四）法律规定担保物权消灭的其他情形。

第十七章　抵押权

第一节　一般抵押权

第三百九十四条　为担保债务的履行，债务人或者第三人不转移财产的占有，将该财产抵押给债权人的，债务人不履行到期债务或者发生当事人约定的实现抵押权的情形，债权人有权就该财产优先受偿。

前款规定的债务人或者第三人为抵押人，债权人为抵押权人，提供担保的财产为抵押财产。

第三百九十五条　债务人或者第三人有权处分的下列财产可以抵押：

（一）建筑物和其他土地附着物；

（二）建设用地使用权；

（三）海域使用权；

（四）生产设备、原材料、半成品、产品；

（五）正在建造的建筑物、船舶、航空器；

（六）交通运输工具；

（七）法律、行政法规未禁止抵押的其他财产。

抵押人可以将前款所列财产一并抵押。

第三百九十六条　企业、个体工商户、农业生产经营者可以将现有的以及将有的生产设备、原材料、半成品、产品抵押，债务人不履行到期债务或者发生当事人约定的实现抵押权的情形，债权人有权就抵押财产确定时的动产优先受偿。

第三百九十七条　以建筑物抵押的，该建筑物占用范围内的建设用地使用权一并抵押。以建设用地使用权抵押的，该土地上的建筑物一并抵押。

抵押人未依据前款规定一并抵押的，未抵押的财产视为一并抵押。

第三百九十八条 乡镇、村企业的建设用地使用权不得单独抵押。以乡镇、村企业的厂房等建筑物抵押的，其占用范围内的建设用地使用权一并抵押。

第三百九十九条 下列财产不得抵押：

（一）土地所有权；

（二）宅基地、自留地、自留山等集体所有土地的使用权，但是法律规定可以抵押的除外；

（三）学校、幼儿园、医疗机构等为公益目的成立的非营利法人的教育设施、医疗卫生设施和其他公益设施；

（四）所有权、使用权不明或者有争议的财产；

（五）依法被查封、扣押、监管的财产；

（六）法律、行政法规规定不得抵押的其他财产。

第四百条 设立抵押权，当事人应当采用书面形式订立抵押合同。

抵押合同一般包括下列条款：

（一）被担保债权的种类和数额；

（二）债务人履行债务的期限；

（三）抵押财产的名称、数量等情况；

（四）担保的范围。

第四百零一条 抵押权人在债务履行期限届满前，与抵押人约定债务人不履行到期债务时抵押财产归债权人所有的，只能依法就抵押财产优先受偿。

第四百零二条 以本法第三百九十五条第一款第一项至第三项规定的财产或者第五项规定的正在建造的建筑物抵押的,应当办理抵押登记。抵押权自登记时设立。

第四百零三条 以动产抵押的,抵押权自抵押合同生效时设立;未经登记,不得对抗善意第三人。

第四百零四条 以动产抵押的,不得对抗正常经营活动中已经支付合理价款并取得抵押财产的买受人。

第四百零五条 抵押权设立前,抵押财产已经出租并转移占有的,原租赁关系不受该抵押权的影响。

第四百零六条 抵押期间,抵押人可以转让抵押财产。当事人另有约定的,按照其约定。抵押财产转让的,抵押权不受影响。

抵押人转让抵押财产的,应当及时通知抵押权人。抵押权人能够证明抵押财产转让可能损害抵押权的,可以请求抵押人将转让所得的价款向抵押权人提前清偿债务或者提存。转让的价款超过债权数额的部分归抵押人所有,不足部分由债务人清偿。

第四百零七条 抵押权不得与债权分离而单独转让或者作为其他债权的担保。债权转让的,担保该债权的抵押权一并转让,但是法律另有规定或者当事人另有约定的除外。

第四百零八条 抵押人的行为足以使抵押财产价值减少的,抵押权人有权请求抵押人停止其行为;抵押财产价值减少的,抵押权人有权请求恢复抵押财产的价值,或者提供与减少的价值相应的担保。抵押人不恢复抵押财产的价值,也不提供担保的,抵押权人有权请求债务人提前清偿债务。

第四百零九条 抵押权人可以放弃抵押权或者抵押权的顺位。抵押权人与抵押人可以协议变更抵押权顺位以及被担保的债权数额等内容。但是，抵押权的变更未经其他抵押权人书面同意的，不得对其他抵押权人产生不利影响。

债务人以自己的财产设定抵押，抵押权人放弃该抵押权、抵押权顺位或者变更抵押权的，其他担保人在抵押权人丧失优先受偿权益的范围内免除担保责任，但是其他担保人承诺仍然提供担保的除外。

第四百一十条　债务人不履行到期债务或者发生当事人约定的实现抵押权的情形，抵押权人可以与抵押人协议以抵押财产折价或者以拍卖、变卖该抵押财产所得的价款优先受偿。协议损害其他债权人利益的，其他债权人可以请求人民法院撤销该协议。

抵押权人与抵押人未就抵押权实现方式达成协议的，抵押权人可以请求人民法院拍卖、变卖抵押财产。

抵押财产折价或者变卖的，应当参照市场价格。

第四百一十一条　依据本法第三百九十六条规定设定抵押的，抵押财产自下列情形之一发生时确定：

（一）债务履行期限届满，债权未实现；

（二）抵押人被宣告破产或者解散；

（三）当事人约定的实现抵押权的情形；

（四）严重影响债权实现的其他情形。

第四百一十二条　债务人不履行到期债务或者发生当事人约定的实现抵押权的情形，致使抵押财产被人民法院依法扣押的，自扣押之日起，抵押权人有权收取该抵押财产的天然孳息或者法定孳息，但是抵押权人未通知应当清偿法定孳息义务人的除外。

前款规定的孳息应当先充抵收取孳息的费用。

第四百一十三条 抵押财产折价或者拍卖、变卖后,其价款超过债权数额的部分归抵押人所有,不足部分由债务人清偿。

第四百一十四条 同一财产向两个以上债权人抵押的,拍卖、变卖抵押财产所得的价款依照下列规定清偿:

(一)抵押权已经登记的,按照登记的时间先后确定清偿顺序;

(二)抵押权已经登记的先于未登记的受偿;

(三)抵押权未登记的,按照债权比例清偿。

其他可以登记的担保物权,清偿顺序参照适用前款规定。

第四百一十五条 同一财产既设立抵押权又设立质权的,拍卖、变卖该财产所得的价款按照登记、交付的时间先后确定清偿顺序。

第四百一十六条 动产抵押担保的主债权是抵押物的价款,标的物交付后十日内办理抵押登记的,该抵押权人优先于抵押物买受人的其他担保物权人受偿,但是留置权人除外。

第四百一十七条 建设用地使用权抵押后,该土地上新增的建筑物不属于抵押财产。该建设用地使用权实现抵押权时,应当将该土地上新增的建筑物与建设用地使用权一并处分。但是,新增建筑物所得的价款,抵押权人无权优先受偿。

第四百一十八条 以集体所有土地的使用权依法抵押的,实现抵押权后,未经法定程序,不得改变土地所有权的性质和土地用途。

第四百一十九条 抵押权人应当在主债权诉讼时效期间行使抵押权;未行使的,人民法院不予保护。

第二节 最高额抵押权

第四百二十条 为担保债务的履行,债务人或者第三人对一定期间内将要连续发生的债权提供担保财产的,债务人不履行到期债务或者发生当事人约定的实现抵押权的情形，抵押权人有权在最高债权额限度内就该担保财产优先受偿。

最高额抵押权设立前已经存在的债权，经当事人同意，可以转入最高额抵押担保的债权范围。

第四百二十一条　最高额抵押担保的债权确定前，部分债权转让的，最高额抵押权不得转让，但是当事人另有约定的除外。

第四百二十二条　最高额抵押担保的债权确定前，抵押权人与抵押人可以通过协议变更债权确定的期间、债权范围以及最高债权额。但是，变更的内容不得对其他抵押权人产生不利影响。

第四百二十三条　有下列情形之一的，抵押权人的债权确定：

（一）约定的债权确定期间届满；

（二）没有约定债权确定期间或者约定不明确，抵押权人或者抵押人自最高额抵押权设立之日起满二年后请求确定债权；

（三）新的债权不可能发生；

（四）抵押权人知道或者应当知道抵押财产被查封、扣押；

（五）债务人、抵押人被宣告破产或者解散；

（六）法律规定债权确定的其他情形。

第四百二十四条　最高额抵押权除适用本节规定外，适用本章第一节的有关规定。

第十八章　质权

第一节　动产质权

第四百二十五条　为担保债务的履行，债务人或者第三人将其动产出质给债权人占有的，债务人不履行到期债务或者发生当事人约定的实现质权的情形,债权人有权就该动产优先受偿。

前款规定的债务人或者第三人为出质人,债权人为质权人,交付的动产为质押财产。

第四百二十六条 法律、行政法规禁止转让的动产不得出质。

第四百二十七条 设立质权,当事人应当采用书面形式订立质押合同。

质押合同一般包括下列条款:

(一)被担保债权的种类和数额;

(二)债务人履行债务的期限;

(三)质押财产的名称、数量等情况;

(四)担保的范围;

(五)质押财产交付的时间、方式。

第四百二十八条 质权人在债务履行期限届满前,与出质人约定债务人不履行到期债务时质押财产归债权人所有的,只能依法就质押财产优先受偿。

第四百二十九条 质权自出质人交付质押财产时设立。

第四百三十条 质权人有权收取质押财产的孳息,但是合同另有约定的除外。

前款规定的孳息应当先充抵收取孳息的费用。

第四百三十一条 质权人在质权存续期间,未经出质人同意,擅自使用、处分质押财产,造成出质人损害的,应当承担赔偿责任。

第四百三十二条 质权人负有妥善保管质押财产的义务;因保管不善致使质押财产毁损、灭失的,应当承担赔偿责任。

质权人的行为可能使质押财产毁损、灭失的,出质人可以请求质权人将质押财产提存,或者请求提前清偿债务并返还质押财产。

第四百三十三条　因不可归责于质权人的事由可能使质押财产毁损或者价值明显减少，足以危害质权人权利的，质权人有权请求出质人提供相应的担保；出质人不提供的，质权人可以拍卖、变卖质押财产，并与出质人协议将拍卖、变卖所得的价款提前清偿债务或者提存。

第四百三十四条　质权人在质权存续期间，未经出质人同意转质，造成质押财产毁损、灭失的，应当承担赔偿责任。

第四百三十五条　质权人可以放弃质权。债务人以自己的财产出质，质权人放弃该质权的，其他担保人在质权人丧失优先受偿权益的范围内免除担保责任，但是其他担保人承诺仍然提供担保的除外。

第四百三十六条　债务人履行债务或者出质人提前清偿所担保的债权的，质权人应当返还质押财产。

债务人不履行到期债务或者发生当事人约定的实现质权的情形，质权人可以与出质人协议以质押财产折价，也可以就拍卖、变卖质押财产所得的价款优先受偿。

质押财产折价或者变卖的，应当参照市场价格。

第四百三十七条　出质人可以请求质权人在债务履行期限届满后及时行使质权；质权人不行使的，出质人可以请求人民法院拍卖、变卖质押财产。

出质人请求质权人及时行使质权，因质权人怠于行使权利造成出质人损害的，由质权人承担赔偿责任。

第四百三十八条　质押财产折价或者拍卖、变卖后，其价款超过债权数额的部分归出质人所有，不足部分由债务人清偿。

第四百三十九条　出质人与质权人可以协议设立最高额质权。

最高额质权除适用本节有关规定外,参照适用本编第十七章第二节的有关规定。

第二节 权利质权

第四百四十条 债务人或者第三人有权处分的下列权利可以出质:

(一)汇票、本票、支票;

(二)债券、存款单;

(三)仓单、提单;

(四)可以转让的基金份额、股权;

(五)可以转让的注册商标专用权、专利权、著作权等知识产权中的财产权;

(六)现有的以及将有的应收账款;

(七)法律、行政法规规定可以出质的其他财产权利。

第四百四十一条 以汇票、本票、支票、债券、存款单、仓单、提单出质的,质权自权利凭证交付质权人时设立;没有权利凭证的,质权自办理出质登记时设立。法律另有规定的,依照其规定。

第四百四十二条 汇票、本票、支票、债券、存款单、仓单、提单的兑现日期或者提货日期先于主债权到期的,质权人可以兑现或者提货,并与出质人协议将兑现的价款或者提取的货物提前清偿债务或者提存。

第四百四十三条 以基金份额、股权出质的,质权自办理出质登记时设立。基金份额、股权出质后,不得转让,但是出质人与质权人协商同意的除外。出质人转让基金份额、股权所得的价款,应当向质权人提前清偿债务或者提存。

第四百四十四条 以注册商标专用权、专利权、著作权等知识产权中的财产权出质的,质权自办理出质登记时设立。

知识产权中的财产权出质后，出质人不得转让或者许可他人使用，但是出质人与质权人协商同意的除外。出质人转让或者许可他人使用出质的知识产权中的财产权所得的价款，应当向质权人提前清偿债务或者提存。

第四百四十五条 以应收账款出质的，质权自办理出质登记时设立。

应收账款出质后，不得转让，但是出质人与质权人协商同意的除外。出质人转让应收账款所得的价款，应当向质权人提前清偿债务或者提存。

第四百四十六条 权利质权除适用本节规定外，适用本章第一节的有关规定。

第十九章　留置权

第四百四十七条 债务人不履行到期债务，债权人可以留置已经合法占有的债务人的动产，并有权就该动产优先受偿。

前款规定的债权人为留置权人，占有的动产为留置财产。

第四百四十八条 债权人留置的动产，应当与债权属于同一法律关系，但是企业之间留置的除外。

第四百四十九条 法律规定或者当事人约定不得留置的动产，不得留置。

第四百五十条 留置财产为可分物的，留置财产的价值应当相当于债务的金额。

第四百五十一条 留置权人负有妥善保管留置财产的义务；因保管不善致使留置财产毁损、灭失的，应当承担赔偿责任。

第四百五十二条 留置权人有权收取留置财产的孳息。

前款规定的孳息应当先充抵收取孳息的费用。

第四百五十三条 留置权人与债务人应当约定留置财产后的债务履行期限；没有约定或者约定不明确的，留置权人应当给债务人六十日以上履行债务的期限，但是鲜活易腐等不易保管的动产除外。债务人逾期未履行的，留置权人可以与债务人协议以留置财产折价，也可以就拍卖、变卖留置财产所得的价款优先受偿。

留置财产折价或者变卖的，应当参照市场价格。

第四百五十四条 债务人可以请求留置权人在债务履行期限届满后行使留置权；留置权人不行使的，债务人可以请求人民法院拍卖、变卖留置财产。

第四百五十五条 留置财产折价或者拍卖、变卖后，其价款超过债权数额的部分归债务人所有，不足部分由债务人清偿。

第四百五十六条 同一动产上已经设立抵押权或者质权，该动产又被留置的，留置权人优先受偿。

第四百五十七条 留置权人对留置财产丧失占有或者留置权人接受债务人另行提供担保的，留置权消灭。

第五分编　占有

第二十章　占有

第四百五十八条 基于合同关系等产生的占有，有关不动产或者动产的使用、收益、违约责任等，按照合同约定；合同没有约定或者约定不明确的，依照有关法律规定。

第四百五十九条 占有人因使用占有的不动产或者动产，致使该不动产或者动产受到损害的，恶意占有人应当承担赔偿责任。

第四百六十条　不动产或者动产被占有人占有的，权利人可以请求返还原物及其孳息；但是，应当支付善意占有人因维护该不动产或者动产支出的必要费用。

第四百六十一条　占有的不动产或者动产毁损、灭失，该不动产或者动产的权利人请求赔偿的，占有人应当将因毁损、灭失取得的保险金、赔偿金或者补偿金等返还给权利人；权利人的损害未得到足够弥补的，恶意占有人还应当赔偿损失。

第四百六十二条　占有的不动产或者动产被侵占的，占有人有权请求返还原物；对妨害占有的行为，占有人有权请求排除妨害或者消除危险；因侵占或者妨害造成损害的，占有人有权依法请求损害赔偿。

占有人返还原物的请求权，自侵占发生之日起一年内未行使的，该请求权消灭。